GÉNÉRAL GALLIÉNI

RAPPORT D'ENSEMBLE

SUR LA PACIFICATION

L'ORGANISATION ET LA COLONISATION

DE MADAGASCAR

(Octobre 1896 à Mars 1899)

PARIS

HENRI CHARLES-LAVAUZELLE

Éditeur militaire

10, Rue Danton, Boulevard Saint-Germain, 118

(MÊME MAISON A LIMOGES)

RAPPORT D'ENSEMBLE

SUR

LA PACIFICATION, L'ORGANISATION

ET LA

COLONISATION DE MADAGASCAR

(Octobre 1896 à mars 1899.)

GÉNÉRAL GALLIÉNI

RAPPORT D'ENSEMBLE

SUR

LA PACIFICATION, L'ORGANISATION

ET LA

COLONISATION DE MADAGASCAR

(Octobre 1896 à mars 1899.)

PARIS

HENRI CHARLES-LAVAUZELLE

Éditeur militaire

10, Rue Danton, Boulevard Saint-Germain, 118

(MÊME MAISON A LIMOGES)

RAPPORT D'ENSEMBLE

SUR

LA PACIFICATION, L'ORGANISATION

ET LA

COLONISATION DE MADAGASCAR

(Octobre 1896 à mars 1899.)

PRÉLIMINAIRES

Situation générale en septembre 1896.

En septembre 1896, l'insurrection est générale dans le centre de l'île.

Toute l'Imerina et les régions voisines, jusqu'à une centaine de kilomètres de la côte Est, sont complètement insurgées, à l'exception des environs immédiats de Tananarive dans un rayon de 20 à 25 kilomètres, de l'Ambodirano, à l'ouest de la capitale, d'une partie de la province de Vakinankaratra (province de Bétafo) et des pays betsiléos.

Dans les environs de Tananarive, une sécurité relative n'a pu être maintenue que grâce à un réseau de postes très serrés. Si la province de l'Ambodirano ne s'est pas laissé entraîner dans la rébellion, c'est que les souvenirs de l'énergique répression des troubles de novembre 1895 y sont encore présents à la mémoire de tous. Quant aux provinces du Sud, Vakinankaratra et pays betsiléos, c'est surtout à l'influence personnelle de leurs résidents et au dévouement de Rainijoanary, gouverneur général du Vaki-

nankaratra, que nous devons la tranquillité relative dont
elles jouissent.

L'Imerina ne communique plus avec la mer que par la
route de Tamatave, et encore nos communications sont
des plus précaires et constamment compromises. Les
insurgés, qui ont compris l'importance capitale que cette
route a pour nous, la menacent depuis Maharidaza jusqu'à
Analamazaotra, sur plus de 100 kilomètres de longueur ;
ils attaquent les convois, brûlent les villages et terrorisent
les bourjanes, qu'il devient de plus en plus difficile de
recruter. Le corps d'occupation et la colonie européenne
risquent d'être affamés ; il y a à peine un mois de vivres
dans les magasins de Tananarive, et la mauvaise saison,
qui commence dans un mois ou deux, va rendre encore la
situation plus critique.

En Imerina, les villages sont dépeuplés ; la majorité des
habitants s'est enfuie dans la brousse et dans la forêt, les
cultures sont abandonnées et le mot d'ordre donné par
les personnages qui mènent l'insurrection est de laisser les
rizières en friche, afin de provoquer la famine et de forcer
ainsi plus sûrement les Français à évacuer le pays.

Tananarive ne correspond télégraphiquement avec l'extérieur que par la seule ligne de Tamatave, qui fonctionne
mal et qui est presque constamment interrompue ; dans
les parties où le pays est pacifié, elle aurait besoin de
réparations nombreuses ; dans celles où le pays est troublé, les rebelles coupent le fil, en emportent des kilomètres entiers, abattent les poteaux. De plus, la ligne est à un
seul fil, ce qui complique les correspondances avec les
postes intermédiaires.

Les communications postales ne sont pas meilleures ;
les courriers mettent dix à douze jours pour monter de
Tamatave à Tananarive ; sur les autres itinéraires, ils circulent à intervalles très irréguliers et disparaissent souvent massacrés par les bandes insurgées.

En ce qui concerne la zone côtière, il faut distinguer entre la côte Est et la côte Ouest.

La côte Est est habitée par des populations paisibles, Betsimisarakas, Antaimoros, etc., qui sont apathiques et n'en veulent point aux Français. Ils sont d'ailleurs habitués, de longue date, à vivre en paix avec les commerçants et les colons européens. Mais ils supportent difficilement les gouverneurs hovas, que nous avons commis la faute de ne pas remplacer après la guerre par des chefs autochtones, ou, en tout cas, dont nous ne contrôlons pas suffisamment les actes et dont nous ne savons pas empêcher les exactions. En décembre 1895 et en janvier 1896, les populations betsimisarakas se sont soulevées contre les Hovas, et nous avons réprimé ces insurrections locales pour le compte des Hovas.

Sur la côte Ouest, c'est l'anarchie. Si, dans le Nord, les Antankaras paraissent relativement soumis, en revanche les Sakalaves du Nord-Ouest et de l'Ouest semblent rebelles à toute autorité. Ce sont des peuplades sauvages, jalouses de leur indépendance, et qui n'ont été, jusque-là, en contact qu'avec de très rares Européens.

La mise en valeur de notre nouvelle colonie, qui s'annonçait, au commencement de 1896, sous les meilleurs auspices, est arrêtée net. Les colons n'osent plus rien tenter dans un pays dont l'insécurité est maintenant complète et qui a été ensanglanté par le massacre de Mercier, Molineux, Duret de Brie, Michaud, Grand, Garnier, du Père Berthieu, etc.

Le commerce et la colonisation sont paralysés. En résumé, les six mois qui viennent de s'écouler ont rendu stériles les efforts déployés pendant la campagne de 1895 et tout remis en question.

TITRE Ier

CHAPITRE Ier

EXPOSÉ DÉTAILLÉ DE L'ÉTAT DES DIFFÉRENTES
PARTIES DE L'ILE

§ 1. Imerina.

L'organisation du mouvement insurrectionnel s'était peu à peu perfectionnée en Imerina; et, au mois de septembre 1896, les rebelles formaient sept groupes principaux investissant Tananarive :

1º Vers Ambatondrazaka, un groupe sous les ordres de Ramenamaso;

2º Dans la haute vallée de la Mananara, les bandes de Rabozaka;

3º Dans les vallées de la Betsiboka et de ses affluents de gauche, les bandes de Rabezavana, frère de sang de Rabozaka, ancien gouverneur d'Antsatrana;

4º Sur la rive droite de l'Ikopa, dans le Vonizongo et le Marovatana, les bandes de Rafanenitra;

5º Sur la rive gauche de l'Ikopa, dans le Mamolakaza et le Valalafotsy, les bandes mi-sakalaves mi-hovas de Zamaria;

6º Dans la haute vallée de l'Ikopa, au sud-est de Tananarive, la population entièrement soulevée obéit au chef d'Ambohipaniry, qui s'est fait proclamer roi;

7º Enfin, plus au sud, à cheval sur la route de Fianarantsoa, les bandes de Rainibetsimisaraka, le meurtrier de Duret de Brie, Grand et Michaud.

Il est assez difficile d'évaluer les forces respectives de ces différents groupes; mais, d'après le nombre des fusils rendus par les rebelles au cours de la répression de l'insurrection, on peut dire que les groupes, dans leur ensemble, disposaient de 10.000 armes à feu de divers modèles. Un grand nombre d'insurgés étaient seulement armés de sagaies et de haches.

Les bandes s'aguerrissaient peu à peu, en livrant à nos troupes de nombreux engagements, en les harcelant constamment. Nos efforts étaient stériles parce que cet ennemi, extrêmement mobile, se dérobait à nos coups, évitant les chocs décisifs et revenant, après le passage de nos colonnes, occuper les positions d'où il avait été chassé et d'où il menaçait constamment les voyageurs isolés ou les convois insuffisamment escortés.

Les insurgés ne se contentent plus d'ailleurs d'attaquer les voyageurs ou les convois de ravitaillement, ils ont pris une attitude offensive très nette vis-à-vis des postes que le général Voyron a installés autour de Tananarive pour protéger les abords immédiats de la capitale. Au nord, Ambatomena est attaqué à deux reprises, le 31 août et le 3 septembre; Ambatonandriana, le 1er septembre. Ambatomanga, bien que tenu par une compagnie de tirailleurs algériens et fortement retranché, reste cerné plusieurs jours à la fin de septembre par un rassemblement de plus de 5.000 insurgés.

Sur la route de Majunga, Ankazobé a été attaqué et brûlé les 11, 27 et 29 juillet, et le lieutenant-colonel Gonard, qui est parti d'Andriba le 25 août pour rouvrir les communications de ce poste avec Ankazobé et Tananarive, a été constamment harcelé par l'ennemi, qui l'a suivi jusque dans les faubourgs de la capitale.

Dans l'Ouest, le poste d'Ambohibelona a été attaqué le 22 août.

Le mot d'ordre des insurgés est d'incendier tout le pays,

et, chaque soir, de Tananarive, on aperçoit au loin les lueurs des feux détruisant les nombreux et beaux villages de cette partie de l'Emyrne, la plus riche et la plus populeuse du plateau central.

Dans la vallée du Mangoro, nous venons d'évacuer le poste de Mérimitatra en raison de sa situation un peu en l'air et de la difficulté de son ravitaillement; cette évacuation a augmenté l'audace des rebelles, qui viennent insulter fréquemment la ligne d'étapes jusqu'à Analamazaotra et qui brûleront ce village le jour même où le général Voyron, rentrant en France, y passera.

Enfin, entre Ankeramadinika et Tananarive, les attaques sont continuelles.

En résumé, l'insurrection, qui, en mars et avril 1896, était localisée dans quelques régions du Nord et du Sud, est devenue générale : elle s'étend à toute l'Imerina et comprend toutes les classes de la population. Les chefs de bandes ont des intelligences avec les hauts personnages de Tananarive. Le fait ne peut plus être mis en doute; il sera confirmé par des correspondances trouvées plus tard dans les camps abandonnés par les rebelles, par les aveux de Rabozaka, etc.

Quelles sont les causes de cette insurrection? Pourquoi a-t-elle pris une aussi grande extension et pourquoi n'a-t-elle pas pu être enrayée dès le début?

Causes générales de l'insurrection.

La rébellion de 1896 a été la suite de la guerre de 1895, une deuxième phase de celle-ci. Il faut en chercher la cause générale dans l'esprit de résistance dont était animée une population plus ou moins consciente de sa nationalité contre un envahisseur dont l'autorité n'avait pas été assez solidement établie et dont les forces paraissaient insuffisantes.

Les événements dont Madagascar avait été le théâtre

depuis un siècle étaient de nature à donner à la tribu hova la conscience de sa supériorité sur les autres races de l'île, et même à lui inculquer cette idée qu'elle pourrait lutter avec avantage contre celle des puissances européennes qui viendrait s'installer en maîtresse dans l'île.

C'est le vieux roi Andrianampoinimerina (mort en 1810), resté populaire chez les Hovas, qui sut le premier réaliser l'unité politique de l'Imerina, et qui posa le premier le programme que les Hovas cherchèrent à appliquer par la suite : « La mer sera la limite du royaume! »

Les Anglais, qui nous avaient enlevé l'île de France pendant les guerres de l'Empire, commencèrent, dès 1815, à nouer, par l'intermédiaire de Farquhar, gouverneur de cette île, des relations avec les Hovas et leur envoyèrent des missionnaires.

Mais les guerres de conquête entreprises par Radama Ier et Ranavalo Ire (morte en 1862) pour réaliser le programme d'Andrianampoinimerina exaltèrent l'esprit d'indépendance des conquérants, qui repoussèrent l'intrusion de l'Europe : il fallut à notre compatriote Laborde un grand sens politique et une intelligence supérieure pour se maintenir en Emyrne.

A l'avènement de Radama II, les relations furent reprises avec les Européens (traité franco-malgache de 1862, charte Lambert); mais Radama II périssait bientôt, assassiné par les nationalistes. Pourtant, ceux-ci, devant l'insistance que mettaient Français et Anglais à s'introduire à Madagascar, comprenaient qu'il ne fallait pas les heurter de front simultanément, ce qui aurait pu amener une intervention armée des deux puissances réunies, mais qu'il serait de beaucoup préférable d'adopter une politique « de bascule » en favorisant tantôt les uns, tantôt les autres. Ainsi, on tirerait de la civilisation européenne tout ce qui pourrait servir à l'accroissement de la puissance hova, mais on n'accepterait aucun maître.

C'est l'époque des traités de commerce avec la France
(1865-1868), l'Angleterre (1868-1883), avec l'Amérique,
l'Italie, l'Allemagne. C'est l'époque de la libération des
esclaves tirés de la côte d'Afrique (1875). C'est l'époque
où quelques lois européennes s'introduisent dans le Code
de 1886.

Cependant, la France n'avait pas renoncé, en vertu des
droits séculaires qu'elle revendiquait sur Madagascar, à
y exercer une influence prépondérante.

Elle réclama l'exécution des clauses du traité de 1868,
que le gouvernement malgache remettait en discussion, et
la liquidation de la succession Laborde. Les refus opposés
par la cour d'Imerina amenèrent la guerre de 1883-1885.
Le traité signé à l'issue de cette guerre ne fut pas exécuté
loyalement par les Hovas, et nous nous vîmes contraints
de faire l'expédition de 1895.

Par le traité du 1er octobre 1895, la reine de Madagascar
reconnaissait le « protectorat de la France avec toutes
ses conséquences ». Rien n'était changé à la forme du
gouvernement et de l'administration hovas. Nous recon-
naissions l'hégémonie hova ; des gouverneurs hovas étaient
maintenus à la tête de toutes les provinces en dehors de
l'Imerina, à l'étonnement profond des Betsiléos, Betsimisarakas, Antankaras, etc., qui s'étaient imaginé que la
conquête de Tananarive par les Français aurait pour
conséquence immédiate le remplacement par des administrateurs français des gouverneurs qui les pressuraient
de longue date.

Notre occupation militaire devait se borner à l'installation de fortes garnisons à Tananarive, Fianarantsoa et sur
quelques points de la côte.

En résumé, nous voulions faire du « protectorat », formule vague mais très à la mode à cette époque, en raison
du succès qu'avait eu le « protectorat tunisien » ; mais, pour
que le système que nous voulions appliquer réussît, il eût

fallu que la nation protégée l'admît sans arrière-pensée et s'efforçât de le faire réussir.

Or, c'est le contraire qui était exact. Le traité de 1895 n'affirmait pas assez, aux yeux du vaincu, l'autorité du vainqueur; venant après celui de 1885, que les Malgaches avaient battu en brèche pendant dix ans, il aurait dû renfermer des dispositions beaucoup plus rigoureuses. Le peuple crut donc que c'était par faiblesse et manque de persévérance que nous n'exigions pas davantage, et les personnages dirigeants n'eurent aucune peine à lui faire croire qu'il serait facile de nous chasser de l'île et à réveiller chez lui le sentiment national.

Ce sentiment n'était pas le seul qui faisait agir les partisans de la rébellion; des considérations d'ordre plus personnel les guidaient également. La fortune, en effet, dans toutes les grandes familles malgaches, avait une origine identique. Elle provenait soit des exactions commises sur le peuple, soit de l'exploitation des alluvions aurifères. Or, il était évident qu'à la longue, avec l'avènement d'une administration probe et d'une justice intègre, il deviendrait de plus en plus difficile de pressurer sans merci le peuple; d'autre part, l'arrivée de nombreux prospecteurs en quête de gisements aurifères devait tarir sous peu l'autre source de revenus.

Causes occasionnelles.

L'exil de Rainilaiarivony, au mois de janvier 1896, produisit une grosse émotion parmi les très nombreux partisans de l'ex-premier ministre, qui était le chef du parti national. Ils purent penser que c'était le début d'une série de mesures coercitives, et ils commencèrent à exciter la masse contre nous. L'insurrection d'Arivonimamo, au mois de novembre 1895, qui n'avait été qu'une explosion de fanatisme local, avait montré à l'entourage de la cour que le peuple pourrait être facilement remué.

Cet entourage eut alors l'habileté, pendant les premiers mois de 1896, d'exciter en sous-main la rébellion, tout en faisant croire aux autorités françaises, d'abord qu'il ne s'agissait que du fahavalisme normal; puis, lorsque le mouvement s'étendit, que le gouvernement malgache n'était pour rien dans ce mouvement et faisait tout ce qu'il pouvait pour l'arrêter.

La discussion qui eut lieu au Parlement français au sujet de la suppression de l'esclavage fut habilement exploitée par les fauteurs de troubles, qui ne manquèrent pas de dire qu'on commençait par libérer les esclaves, puis qu'on déposséderait les Malgaches de leurs propriétés foncières au profit des étrangers.

Insuffisance des moyens employés pour combattre l'insurrection.

Il est incontestable que ces moyens n'avaient pas produit de résultat appréciable. Le général commandant supérieur des troupes, dans un rapport, en date du 26 juin, adressé au ministre de la guerre, constatait déjà que la colonne du Nord n'avait amené aucune amélioration sensible dans la pacification des régions qu'elle avait traversées, et il ajoutait : « Son insuccès vient surtout de ce que les insurgés ont pour mot d'ordre de fuir toujours devant nos troupes après une résistance insignifiante, en sorte que le passage d'une colonne française n'a d'action que dans les villages mêmes qu'elle traverse et dans leurs environs immédiats, car les insurgés se mêlent de suite aux habitants paisibles, dont il est impossible de les distinguer. »

Si l'action militaire n'obtenait pas le résultat auquel on était en droit de s'attendre en raison du dévouement de tous, officiers et soldats, c'est qu'elle n'était point suivie de l'action politique. L'exercice de celle-ci était confié aux gouverneurs indigènes, contrôlés sur quelques points seulement par des résidents français. Or, les gouverneurs, à part de rares exceptions, nous étaient hostiles.

Les commandants de colonne et les commandants de poste qui disposaient des moyens matériels pour réprimer les troubles n'avaient, une fois le but militaire atteint, ni pouvoirs politiques ni pouvoirs administratifs : ils demeuraient donc impuissants à réorganiser le pays conquis et occupé, et les troupes s'usaient dans des actions de guerre incessantes qui ne produisaient pas de résultat décisif.

§ 2. Situation dans les autres parties de l'île.

Sur la côte Est, habitée par des populations paisibles, la seule cause de trouble provenait des exactions des gouverneurs hovas que le gouvernement malgache envoyait dans les provinces côtières pour se procurer rapidement des ressources et payer la protection de ceux qui les avaient fait nommer. Il avait fallu, dans le courant de 1896, installer des représentants de l'autorité française dans certains centres, afin de servir de médiateurs entre ces gouverneurs et les populations. Au mois de septembre, nous avions des résidents à Maroantsetra, Vatomandry, Mananjary, Fort-Dauphin.

Dans le Nord-Ouest, les Antankaras et les Sakalaves supportent difficilement la domination hova : ces peuplades, de religion musulmane et affiliées aux Comoriens, sont d'un caractère plus indépendant que les Betsimisarakas. On peut prévoir qu'il faudra un certain tact pour les gouverner.

Les peuplades du Sud et de l'Ouest, Sakalaves, Baras et Tanalas, sont des peuplades sauvages réfractaires à toute autorité; les Hovas n'exercent sur elles qu'une domination purement nominale.

Dans l'Ouest, ceux-ci occupent cinq lignes principales de pénétration, dont la première et la quatrième aboutissent à la mer :

1º La ligne de Tananarive-Majunga ;

2º La ligne Tsiroanomandidy-Ankavandra ;

3º La ligne Mahatsinjo-Manandaza ;

·4º La ligne Midongy-Malainlandy Mahabo-Morondava ;

5º La ligne Mandranarivo-Manja.

Ces lignes sont jalonnées de postes militaires n'ayant aucune action extérieure, qui n'empêchent pas les Sakalaves du Menabé de venir tous les ans, à la fin de la saison des pluies, attaquer les villages situés en plein cœur de l'Imérina et du Betsiléo, jusqu'aux abords de la capitale et y enlever des femmes, des enfants et des troupeaux. Ces incursions périodiques ont eu pour conséquence de rendre déserte la région qui s'étend entre Inanatonana et le confluent du Mahajilo et de la Mania, région qui offre pourtant des ressources naturelles : terrains propres à l'élevage et rivières riches en alluvions aurifères.

Les gouverneurs hovas ne se maintiennent dans leurs postes qu'en n'exigeant rien, ou à peu près rien, des populations : les colonies militaires installées dans chaque poste vivent de cultures qu'elles font elles-mêmes et d'un peu de commerce avec les populations autochtones.

La plus importante des lignes de pénétration vers l'Ouest est, après la ligne de Majunga, celle qui aboutit à Mahabo et Morondava ; elle a été très judicieusement choisie ; elle fait communiquer avec la mer à la fois Vakinankarata, province d'Imerina, et le Betsiléo ; elle est tracée dans un pays découvert où il est facile de circuler sans grosses escortes et sans risquer de tomber dans des embuscades, et elle évite soigneusement la région boisée du Menabé central, d'où les Hovas ont essayé, sans succès, de déloger les Sakalaves en 1883.

Au sud du Betsiléo, chez les Baras, les Hovas n'ont pas dépassé Ihosy. Quant aux Tanalas, ils n'ont pas pu les entamer, et tous leurs efforts ont échoué devant le rocher d'Ikongo.

Les échecs ou demi-échecs subis par les Hovas ont, en somme, rendu ces peuplades du Sud et de l'Ouest très orgueilleuses et leur ont inculqué une haute idée de leur valeur militaire; elles sont, d'ailleurs, d'un tempérament beaucoup plus brave que les Hovas, habituées aux privations et résistantes à la fatigue. Quant aux Européens, elles ne les connaissent que par les rares explorateurs et commerçants qui ont traversé leur pays; or, les uns et les autres avaient toujours soin de faire des cadeaux aux chefs pour s'assurer le droit de circuler sans être attaqués, cadeaux qui ressemblaient tout à fait à un tribut de vassalité. Bref, elles étaient réfractaires à toute autorité.

CHAPITRE II

La loi du 6 août 1896 avait déclaré colonie française « Madagascar avec les îlots qui en dépendent ». Ainsi se trouvait définitivement réglée la situation des étrangers dans l'île, situation qui avait donné lieu jusque-là à des échanges de notes diplomatiques entre les puissances et que ne définissait pas suffisamment la « déclaration de prise de possession » qui avait suivi l'établissement de notre protectorat.

Cette loi faisait donc disparaître le malentendu qui régnait depuis plusieurs mois relativement au mot « protectorat », et nous allions pouvoir parler en maîtres aux Hovas. Une des conséquences les plus importantes de cette loi était de nous permettre de supprimer l'hégémonie hova en rendant l'indépendance politique aux peuplades des autres races.

Ces peuplades habitent, en dehors du Betsiléo, du pays sihanaka et de la haute vallée du Mangoro, toute la zone côtière. Mais, alors que les Hovas étaient les maîtres incontestés du Betsiléo, du pays sihanaka et des régions de la côte Est, ils n'étaient maîtres que de nom chez les Sakalaves, les Antanosys, les Tanalas, les Baras, etc.

La première mesure à appliquer, au point de vue politique, pour nous rallier les tribus opprimées par les Hovas, était de les rendre indépendantes en leur donnant des chefs autochtones contrôlés par des administrateurs français.

Quant aux peuplades qui avaient su conserver toute ou presque toute leur indépendance, il serait temps d'aviser plus tard. Il fallait, en un mot, appliquer la *politique de races*, qui avait déjà donné de si précieux résultats dans d'autres colonies, et notamment dans le haut Tonkin.

On verra plus loin quel fut le programme des réformes politiques adoptées dans les régions habitées en majorité par des Hovas : auparavant, il est nécessaire d'exposer les bases de la réforme administrative qui fut mise en vigueur dès le mois d'octobre 1896.

Deux principes dominent cette réforme : la concentration des pouvoirs et la responsabilité individuelle de tous ceux qui détiennent une part de pouvoir.

Les six mois qui venaient de s'écouler n'avaient que trop prouvé qu'il est impossible de gouverner un pays neuf, troublé par des ferments de révolte, si les pouvoirs politiques, militaires, administratifs, ne sont pas réunis dans les mêmes mains.

Les instructions ministérielles du 6 août autorisaient la transformation de l'Imerina en territoire militaire; dès la fin de septembre, sept cercles militaires furent créés; la réunion de plusieurs de ces cercles en territoires militaires était réservée pour plus tard. Les commandants de cercle reçurent tous les pouvoirs administratifs, politiques et militaires.

Ce n'est qu'à cette condition expresse qu'ils pouvaient être rendus responsables vis-à-vis du résident général de la bonne marche de la pacification et de la réorganisation administrative dans leurs cercles.

Le cercle militaire.

Il faut examiner un peu en détail l'organisation du « cercle militaire », qui a été le rouage principal de la pacification.

A la tête du cercle est placé un officier, généralement du grade de commandant et mis dans la position hors cadres;

il a sous ses ordres, pour le seconder dans sa tâche administrative, un officier adjoint pour le service des renseignements militaires et politiques et un chancelier civil ou
un officier faisant fonctions de chancelier. Leurs titres
indiquent suffisamment la nature de leurs fonctions. Le
chancelier a, au point de vue de l'administration civile,
une tâche très importante et assez délicate à remplir ; il est
en outre gérant de la *caisse de fonds d'avances* placée dans
chaque cercle pour encaisser les recettes et solder les
dépenses. Il a, enfin, dans ses attributions la surveillance
des magasins où les troupes s'approvisionnent en vivres et
munitions.

Le commandant du cercle a sous ses ordres les troupes
des différentes armes détachées dans son cercle. Ces
troupes, qui, le plus souvent, appartiennent à plusieurs
corps, continuent à relever, au point de vue administratif
et disciplinaire, de leurs chefs de corps respectifs; mais
ceux-ci n'ont pas à intervenir dans leur emploi. Le commandant du cercle, étant seul responsable des résultats
militaires à obtenir, a seul la disposition de tous les moyens
militaires.

De même, pour l'entretien de ces troupes, en particulier
pour leur alimentation, le commandant du cercle a des
devoirs et des pouvoirs étendus : il lui appartient de veiller
à ce que les magasins aient des approvisionnements en
quantité suffisante et à ce que ces approvisionnements
soient toujours tenus en parfait état de conservation.

Plus tard, lorsque l'état de pacification le permettra, la
« masse de ravitaillement » sera créée et augmentera
encore, à ce point de vue, les pouvoirs du commandant de
cercle.

Enfin, la « masse de baraquement » a été instituée pour
donner aux troupes constamment en mouvement les moyens
pécuniaires de s'installer, d'organiser des postes, de construire des magasins, etc.

Les fonds de la masse sont administrés par les commandants des unités administratives, mais l'emploi des fonds est, en dernière analyse, à la disposition du commandant du cercle.

Les pouvoirs administratifs du commandant de cercle sont aussi étendus que ses pouvoirs militaires. Il utilise dans la mesure du possible l'ancienne administration indigène : à cet effet, la division de l'Imerina en cercles a respecté les divisions administratives du protectorat. La hiérarchie de l'administration indigène est la suivante :

L'Imerina est divisée en « gouvernements généraux », à la tête desquels sont des gouverneurs généraux (appelés par la suite *gouverneurs principaux*).

Les gouvernements généraux sont divisés en plusieurs *sous-gouvernements*, dirigés par des sous-gouverneurs.

Ceux-ci ont sous leurs ordres un certain nombre de cantons, à la tête desquels sont des *gouverneurs madinikas* (petits gouverneurs). Chaque canton est administré par un *gouverneur madinika Ier*, assisté par des agents qui prennent le titre de *gouverneur madinika II, gouverneur madinika III,* etc.

Enfin, le canton est divisé en quartiers (villages ou fractions de village), administrés par des *mpiadidys*.

Telle est la hiérarchie de l'administration indigène. Elle fut intégralement conservée, mais en faisant surveiller de très près les chefs indigènes, dont la fidélité était à bon droit suspecte. Ainsi le gouverneur général indigène placé auprès de chaque commandant de cercle lui était étroitement subordonné, et le commandant de cercle restait entièrement libre de régler la subordination des sous-gouverneurs par rapport aux officiers du cercle.

Une des premières mesures qui furent recommandées aux commandants des cercles, dès que les progrès de la pacification permettaient la réorganisation administrative, fut de décentraliser l'administration par la création de *secteurs*.

Le secteur est, par rapport au cercle, ce que le cercle est par rapport à l'autorité centrale. Un officier de choix doit être placé à sa tête ; il est désigné par le commandant de cercle, vis-à-vis duquel il est responsable de la bonne marche des affaires. Il a sous sa direction un ou plusieurs sous-gouvernements indigènes et doit jouir de la plus large initiative. C'est un commandant de cercle au petit pied. Le secteur peut être, de même, divisé en sous-secteurs.

C'est cette organisation en cercles et secteurs dont j'avais déjà pris l'initiative au Soudan (1887-1888) et au Tonkin (1893-1895), où elle avait fourni les meilleurs résultats, qui décida de la pacification du Plateau central. Elle était basée, avant tout, sur le principe de l'unité d'action et de direction dans chacune de ces divisions territoriales et aussi sur la responsabilité entière, à tous les points de vue, laissée aux chefs de ces divisions.

Le territoire.

Au fur et à mesure que la pacification faisait des progrès et que de nouveaux cercles étaient créés, il devint nécessaire de décentraliser l'action du pouvoir central en groupant plusieurs cercles sous un même commandement et en les réunissant en un territoire militaire. Cette création, non seulement facilitait la tâche du commandement et de ses auxiliaires, en diminuant le nombre des subordonnés auxquels il fallait envoyer des ordres et des instructions, mais encore elle avait le grand avantage de mieux coordonner vers le but à atteindre les efforts de plusieurs cercles, la tâche d'un commandant de territoire consistant, une fois qu'une *directive* lui est donnée, à assurer le détail de l'exécution et à faire converger les opérations de ses commandants de cercle vers un objectif déterminé.

Mais la création du territoire militaire ne diminue pas

les attributions du commandant de cercle, et le commandant de territoire doit s'astreindre à ne pas affaiblir l'initiative de ses subordonnés : c'est une question de tact et de doigté.

Instructions données aux commandants de cercle.

A. — Instructions d'ordre militaire.

Le programme adopté au point de vue militaire comportait en première ligne l'écrasement de l'insurrection en Imerina avec tous les moyens dont on pouvait disposer ; à cet effet, la majeure partie des troupes fut concentrée dans les environs de Tananarive, en rappelant de la région côtière et du Betsiléo tout ce qui n'y était pas absolument indispensable. Les administrateurs de ces régions furent invités à activer le recrutement des milices locales pour remplacer les troupes qui leur étaient enlevées.

Il fallait, en outre, consacrer une partie de nos forces disponibles à l'occupation d'Ambatondrazaka. Ce poste, occupé par des forces insuffisantes, était investi : il fallait bien le débloquer et le ravitailler, et nous ne pouvions pas songer à l'évacuer, bien que l'envoi d'un résident civil à Ambatondrazaka au commencement de 1896 eût été prématuré.

Cela posé, les instructions d'ordre militaire envoyées aux commandants des différents cercles peuvent se résumer ainsi :

— Protéger efficacement la ligne d'étapes de Tananarive à Analamazaotra au moyen d'une série de blockhaus occupant les points dominants aux abords immédiats de la route, et assez rapprochés pour pouvoir se soutenir mutuellement, puis pénétrer hardiment dans la grande forêt, à droite et à gauche de la route, afin de pouvoir protéger celle-ci plus efficacement par de nouvelles lignes de postes

et blockhaus, organisées ainsi au loin et gênant l'irruption
des bandes sur la route;

— Installer autour de Tananarive un premier échelon de
postes militaires formant un cercle de protection d'une
vingtaine de kilomètres de rayon, puis occuper méthodiquement et progressivement le pays au delà en procédant
par bonds, de manière à augmenter le rayon du cercle de
protection et à refouler constamment les rebelles vers les
frontières de l'Imerina;

— Bien veiller à relier constamment les opérations militaires entreprises dans un cercle à celles des cercles
voisins;

— En arrière des postes militaires, armer les villages
soumis, sous le contrôle vigilant des autorités françaises;
surveiller très étroitement l'intérieur du réseau de postes
militaires et de villages armés, de manière à empêcher
l'infiltration des bandes rebelles;

— Lorsque l'échelon le plus avancé de nos postes serait
établi aux limites de l'Imerina, constituer une forte organisation défensive formée au moyen de postes militaires
occupés par des troupes régulières, de postes de milice en
deuxième ligne et de villages armés en arrière; cette organisation n'étant appliquée, bien entendu, que sur les frontières menacées par les Sakalaves, les Baras et les Tanalas.

Cette méthode de pacification, consistant à faire sans
cesse la tache d'huile, avait déjà fait ses preuves au Soudan et au Tonkin.

Dès le 12 octobre 1896, je m'exprimais ainsi dans mes
instructions aux commandants des cercles nouvellement
organisés :

« La mission des commandants de cercle comprend
deux parties bien distinctes : 1° Avec leurs postes avancés,
gagner peu à peu du terrain en avant, de manière à diminuer progressivement l'étendue des régions occupées par
les insurgés; 2° organiser en même temps les zones en

arrière en y rappelant les populations, en faisant reprendre les cultures, et surtout en mettant les villages et les habitants à l'abri des nouvelles incursions des Fahavalos.

» Cette deuxième partie de leur mission doit appeler surtout l'attention des commandants de cercle, parce qu'elle est en même temps la plus délicate et la plus urgente. Actuellement on peut dire qu'une anarchie complète règne en Emyrne, et, tant qu'ils ne l'auront pas fait cesser, ils ne peuvent espérer obtenir de résultats sérieux au point de vue de la pacification.

» Leur premier devoir consiste à bien organiser le pays, de manière à assurer partout l'unité de direction et d'action. Ils doivent, dans ce but, en prenant pour base les divisions administratives indigènes, partager leurs cercles en un certain nombre de secteurs, chacun d'eux ayant à sa tête un officier, un sous-officier, un garde de la milice ou un fonctionnaire européen « responsable » vis-à-vis d'eux de la tranquillité et de la sécurité du secteur.

» Ces commandants de secteur ont sous leurs ordres et pour les seconder dans leur commandement les gouverneurs ou sous-gouverneurs, ainsi que les chefs de cent et de mille, « responsables » également de l'ordre et de tous les événements quelconques survenus dans la subdivision administrative qui leur est confiée. Ce n'est que par ce système de responsabilités bien établies que les commandants de cercle parviendront à prendre en mains la direction effective de leur cercle, à ramener l'ordre dans ces régions si troublées et à saisir les coupables à chaque fait de pillage.

» Dès qu'ils auront pu ainsi réorganiser l'administration indigène, aux divers degrés de la hiérarchie, il leur sera facile d'entrer en relations directes avec les habitants de chaque localité, de distinguer les gens paisibles des fauteurs de désordres, qui pourront être connus nominativement, et de prendre, dès lors, toutes les mesures nécessaires pour éviter les pillages et incendies qui retardent aujourd'hui la pacification. Ils ne devront pas hésiter à punir sévèrement les chefs indigènes qui pactiseraient avec les rebelles et devront au contraire demander des récompenses pour ceux qui se distingueraient par leur zèle et leur dévouement à leur tâche. Ils choisiront eux-mêmes les moyens qui leur paraîtront les meilleurs pour mettre les villages à l'abri des tentatives des Fahavalos : petits postes de miliciens, soldats européens détachés avec quelques habitants armés, patrouilles de nuit, maisons fortifiées sur les enceintes des villages, secours que ceux-ci doivent se prêter mutuellement, etc.

» Le général commandant supérieur attache une importance toute particulière aux mesures qui auront été prises dans chaque cercle pour se conformer aux prescriptions ci-dessus. Il désire que le travail d'organisation du cercle en secteurs avec les qualités et noms des chefs de ces secteurs, avec l'indication des mesures de sécurité prises, lui soit envoyé avant le 1er novembre. De plus, les événements de pillage et incendies devront toujours être portés à sa connaissance par courrier et par l'optique, en indiquant les raisons qui ont empêché de s'y opposer, les itinéraires suivis par les bandes, les mesures de répression prises contre les chefs indigènes coupables de négligence, de manque de surveillance ou même de connivence avec les rebelles, etc.

» Ce n'est qu'avec cet ensemble de précautions et ce système de responsabilités que les commandants de cercle parviendront à ramener l'ordre et la tranquillité dans le pays en arrière, à le fermer aux bandes de Fahavalos, et pourront alors marcher sûrement et méthodiquement en avant avec leurs postes de première ligne. Ceux-là seuls devront toujours avoir une certaine force ; mais en arrière, en présence d'un ennemi aussi mobile et peu consistant que celui auquel nous avons affaire ici, il faut des petits postes ou blockhaus de peu d'hommes, mais bien fortifiés, munis de cartouches en quantité suffisante et commandés par des officiers ou gradés énergiques, qui peuvent trouver là de nombreuses occasions de se distinguer.

» Le système de grands postes, comme le prouve l'expérience, ne permet pas d'obtenir de résultats pratiques au point de vue de la pacification. Il doit donc être modifié pour se prêter aux circonstances du pays et des hommes au milieu desquels nous nous trouvons. »

Plus tard encore, dans les instructions que j'adressais le 22 mai 1898, avant de partir pour ma deuxième tournée autour de l'île, aux administrateurs civils et militaires chefs de province, je rappelais de nouveau à tous, en ces termes, les principes à employer pour assurer la pacification des régions encore troublées de l'île :

« On ne gagne du terrain en avant qu'après avoir complètement organisé celui qui est en arrière. Ce sont les indigènes insoumis de la veille qui nous aident, qui nous servent à gagner les insoumis du lendemain. On marche à coup sûr, et le dernier poste occupé devient tout d'abord l'observatoire d'où le commandant du cercle, du secteur, du district examine la situation, cherche à entrer en relations avec les éléments inconnus qu'il a devant lui, en utilisant ceux qu'il vient de soumettre, détermine les nouveaux points à occuper et prépare, en un mot, un nouveau progrès en avant. Cette méthode ne manque jamais son but. C'est celle qui ménage le plus le pays et les habitants et prépare le mieux la mise sous notre influence de ces nouveaux territoires. Elle exige de la part de nos officiers un ensemble de rares qualités : initiative, intelligence et activité, pour ne laisser échapper aucune occasion de prendre pied dans les contrées encore inconnues et insoumises; prudence, calme et perspicacité, pour éviter tout échec qui porte toujours un tort considérable à notre prestige, et pour savoir discerner ceux des éléments adverses qu'ils peuvent utiliser pour les nouveaux progrès à accomplir... »

A cette méthode d'occupation progressive d'un pays insurgé ou insoumis peut être opposée la méthode de pacification par les colonnes militaires. Mais comme, avec cette méthode, il est impossible de lier l'action politique à l'action militaire, il ne faut l'employer que dans des cas exceptionnels, tels que rassemblements nombreux et dangereux, fortifiés dans des repaires, forêts, cirques, d'où ils menacent la sécurité des régions environnantes et empêchent la soumission et l'obéissance de populations hésitantes.

L'emploi des colonnes a été trop souvent synonyme de destruction systématique des villages et des ressources de l'ennemi, parce qu'on assimile la guerre coloniale à la guerre d'Europe, dans laquelle le but à atteindre réside dans la ruine des forces principales de l'adversaire. Aux colonies, il faut « ménager le pays et ses habitants, puisque celui-là est destiné à recevoir nos entreprises de colonisation futures et que ceux-ci seront nos principaux agents et collaborateurs pour mener à bien ces entreprises. Chaque fois que les incidents de guerre obligent l'un de nos officiers coloniaux à agir contre un village ou un centre habité, il ne doit pas perdre de vue que son premier soin, la soumission des habitants obtenue, sera de reconstruire le village, d'y créer immédiatement un marché et d'y établir une école. Il doit donc éviter avec le plus grand soin toute destruction inutile... ». (Mêmes instructions précitées.)

C'est ainsi encore que, le 22 octobre 1896, je prescrivais de mettre fin aux incendies de villages comme moyen de répression vis-à-vis des habitants insurgés : « Il résulte de l'examen des rapports établis par les commandants de cercle, de poste ou de reconnaissance, qu'il a été fait un usage souvent excessif et injustifié des incendies de villages comme moyens de répression à l'égard de leurs habitants.

» Le général commandant supérieur des troupes et des territoires militaires invite MM. les commandants de cercle à donner des ordres formels pour mettre fin à de tels procédés, qui ruinent inutilement le pays et ne peuvent qu'accroître le nombre de ceux qui vont rejoindre les bandes rebelles.

» En principe, on devra plutôt faire connaître aux indigènes que les biens de ceux qui auraient ainsi abandonné leurs demeures pour prendre part à l'insurrection et qui ne seraient pas rentrés à une date fixée par les commandants de cercle seront confisqués et distribués entre les habitants fidèles.

» Ce n'est que dans des cas absolument exceptionnels que certains villages pourront être incendiés à titre de châtiment ; une telle mesure ne sera jamais prise que sur l'ordre et sous la responsabilité personnelle des commandants de cercle, et il sera toujours rendu compte d'une manière détaillée des circonstances qui l'auraient motivée. »

B. — Instructions d'ordre politique.

Il fut recommandé d'une manière générale aux commandants de cercle de toujours se laisser guider par ces deux principes : politique de races et destruction de l'hégémonie hova.

« L'action politique tire sa plus grande force de la connaissance du pays et de ses habitants : c'est à ce but que doivent tendre les premiers efforts de tout commandant territorial. C'est l'étude des races qui occupent une région qui détermine l'organisation politique à lui donner, les moyens à employer pour sa pacification. Un officier qui a réussi à dresser une carte ethnographique suffisamment exacte du territoire qu'il commande est bien près d'en avoir obtenu la pacification complète, suivie bientôt de l'organisation qui lui conviendra le mieux.

» Toute agglomération d'individus, races, peuples, tribus ou familles, représente une somme d'intérêts communs ou opposés; s'il y a des mœurs et des coutumes à respecter, il y a aussi des haines et des rivalités qu'il faut savoir démêler et utiliser à notre profit, en les opposant les unes aux autres, en nous appuyant sur les uns pour mieux vaincre les seconds.

. . . .

» En somme, toute action politique doit consister à discerner et mettre à profit les éléments locaux utilisables, à neutraliser et détruire les éléments locaux non utilisables.

» L'élément essentiellement utilisable sera, avant tout, le peuple, la masse travailleuse de la population, qui peut, momentanément, se laisser tromper et entraîner, mais que ses intérêts rivent à notre fortune, et qui sait bien vite le comprendre, pour peu qu'on le lui indique et qu'on le lui fasse sentir. » (Mêmes instructions précitées.)

CHAPITRE III

—

**A. — Hostilité du vieux parti hovas : mesures prises
pour l'abaisser. — Affranchissement des esclaves.**

Déjà, à propos des causes générales de l'insurrection,
j'ai parlé des raisons qui déterminaient l'hostilité des
classes dirigeantes malgaches contre l'influence française :
il est nécessaire d'insister davantage et de montrer l'importance qu'avait acquise le parti national, appelé souvent
« vieux parti hova ».

Car, dès le début de notre occupation, on put s'apercevoir que les inspirateurs de la rébellion étaient principalement des membres de ce parti. Ses adhérents étaient les
derniers représentants de la politique orgueilleuse et
étroite qui, depuis les premières années du règne de Ranavalo Iʳᵉ, avait tenté de soustraire complètement Madagascar
à l'influence de toute nation européenne. C'est ce parti,
instrument de la haine inconsciente de la barbarie malgache contre la civilisation, qui provoqua l'expulsion des
Européens et les persécutions religieuses qui suivirent.

Lorsque, plus tard, Radama II voulut rendre plus étroites
les relations de la France avec Madagascar, les vieux Hovas
se placèrent sur le terrain de l'indépendance nationale, au
nom de laquelle ils ourdirent le complot qui coûta la vie
au roi.

Les efforts de la diplomatie européenne, la crainte toujours croissante d'une intervention active, arrachèrent aux dirigeants malgaches leur adhésion aux traités de commerce conclus avec la France et l'Angleterre en 1865 et 1868.

Deux de ces traités concédaient aux puissances intéressées un avantage dont les conséquences paraissaient particulièrement graves aux vieux Hovas, en permettant aux étrangers d'acquérir des terres. Sous leur pression le gouvernement malgache négocia avec l'Angleterre la modification de la clause visée que sanctionna un nouveau traité anglo-malgache du 16 février 1883.

Les droits acquis antérieurement par la France restaient intacts. Rasanakombana, l'un des futurs instigateurs de l'insurrection de 1895, fournit au dictateur Rainilaiarivony un moyen de tourner la difficulté par l'édiction du fameux article 88 de la loi de 1881 qui consacrait l'inaliénabilité du sol malgache. Deux ans plus tard, c'est toujours le même parti qui poussa à l'occupation de nos possessions de la côte Nord-Ouest et provoqua la guerre de 1883-1885.

La défense des lignes de Farafate fut confiée à Rainandriamanpandry, l'homme qui incarnait le mieux les aspirations nationalistes de cette caste. Celle-ci, après la signature du traité de paix, s'opposa par tous les moyens possibles à l'établissement de notre protectorat, et, dès lors, son antipathie pour les étrangers en général prit une forme plus précise et se transforma en un sentiment de haine pour la France. Le premier ministre se trouva hors d'état de s'opposer à son influence. Affaibli par l'âge, voyant son prestige et son autorité diminués par les complots de son propre fils et par les compétitions ardentes du parti de la reine, il se laissa guider de plus en plus par les « vieux Hovas », auxquels s'était joint le jeune parti nationaliste, formé des plus brillants élèves des écoles étrangères. La dernière guerre fut la conséquence de ces tendances.

La prise de Tananarive, le traité du 1er octobre 1895, ne mirent pas fin à leur hostilité.

Incapables de se rendre compte de notre force réelle et de la portée de l'engagement qui les liait désormais à la France, jaloux des privilèges abusifs qui allaient leur échapper, ils continuèrent la lutte en préparant l'insurrection.

Les lenteurs et l'irrégularité du désarmement rendirent manifeste la complicité de Rainilaiarivony, qui dut être écarté du pouvoir peu de temps après l'entrée du général Duchesne à Tananarive. Quelques mois plus tard, dans la période des troubles déclarés, trois hauts personnages : Razanakombana, l'ancien ministre des lois; Razafimanantsoa, oncle de la reine, et Ravelonanosy, chef des castes nobles de l'Avaradrano, impliqués dans la rébellion, furent déportés. Ces mesures ne suffirent pas à convaincre les vieux Hovas de notre volonté d'établir d'une façon définitive notre domination dans l'île. Fidèles aux tendances historiques de leur parti, ils continuèrent la résistance à laquelle la reine, gagnée à l'insurrection et déjà compromise dans l'affaire d'Ambohimanga, offrait un point d'appui moral considérable.

Mesures prises contre le vieux parti hova.

Les renseignements déjà recueillis présentaient le prince Ratsimamanga, oncle de la reine, et le ministre de l'intérieur Rainandriamanpandry comme les protagonistes de la lutte contre la France. Au même rang qu'eux se plaçait la princesse Ramasindrazana, tante de la reine.

Borné, rapace, tout imbu des traditions féodales de la haute caste à laquelle il appartenait, Ratsimamanga s'était trouvé incapable de comprendre et d'accepter le changement que notre victoire apportait à l'ancien état de choses. Il ne pouvait non plus renoncer volontiers aux énormes profits qui, en quelques années, et grâce à l'élévation au trône de sa nièce, avaient fait de ce modeste marchand boucher un des plus riches personnages du royaume.

L'attribution à l'Etat des droits de péage qu'il percevait pour son compte personnel sur la route de Tamatave l'avait, en particulier, profondément aigri. Il était ainsi devenu, dans l'état-major de la rébellion, le représentant des opposants du parti noble. Excités par des émissaires, ses serfs d'Ambohimirimo, munis par ses soins de l'argent nécessaire à l'achat des armes, levèrent les premiers l'étendard de la révolte dans le Marovatana, puis dans le Vonizongo, où ils massacrèrent le jeune Garnier dès le mois de juin 1896. En même temps, il envoyait, d'accord avec Rainandriamanpandry, des instructions aux rebelles des provinces dont il désignait les chefs en leur indiquant le plan d'action qui avait pour premier objet le massacre de tous les colons répandus isolément dans l'île.

Rainandriamanpandry, notre vieil adversaire de 1883-1885, n'avait pas davantage pu se résigner à considérer la lutte comme complètement terminée par le traité du 1er octobre. Bien que prévenu de la conclusion de la paix, il n'en continua pas moins à prolonger dans les lignes de Farafate une résistance qui ne prit fin que par le mouvement tournant dirigé contre cette position par l'amiral Bienaimé. Fonctionnaire intelligent, actif et instruit, jouissant d'une influence personnelle considérable, il aurait pu rendre de réels services, si un attachement obstiné à la cause malgache ne l'avait rendu incapable de se rallier à nous. Il n'accepta la situation importante qui lui fut offerte que pour mieux nous combattre.

Dès que les premiers symptômes de mécontentement se manifestèrent dans le Nord, Rainandriamanpandry fut envoyé dans cette contrée en mission de pacification. Son voyage fut immédiatement suivi de la révolte à main armée de la région d'Ambatomainty, sous la direction du chef Ramahafinaritra. Peu après, tout l'Avaradrano était soulevé. De l'aveu même du chef insurgé Rabozaka, celui-ci avait été délégué, dès février 1896, par Rainandriamanpandry et Ratsimamanga pour prendre le commandement des contingents révoltés du Mandiavato. Rabozaka a fait connaître également les ordres qu'il avait reçus au moment où, parlant au nom de la reine, Ratsimamanga et Rainandriamanpandry dirigeaient le mouvement combiné qui devait concentrer autour de Tananarive les effectifs du Marovatana, du Sisaony et de l'Avaradrano. Rainandriamanpandry était toujours désigné dans la correspondance des insurgés sous le nom de « Ratiatanindrazana », le patriote.

Pendant ce temps, ce dernier essayait de dissimuler aux autorités françaises le véritable caractère de l'insurrection, en représentant les troubles comme de simples vols à main armée, de tout temps fréquents sur les frontières de l'Imerina. Enfin, sa complicité s'était aussi manifestée par les faits suivants. Il fit signer clandestinement à la reine et revêtir du sceau royal des lettres destinées au chef insurgé Rabezavana. Tandis que le prince Ramahatra, fidèle à ses serments d'obéissance aux autorités françaises, leur remettait les lettres reçues des chefs insurgés et notamment de Rabezavana, dans lesquelles celui-ci tenait les hauts fonctionnaires malgaches au courant des progrès de l'insurrection, le ministre de l'intérieur trompait la confiance qui était mise en lui en dissimulant ces renseignements et ces lettres.

Pour tous, il était le représentant attitré du patriotisme malgache, et les chefs de bande, dans leurs lettres et proclamations, ne le désignaient que sous le nom de « Ratiatanindrazana », le patriote.

Plus tard, lorsque des troubles éclatèrent dans la province de Bezanozano et qu'il s'agit d'envoyer un détachement armé pour les réprimer, Rainandriamanpandry fit arrêter ce corps de troupes à Antanamalaza.

Le 30 septembre 1896, au moment de ma prise de commandement à Tananarive, ayant convoqué les ministres et hauts fonctionnaires malgaches, je leur montrai que je n'ignorais pas leurs agissements :

« Je dois vous dire à ce sujet que je n'ignore pas que certains personnages malgaches en vue n'ont pas toujours gardé l'attitude que le gouvernement français est en droit d'attendre d'eux.

» J'espère que, dorénavant, chacun de vous servira loyalement et sans arrière-pensée les pouvoirs établis ; à cette condition je pourrai oublier le passé, mais je désire que tous les fonctionnaires malgaches sachent bien que, si d'une part je suis tout disposé à récompenser les serviteurs fidèles de la France et de la reine, je suis d'autre part fermement résolu à réprimer tout acte d'hostilité contre l'autorité française.

» J'ai à peine besoin de vous faire remarquer, messieurs, qu'il est de votre intérêt personnel de servir loyalement la France, car nous sommes définitivement installés à Madagascar, et le gouvernement de la République sera toujours heureux de récompenser les services qui lui seront rendus. »

Cet avertissement ne suffisait pas et les insurgés, s'enhardissant chaque jour, venaient mettre le feu à Andrainarivo, à un kilomètre de Tananarive, menaçant dans leurs proclamations, répandues dans la capitale elle-même, de mettre à mort tous nos compatriotes. Déjà, quelques jours auparavant, ils avaient incendié un groupe de maisons du faubourg d'Isotry, sur la route d'Ambohidratrimo. Le cercle de l'insurrection se resserrait de plus en plus étroit autour de la ville, où les colons s'attendaient chaque jour à un massacre général. Une plus grande mansuétude devenait dangereuse et eût pu amener la catastrophe finale.

Rainandriamanpandry et Ratsimamanga, convaincus de

rébellion et de haute trahison, étaient donc traduits devant le conseil de guerre et condamnés à mort le 12 octobre.

En même temps, la princesse Ramasindrazana était exilée. Energique et résolue, elle passait, à juste titre, pour être la personne de tête de la famille royale. Elle avait exercé de tout temps une influence marquée sur la reine Ranavalo, à laquelle elle était entièrement dévouée. En 1891, elle avait été compromise dans le complot ourdi par le fils aîné du premier ministre Rajoelina pour renverser son père, complot auquel la reine, impatiente de l'activité du dictateur, et fort peu attachée à son vieil époux, prêtait son consentement. Ramasindrazana s'était toujours distinguée par sa haine pour les Français.

Le premier ministre alors en fonctions, Rainitsimbazafy, ne semblait pas avoir trempé dans la rébellion, mais son âge avancé, son défaut d'activité et d'intelligence, un fonds persistant d'attachement aux anciennes traditions malgaches ne lui permettaient pas de rendre les services qu'on eût pu exiger de lui, dans la situation qu'il occupait. Plus que les souverains d'ailleurs, les premiers ministres, sous les titres divers qu'ils avaient portés de Rainihao à Rainilaiarivony, avaient symbolisé la résistance à l'étranger. D'ailleurs, notre action sur la cour et les fonctionnaires indigènes devant, à l'avenir, être aussi immédiate que possible, les fonctions de premier ministre n'avaient plus de raison d'être. Elles furent suspendues et supprimées en fait par arrêté du 11 octobre.

En même temps, la proclamation suivante était adressée au peuple malgache et affichée :

« Moi, général Gallieni, résident général par intérim de la République française à Madagascar, fais connaître à tous les habitants de l'île ce qui suit :

» De nombreux habitants sont en rébellion contre le gouvernement établi ; de hauts personnages de l'ancien gouvernement malgache et de la cour d'Emyrne ont favo-

risé et favorisent encore l'insurrection et le brigandage.
Il en résulte que les honnêtes gens et les travailleurs ne
peuvent, en paix, cultiver leur terres et se livrer au commerce.

» Le peuple est trompé par les chefs qui l'excitent au
fahavalisme; les classes inférieures en souffrent, tandis
que les chefs coupables étaient jusqu'ici à l'abri de la répression.

» J'entends que ces faits cessent et que tous, grands
comme faibles, rentrent dans le devoir. La justice est égale
pour tous et le gouvernement de la République française
vient d'en donner la preuve en abolissant l'esclavage.

» Les anciens esclaves, devenus libres, seront traités
avec la même bienveillance que les nobles, s'ils se conduisent honnêtement. Les nobles, s'ils se conduisent mal,
seront punis avec la même sévérité que les bourgeois et les
ouvriers.

» Je n'ai pas hésité à punir de hauts personnages convaincus d'avoir excité à la révolte, et je continuerai à agir
avec la même rigueur tant que l'ordre ne sera pas complètement rétabli. »

Toutes ces mesures montrèrent aux dirigeants et aux
fonctionnaires indigènes que notre justice savait atteindre
les coupables, quels qu'ils fussent, qu'une politique énergique succédait à une trop longue période de ménagements
et d'atermoiements; elles firent sur-le-champ rentrer dans
le devoir la plus grande partie des Malgaches qui se trouvaient dans le rayon de notre action. On put ainsi utiliser
l'influence des notables qui, quelques jours auparavant,
étaient plus ou moins ouvertement hostiles à notre cause.
Des missions composées d'anciens seigneurs féodaux, de
cadets, de chefs de mille, furent envoyées dans les diverses
provinces. Prévenus qu'ils ne seraient autorisés à rentrer à Tananarive qu'après la soumission des régions où
ils allaient opérer, ils acceptèrent en majorité leur tâche

avec résolution. L'action de ces émissaires, contrôlée et dirigée par les officiers français, contribua d'une manière très appréciable à déterminer le premier mouvement de la pacification et à provoquer des soumissions nombreuses.

L'exposé ultérieur des progrès successifs réalisés dans les diverses provinces montrera les rapides résultats obtenus grâce à l'organisation adoptée et aux mesures qui viennent d'être exposées. En ce qui concerne la politique à suivre vis-à-vis des classes dirigeantes et des hautes autorités malgaches, une courte période d'observation devait nous permettre de reconnaître si nous en avions fini avec la résistance occulte du parti nationaliste ou bien s'il était encore nécessaire de recourir de nouveau à des actes de rigueur.

Dès le début de l'état de siège, la reine avait été invitée à se transporter dans les centres les plus importants des environs de Tananarive pour exhorter personnellement ses sujets à la soumission envers l'autorité française. On constata bientôt que les rebelles, persuadés que Ranavalo, en parlant ainsi, ne faisait qu'obéir à nos ordres qui allaient à l'encontre de ses véritables sentiments, ne tenaient aucun compte de ses exhortations solennelles.

Les chefs rebelles, dans leurs proclamations, continuèrent d'invoquer ouvertement le nom de la souveraine, descendante des anciens rois, pour légitimer leur insurrection et encourager leurs fidèles à la prolongation de la lutte. Froissés dans leur orgueil par suite de leur éloignement du pouvoir, craignant pour leur fortune à laquelle la libération des esclaves avait porté un grand coup, les nobles et tous les personnages en vue restent irréductibles et sourdement opposants ; leur hostilité trouve un point d'appui au palais, où la reine, dont la soumission n'est qu'apparente, personnifie ces sentiments.

Dans la partie contenue mais non ralliée de la population, le maintien de la royauté laissait subsister un malentendu qui retardait son adhésion complète à notre cause. Pour les Malgaches réellement soumis, la cour restait l'incarnation des abus dont ils ont souffert. Elle leur paraît constituer un pouvoir inutile à côté de notre administration, dont ils reconnaissent déjà la supériorité et la justice ; son maintien est un non-sens pour des populations incapables de s'expliquer ce qui leur semble une manifestation incomplète de notre force. De là une situation anormale qui entrave la pacification, retarde le ralliement définitif des populations soumises. L'attitude antérieure de la reine ne laissait d'ailleurs aux populations aucun doute sur ses véritables sentiments et elles se rappelaient qu'une fois déjà, en 1896, elle avait été compromise par son entourage immédiat dans le complot d'Ambohimanga, point de départ de l'insurrection du Nord. Il fut avéré depuis que des lettres signées de son grand sceau, dont elle détenait seule les clefs, et poussant à l'insurrection, avaient été envoyées dans deux régions, et notamment dans le pays marofotsy, qui se souleva en masse.

Une mesure radicale s'imposait donc et la déposition de la reine fut décidée. Ranavalo, prévenue le 26 février à 8 heures du soir, quittait Tananarive à minuit et se trouvait le lendemain à midi en dehors des frontières de l'Emyrne sur la route de Tamatave, d'où un bâtiment de guerre la transportait à la Réunion. Pendant toute la route, la souveraine exilée avait été traitée avec les égards dus à son rang, et la colonie mettait à sa disposition une somme annuelle importante pour ses besoins et ceux de sa famille.

Une proclamation du résident général annonçait aux populations l'abolition de la royauté, leur exposait les bienfaits que leur avait déjà apportés notre administration et le programme de civilisation que la France s'apprêtait à remplir dans notre nouvelle possession. En même temps qu'elle assurait les habitants paisibles de notre bienveillance, cette proclamation annonçait aussi la ferme intention du chef de la colonie de continuer à user de rigueur à l'égard des révoltés et des fauteurs de troubles.

En même temps que la royauté, étaient supprimées les fonctions de premier ministre, dont le titre et les attributions, trace persistante de l'hégémonie hova, étaient incompatibles avec l'application de la politique de races; les biens du domaine royal étaient attribués à la colonie. Enfin, pour enlever à la population tout motif d'inquiétude et lui montrer notre désir de respecter ses traditions et ses coutumes dans ce qu'elles avaient de compatible avec les nécessités de notre politique, les lois indigènes de l'Imerina étaient déclarées maintenues dans celles de leurs dispositions non modifiées depuis notre occupation.

La chute de la royauté détermina chez les chefs des régions encore soulevées un profond découragement, en enlevant à l'élément patriote les dernières illusions qu'il pouvait conserver sur le maintien de l'indépendance malgache. Le crédit des chefs qui parlaient au nom de la souveraine se trouva de ce fait réduit à néant.

Aussi la période qui suivit immédiatement le départ de la reine fut-elle marquée par une recrudescence subite du nombre des soumissions. L'attitude générale des indigènes devint meilleure. L'empressement des fonctionnaires malgaches redoubla.

Loin de susciter des troubles, la suppression de la royauté acheva de ramener dans le devoir la masse indigène en supprimant ses dernières hésitations. Elle marque la fin de notre lutte contre le vieux parti hova et l'établissement définitif de notre influence. Une démarche significative des notables de l'Imerina traduisit, quelques jours après, ce nouvel état d'esprit. Ils demandèrent que les corps des anciens souverains, conservés dans la nécropole d'Ambohimanga, la vieille ville royale, fussent transportés à Tananarive. Il était d'un haut intérêt politique de donner satisfaction à cette requête, car les chefs insurgés rappe-

laient encore dans leurs proclamations le caractère sacré
des tombeaux royaux, autrefois vénérés dans la ville qui
fut le berceau de la monarchie hova. La translation des
restes s'accomplit sans incident ; elle fut entourée d'une certaine pompe qui prouva aux populations notre déférence
pour des sentiments et des traditions éminemment respectables. Par ailleurs, la suppression définitive du régime
auquel étaient soumis les Malgaches avant notre occupation
nous rallia complètement la majorité de la population, en
lui faisant apprécier la force de notre autorité, la supériorité de notre administration et l'esprit de justice et
d'égalité qui inspirait toutes nos décisions.

Quoi qu'il en soit, les mesures de rigueur prises contre
quelques-uns des personnages les plus compromis de l'ancien gouvernement malgache, ainsi que l'exil de la reine,
portèrent immédiatement leurs fruits et, dès les premiers
mois de 1897, on put considérer l'insurrection comme complètement maîtrisée sur le plateau central. Les chefs des
bandes insurgées, ne recevant plus leur mot d'ordre de Tananarive, vinrent se soumettre l'un après l'autre, et il me fut
possible dès lors d'user de générosité vis-à-vis de tous ces
hommes repentants et de leur montrer que, malgré leurs
crimes, malgré les assassinats commis sur plusieurs de nos
compatriotes, la France était clémente pour ses nouveaux
sujets. Les portes de la prison furent ouvertes, dans le
courant de mars, à tous les détenus pour raisons politiques ;
peu après, Rabezavana, l'assassin de Garnier et de ses
compagnons ; Rainibetsimisaraka, qui avait fait massacrer
Duret de Brie, Granet et les autres ; Rabozaka, le meurtrier
du Père Berthieu, et les divers chefs de bandes, furent
solennellement graciés par moi et simplement éloignés
pour quelque temps, à la Réunion. L'état de siège fut levé,
et, depuis le 3 mars 1897, le peloton d'exécution ne s'est
pas réuni une seule fois à Tananarive.

En somme, du fait de l'insurrection, 63 indigènes ont

été condamnés à mort par les divers tribunaux de Tananarive; 34 sous mon prédécesseur, auxquels il faut ajouter 6 assassins du pasteur Johnston, exécutés seulement le 23 octobre, et 23 sous mon gouvernement. De ces 63 condamnés, 34 l'ont été par le tribunal malgache, 9 par la cour criminelle et 20 par le conseil de guerre.

Nous avions d'ailleurs mis tous nos soins à nous attacher la masse populaire par des mesures destinées à lui montrer combien notre domination était plus bienveillante et libérale que celle que ses propres chefs avaient fait jusqu'alors peser sur elle.

Affranchissement des esclaves. — Mesures prises en leur faveur.

La libération des esclaves avait été l'acte le plus important accompli dans ce sens.

Il constituait du reste une mesure grosse de difficultés. La fortune mobilière malgache, surtout en pays hova, et l'organisation du travail agricole reposaient en grande partie sur l'institution de l'esclavage. On comptait au moins 300.000 esclaves en Emyrne, 100.000 dans le Betsiléo, 100.000 dans les autres provinces soumises aux Hovas. Evalués au taux légal, ils représentaient un capital de 75 millions de francs; on comptait parmi eux à peu près 125.000 travailleurs valides. A l'exception d'environ 20.000 porteurs, d'un petit nombre de marchands au détail, tous ces hommes étaient occupés aux travaux agricoles proprement dits ou à l'élevage.

Ces données permettent de se rendre compte du trouble profond que risquait de provoquer une modification subite du régime sur lequel reposait en partie l'organisation sociale et économique des régions de Madagascar où dominaient les Hovas.

Aussi, pendant la période qui suivit l'entrée de nos troupes à Tananarive, le résident général se borna-t-il à prendre quelques dispositions de nature à manifester les intentions restrictives du gouvernement de la colonie. Par ordre du 20 mai 1896, on supprima la perception des taxes à laquelle donnaient lieu officiellement jusqu'alors les transactions portant sur les esclaves. Des instructions officieuses interdirent leur mise en vente sur le zoma de Tananarive et sur les principaux marchés de l'Imerina. Un ordre du 20 août, rappelant la loi malgache du 6 juillet 1878, défendit de séparer de leurs parents les enfants âgés de moins de quinze ans, sous peine de confiscation des biens.

Ces diverses prescriptions ne modifiaient guère l'état de choses existant. Elles auraient eu, en d'autres circonstances, l'avantage de préparer peu à peu l'opinion malgache à un changement inévitable; mais, à l'époque où elles paraissaient, de tels atermoiements étaient devenus sans effet. L'insurrection s'était étendue à toute l'Imerina. De ce fait, la situation était renversée; autant il était inutile de chercher à ménager les Hovas, résolument hostiles, autant il était opportun de créer immédiatement dans la catégorie des libérés le noyau solide de nos partisans, la base de notre influence sur la masse populaire malgache. Bien que l'esclavage eût toujours gardé dans l'île un caractère familial qui avait prévenu l'antagonisme aigu des classes en présence, l'introduction de la civilisation européenne sur la côte Est et sur les hauts plateaux avait fait germer parmi les esclaves le désir inconscient de la liberté; l'abolition de l'esclavage ne pouvait donc manquer de les rallier immédiatement à notre cause.

Les instructions du département étaient d'ailleurs formelles : elles furent mises en vigueur par l'arrêté du 27 septembre 1896, et, depuis cette époque, je n'ai cessé, dans tous mes actes, dans toutes les mesures d'ordre politique prises, de m'appuyer franchement sur les anciens esclaves. Ceux-ci n'ont cessé d'ailleurs, dans toutes les

occasions possibles, de me témoigner leur reconnaissance
à ce sujet et, dans toutes mes tournées dans l'île, c'étaient
toujours les anciens esclaves, hommes, femmes et enfants,
qui se présentaient les premiers, portant des drapeaux tri-
colores et vêtus à la française pour montrer leurs sentiments de gratitude envers notre nation. Il s'est trouvé, en
somme, que la libération en masse des esclaves, si re-
doutée de quelques-uns, a été une excellente mesure politique, et c'est parmi eux que la cause française recrute
maintenant ses plus dévoués partisans.

Mais il restait à prendre les mesures nécessaires pour
que cette libération ne fût pas accompagnée des troubles
observés dans des circonstances analogues. Les pillages
partiels, le vagabondage, l'abandon des cultures, étaient
les principaux désordres à redouter.

Dès le 5 octobre, les instructions nécessaires furent
données aux gouverneurs principaux de l'Imerina pour
que les affranchis fussent classés, par groupes de mille, de
cinq cents et cent, sous des chefs de leur caste, suivant
l'ancienne organisation adoptée autrefois pour les classes
non nobles. En même temps, on organisa leur état civil en
permettant l'inscription rétroactive des mariages et des
naissances, que jusque-là les esclaves ne pouvaient faire
enregistrer (arrêté du 5 octobre 1896). Pour prévenir
l'abandon des travaux agricoles, ils étaient exhortés à
rester autant que possible au service de leurs anciens
maîtres, si ceux-ci consentaient à les engager dans des
conditions convenables. En fait, c'est à ce dernier parti
que se rangèrent la majorité des libérés. Ils continuèrent à
vivre comme par le passé sur les petites exploitations que
presque tous les maîtres leur avaient permis de se constituer sur leurs propres domaines. Ils se bornèrent à réclamer
une rémunération des services qu'ils rendaient autrefois
gratuitement en échange de cette tolérance.

D'un autre côté, devenus hommes libres, ils avaient

droit, comme ceux-ci, à la jouissance des terrains de culture communaux dont chaque village de l'Imerina est abondamment pourvu. Ils y trouvaient facilement les emplacements nécessaires à la création de champs, de nouvelles rizières ou de cultures secondaires. En résumé, par une évolution paisible, les esclaves agriculteurs prirent place sans secousse dans la catégorie des salariés, des métayers ou des petits propriétaires journaliers. Ceux d'entre eux qui se livraient aux transports et au commerce continuèrent leur genre d'existence. Les engagements dans la milice et les régiments de tirailleurs en formation fournirent aussi à bon nombre d'affranchis une occasion de s'employer. Enfin, on aurait pu redouter qu'une certaine partie des libérés, les vieillards et les infirmes, les enfants en bas âge, ne fussent brusquement privés des ressources que leur constituait la libéralité de leurs anciens maîtres. Mais, de tout temps, les familles hovas aisées avaient mis une sorte de point d'honneur à ne pas délaisser leurs serviteurs impotents. Ce sentiment subsista après l'abolition de l'esclavage.

Si, sur le premier moment, quelques maîtres renièrent les obligations que leur imposaient la tradition, ces exceptions furent rares. La solidarité existant en matière d'assistance mutuelle dans les corps de village contribua, d'un autre côté, à parer aux besoins urgents de quelques esclaves nécessiteux. Ces résultats satisfaisants furent pleinement constatés à la suite d'une demande de renseignements adressée aux divers commandants de cercle en vue de connaître le nombre d'indigents que l'administration pouvait avoir à secourir. Sauf à Tananarive même, où un certain nombre d'entre eux participèrent à plusieurs distributions d'argent et de vêtements, il n'y eut de dispositions à prendre dans aucune région.

La propriété des biens que les anciens esclaves tenaient de la libéralité de leurs maîtres donna lieu à quelques contestations. En droit coutumier malgache, ces donations étaient toujours révocables et l'article 4 de l'arrêté du 26 septembre avait sanctionné cette tradition spécifiant que ces biens pourraient être repris par les maîtres. Quelques rares procès intentés par des affranchis furent jugés dans ce sens, et ces sentences mirent fin à des revendications qui ne se sont pas renouvelées. Depuis, des mesures édictées dans la suite pour l'extension des cultures dans l'île, mesures développées dans la partie économique de ce rapport, ont augmenté dans la plus large mesure les facilités laissées aux affranchis pour se constituer une propriété.

En résumé, grâce aux dispositions prises, la libération s'accomplit sans amener aucun désordre criminel et même sans trouble économique appréciable.

Au point de vue politique, elle rallia immédiatement une fraction notable de la population des régions insurgées, et, je le répète, les nouveaux libérés s'empressèrent de témoigner leur reconnaissance de l'acte qui les faisait les égaux des autres Malgaches. Le gouverneur général, les commandants de cercle reçurent de nombreuses députations des affranchis venant exprimer leurs sentiments de gratitude et d'attachement envers la France. A différentes reprises, les libérés nous fournirent, en servant d'émissaires ou de guides, un utile concours dans notre lutte contre les insurgés. Leur bon esprit et leur fidélité ne se sont jamais démentis, et leur attitude a répondu pleinement aux espérances que nous pouvions concevoir en considérant leur affranchissement comme l'un des principaux moyens de rallier à notre cause la masse de la population malgache.

Mesures prises pour rallier à notre cause la masse de la population.

Ce ralliement, but essentiel de notre politique, fut, dès l'origine, l'objet de tous mes efforts.

Il importait, en premier lieu, d'assurer aux populations soumises une protection effective par un placement judicieux des postes créés dans les cercles, et qui, conformément au principe adopté, étaient constamment poussés vers les frontières des zones rebelles, de manière à garder le contact avec les insurgés et à protéger en arrière les villages paisibles. Ces mesures d'ordre militaire furent complétées par l'adoption du système des villages armés. Me basant sur l'expérience acquise au Soudan et au Tonkin, je n'hésitai pas à confier des armes à ceux des habitants restés neutres ou des soumissionnaires qui faisaient montre de dévouement. Au point de vue politique, on peut dire que cette preuve de confiance nous rallia les villages armés, maintenus, d'ailleurs, sous la surveillance de l'autorité militaire. Dans deux circonstances, le 28 décembre 1896 lors de l'attaque des bandes de Rabozaka sur Ambohimalaza, le 6 avril lors de l'incursion sur Imerimandroza d'un groupe des bandes de Rabezavana, c'est au concours des partisans des villages que nous dûmes la défaite ou la capture des insurgés, qui, après leur tentative inutile contre nous, furent poursuivis par les habitants et repris un à un jusqu'au dernier. La fidélité que montrèrent les populations de la région en cette circonstance fit décider la création d'un corps de partisans indigènes, qui rendit, quelques semaines plus tard, d'utiles services dans les opérations contre les rebelles du Nord.

En résumé, tout en nous permettant de ménager nos troupes, la création des villages et partisans armés nous gagna la sympathie des populations, auxquelles elle fournissait un moyen de protection immédiate et montrait la confiance que nous avions en elles.

En même temps que nous assurions la sécurité des habitants paisibles, il importait de préciser dans leur esprit le sentiment, encore assez vague pour eux, de leur nouvelle

Rap. d'ensemble.   4

nationalité. Des ordres furent donnés pour que le pavillon français fût arboré dans chaque village ou quartier. Dans le même ordre d'idées et indépendamment des instructions générales qui seront relatées dans l'exposé des mesures relatives à l'enseignement, un arrêté réserva, au bout d'un certain délai, les emplois administratifs rétribués aux seuls indigènes connaissant le français. Les fonctionnaires malgaches déjà titularisés furent avertis qu'ils devaient arriver à posséder suffisamment notre langue pour les besoins de leurs relations avec les autorités françaises, sous peine d'être remplacés par des candidats remplissant ces conditions.

Bien que le peu de temps écoulé depuis notre installation définitive à Madagascar nous obligeât à appliquer ces prescriptions avec certains tempéraments, on put immédiatement remarquer que les agents malgaches, à tous les degrés de la hiérarchie, s'appliquaient à y satisfaire avec empressement.

Deux mois plus tard (5 juin 1897), la suppression officielle de la fête du Bain, et son remplacement par la fête nationale du 14 Juillet, décidée sur la demande des notabilités de l'Imerina, montra, en même temps que les progrès déjà faits par l'idée française dans la population, notre ferme intention de voir cette population se familiariser au plus tôt avec les traditions de la métropole.

Pour affirmer nos principes d'égalité et pour donner à la caste hova, la plus nombreuse et la plus influente, une satisfaction depuis longtemps désirée, les droits et privilèges des seigneurs féodaux (tompomenakely) furent supprimés par arrêté du 17 avril 1897.

Ces seigneurs féodaux, comme les nobles d'avant 1789 en France, possédaient une autorité considérable sur leurs terres. Ils exigeaient des redevances supportées impatiemment par leurs sujets. L'abolition de ces privilèges, en nous attachant leurs anciens vassaux, soumettait, en outre, au régime commun de vastes terrains propres à la colonisation. Quelques nominations de fonctionnaires faites parmi les affranchis et les membres de la caste noire (mars 1897) servirent encore à montrer à la masse malgache que la France ne voulait plus tenir aucun compte des anciennes distinctions.

Des créations importantes permirent, en outre, d'affirmer aux yeux des Malgaches le caractère bienveillant de notre domination. La fondation de l'École *Le Myre de Vilers* dans l'ancien palais de la reine (arrêté du 2 janvier 1897) me fournit l'occasion de faire ressortir à leurs yeux le souci que prenait la France de leur progrès intellectuel et moral. La formation dans cette école d'une section de candidats aux fonctions officielles leur montra notre désir de laisser aux indigènes une part effective dans l'administration du pays, de les voir s'élever à des situations importantes, non plus, comme autrefois, grâce à l'appui d'une faveur vénale, mais par leur propre mérite, sans qu'il fût fait entre eux aucune distinction d'origine ou de religion.

De même, la création de l'École *professionnelle* (17 décembre 1896) avait prouvé aux Malgaches notre sollicitude pour les artisans et les ouvriers d'art. Dans un ordre d'idées analogue, la fondation de l'École *de médecine indigène* (11 décembre 1896), avec son annexe, l'*hôpital malgache*, mit dans nos mains l'un des principaux moyens d'influence dont puissent disposer les Européens vis-à-vis des populations indigènes moins civilisées qu'eux.

Antérieurement, le gouverneur de la colonie avait déjà usé du puissant moyen d'influence que donne l'administration régulière de la justice sur les peuples demi-barbares qu'il s'agit de gagner à une civilisation plus élevée.

L'arrêté du 15 octobre 1896 avait organisé la justice criminelle dans les territoires militaires. Il fut complété par

un acte analogue, en date du 9 novembre, organisant la
justice civile. Les dispositions fondamentales de ce document plaçaient les tribunaux indigènes sous le contrôle ou
la direction des autorités françaises. Les résultats ainsi
obtenus furent des plus satisfaisants, comme le constata
M. le procureur général Dubreuil, quelques mois plus
tard, dans son rapport de tournée en date du 15 mars 1898.
Ce haut fonctionnaire s'exprimait ainsi :

« Les tribunaux indigènes ont assez peu d'affaires. Les
crimes de droit commun sont rares. Les troupeaux de
bœufs qui campent dans la campagne sont assez souvent
l'objet de coups de main, mais ces enlèvements peuvent
être presque toujours réprimés.

» Quant aux vols ordinaires, leur nombre a sensiblement décru avec la disparition de la famine.

» La récolte du riz est commencée. L'activité renaît de
toutes parts, stimulée par les vigilants efforts des officiers
qui administrent le pays, et, au milieu des ruines encore
apparentes qu'a laissées l'insurrection, les habitants se
ressaisissent et travaillent à préparer les richesses futures.
Déjà, d'ailleurs, l'argent des impôts afflue aux caisses du
gouvernement. L'ordre est absolument rétabli partout. Le
relèvement des temples et des églises, la grande fréquentation des écoles, l'animation des marchés, sont autant de
signes qui en témoignent.

» Dans les villages de la ligne d'étapes, il règne une
réelle activité commerciale. Sur cette même ligne d'étapes,
on trouve des cases confortables pour se loger. Les officiers,
fidèles interprètes du gouverneur général, se mettent com-
plaisamment à la disposition des voyageurs, quels qu'ils
soient, et leur procurent tous les renseignements dont ils
peuvent avoir besoin au cours de leur route.

» Aussi bien, les voyages sont devenus plus faciles ; des
chemins nouveaux décrivent des lignes rouges sur les
flancs des collines et permettent de s'orienter dans ce chaos.

de montagnes, de cirques et de vallées qui forme la partie centrale de Madagascar. De plus, l'Européen qui voyage se sent pleinement rassuré par la solide organisation qu'il a sous les yeux et ressent l'impression qu'il n'a plus à prendre lui-même de précautions pour sa personne ou pour ses biens. De son côté, la population paraît accepter le nouvel état de choses et comprendre qu'il sera durable. Elle ne songe plus, dans cette période de réparations et de renaissance, qu'à travailler.

» Cette situation me paraît expliquer la rareté des procès. En tout cas, les diverses juridictions fonctionnent normalement. Les officiers chargés de la justice s'attachent à bien observer les prescriptions locales, ainsi que celles de nos arrêtés, et à les faire observer par les gouverneurs indigènes. C'est du reste à ces derniers qu'incombe la tâche de faire exécuter les jugements. »

Les officiers administrateurs, chargés des fonctions judiciaires, surent inspirer aux populations la confiance dans l'impartialité de notre justice, si différente de l'ancienne justice hova. Ils contribuèrent notablement, dans l'exercice de cette branche du service, à modifier à notre avantage l'état d'esprit des Malgaches.

Un résultat analogue fut obtenu par les précautions prises pour éviter aux contribuables les exactions qui résultaient autrefois pour eux de la perception des impôts. L'exposé du système adopté en matière de contributions appartient à une autre partie de ce rapport. Au point de vue politique, les mesures suivantes furent prises pour démontrer à la masse malgache notre volonté de la traiter avec la plus bienveillante équité. Les arrêtés créant ou régularisant des taxes étaient publiés et commentés dans le journal indigène le *Vaovao*, de manière à mettre, autant que possible, l'ensemble des contribuables en mesure d'apprécier et de vérifier au besoin le montant net des quotités exigées d'eux. Certains impôts importants, tels que les

taxes sur les marchés, furent portés à la connaissance
des populations par voie d'affiches apposées aux endroits
mêmes où ils devaient être perçus. Tout versement effectué,
toute prestation accomplie dut être inscrite pour décharge
sur une feuille *ad hoc* du livret dont tout Malgache était
muni.

Je recommandai aux chefs de province la surveillance la
plus sévère à l'égard des agents indigènes chargés de la
perception. Quelques sentences, dont deux frappèrent un
sous-gouverneur et un juge de Tananarive, apprirent aux
fonctionnaires malgaches que la concussion et la vénalité
d'antan seraient impitoyablement réprimées par les autorités françaises.

Il n'a échappé à aucun moment à l'administration de la
colonie que les mesures d'assistance publique, sous leurs
diverses formes, constituaient l'un des moyens de témoigner
de la manière la plus directe de notre intérêt à nos nouveaux sujets. Les solennités publiques, en particulier la
fête nationale du 14 Juillet, ont toujours comporté dans leur
programme d'abondantes distributions d'argent ou de vêtements aux nécessiteux. Dès le 16 décembre 1896, un hôpital indigène fut créé à Tananarive. Plus tard, des infirme-
ries-ambulances s'organisèrent de manière que la population indigente des provinces trouvât dans ces formations
sanitaires les soins indispensables. L'arrêté du 15 juin 1898
a prévu la formation d'un hôpital indigène dans chacune
des circonscriptions de l'Imerina.

Trois de ces établissements ont déjà été installés à l'heure
actuelle. Un hospice spécial pour varioleux a fonctionné à
l'effectif de deux cents malades pendant la dernière épidémie qui a sévi sur Tananarive. En attendant l'ouverture
de l'institut vaccinogène dont la construction va commencer, de nombreuses tournées de vaccinations ont été
faites, soit par les officiers du corps de santé des colonies,
soit par des praticiens indigènes payés par l'administration.

Dans d'autres circonstances, des dégrèvements d'impôts ont été accordés aux villages particulièrement éprouvés par l'insurrection; ces localités ont reçu également dans les divers cercles les semences nécessaires à la remise en culture des rizières; grâce à une entente avec les services administratifs, il a été même possible de leur prêter les troupeaux de bœufs nécessaires au piétinage de ces terres, troupeaux que les cercles remboursaient en nature au fur et à mesure des besoins de la consommation des troupes.

Les agriculteurs indigènes ont également reçu une précieuse marque d'intérêt dans l'institution des comices agricoles, où de nombreuses récompenses honorifiques et pécuniaires ont été attribuées aux plus méritants d'entre eux. Le respect des droits de propriété des indigènes, la facilité de s'en créer de nouveaux, constituent sans contredit l'une des plus importantes considérations dont il y ait à tenir compte dans la ligne de conduite à suivre en vue de la pacification et du ralliement de la masse populaire. Cette considération était surtout importante à Madagascar, où une évolution rapide avait déjà développé le sentiment de la propriété individuelle en le dégageant de l'instinct de collectivité.

La loi foncière du 9 mars 1896, en stipulant que les indigènes conservaient à titre définitif la propriété des terrains cultivés ou couverts de constructions par leurs soins, avait avantageusement prévenu les craintes que pouvait inspirer notre conquête aux possesseurs effectifs du sol. La loi sur l'immatriculation, en simplifiant et rendant aussi peu coûteuses que possible les formalités indispensables à la constatation légale de la propriété, a offert aux indigènes un moyen pratique d'obtenir des titres incontestables; les nombreuses demandes qu'ils ont adressées au service des Domaines prouvent indiscutablement qu'ils ont apprécié cette disposition nouvelle.

En ce qui concerne la propriété ou l'usage collectif de

certains terrains, il a paru indispensable de ménager les indigènes, qu'un trouble subit apporté dans leurs habitudes agricoles aurait rendus hostiles aux entreprises de nos colons. Aussi le principe des réserves indigènes formulé à diverses reprises, et notamment dans la circulaire du 20 juillet 1897, a-t-il été largement appliqué.

Ces mesures ont été complétées par les dispositions indiquées dans la circulaire du 19 novembre 1898 au sujet de l'extension des cultures ; cet acte indique les procédés simplifiés : lotissement, inscription unique à l'aide de laquelle tout indigène peut se constituer une propriété qui devient définitive, sans autres frais, du seul fait de trois ans de culture ininterrompue. En régularisant un des procédés traditionnels de l'appropriation du sol, on a offert à l'ensemble de la population malgache des facilités d'acquisitions foncières qui, au point de vue politique, ne peuvent que produire d'heureux résultats, en augmentant la stabilité des indigènes et leur montrant notre préoccupation de leurs intérêts matériels.

Tel est l'ensemble des mesures à l'aide desquelles l'administration de la colonie a essayé depuis deux ans de rallier à notre cause la masse d'abord soumise par nos armes. L'observation attentive de l'état d'esprit de nos nouveaux sujets permet de constater que ces efforts n'ont pas été vains. Bien que sortant à peine de la situation critique créée à Madagascar par la campagne et l'insurrection, ils apprécient dès maintenant le progrès matériel et moral dont les fait bénéficier notre bienveillante tutelle. Continuer à l'égard des populations ralliées ou réduites la politique dont les principaux moyens viennent d'être exposés, l'appliquer aussitôt que les circonstances le permettront aux régions encore insoumises, telle est la ligne de conduite que l'expérience déjà faite indique en vue de consolider et de généraliser les résultats obtenus. Fermeté, justice et bienveillance, tels sont les principes qui m'ont toujours guidé dans mes relations vis-à-vis des indigènes, à quelque race qu'ils appartiennent et sous quelque latitude qu'ils se trouvent.

B. — Question religieuse.

Idées générales des Hovas en matière religieuse.

Le Hova, en tant que converti, mérite une étude spéciale, à défaut de laquelle il serait difficile d'apprécier le caractère et la portée des luttes religieuses à Madagascar.

Selon M. Martineau, il faudrait débuter par une constatation de nature à troubler singulièrement l'optimisme des appréciations que des observateurs, systématiquement bienveillants ou insuffisamment documentés, ont pu émettre en la matière. « Il n'est pas de pays au monde, a dit cet explorateur, qui soit plus rebelle à toute idée religieuse que Madagascar. Malgré les statistiques les plus convaincantes en apparence, il est certain que les Hovas sont tout à fait indifférents en matière de religion. »

Leur histoire nous montre que la masse Hova, insensible à l'enseignement ainsi qu'à l'exemple des missionnaires, n'a jamais fait que suivre dans son mouvement de conversion les indications de ses dirigeants. Ceux-ci, de leur côté, étaient exclusivement déterminés soit par des nécessités politiques, soit parfois même, suivant des informations non invraisemblables, par des motifs d'ordre moins relevé.

Les premiers missionnaires, les méthodistes anglais, arrivèrent à Tananarive en 1818. Leur séjour ne fut autorisé que par suite des considérations que faisait prévaloir dans l'esprit de Radama Iᵉʳ l'alliance nouvellement conclue avec la Grande-Bretagne. Radama n'apprécia d'ailleurs que la partie purement utilitaire de l'œuvre que pouvaient accomplir ces nouveaux apôtres. S'il toléra qu'ils apprissent à ses sujets la lecture, l'écriture, les arts manuels, il

ne se prononça pas en faveur de la propagation du christianisme. Il resta personnellement attaché aux pratiques
superstitieuses de sa tribu ainsi que les grands et le peuple
qui, alors comme toujours, garda l'attitude de ses chefs.

Aussi est-ce seulement après l'autorisation officielle de
recevoir le baptême, donnée par Ranavalona Ire en 1831,
que les prédications des missionnaires commencent à porter leurs fruits. Mais, dès l'année suivante, la capricieuse
reine revient sur sa décision et défend la conversion
des officiers et fonctionnaires. Quatre ans plus tard, elle
expulse les missionnaires.

Les populations malgaches, soustraites à toute influence
étrangère, devaient pendant trente ans devenir indifférentes à toute idée chrétienne.

L'avènement de Radama II, en 1861, fut le signal d'une
nouvelle variation. L'intimité du nouveau roi avec le consul
Laborde était de nature à produire dans l'esprit des Malgaches l'impression que le prince était plutôt favorable
aux catholiques. La conclusion du traité franco-malgache
du 12 septembre 1862 assurait aux missionnaires français la liberté de la prédication, avantage qui n'était pas
encore reconnu à d'autres sous une forme aussi solennelle.
Aussi la mission catholique traversa-t-elle sous le régime
de Radama l'une des plus heureuses périodes de son œuvre. Elle compta rapidement des adhérents nombreux et
haut placés. Les populations de l'Imerina, autrefois prêtes
à suivre les méthodistes si Radama Ier et Ranavalona Ire
l'eussent désiré, allaient, avec une conviction toujours
égale, se ranger en majorité sous la direction des jésuites.

La révolution qui coûta à Radama II le trône et la vie
amena aussi un revirement religieux. Ravoninahitrimiony,
Rainilaiarivony et les principaux chefs malgaches comprirent, quelles que fussent leurs convictions intimes à
l'égard des idées et des religions européennes, qu'il leur
était devenu impossible de chercher à garder leur peuple

dans l'isolement jaloux où l'avait maintenu Ranavalona Ire.
Au temps de l'opposition complète à toute ingérence
étrangère avait succédé celui de la politique « de bascule »
entre les deux nations européennes que Madagascar semblait plus particulièrement intéresser.

Il s'agissait seulement du choix de l'influence à subir.
Comme l'Angleterre était à ce moment en faveur, l'œuvre
de ses missionnaires allait bénéficier, à son tour, des ver-
satilités de la politique de la cour d'Emyrne : le traité du
21 juin 1865 accorda à ceux-ci liberté de prédication.

Libres de se convertir, les Hovas devinèrent facilement
les préférences officielles que leur indiquait de la manière
la plus ostensible le baptême de la reine Rasoherina et du
premier ministre Rainilaiarivony, célébré le 21 février 1865.
Cette démarche eut ses conséquences logiques. Le peuple
suivit en masse la souveraine et le puissant dictateur.
« En deux ans, dit un auteur contemporain, les réunions
chrétiennes devinrent dix fois plus nombreuses qu'elles
n'étaient. » Les représentants des missions méthodistes ne
se trompèrent pas d'ailleurs sur le caractère de cette fer-
veur aussi soudaine que peu convaincue. L'un des plus
autorisés d'entre eux en a exposé la cause avec une sincère
clairvoyance. « La grande majorité de ces nouveaux convertis, a dit M. le pasteur Sibree, étaient seulement chrétiens parce que le gouvernement favorisait le christianisme, et ils fussent devenus probablement catholiques
romains ou même mahométans avec une égale promptitude
si leurs chefs eussent favorisé ces sortes de religions. »

Cette appréciation d'un homme d'une irrécusable compétence témoigne avec une suffisante éloquence du point
de vue tout intéressé des Hovas à l'égard des religions
européennes, dont l'adoption n'a jamais été pour les chefs
et pour le peuple qu'une question de politique ou d'intérêt privé.

D'autre part, M. Henry Clark écrit ce qui suit dans le

29ᵉ rapport annuel de la *Friends Foreign Mission Association* :
« The want of moral blackbone in the Christians. Their
habit of saying no or yes, when no or yes should be said, is
most lamentable, and one is obliged to query : How can
such a people go forward in the path of Holyness, justice
and truth ? »

Le fait s'explique : de telles croyances sont en effet hors
de la portée de la race. Comme tous les jaunes, le Hova est
inaccessible aux idées théologiques, métaphysiques ou
morales qui sont les bases des religions chrétiennes. Essentiellement utilitaire, son intelligence ne s'applique
qu'aux objets matériels; les conceptions spéculatives lui
répugnent ou plutôt lui demeurent complètement étrangères.

Héréditairement soumis au despotisme arbitraire de ses
chefs, habitué à considérer comme faisant partie de l'ordre
naturel des choses les caprices de la force, le Hova n'a
jamais songé à prévoir, dans un au delà mystérieux, le
triomphe final d'une justice suprême récompensant chacun
selon son mérite. Un tel idéal suppose, outre l'idéal d'un
droit absolu, la notion de l'immortalité qui, pour le Malgache, se borne à une survie partielle, simple persistance
temporaire de l'existence d'ici-bas considérablement améliorée.

Rendre cette existence terrestre le plus agréable possible
par tous les moyens possibles, telle est la seule philosophie
du Hova, et aussi sa morale. La dignité personnelle, le sa-
crifice désintéressé, le respect du droit d'autrui uniquement basé sur ce droit en l'absence de toute sanction matérielle, sont choses qu'il ne connaît pas.

En un mot, rien ne prédisposait le Hova à recevoir
l'empreinte chrétienne, et, malgré les apparences, on ne re-
trouverait encore dans le domaine intime de ses sentiments
et de sa conscience que les idées traditionnelles laissées
par les ancêtres.

Il a gardé le respect et le culte des morts. Protestant ou catholique, il laisse accomplir les rites funéraires de sa nouvelle religion, mais garde aussi ceux du passé. Comme autrefois, il croit à la post-existence des décédés, à leur intervention utile ou nuisible dans les affaires humaines, aux bons et aux mauvais esprits. Il continue à consulter le sort, garde sa confiance à l'astrologie rudimentaire que lui apprirent les Arabes, aux fétiches et amulettes qui lui viennent des peuplades du Sud. Voilà, brièvement résumé, le fond solide de sa croyance, resté intact sous le vernis d'un christianisme de fraîche date.

De tels faits sont d'exemple journalier. Pour ne citer qu'un des plus remarquables, on sait que, pendant la marche de la colonne légère sur Tananarive, en septembre 1895, le premier ministre faisait tous les jours consulter les sorciers sur l'issue de la lutte qui allait s'engager. Rainilaiarivony était pourtant l'homme qui avait ordonné de brûler les idoles et interdit les pratiques superstitieuses. Plus que tout autre, il avait poussé le peuple qu'il dirigeait à embrasser le christianisme ; il avait même fondé une église chrétienne d'Etat dont il était le chef. Après un tel exemple, que penser de la fermeté des convictions des simples fidèles ?

Plus récemment encore, la réaction antireligieuse qui a accompagné l'insurrection a montré combien sont vivaces les anciennes superstitions et peu incarnées les doctrines nouvelles. Les chefs insurgés, cherchant à réveiller les souvenirs locaux, trouvèrent les populations prêtes à revenir aux anciennes croyances et n'eurent aucune peine à leur persuader de brûler temples, églises, livres de prières et d'instruction, confondus dans la même haine que les étrangers qui en avaient introduit l'usage. Dans leurs premières rencontres avec nos troupes, les rebelles, pourtant chrétiens depuis longtemps, montrèrent leur confiance absolue dans les amulettes dont ils étaient porteurs, en

venant à bout portant affronter les feux de salve, intrépi-
dité qui n'est certes pas dans les instincts de la race et
qu'expliquait seule la foi aveugle retrouvée, à la moindre
excitation, en des superstitions qu'on croirait à tort abolies
ou même entamées.

Un tel état d'esprit explique facilement que l'ancienne
morale hova, sans trop médire de nos nouveaux sujets —
on sait ce qu'il faut entendre par là — ait intégralement
persisté sous les allures d'une correction superficielle
qu'affecte facilement un peuple aussi dissimulé. Le très
faible accroissement constaté dans l'élévation du niveau
moral forme, avec l'énorme augmentation numérique des
convertis, un contraste qui s'explique par l'indifférence
radicale conservée au fond par les Hovas à l'égard des
cultes dont ils sont officiellement et en apparence les
adeptes pratiquants.

La facilité avec laquelle ils passent de l'une à l'autre des
diverses sortes de religions établies dans l'île est une preuve
convaincante de la mollesse de leurs convictions. De tout
temps, les missionnaires ont constaté la fâcheuse versatilité
de leurs ouailles. Tous se sont plaints qu'un modeste ca-
deau, une insinuation adroite, un simple caprice leur enlè-
vent brusquement des adeptes, que les mêmes causes leur
ramènent souvent avec une égale facilité. Tous ont observé
surtout que le Hova hésite rarement devant une apostasie
que semble lui commander son intérêt.

Quels qu'en soient les motifs, de tels changements sont
fréquents, tant dans le peuple que dans les classes où une
situation et une instruction supérieures sembleraient devoir
rendre ces volte-faces moins faciles.

Que conclure de ces faits? Tout en reconnaissant le mérite et le dévouement des hommes qui consacrent une
existence toute de travail et d'abnégation à l'instruction
religieuse des Hovas, on ne peut s'empêcher de constater
les difficultés énormes qu'opposent à leur apostolat le tem-

pérament de la race, le peu de résultats réellement obtenus malgré des efforts et des sacrifices considérables déjà faits jusqu'ici. Incapables de s'élever à la connaissance et à la pratique des religions chrétiennes, attachés par instinct et par amour-propre à leurs anciennes croyances, prêts par vanité à adopter, parmi les idées que leur apportera la civilisation, celles qu'ils croiront être les plus avancées, peu disposés par tempérament à accepter une règle morale, les Hovas voient surtout dans le choix d'une religion une question de mode ou d'intérêt. En cette matière, ils cherchent surtout à suivre les préférences vraies ou supposées telles de l'autorité. Aussi les missionnaires des divers cultes qui, mieux que personne, connaissent cette tendance, s'efforcent-ils, par tous les moyens, sinon d'acquérir, du moins de paraître obtenir l'appui officiel, d'arracher à l'administration pour eux ou leurs ressortissants les apparences d'une situation privilégiée. Tous estiment que l'administration manque d'impartialité si elle ne favorise leur culte, et c'est au nom de la neutralité violée qu'ils tentent incessamment de la faire sortir de cette neutralité qu'ils semblent réclamer. De là résulte une situation des plus délicates, dont l'exposé qui suit fait ressortir les difficultés passées et actuelles.

Ces difficultés, les troubles provoqués dans les populations et les embarras créés à l'autorité par les rivalités confessionnelles des missionnaires européens et indigènes, étaient, lors de mon arrivée dans la colonie, loin d'être nouveaux ; l'importance qu'ils présentaient ne peut être appréciée, indépendamment des considérations déjà développées, qu'à l'aide de quelques renseignements historiques sur les partis en présence et sur leur situation respective au moment de l'annexion de l'île.

Lutte entre les missions catholiques et protestantes
(antérieurement à l'occupation).

Action des missions étrangères à Madagascar, où elles, finissent par exercer une sorte de protectorat officieux.

Poursuivie, avec des fortunes diverses, de 1818 à 1835, interrompue de 1835 à 1861, l'œuvre des missions établies à Madagascar ne prit un certain développement qu'à partir de cette dernière date. Les diverses conventions internationales conclues par le gouvernement hova, principalement le traité franco-malgache de 1868 et le traité anglo-malgache de 1865, stipulèrent la liberté du culte et de la prédication. Il s'établit entre les missions une libre concurrence dans laquelle l'une d'entre elles, la London Missionary Society, ne tarda pas à prendre l'avantage. En 1869, la conversion du premier ministre Rainilaiarivony et de la reine Ranavalo II entre les mains des pasteurs de cette Société fait de leur culte une sorte de religion d'État. Cet événement assura à la Société des missions de Londres une situation exceptionnelle au point de vue religieux, et il semble même que, dès l'origine, un certain nombre de membres de cette mission sortirent de leur rôle purement religieux et humanitaire pour exercer, au point de vue politique, une influence appréciable sur le gouvernement malgache. Cependant, ceux-ci s'en défendent et prétendent que ceux de leurs missionnaires qui s'étaient mis à la disposition de la cour d'Emyrne pour un but étranger à celui de leur œuvre étaient aussitôt exclus de leurs rangs. Quoi qu'il en soit, la libération des Mozambiques en 1876, l'introduction dans la législation malgache de 1881 des articles relatifs à l'enseignement, à la prohibition de la culture de l'opium, montrent, entre bien d'autres preuves, la participation directe des « Indépendants » (1) aux principaux actes du gouvernement hova. L'installation contestée de notre

---

(1) Nom donné aux membres de la London Missionnary Society.

protectorat en 1886, après une guerre que les Malgaches étaient décidés à soutenir de nouveau au besoin, ne modifia pas cette situation. La mission de Londres sembla même plus que jamais écoutée, et son influence ne cessa de s'accroître. On peut donner une idée de la situation qu'elle avait acquise par les chiffres suivants :

A la fin de 1895, la « London Missionary Society » comptait en Imerina près de 900 communautés, 240.000 adhérents, 36.000 élèves ; dans le Betsiléo, 499 communautés ; dans le reste de l'île, 129, avec, approximativement, 100.000 adhérents et 20.000 élèves. Ajoutons, pour donner toute leur valeur à ces chiffres, que, parmi ses adhérents et ses élèves, figuraient les membres et les enfants de toutes les hautes familles malgaches ; que tous les emplois officiels, les postes importants, étaient occupés par des adeptes et des créatures des « Indépendants ».

Parmi les missions protestantes, immédiatement après la London Missionary Society, venait, par ordre d'importance, la mission norvégienne, qui représentait le culte luthérien. Elle était principalement établie dans le Vakin'-Ankaratra, dont un accord avec la London Missionary Society lui réservait exclusivement l'évangélisation. Elle comptait, à la fin de 1895, environ 500 communautés, 35.000 élèves inscrits et près de 50.000 adhérents. Elle n'avait pas recherché une influence politique que l'éloignement de Tananarive de ses centres d'action lui aurait difficilement permis d'exercer. Obligée d'ailleurs de se ménager la faveur des hautes autorités malgaches, unie à la London Missionary Society par la convention mentionnée plus haut, par leur lutte commune contre les catholiques, elle ne pouvait qu'obéir, dans une mesure plus ou moins étendue, aux tendances de cette Société.

L'établissement de notre influence dans l'île fut d'ailleurs, par suite de sympathie nationale, accueilli favorablement par les missionnaires norvégiens.

Mais il n'en fallait pas moins considérer que trente années d'une occupation laborieuse leur avaient acquis dans le Vakin'Ankaratra et une partie du Betsiléo une influence locale qu'ils ne pouvaient que difficilement se résigner à voir diminuer.

La Société des Amis (*Friends Foreign Mission Association*) comptait 147 écoles avec 9.465 élèves.

Arrivée à Madagascar assez tard, elle s'était bornée à l'enseignement afin de ne pas entrer en concurrence avec les autres missions protestantes. Malgré ses relations avec la London Missionary Society, elle semble s'être presque toujours tenue en dehors des questions d'ordre politique et ses membres ont paru devoir accepter volontiers la nouvelle situation créée par notre occupation de l'île.

On peut porter la même appréciation sur les « Anglicans » (Société pour la propagation de la foi). Les statistiques manquent pour apprécier leur œuvre, peu étendue d'ailleurs ; au point de vue politique, il convient de noter leur réserve correcte.

Ils se bornaient à entretenir des relations cordiales avec le gouvernement malgache, dont ils n'avaient acquis aucun avantage spécial.

Caractère politique de la lutte entre les missions britannique et française.

Enfin restaient les missions catholiques dirigées par les jésuites. Après une courte période de faveur sous Radama II, elles n'avaient pas tardé à être entravées dans leur développement par l'influence prépondérante prise par la London Missionary Society en 1869. La conversion de la reine et du premier ministre avait éloigné de la religion catholique la plupart des personnages influents ; une interprétation partiale des lois sur l'enseignement entravait leur propagande scolaire ; malgré tout, la mission catholique avait été pour les Sociétés étrangères un antagoniste sérieux.

La mission catholique comptait, à la fin de 1895, 17.000 élèves dans l'Imerina, 10.000 dans le reste de Madagascar et environ 136.000 adhérents. Elle considérait que, pendant de longues années, elle avait été la victime, sinon d'une hostilité ouverte, au moins d'une partialité systématique ; elle comptait sur la situation créée par la conquête pour voir se rétablir l'égalité autrefois rompue, espérant bien en outre que le fait seul du passage du pouvoir dans les mains de ses compatriotes affermirait son prestige et étendrait son influence.

Tel était l'état d'esprit des missions rivales et leur situation au moment de la conquête.

Pendant l'essai de protectorat qui précéda l'établissement du régime militaire, une première mesure eut pour effet de modifier les lois de l'enseignement dans un sens plus favorable à l'égalité des confessions en présence ; mais ce fut un fait isolé, les progrès de la révolte ayant créé d'autres préoccupations au pouvoir.

En même temps, les troubles insurrectionnels, donnant aux secrètes rancunes des Malgaches une occasion de se produire et de se satisfaire, n'avaient fait qu'augmenter les dissensions qui existaient déjà entre les adhérents des divers cultes.

Les missionnaires eux-mêmes s'étaient de plus en plus engagés dans la lutte, et on avait eu à reprocher à certains d'entre eux une immixtion fâcheuse dans des matières d'ordre administratif ou judiciaire. Tel avait été le cas de prêtres et pasteurs réclamant directement à certains villages des indemnités pour des dommages causés à des édifices religieux.

Il était nécessaire en premier lieu d'affirmer la neutralité absolue du pouvoir en matière confessionnelle. C'est à ce but que répondait la circulaire très nette du 5 octobre 1896, qui s'exprimait ainsi :

« Je n'ai pas besoin de vous recommander de conserver la plus stricte neutralité en matière religieuse. Les instructions de M. le ministre des colonies sont formelles sur ce point, et nous devons nous inspirer, à ce sujet, des larges idées de tolérance qui sont dans les traditions de notre pays et que la France a su introduire dans toutes ses possessions d'outre-mer. Vous devrez donc témoigner une égale bienveillance aux prêtres et aux pasteurs, mais en leur faisant en même temps comprendre que, s'ils veulent étendre leur action en dehors du domaine spirituel, ce n'est qu'à condition qu'ils nous fournissent leur concours pour l'œuvre de civilisation et de pacification que nous avons entreprise à Madagascar. Tous actes, toutes paroles qui seraient de nature à nuire au prestige et à l'influence du nom français entraîneraient aussitôt la fermeture du bâtiment religieux où le fait aurait eu lieu et la punition du coupable.

» La question des écoles en dehors de celles des missions proprement dites doit appeler très particulièrement aussi votre attention. Madagascar est devenue aujourd'hui une terre française. La langue française doit donc devenir la base de l'enseignement dans les écoles de l'île. De plus, nous devons tenir la main à ce que l'ensemble des programmes d'enseignement soit remanié de manière à se rapprocher autant que possible de ceux de nos écoles similaires. Ces programmes devront naturellement être établis d'une manière très simple, à la portée des maîtres et des élèves, et surtout revêtir un caractère professionnel permettant de fournir aussitôt que possible des auxiliaires à nos colons pour leurs entreprises industrielles et agricoles.

» Nous devons avant tout faire connaître la France à nos nouveaux sujets et la leur faire aimer. Nous avons enfin à exercer notre action sur les maîtres qui dirigent les diverses écoles et qui en majeure partie sont indigènes. Il faut, en un mot, que les maîtres des écoles de tous degrés se conforment à un programme émanant de nous et qui soit compris de manière à développer dans l'esprit des professeurs, et par suite des élèves, le culte de la France. Le point de vue élevé auquel nous avons à nous placer en cette question ne vous échappera pas. »

Il fallait soustraire les autorités indigènes aux réclamations ou injonctions immédiates des missionnaires européens des divers cultes, trop habitués, sous l'ancien gouvernement malgache, les uns par calcul, les autres par nécessité, à s'adresser directement aux fonctionnaires indigènes locaux.

Des instructions furent adressées dans ce sens aux populations. En même temps, j'inaugurais résolument la politique qui doit amener un jour tous les Malgaches à l'union sous le drapeau de leur nouvelle patrie, en édictant l'obligation pour toutes les écoles de se mettre en mesure d'instituer l'enseignement du français.

Ces mesures générales étaient complétées par l'installation d'une juridiction spéciale chargée de statuer sur les litiges en matière religieuse et en particulier sur les contestations relatives à la propriété des temples que les conversions qui se produisirent mettaient à chaque instant en discussion.

Lorsque les conversions se produisirent, quelques-unes des communautés, passées en entier à une autre religion, crurent pouvoir disposer, pour les besoins de leur nouveau culte, de l'édifice qu'elles considéraient comme leur appartenant.

Cette manière de faire souleva les plus vives protestations, qui devinrent encore plus ardentes lorsque c'était, non la totalité, mais la majorité seulement de la communauté qui entendait donner une affectation nouvelle à l'ancienne construction. Aucune réglementation indigène ne créait un droit positif sur la matière, qui n'était régie que par la doctrine générale sur les biens vacants ou les propriétés collectives des villages ou communautés.

La décision du 2 novembre institua dans chaque province un tribunal arbitral composé du commandant de cercle ou du résident et d'un représentant européen des deux cultes auxquels appartenaient les partis en présence. Cette mesure, ainsi que les déclarations de nouveau répétées de l'administration au sujet de la neutralité absolue qu'elle entendait garder entre les diverses confessions, parurent d'abord diminuer la fréquence des revendications et des plaintes des prêtres et pasteurs. Je témoignais en même temps de mes dispositions également bienveillantes à l'égard de toutes les sociétés, en donnant un immeuble à la mission catholique pour l'édification d'un collège de langue française et en accordant une subvention aux pasteurs norvégiens d'Antsirabé pour la reconstruction de leur hôpital détruit par les rebelles.

Indépendamment, d'ailleurs, des difficultés d'ordre plutôt juridique qui viennent d'être mentionnées, des faits politiques d'une certaine gravité se trouvaient fâcheusement compliqués par les questions religieuses qu'ils soulevaient.

C'est ainsi que protestants et catholiques, pasteurs et prêtres ne cessaient de harceler la reine Ranavalona, les uns pour la maintenir dans la religion méthodiste, les autres pour la convertir au catholicisme. Celle-ci, qui partageait, en matière de religion, les idées de ses sujets et qui croyait assez volontiers que la prise de possession de Madagascar par la France, nation en grande majorité catholique, devait entraîner sa conversion au culte romain, était fort embarrassée.

Cette lutte lui donnait d'ailleurs une importance que notre politique ne pouvait plus lui reconnaître, pas plus que nous ne devions laisser les indigènes continuer de croire que le choix de tel ou tel culte pût influer sur notre attitude à l'égard de n'importe lequel de nos nouveaux sujets. Une intervention tendant à affirmer le désintéressement de l'autorité dans cette question était d'autant plus permise que les sentiments religieux de la principale intéressée n'étaient nullement en jeu. Aussi l'entrée du palais fut-elle subordonnée à une demande d'audience et à la délivrance d'un laissez-passer.

Consulté à diverses reprises par la reine, je dus lui déclarer que je ne croyais pouvoir lui donner aucune indication sur sa conversion, tout en lui laissant entendre que, d'après nos habitudes européennes, un changement de religion était une question des plus importantes et demandait mûre réflexion.

Bref, Ranavalona fut exilée étant encore protestante ; mais sa conversion ne peut plus avoir qu'un intérêt médiocre, aussi bien pour la mission catholique que pour les missions protestantes.

Les délations, les plaintes, les réclamations sans fondement, se multipliaient. C'est ainsi que le chef d'une des plus importantes missions de l'île représentait la province d'Antsirabé, tout à fait calme cependant, comme prête à se soulever si on ne s'opposait aux exactions des représentants d'une mission rivale. Les pasteurs et prêtres se faisaient, dans toutes circonstances, les porte-parole de leurs adeptes, s'occupaient des questions les plus étrangères à leur ministère en vue d'affirmer leur autorité même politique, et d'amener l'administration à user de son pouvoir en faveur de leurs doctrines.

Les autorités françaises restaient indifférentes à toutes ces excitations.

Je dus renouveler, par ma circulaire du 10 février, les instructions déjà données, ne cessant de recommander à mes subordonnés de garder la neutralité et l'impartialité les plus absolues. Je m'exprimais ainsi :

« Par le courrier de France arrivé à Madagascar le 15 janvier, M. le ministre des colonies m'a fait connaître qu'il avait entièrement approuvé les instructions contenues dans ma circulaire n° 10, du 5 octobre dernier, au sujet de la neutralité religieuse que devaient observer, de la manière la plus absolue, les fonctionnaires et officiers en service dans la colonie. Le ministre ajoute qu'il ne saurait admettre que les querelles religieuses puissent être une occasion de troubles dans la colonie et qu'il blâmerait les autorités locales qui hésiteraient à réprimer immédiatement les fauteurs de désordre, à quelque confession qu'ils appartiennent.

» Je me fais un devoir de transmettre à tous les nouvelles instructions de M. le ministre des colonies et d'inviter chacun à s'y conformer strictement.

» Je ne saurais moi-même admettre aucune excuse si ces prescriptions n'étaient pas observées fidèlement, et je suis disposé à faire respecter, par tous les moyens en mon pouvoir, la volonté du gouvernement de la République.

» Je ne puis, à ce sujet, que vous renouveler les prescriptions formelles de mes circulaires n°s 10, du 5 octobre 1896, et 169, du 11 janvier 1897, et vous rappeler que toutes les autorités, quelles qu'elles soient, françaises ou indigènes, ont pour devoir strict d'observer la plus complète neutralité religieuse et de se tenir autant que possible à l'écart des dissensions auxquelles donnent lieu, parmi la population malgache, les faits de propagande des diverses missions de Madagascar. Aucune pression ne doit être faite sur les indigènes, complètement libres d'embrasser tel culte qu'il leur plaira. Nous ne devons intervenir, ainsi que je l'ai déjà expressément recommandé, que si dans les édifices religieux ou les écoles sont commis des actes ou prononcées des paroles de nature à nuire au prestige et à l'influence du nom français. Vous devez alors agir avec toute la rigueur nécessaire.

» J'ai d'ailleurs le regret de constater que le caractère de large tolérance qui a dicté jusqu'ici les actes de l'autorité locale n'a pu donner satisfaction complète aux revendications incessantes des divers cultes. Ceux-ci n'ont pas toujours accepté comme il convenait les décisions du tribunal spécial que j'avais, par esprit de conciliation, institué dans chaque province par décision n° 74 du 2 novembre 1896, dans le but de régler les questions de propriété des édifices religieux de chaque localité. De plus, enfreignant mes prescriptions maintes fois renouvelées, certains, sortant des limites du domaine spirituel dont ils ne doivent pas s'écarter, ont cru pouvoir tenter de faire acte d'autorité sur les populations, dans le but d'augmenter le nombre de leurs adeptes au détriment de la confession adverse. Ces procédés ont eu pour résultat d'exciter les esprits, et pourraient, s'ils se répétaient, amener des désordres que j'ai le devoir de réprimer avec sévérité ; ils sont, de plus, contraires aux principes de liberté que j'entends voir respecter par tous.

» Je tiens à bien établir une dernière fois que chacun est absolument libre de pratiquer telle religion qui lui convient et que les autorités, françaises comme indigènes, ne doivent en aucun cas intervenir dans la direction des consciences, leur rôle se bornant à maintenir l'ordre et à réprimer tout acte tendant à le troubler.

» D'autre part, les ministres des différents cultes ne doivent, sous aucun prétexte, s'immiscer dans les affaires publiques, leur mission d'ordre spirituel étant bien distincte de tout ce qui est du ressort exclusif des fonctionnaires français ou indigènes, c'est-à-dire des pouvoirs reconnus. A cette condition seulement, ils auront droit à la protection que le Gouvernement français est tout disposé à leur accorder. »

Mais il devenait évident que les déclarations répétées de l'administration, la constance de son attitude, ne suffiraient pas à contenir les divers ministres du culte, ni à imprimer parmi les populations l'idée que leur liberté religieuse était entière et que, sans s'arrêter à leurs convictions particulières, la France voulait, par-dessus tout, voir les Malgaches unis entre eux dans l'obéissance et le dévouement à leur nouvelle patrie.

Mesures prises pour amener l'apaisement.

Pour atteindre ce but, il était nécessaire d'employer une série de moyens dont l'obligation de l'enseignement du français avait été le premier mis en œuvre.

Favoriser les missions françaises exclusivement vouées à l'enseignement, qu'elles fussent catholiques ou protestantes, et, avant tout, organiser fortement l'enseignement neutre officiel et laïque, telles paraissaient être les dispositions les plus propres à remédier à la situation anormale amenée par les luttes religieuses.

Il restait encore à réfréner les tendances persistantes qu'avaient les ministres des divers cultes à sortir de leur rôle spirituel pour se constituer les intermédiaires entre les populations et l'autorité ; à se montrer souvent aux yeux des fonctionnaires indigènes comme investis du pouvoir ; à leur adresser des injonctions directes. Ce fut la ligne de conduite qui semblait indiquée à partir de ce moment.

J'ajouterai du reste que les embarras qui nous étaient créés ne nous faisaient pas perdre de vue les services que les diverses missions pouvaient rendre pour le progrès moral et intellectuel des populations malgaches, pour la diffusion de la langue et des idées françaises, à condition que leur enseignement fût résolument orienté dans le sens voulu. La fermeté qu'il était nécessaire de montrer dans certaines circonstances n'excluait pas une bienveillance dont les missions françaises et même étrangères reçurent souvent des preuves.

Partant de ces principes, je posai les bases de l'enseignement officiel en Imerina, en réglementant, par l'arrêté du 12 février, la situation des maîtres d'école indigènes, et, en particulier, celle des instituteurs publics que devait fournir l'école Le Myre de Vilers, récemment créée. En même ,temps, la circulaire du 10 février rappelait aux administrateurs et commandants de cercle, chefs de province, les dernières instructions du département en leur exposant de nouveau les règles qui devaient présider aux rapports réciproques de l'administration, des missions et des habitants; les autorités françaises et indigènes devaient observer la plus complète neutralité religieuse et se tenir à l'écart des dissensions que provoquaient les faits de propagande, n'ayant à intervenir que si les querelles confessionnelles étaient une occasion de trouble ou provoquaient des actes et propos hostiles à notre influence. Aucune pression à l'égard des indigènes ne devait être tolérée. D'autre part, il était interdit aux ministres du culte de s'immiscer sous aucun prétexte dans les affaires publiques.

Pour faciliter la tâche des autorités françaises et affirmer la complète latitude laissée aux indigènes en matière de culte, le règlement des questions relatives à la propriété des temples était exclusivement laissé à des fonctionnaires malgaches. Une décision du 1er février instituait en Imerina une commission administrative composée de trois membres titulaires, à laquelle devaient s'adjoindre pour chaque séance deux membres suppléants représentant chacune des parties en cause. Une commission semblable devait fonctionner dans chacune des autres provinces indépendantes de l'Imerina. En outre, par analogie avec les dispositions de la législation française relatives aux réunions publiques, la tenue des assemblées ou kabary, en dehors des édifices religieux et dans lesquelles nos fonctionnaires ou les chefs indigènes faisaient connaître aux habitants les décisions administratives, était interdite à d'autres qu'aux représentants de l'autorité. Les réunions religieuses des diverses communautés demeuraient libres, mais sous la réserve expresse qu'elles auraient lieu à l'intérieur des temples ou églises. Les autorités devaient s'assurer qu'il n'y était tenu aucun propos hostile à notre influence ou de nature à troubler l'ordre public.

En vertu d'une semblable considération, l'autorité avait été amenée récemment à réglementer la situation des « masavoho » ou surveillants scolaires, chargés officiellement de contrôler dans les écoles de leur confession l'exécution des prescriptions relatives à la fréquentation des classes. Ces agents étaient en réalité de véritables recruteurs choisis et stimulés par les missions et dont les excès de zèle avaient de tout temps amené entre ces missions et entre les indigènes des conflits incessants. Après avoir pris l'avis des autorités provinciales, je décidai qu'à l'avenir l'administration interviendrait dans la nomination de ces agents. Ils devaient être désignés directement par les chefs de province pour les écoles publiques, sur une liste de trois candidats par établissement, présentée par les chefs de mission pour les écoles libres.

Outre leurs attributions bien définies, ils devaient se borner à veiller à l'inscription des enfants astreints à la scolarité et au contrôle de la fréquentation des classes. Ils devaient rendre compte de leurs constatations aux autorités administratives. Tout acte de propagande religieuse ou de pression tendant à peupler leur école au détriment d'un établissement rival leur était interdit. Une disposition particulière était prise à Tananarive et ses environs, où le degré d'organisation administrative permettait la surveillance de l'exécution des lois relatives à l'enseignement par des agents de l'autorité. Dans cette circonscription, les « masavoho » étaient définitivement supprimés et leurs attributions dévolues aux chefs de quartier (circulaire du 22 mars 1897).

D'ailleurs la portée de ces mesures fut encore augmentée par une décision que le département fit connaître au chef de la colonie par câblogramme du 2 mars et qui fut immédiatement l'objet d'instructions correspondantes aux chefs de province (circulaire du 27 mars 1897). Cette décision et ces instructions portaient, en substance, que, dans le but d'obtenir un apaisement dont la nécessité se faisait de plus en plus sentir, toute désaffectation d'édifices religieux devait cesser à la date de leur réception. Les chefs de province étaient invités à donner aux fonctionnaires, officiers et gradés, placés sous leurs ordres, les indications les plus formelles pour qu'ils s'abstinssent de toute intervention dans l'exercice du culte et opposassent une fin de non-recevoir absolue à toute réclamation ou demande ayant pour objet le changement de la destination religieuse d'un édifice consacré au culte. Quant aux fonctionnaires indigènes, ils devaient éviter de se mêler des questions d'ordre confessionnel, sous peine de révocation immédiate.

Quelque temps après, pour éviter les manifestations auxquelles l'antagonisme aigu existant en ce moment aurait pu entraîner certains indigènes, m'appuyant sur la législation métropolitaine en la matière, j'interdis les cérémonies du culte sur la voie publique (arrêté du 12 avril).

L'effet de ces prescriptions se fit sentir immédiatement.

Les réclamations qui les avaient provoquées cessèrent. A un point de vue plus général, les divers partis en présence comprirent que le gouvernement, comme l'administration, était décidé à observer et à faire observer la plus stricte neutralité et à s'opposer énergiquement à toute cause de trouble.

Il était impossible de considérer comme définitivement écartés les embarras que faisait naître sans cesse le prosélytisme des cultes rivaux ; il était toutefois certain que quelques-unes des principales difficultés se trouvaient maintenant prévues ou tranchées et qu'un grand pas venait d'être fait dans la voie de l'apaisement.

Je profitai de cette accalmie pour prendre quelques mesures bienveillantes, dont la plus importante consista à permettre le retour dans le pays betsiléo de quelques évangélistes hovas qui avaient dû être éloignés au moment où les émissaires de l'Imerina avaient essayé de soulever cette province. De plus, par arrêté des 1er et 2 mai 1897, je concédai à la Société des missions évangéliques deux immeubles destinés à l'installation de ses écoles dans Tananarive. Quelques mois plus tard, une propriété située dans la banlieue de Tananarive était également mise à la disposition de cette mission pour y installer un orphelinat. En même temps, à la suite d'une convention intervenue le 8 avril 1897 entre le département et le supérieur général de l'institut, un certain nombre de frères des écoles chrétiennes avaient été envoyés à Madagascar. Une subvention spéciale était prévue pour leur permettre d'ouvrir des écoles indépendantes de la mission catholique et placées sous le contrôle de l'administration.

Les mesures déjà prises à propos de la désaffectation des temples furent complétées, conformément aux instructions du département, par l'institution d'une commission administrative supérieure composée de magistrats et de fonctionnaires et chargée de résoudre les conflits soulevés en matière de culte et d'enseignement. Indépendamment de quelques incidents particuliers de peu d'importance, remontant à une époque éloignée, qui furent tranchés conformément aux instructions ministérielles du 2 mars, cette commission eut à se prononcer sur un cas général à propos duquel elle fixa un point de doctrine d'une haute portée. Il s'agissait d'un assez grand nombre d'édifices consacrés aux différents cultes, incendiés ou dégradés pendant la période insurrectionnelle par les rebelles et demeurés abandonnés depuis.

La commission estima que ces temples, ayant été construits à l'aide de souscriptions des indigènes et grâce à la main-d'œuvre des habitants eux-mêmes, étaient leur propriété. Considérant, en outre, qu'il n'existait pas à Madagascar d'autre unité administrative ou d'autre personne civile que l'Etat, elle émit l'avis que ces temples appartenaient en droit à la colonie. Exception était nécessairement faite des cas où cette présomption serait combattue par la preuve contraire, c'est-à-dire par titres particuliers et privés, cas dont aucun n'avait été d'ailleurs présenté à l'examen de la commission. Cette décision, qui, par analogie, s'étendait à la presque totalité des édifices religieux existant dans l'île, tranchait ainsi une des plus importantes questions de droit administratif qui puissent être soulevées et établissait nettement la situation de l'administration et des communautés religieuses à l'égard des missions, en ce qui concernait la propriété des temples.

La Société des missions évangéliques de Paris commençait à prendre pied plus solidement à Madagascar. La convention du 1er février 1897 avait mis sous la direction de cette Société les écoles primaires de l'Imerina, autrefois dirigées par la London Missionary Society. Un arrangement de même ordre avait également donné à la mission française la direction spirituelle de la moitié environ des districts de l'Imerina, placés auparavant sous l'autorité de la mission anglaise. Un changement semblable s'opérait dans le Betsiléo.

La neutralité religieuse observée par les fonctionnaires de la colonie fut mise en lumière à propos d'accusations aussi graves qu'erronées portées soit contre les chefs de province, soit contre leurs subordonnés, accusés de se livrer à une pression religieuse absolument contraire à l'esprit et à la lettre des instructions dont le gouvernement et les chefs de province ne cessaient de recommander l'observation rigoureuse à toutes les autorités de l'île.

Des enquêtes approfondies démontrèrent l'inanité des imputations lancées contre les représentants de l'administration locale; les attaques portées contre eux n'avaient fait qu'établir la correction de leur attitude et leur absolue impartialité. Le rapport volumineux que j'ai adressé au département, en avril 1897, a apporté de nombreux témoignages authentiques de la fausseté de ces accusations.

D'un autre côté, les ministres des divers cultes continuaient leur ingérence fâcheuse dans les affaires d'ordre administratif, ainsi que leurs tentatives d'intimidation sur les autorités indigènes.

La fréquence de ces incidents amena l'administration à hâter le développement des écoles officielles dans les régions où la lutte était la plus vive. Les Malgaches eux-mêmes, fatigués des excitations incessantes auxquelles ils étaient en butte, commençaient à reconnaître les bienfaits d'une instruction laïque et exclusivement française. C'est ainsi que les habitants du village d'Ankeramadinika, sur la ligne d'étapes, exprimèrent le vœu d'être affranchis du joug des catholiques et des protestants, et demandèrent chez eux l'installation d'une école neutre. Cette démarche significative fut bientôt suivie de demandes semblables par lesquelles les habitants s'engageaient à subvenir eux-mêmes aux frais nécessités par l'installation des écoles officielles. L'initiative des populations apporta ainsi un concours appréciable à l'œuvre poursuivie par l'administration en Imerina.

Mon voyage dans le Betsiléo me fournit bientôt l'occasion de proclamer moi-même, dans cette province où la lutte ne paraissait pas moins vive que dans le pays hova, les principes de neutralité et d'union qui étaient ceux de mon administration. Dans cette province, les pasteurs de la London Missionary Society avaient trouvé, avant notre occupation, l'appui le plus complet près des autorités hovas qui avaient montré l'opposition la plus vive contre le résident de France.

Lors de l'application de la politique de races, les tentatives des Hovas pour soulever les Betsiléos nécessitèrent le renvoi en Imerina d'un certain nombre d'indigènes hostiles à notre domination; les représentants de la London Missionary Society réclamèrent contre cette expulsion trop justifiée. Ils furent soutenus dans leurs réclamations par certains de leurs collègues français et réussirent à leur faire considérer les mesures d'ordre ainsi prises comme des faits de persécution systématique contre les pasteurs et instituteurs indigènes de la mission.

Les jésuites, de leur côté, avaient profité des exigences de la situation politique pour représenter plus que jamais au Betsiléo les protestants comme Anglais, les catholiques comme Français, et utiliser au profit de leur propagande cette idée si répandue dans la population indigène et que, depuis notre arrivée, je m'efforçais de combattre.

Dans une assemblée, où plus de 40.000 indigènes s'étaient rendus, je tins à affirmer hautement les principes de tolérance religieuse du Gouvernement:

« Et maintenant, puisque je vois là, réunis devant moi, non seulement les habitants de Fianarantsoa, mais encore ceux des nombreux villages voisins, je veux encore calmer les appréhensions que certains d'entre vous m'ont exprimées au sujet du maintien de leurs mœurs et de leurs croyances religieuses. D'ailleurs, je n'ai été nullement satisfait de cette sorte de division qui semble régner entre les habitants de vos villages. Dans la plupart des localités où je suis passé, les habitants m'attendaient, partagés en deux camps : d'un côté, les catholiques; de l'autre, les protestants. Cela, je ne le veux pas; car je n'ai pas à connaître quelle est votre religion. Quand j'arrive dans un village, tous les habitants, groupés ensemble, doivent m'attendre sous la conduite de leurs gouverneurs et de leurs chefs. Aujourd'hui, pour ceux d'entre vous qui sont chrétiens, il ne peut plus y avoir de différence entre les catholiques et les protestants. Vous êtes tous de bons Français. Vous avez au milieu de vous des missionnaires, des pasteurs, qui peuvent avoir une religion différente, mais qui sont tous Français, et qui vous instruiront tous également dans le culte de la France.

» Du reste, je vous préviens dès maintenant que je défère au désir qu'un grand nombre d'entre vous m'ont exprimé en me demandant dans une lettre couverte de signatures la création de l'enseignement officiel laïque dans le Betsiléo. Aujourd'hui même, je prends un arrêté organisant à Fianarantsoa une école normale pour former les instituteurs et les candidats aux fonctions administratives indigènes ; une école professionnelle pour enseigner les différents métiers auxquels vous devez être initiés ; un jardin d'essai pour cultiver vos terres. Je ne pense pas que vous, Betsiléos, vous vouliez rester en arrière des Hovas, qui, déjà, à Tananarive, possèdent des écoles semblables et les fréquentent avec une assiduité remarquable. Je créerai ensuite, dans tous les villages qui le demanderont, des écoles officielles laïques, ainsi que je l'ai fait en Émyrne. Là, dans ces écoles, on ne vous parlera jamais de religion. Tous, vous pourrez vous asseoir sur les mêmes bancs : protestants, catholiques, et ceux mêmes qui ne connaissent que le culte des morts et des ancêtres. On vous apprendra simplement à vous aimer entre vous, à aimer votre beau pays du Betsiléo, à aimer surtout la France, votre nouvelle patrie, et aussi à devenir d'habiles ouvriers et de bons agriculteurs.

» Je vous le répète encore une fois, Betsiléos, et j'insiste sur ce point, car je ne veux pas qu'il y ait dans vos esprits d'équivoque à ce sujet : vous êtes libres de conserver les mœurs et les croyances religieuses de vos pères, si vous le jugez utile, et de pratiquer toutes vos danses nationales.

Vous êtes libres d'embrasser tel ou tel culte chrétien, si vous préférez écouter les leçons des hommes dévoués, missionnaires ou pasteurs, qui sont venus de France pour vous prêcher leurs propres doctrines ; enfin, vous êtes libres de changer de religion, si vous le croyez bon. Vous n'avez, à ce sujet, de compte à rendre à personne. Je sévirai immédiatement contre toute autorité, tout gouverneur qui enfreindrait mes prescriptions sur ce point. La tolérance religieuse et le respect de vos mœurs sont des principes absolus auxquels le gouvernement de la République, dont j'entends faire exécuter fidèlement les volontés, ne souffrira jamais qu'il soit porté atteinte. Je pense donc que vous m'avez bien compris à ce sujet. »

Cette déclaration libérale, peu goûtée par certains missionnaires, approuvée franchement par d'autres, fut accueillie avec une satisfaction marquée dans toute la province. La portée en fut heureusement complétée par l'organisation de l'enseignement officiel laïque dans la circonscription (arrêté du 23 septembre 1897).

L'œuvre d'apaisement que ne cessait de poursuivre l'administration venait de faire un progrès décisif.

Peu de temps après, un événement d'une importance encore plus considérable vint affermir à la fois et la paix religieuse et l'influence française.

Deux inspecteurs de la Société des missions de Londres arrivèrent à Tananarive au commencement d'octobre. Leurs premières démarches manifestèrent leur intention de rétablir l'œuvre de la Société et de lui rendre, au moins en partie, l'influence qu'elle avait perdue. Ils méditaient le relèvement des institutions ecclésiastiques ou scolaires de la mission et éventuellement la reprise d'une partie des établissements cédés à la Société des missions évangéliques.

De nombreuses réunions étaient tenues. Malgré l'insistance que mettaient ces agents à représenter leur pro-

pagande comme ayant un caractère exclusivement religieux, malgré leurs affirmations sur le désintéressement
des pasteurs en matière politique, on pouvait relever
dans les discours tenus dans ces assemblées des allusions
que les indigènes malintentionnés pouvaient aisément tra-
duire d'une manière inadmissible. Les plaintes exprimées
au sujet de la fâcheuse situation des protestants, l'espoir
non dissimulé d'une modification prochaine de cet état de
choses, semblaient, par leur forme ambiguë, représenter
comme un malheur la domination française, qui pourrait
bien n'être que transitoire. Cette persistance à rappeler
aux Hovas leur défaite, la dureté des temps actuels, dut
faire maintes fois l'objet de mes observations.

D'un autre côté, les délégués de la Société des missions
de Londres auraient désiré trouver chez l'administration,
dont ils n'incriminaient nullement d'ailleurs la correction,
une attitude plus bienveillante.

A la suite de leurs démarches, je leur fis connaître que,
si je ne doutais pas de leur réserve et de la loyauté de leurs
intentions, il n'en était pas de même en ce qui concernait
un certain nombre de leurs adeptes ou agents indigènes.
Avec la duplicité de leur race, ceux-ci croyaient pouvoir
apprécier dans un sens tout autre leur retour, leurs efforts
pour relever leur œuvre, et n'y voyaient que la trace de
l'intérêt qu'une nation étrangère ne cessait de porter à Madagascar, ainsi qu'un motif d'espoir dans une intervention
possible. D'où résultait, pour modifier cet état d'esprit, la
nécessité d'une déclaration ferme et catégorique dans
laquelle les hauts représentants de la Société spécifieraient
nettement que son rôle était purement religieux, qu'elle
n'avait ni attache ni but politique, et que nos nouveaux
sujets ne pouvaient en aucune façon compter sur son concours pour la réalisation d'ambitions que notre installation à Madagascar rendait aussi vaines que coupables.

MM. Thompson et Spicer n'hésitèrent pas à formuler

loyalement une déclaration dans ce sens à l'adresse de leurs pasteurs, évangélistes et adhérents. Tous les missionnaires de la London Missionary Society en Émyrne s'y associèrent. La plus grande publicité lui fut donnée. Cet acte important eut un retentissement considérable ; la reconnaissance de la suprématie française par des hommes que les Malgaches étaient accoutumés à considérer depuis longtemps comme des adversaires avec qui nous avions à compter fit une impression profonde sur leurs subordonnés, qui cessèrent les manifestations auxquelles ils s'étaient laissé entraîner jusque-là, quelles que fussent les convictions qu'ils eussent au fond conservées.

Il montrait de plus que la London Missionary Society s'inclinait loyalement devant le fait accompli et tenait en outre à affirmer sa ferme volonté de fournir son concours à l'œuvre que le gouvernement de la République avait entreprise à Madagascar.

Cependant, la création des écoles officielles auxquelles l'école Le Myre de Vilers avait pu fournir, comme maîtres, quelques-uns de ses élèves les plus avancés, fut surtout poursuivie pendant les derniers mois de 1897. A la fin de l'année, on en comptait plus de cinquante.

Cette fin d'année fut également marquée par une réforme importante : la suppression définitive des surveillants ou « masoivoho ». La décision du 22 mars, qui les avait placés en partie sous le contrôle de l'administration en stipulant que leur nomination serait faite par les chefs de province et que ceux-ci devraient avoir connaissance des infractions qu'ils relèveraient, n'avait pas suffi à modifier la manière de faire de ces agents ; par leur origine, ils étaient forcément restés ce qu'ils avaient été de tout temps, des agents de propagande subalterne d'un zèle outré. Il était d'ailleurs anormal de confier le soin de veiller à l'exécution des règlements généraux sur une branche essentielle de l'administration à des pseudo-fonctionnaires placés en dehors du cadre officiel et qui manquaient ainsi de l'autorité nécessaire pour remplir la mission dont ils étaient chargés.

L'expérience faite à Tananarive et dans ses environs avait montré en outre que les chefs de quartier auxquels revenaient normalement les fonctions de surveillant s'acquittaient d'une façon convenable de leur nouvelle charge. Aussi la suppression des « masoivoho », remplacés dans leurs attributions par les chefs de quartier, fut-elle décidée par arrêté du 2 décembre.

La fin de cette institution surannée réalisait un pas de plus dans la voie que suivait l'administration en cherchant à écarter toutes les causes de troubles confessionnels et à établir nettement aux yeux des indigènes la situation respective des autorités françaises, dépositaires des pouvoirs politiques et administratifs, et des missions, dont l'action devait se borner exclusivement à leur rôle religieux et enseignant.

L'exposé qui précède montre la nécessité d'une telle attitude dans notre nouvelle colonie. Observée avec une neutralité ferme quand il le fallait, bienveillante quand le permettaient les circonstances, la ligne de conduite adoptée avait permis d'apaiser des troubles dont on a pu apprécier l'importance.

Sans être encore complets, les résultats atteints avaient suffi à modifier avantageusement une situation incompatible avec le progrès rapide des idées qui sont la base de la civilisation métropolitaine ; le succès obtenu montrait qu'il suffisait de suivre la voie déjà tracée pour arriver définitivement au but.

En effet, grâce à la proclamation incessante, à l'observation stricte des neutralités, l'apaisement que l'on pouvait déjà constater dès la fin de l'année 1897 n'a fait que s'accentuer jusqu'à l'heure actuelle.

Il a surtout été remarqué parmi les indigènes. On ne pourrait aller jusqu'à dire qu'ils ont complètement cessé de partager les antipathies confessionnelles des missionnaires qui les dirigent, mais on peut constater que l'animosité de leurs querelles s'est considérablement amortie ; les dénonciations provoquées par des rivalités de culte, si fréquentes autrefois, se sont arrêtées ; les rares différends qui depuis quelques mois se sont élevés à propos soit des bâtiments religieux, soit du partage d'anciens fonds de collectes, ont été facilement réglés. De même, les Malgaches comprennent davantage de jour en jour que les autorités françaises n'allient nullement, comme ils le faisaient eux-mêmes autrefois, l'idée de telle ou telle nationalité à tel ou tel culte.

Le même progrès a été observé dans les relations des ministres des deux principaux cultes. S'ils continuent à garder entre eux une correcte et froide réserve, ils paraissent avoir renoncé depuis longtemps aux dénonciations passionnées qui marquèrent les premiers mois de l'année 1897.

La lutte entre les missions, autrefois personnelle et politique, tend à se transporter, grâce à la fermeté de l'administration, sur son véritable terrain. Constatant chacune leur impuissance à entraîner le pouvoir dans leur propre cause, elles ont résolument consacré leurs efforts à leur action sur la masse indigène. Les statistiques manquent pour déterminer jusqu'à quel point le nombre des adhérents de chacune d'elles a augmenté, mais le chiffre seul des élèves inscrits en Imerina dans les écoles de la mission catholique ou de la Société des missions évangéliques (rapport du 1er octobre 1898) prouve combien a été fructueuse la propagande des deux principales Sociétés religieuses de l'île.

Il est regrettable que le souci exclusif de cette propagande n'ait pas permis aux missions de s'engager plus complètement dans la voie où j'aurais désiré les voir entrer.

L'enseignement français, l'enseignement pratique et professionnel leur offraient de puissants moyens de venir en aide à notre influence, et ainsi de concourir efficacement à la colonisation du pays.

Indépendamment des instructions qui leur furent données au sujet de l'étude de notre langue, j'avais suffisamment indiqué mes intentions aux chefs des Sociétés religieuses en accordant l'exemption des prestations (circulaires des 14 décembre 1897 et 25 mars 1898) à ceux de leurs agents seulement qui seraient employés dans les écoles professionnelles ou dirigeraient un jardin d'essai.

Il en était de même de l'exonération du service militaire, accordée en outre aux maîtres d'école libre envoyés par les missions de l'Imerina sur la côte.

Les renseignements fournis à diverses reprises par les chefs de province, les enquêtes faites par M. le directeur de l'enseignement, ont prouvé que ces intentions n'avaient pas été suffisamment suivies.

Dominées par le désir de recruter de nouveaux adhérents, les missions n'ont paru encore se préoccuper que très secondairement de l'instruction à donner aux élèves, qu'il leur suffisait de voir figurer sur leurs listes.

Tel est le reproche général qu'il y a à leur adresser.

Je dois dire cependant, à ce sujet, que depuis quelque temps des progrès réels ont été accomplis dans ce sens par quelques-unes de ces missions.

En somme, l'apaisement religieux semble s'être fait maintenant sur le plateau central, où les luttes confessionnelles étaient encore si vives il y a peu de mois.

La crainte de l'établissement d'un enseignement officiel laïque dans la plupart des villages de l'Émyrne et du Betsiléo a été certainement pour beaucoup dans ce résultat. Mais, sans renoncer à cet enseignement, notamment en ce qui concerne les grandes écoles officielles : école normale, école professionnelle, école d'agriculture, établies dans la capitale, je crois que le moment est venu de faire appel, plus que pendant ces deux dernières années, aux qualités de zèle, de dévouement et d'abné- gation dont les différentes missions ont fait preuve incon- testablement dans leur tâche, parmi les diverses popula- tions de Madagascar.

La France peut et doit les appeler à collaborer à son œuvre de civilisation et de colonisation dans la grande île, mais à la condition formelle, d'une part, qu'elles incul- quent à nos sujets malgaches et aux générations à venir surtout le culte de leur nouvelle patrie, et, d'autre part, que l'enseignement soit dirigé dans un sens professionnel, com- mercial et agricole, de manière à fournir les éléments né- cessaires à notre œuvre de colonisation à Madagascar. C'est sur ces bases que sera rédigé le nouveau règlement sur les écoles de l'Imerina actuellement en préparation.

Je terminerai ce chapitre sur la partie religieuse à Madagascar en disant que je n'ai que des éloges à adresser à la mission des lazaristes du Sud, se tenant éloignée des luttes politiques, évitant autant que possible tout conflit confessionnel, parfaitement désintéressée, déférente en- vers les autorités locales. Elle se consacre courageusement à l'œuvre qu'elle a entreprise parmi les tribus encore bar- bares du Sud. Son chef, Mgr Crouzet, paraît entrer dans nos vues, et disposé à donner un concours dévoué à l'œuvre civilisatrice et colonisatrice que nous poursuivons ici.

J'en dirai autant de la mission des Pères du Saint-Esprit, qui semble vouloir étendre son action dans le Nord de Ma- dagascar.

CHAPITRE IV

La composition du corps d'occupation à la date du 1er octobre 1896 était la suivante :

Troupes de la guerre.

2 bataillons de tirailleurs algériens......⎫ formant le
                                           ⎬ régiment
1 bataillon de légion étrangère..........⎭ dit d'Algérie
Les cadres de 2 compagnies du génie.

Troupes de la marine.

13e régiment d'infanterie de marine à 3 bataillons ;
Régiment colonial (12 compagnies d'Haoussas et de Sénégalais) ;
Régiment de tirailleurs malgaches (2 bataillons organisés, un 3e en voie de recrutement).

Artillerie.

3 batteries ;
3 compagnies de conducteurs ;

Le 13e régiment d'infanterie de marine devait bientôt s'augmenter de 2 compagnies venues de la Réunion.

Je donnai des ordres pour hâter le recrutement et l'organisation des compagnies de milice, dont les effectifs furent déterminés par arrêtés. Malheureusement, les cadres faisaient défaut, du moins les cadres de bonne qualité.

Les arrêtés des 27 et 29 septembre et 2 octobre 1896 créèrent :

Le gouvernement militaire de Tananarive, comprenant la ville de Tananarive et le sous-gouvernement du Voromahery ;

Le cercle militaire d'Ambatondrazaka, comprenant le pays Sihanaka ;

Le cercle militaire d'Arivonimamo, comprenant la province d'Ambodirano, le sous-gouvernement d'Ambohimasina (Vakindrana), le Mamolakaza et le Valalafotsy ;

Le cercle militaire d'Ambohidratrimo, comprenant la province de Marovatana (moins le sous-gouvernement d'Ambohimasina), le Vonizongo et le sous-gouvernement d'Ambohimanga (Tsimahafotsy) ;

Le cercle militaire d'Ambohidrabiby, comprenant les deux sous-gouvernements d'Ilafy et d'Ambohidrabiby ;

Le cercle militaire d'Ambatomanga, comprenant la province du Sisaony et le sous-gouvernement d'Ambohimalaza ;

Le cercle militaire de Moramanga, comprenant la région des Bezanozanos, c'est-à-dire les sous-gouvernements de Moramanga, de Mérimitatra et d'Anosibé ;

Le cercle annexe de Soavinandriana, comprenant le gouvernement du Mandridrano. Ce cercle annexe était rattaché au cercle d'Arivonimamo.

Je m'étais astreint, en créant ces cercles, à respecter les sous-gouvernements indigènes, mais je remaniai les gouvernements généraux de manière que chaque commandant de cercle eût auprès de lui un gouverneur général.

D'autre part, la division territoriale se trouvait faite de telle manière que la route d'étapes dépendait de deux cercles seulement :

1º Du cercle d'Ambatomanga, entre Ambohimangakely et Ankeramadinika inclus ;

2º Du cercle de Moramanga, entre Sabotsy et Analamazaotra inclusivement.

Enfin, diverses mesures furent prises pour assurer l'unité
d'action en ce qui concernait le fonctionnement du ravitaillement sur la route d'étapes.

Les communications y étaient des plus précaires en septembre, et on ne pouvait pas circuler sans escorte entre
Tananarive et Analamazaotra; le recrutement des bourjanes était devenu excessivement difficile; quant aux
mulets des compagnies de conducteurs qui venaient de
coopérer aux mouvements de relève du corps d'occupation,
ils étaient fatigués, avaient un rendement insignifiant, et la
morve existait dans leurs cantonnements à l'état endémique.

L'effet de toutes ces causes réunies était que les magasins
de Tananarive renfermaient, en septembre 1896, à peine un
mois de vivres pour les effectifs stationnés en Imerina.

La situation présentait donc un caractère de gravité sur
lequel il est inutile d'insister. Aussi me proposé-je tout
d'abord :

1º De couvrir et de protéger efficacement la route, de
façon à empêcher d'une manière absolue les rebelles d'attaquer les convois. Les mesures prises dans cet ordre
d'idées seront exposées plus loin ;

2º D'améliorer la route et de la rendre accessible sur certains tronçons à des véhicules rudimentaires tels que les
voitures Lefebvre ou des charrettes à bœufs ;

3º D'organiser le ravitaillement sur de meilleures bases.

Pour cela, il fut décidé que les approvisionnements
apportés à Andévorante, soit par mer, soit par la route de
terre qui était accessible aux voitures, seraient amenés par
chalands à Mahatsara. De Mahatsara à Tananarive, les
vivres seraient transportés au moyen d'échelons de mulets
de bât, sauf sur le tronçon de Beforona-Analamazaotra,

qui n'était pas suffisamment bon muletier et pour lequel serait constitué un relai de bourjanes envoyés d'Imerina.

Il y avait en tout neuf échelons de mulets entre Mahatsara et Tananarive. Les trois compagnies de conducteurs participaient au nouveau service : la 2e ayant son siège à Mahatsara, la 1re à Moramanga, la 3e à Tananarive.

Toutes trois furent placées sous le commandement du chef d'escadron Henry, qui devenait directeur technique des transports militaires. L'unité de direction dans l'important service du ravitaillement était ainsi assurée.

Le ravitaillement fonctionna dans ces conditions jusqu'au mois de janvier 1897, époque à laquelle il fallut suspendre les convois de mulets de bât, tellement ceux-ci étaient fatigués par suite du dur service qu'ils avaient assuré pendant trois mois. Mais le résultat cherché était atteint : 300 tonnes de vivres et de munitions avaient été apportées à Tananarive, qui disposait désormais d'une réserve suffisante. Au transport par mulets fut substitué le transport par voitures dans le bas de la route et le transport au moyen de bourjanes dans les parties non encore carrossables.

Il est nécessaire d'ajouter ici que ma tâche fut facilitée, pour toutes les questions concernant le ravitaillement, par la subordination du commissariat au commandement, subordination sans laquelle il est impossible de rendre celui-ci responsable du bon entretien des troupes. Il en fut de même, d'ailleurs, pour le service de santé. J'examinerai maintenant la marche de la pacification dans les différents cercles ; il ne sera fait d'ailleurs qu'un très court résumé des faits : la rapidité avec laquelle des résultats notables ont été atteints est la meilleure justification de la méthode qui a été adoptée et exposée plus haut ; mais il serait injuste de ne pas proclamer, en même temps, que le mérite de la pacification de l'Imerina revient aux troupes du corps d'occupation, qui ne ménagèrent pas leurs peines pendant le rude hivernage 1896-1897, et que n'arrêtèrent ni les rivières grossies par les pluies, ni les sentiers défoncés, ni les difficultés du ravitaillement, ni les résistances d'un ennemi tenace et fanatisé.

Cercle d'Ambatondrazaka.

Au mois d'août 1896, M. Penel était résident de France à Ambatondrazaka, où une compagnie de tirailleurs malgaches tenait garnison.

Ce même mois, des groupes rebelles de plus en plus nombreux s'étaient réunis dans les environs du poste, l'avaient investi et coupaient ses communications avec Tananarive.

Dans une des sorties faites par la garnison pour essayer de se débloquer, le lieutenant Antoni avait été tué.

Le lieutenant-colonel Le Camus, commandant supérieur à Tamatave, quitta Fénérive le 22 août, avec une colonne de secours et de ravitaillement; retardé par les difficultés du chemin et le manque de porteurs, il n'arriva à Ambatondrazaka que le 3 octobre, y laissa des vivres et rétrograda sur Tamatave.

Ignorant ce résultat et désireux d'ailleurs de transformer le plus tôt possible la province d'Ambatondrazaka en cercle militaire, je donnai l'ordre, dès mon arrivée à Tananarive, au colonel Combes de partir pour Ambatondrazaka avec trois compagnies, une pièce d'artillerie et le commandant Rouland, qui était désigné pour prendre le commandement du cercle.

Le colonel Combes suivit la vallée du Mangoro et arriva le 13 octobre à Ambatondrazaka.

Il y laissa le commandant Rouland, une compagnie et la pièce et rentra à Tananarive avec le reste de sa colonne, ramenant avec lui le gouverneur hova Rabéony, les fonctionnaires et 500 Hovas fixés à Ambatondrazaka. Le commandant Rouland avait, en effet, l'ordre de remplacer les fonctionnaires hovas par des Sihanakas: c'était l'inauguration de la politique de races; la mesure produisit un excellent effet dans le pays sihanaka et ne contribua pas peu à accélérer la pacification du cercle.

Le commandant Rouland disposait à ce moment de deux compagnies et d'une pièce; ces forces furent augmentées peu après par la compagnie malgache du capitaine Chieusse, venue de Tamatave.

Il ne tarde pas à recevoir la soumission des populations de la rive sud-est du lac d'Alaotra, puis cherche à progresser vers l'Ouest et le Sud-Ouest. Au commencement de novembre, il enlève la position fortifiée d'Ambohitromby, défendue par les Marofotsy, fait en huit jours le tour du lac (plus de 200 kilomètres) et rentre à Ambatondrazaka. Cette marche était destinée à montrer nos forces aux populations; mais le commandant Rouland ne jugeait pas à ce moment avoir assez de troupes pour occuper la rive occidentale du lac par des postes qu'il aurait été difficile de ravitailler.

De retour à Ambatondrazaka, il se propose de se relier avec les cercles de Moramanga et d'Ambohidrabiby. D'ailleurs, précisément à cette époque, le 1er territoire, comprenant les trois cercles d'Ambatondrazaka, de Moramanga et d'Ambohidrabiby venait d'être créé sous le commandement du colonel Combes, auquel était fixé pour résidence, sur sa demande, le village de Tanifotsy. Situé sur la route d'Ambohidrabiby à Ambatondrazaka, au débouché occidental de la forêt, ce village était un point central par rapport aux trois cercles précités.

Le colonel Combes avait reçu comme instruction générale de bien coordonner les efforts des trois commandants de cercle vers le but à atteindre en premier lieu, à savoir la pacification de la forêt et de la vallée du Mangoro.

Dans la deuxième quinzaine de novembre, le commandant Rouland fit explorer la région de Didy au sud-est, la

région de Mangatany au sud et installer des postes à Ma
nakambahiny et Ivondro-Zana. Puis un nouveau bond en
avant est fait dans la direction du Sud ; des postes sont
créés à Antanimenakély et à Mandanivatsy, au débouché
oriental de la forêt, sur la route de Tanifotsy, et, dès le
milieu de décembre, une ligne ininterrompue de postes
militaires relie à l'Imerina le cercle d'Ambatondrazaka.
La rentrée des habitants suivait ce mouvement de progression.

Le gros des rebelles se tenait au nord-ouest d'Ambatondrazaka, en arrière d'une région inondée à la saison des
pluies ; le commandant Rouland remit à plus tard les opérations à entreprendre contre eux ; mais, en attendant,
pour se couvrir dans cette direction, il créa les postes de
Manakary et de Manakambahiny.

Au nord, un poste avait été installé à Imerimandroso,
pour tenir la route de Tamatave ; il servit de base au mouvement de progression de ce côté ; Anosimbohangy, limite
du cercle dans la direction de Mandritsara, fut atteint en
janvier.

Au 1er avril, notre autorité était reconnue sur toute la
rive orientale du lac ; le cercle se reliait au sud-ouest
avec Tanifotsy, au sud avec Moramanga, au nord avec la
région de Mandritsara. Il restait à nettoyer la rive occidentale et à se relier avec le cercle d'Ankazobé.

Le commandant Rouland part le 15 avril, parcourt la
rive occidentale du lac et rentre à Ambatondrazaka le
1er mai, après avoir créé les postes d'Ambohijanary, Ampa-
rafaravola, Morafeno, Maivarano, Ambohitromby et plusieurs blockhaus. Ces créations de postes ont pour résultat
la soumission d'un grand nombre de Sihanakas qui se dé-
tachèrent des Marofotsy.

En juin et juillet, la progression continue vers la vallée
de la Mahajamba concurremment avec les troupes du
cercle d'Amkazobé, dont le commandant a la haute direc-

tion des opérations. La liaison est effectuée avec Tsaratanana et la vallée de la Mahajamba occupée par plusieurs postes.

Le 3 juillet, Ramenamaso, le principal chef des rebelles, fait sa soumission.

Le dernier incident fut l'enlèvement de la position de Masokoamena, sur laquelle s'était réfugié le chef Rainitavy, poursuivi par la compagnie de Bouvié (il sera parlé ulté·rieurement de ces opérations); la position n'ayant pu être enlevée du premier coup, le commandant Rouland se porta à l'aide du capitaine de Bouvié, investit les rebelles et les chassa le 9 août de leur repaire.

Cercle de Moramanga.

Les troupes dont disposait le commandant Noël, nommé au commandement de ce cercle, étaient, en comprenant les renforts qui montèrent en Imerina, deux compagnies de légion, trois compagnies de tirailleurs haoussas.

Cet officier supérieur avait pour mission, en premier lieu, d'assurer, d'une manière absolue, la sécurité sur la ligne d'étapes; en second lieu, d'occuper progressivement le pays au nord et au sud de la route, en se reliant aux cercles voisins.

Dans le courant d'octobre, des blockhaus furent construits à proximité immédiate de la route, en des points favorables à la surveillance et à la défense. Ces blockhaus se reliaient entre eux et avec les postes d'Analamazaotra, d'Ampasimpotsy, de Moramanga et d'Andakana.

De cette manière, il ne pouvait rien se passer sur la route qui échappât à la surveillance de nos troupes, et sa sécurité rapprochée était assurée.

Comme toutes les attaques des insurgés venaient du nord, on construisit deux blockhaus sur les sentiers les plus fréquentés de la forêt d'Analamazaotra et deux postes dans la vallée du Mangoro (Ambonidray et Analabé).

La construction de ces différents postes et blockhaus et l'activité déployée par leurs garnisons eurent le résultat cherché, et, à partir de la mi-décembre, il n'y eut plus d'attaque de convois sur la route.

La première partie du programme se trouvait ainsi remplie.

Pour la seconde, le colonel Combes, qui avait été nommé commandant du 1er territoire militaire le 16 novembre, prit la direction des opérations. Il se proposa d'abord de nettoyer la forêt entre l'Imerina et le Mangoro, au nord de la route. A cet effet, il rassembla des troupes à Ambohitandroina, sur la lisière occidentale, pendant que le capitaine de Thui rassemblait sa compagnie de légion et un détachement de Sénégalais et d'Haoussas sur la lisière orientale.

Les deux groupes marchent à travers la forêt à la rencontre l'un de l'autre, et des battues méthodiques sont organisées. A la suite de ces opérations, la compagnie de légion de Thui s'installe sur la lisière orientale dans les postes de Madialaza, Betafo et Ambohibato.

La compagnie de légion Brûlard occupe Merimitatra et donne la main aux troupes du cercle d'Ambatondrazaka d'une part, à la garnison de Tanifotsy, chef-lieu du 1er territoire, d'autre part (janvier).

Au sud du Mangoro, sur la rive gauche, la région d'Anosibé, habitée par des Betsimisarakas, est vite ralliée à notre cause par les habiles mesures politiques prises par le lieutenant Grillo, qui remplace les sous-gouverneurs hovas par des chefs autochtones. Cette région resta calme pendant tout l'hivernage, ce qui me permit de l'ériger, le 2 mai, en cercle annexe.

Sur la rive droite du Mangoro, au contraire, la pacification du pays présenta de grosses difficultés, car les rebelles de la forêt étaient en relations avec ceux du cercle d'Ambatomanga. Un centre de surveillance fut installé à Beparasy, qui devint le siège d'un secteur, et de nombreux postes et blockhaus furent construits sur la lisière orientale.

Dès le mois de mars, les nombreuses opérations faites par les garnisons des postes pour chasser les rebelles des positions qu'ils occupent commencent à porter leurs fruits : un mouvement sérieux de soumission se dessine. Les habitants viennent se rendre à nos postes et se remettent à leurs cultures.

Quelques débris de bandes subsistent encore : ils sont l'objet d'une poursuite incessante.

Au 1er avril, la sécurité était complète sur la route et, au nord de la route, la lisière orientale de la forêt était tenue par un réseau serré de postes. Les fatigues causées par ces opérations, jointes à l'insalubrité du climat de la vallée du Mangoro, avaient rendu indisponible plus de la moitié des compagnies de légion.

Les derniers insoumis rentrèrent peu à peu dans le devoir, et, à la fin de l'année, la garnison put être réduite à une seule compagnie malgache. Les autres troupes avaient été successivement enlevées du cercle pour participer à des opérations dans d'autres parties de l'île.

Cercle d'Ambohidrabiby.

(Plus tard cercle d'Anjozorobé.)

Le commandant Mougeot disposait pour la pacification de ce cercle de trois compagnies malgaches et d'une compagnie d'infanterie de marine.

La rébellion y était particulièrement difficile à vaincre : les bandes obéissaient à Rabozaka, qui tenait la haute vallée de la Mananara et la forêt entre Imerina et Mangoro, et à Rabezavana, qui occupait les vallées de la rive gauche de la Betsiboka et venait, jusqu'au sud d'Ambohidrabiby, inquiéter nos postes, qui étaient l'objet d'attaques très fréquentes.

Le commandant Mougeot porte d'abord son effort sur la haute Mananara. Les 14, 17 et 20 octobre, nos troupes attaquent les camps des rebelles et créent des postes à Ambohidratrimo et Anjohy pour s'assurer le terrain conquis ; ce poste d'Ambohidratrimo est en relations avec le poste d'Analabé sur le Mangoro.

Le commandant du cercle se porte ensuite au-devant du colonel Combes, qui revient d'Ambatondrazaka, où il est allé installer le commandant Rouland ; il profite de cette pointe pour créer le poste d'Ambatomainty.

Les insurgés tentent alors un retour offensif pour nous disputer le terrain reconquis ; ils attaquent sans succès, le 9 novembre, Ambatomainty. Dans la nuit du 18 au 19 novembre, ils assaillent, avec la complicité de certains habitants, les miliciens installés à Ambohimanga, la ville sainte, située à 18 kilomètres de Tananarive. Ils sont repoussés. Les habitants complices furent punis avec la dernière rigueur. Il est juste de noter que les habitants du village d'Ambatomainty, que j'avais fait armer, aidèrent spontanément, en cette circonstance, nos troupes à poursuivre les rebelles, prouvant ainsi que j'avais eu raison d'avoir confiance en eux.

Entre temps, le colonel Combes avait été nommé commandant du 1er territoire militaire ; son premier objectif fut le nettoyage de la haute Mananara ; puis il opéra dans la forêt, de concert avec le capitaine de Thuy (voir plus haut), et en fit occuper solidement les débouchés Est et Ouest. Ce n'est qu'après cette opération qu'il se rendit à Tanifotsy, chef-lieu de son commandement, situé au cœur du pays boisé et insurgé, près de la grande et difficile forêt limitant à l'est le plateau central. Il y créa un centre militaire important, d'où il se relia progressivement avec les trois cercles placés sous ses ordres. Il se trouvait ainsi au centre des bandes rebelles obéissant à Rabezavana et à Rabozaka.

. Mais le pays entre Tanifotsy et Tananarive n'avait pas été suffisamment bien purgé : un incident vint bientôt le prouver. Le 27 décembre, une bande de quatre à cinq cents rebelles quitte son repaire dans le but d'aller piller les villages de la ligne d'étapes. Ils se présentent devant Alarobia et Soavina. Les garnisons de tous les petits postes, prévenues par les habitants, se mettent à leur poursuite. Traqués de tous côtés, ils sont obligés de se réfugier en forêt, après avoir subi des pertes considérables. Malheureusement, nous avions à déplorer la mort du lieutenant Guillet et de plusieurs soldats d'infanterie de marine.

Bien que cette affaire eût montré l'efficacité du système adopté pour la protection de la ligne d'étapes, il était indispensable d'éviter le retour de pareils incidents. Et, comme le colonel Combes se trouvait trop éloigné de la zone qui en avait été le théâtre, le lieutenant-colonel Hürstel, commandant le régiment d'Algérie, fut chargé de diriger, au commencement de janvier, une opération combinée dans la forêt d'Ankeramadinika, au moyen de troupes prélevées sur les cercles d'Ambohidrabiby, d'Ambatomanga et de Moramanga. Cette opération, dont il sera reparlé lorsqu'on examinera les événements qui ont marqué la pacification du cercle d'Ambatomanga, eut des résultats très heureux.

Pendant ce temps, le colonel Combes faisait compléter par le commandant Mougeot le réseau de postes et de blockhaus, pour se relier avec Tananarive et Ambatondrazaka. En janvier et février, les rebelles, comprenant que les progrès incessants que nous faisions les enserreraient peu à peu, attaquèrent à plusieurs reprises les postes d'Anjozorobé, d'Analabé, d'Antanamalaza et de Nosivola.

Rabozaka avait organisé un réduit fortifié à Mampidongy, sur la lisière de la forêt, à un endroit bordé par la Mananara. Le colonel Combes se proposa de l'y attaquer au commencement de mars, après qu'il eut investi la position au moyen de nombreux postes et blockhaus. Il forma à cet effet trois colonnes opérant respectivement par le nord, l'ouest et le sud. La colonne du sud, commandée par le capitaine Lucciardi, attaqua le camp de Rabozaka le 9 mars ; celui-ci l'évacua après une faible résistance. La poursuite du lendemain nous livra des prisonniers et des armes. La prise du camp de Mampidongy eut pour résultat de briser le prestige de Rabozaka et de disloquer ses bandes. Des postes très serrés surveillèrent désormais les débouchés de la forêt et des reconnaissances incessantes empêchèrent les bandes de se reformer.

Le colonel Combes se retourna alors vers Rabezavana ; le capitaine Staup enleva Vohilena sans difficulté le 12 avril ; Antsatrana fut occupé le 28 avril ; à ce moment, se sentant fatigué, le colonel Combes me demanda à quitter son commandement pour venir se reposer à Tananarive. Je supprimai donc le 1er territoire, dont le maintien était devenu moins nécessaire depuis que la liaison était effective entre les cercles qui le constituaient et que la pacification était presque achevée.

Les opérations du côté d'Antsatrana furent continuées par le commandant Lyautey, qui venait de prendre le commandement du cercle de Babay. Ces opérations furent couronnées, le 29 mai, par la soumission de Rabezavana, ainsi qu'il sera dit plus loin.

Il faut ajouter, pour terminer ce qui a trait à la pacification du cercle d'Ambohidrabiby, que les soumissions, pendant les mois de mai, juin, juillet, dépassèrent le chiffre de 27,000 (les soumissionnaires rendirent 2,300 fusils) et que le chef-lieu put être transféré le 12 avril à Anjozorobé. Antérieurement à cette date, le cercle avait été divisé en quatre secteurs.

Quant à Rabozaka, il fut pourchassé en vain pendant le reste de l'année : il ne fit sa soumission qu'au mois de février 1898.

Cercle d'Ambohidratrimo.

(Plus tard cercle de Babay, plus tard cercle d'Ankazobé.)

Le lieutenant-colonel Gonard, commandant ce cercle, avait sous ses ordres :

Deux compagnies d'infanterie de marine ;

Une compagnie de tirailleurs algériens ;

Deux compagnies du régiment colonial.

Sa mission consistait d'abord à rouvrir la route d'Andriba, puis à gagner du terrain à droite et à gauche de cette route pour se relier aux cercles voisins. Il commença par nettoyer la plaine du Marovatana, afin d'assurer d'une manière définitive ses communications avec Tananarive, puis il progressa sur la route de Majunga.

Fihaonana est occupé le 22 octobre, Ambohitromby le 12 novembre ; à partir de ce moment, les communications deviennent faciles avec Ankazobé.

En même temps, il se donne de l'air de chaque côté de la route. Les opérations entreprises au sud-ouest, entre Babay et l'Ikopa, amènent la création de trois postes, dont celui de Miantso, sur l'Ikopa. Un bond en avant est fait également au nord du Marovatana ; des postes sont installés le 7 novembre à Andrambantany, le 14 novembre à Ambato et Ambohibao.

Le chef-lieu du cercle est transféré à Babay, et la garde du Marovatana, qui est maintenant couvert à grande distance, est confiée à la milice.

Dans la deuxième quinzaine de novembre et la première de décembre, un nouveau bond est fait dans la direction d'Andriba ; des postes sont installés à Maharidaza et Kiangara ; un courrier est envoyé à Andriba le 13 décembre, inaugurant la reprise des communications régulières sur la route.

Le lieutenant-colonel Gonard avait donc rapidement atteint le premier but que je lui avais fixé et le terrain conquis était fortement occupé; aussi un important mouvement de soumission se dessina dès cette époque, et, grâce à la division du cercle en secteurs, la réorganisation administrative marcha rapidement.

Il restait à accomplir la deuxième partie du programme, c'est-à-dire :

1° Se relier sur la rive gauche de l'Ikopa avec le cercle d'Arivonimamo ;

2° Se relier au nord-est avec les cercles d'Ambohidrabiby et d'Ambatondrazaka, et occuper les vallées de la Betsiboka et de la Mahajamba.

Le passage de l'Ikopa fut forcé le 17 janvier au gué de Tafaina, et deux postes furent installés sur la rive gauche. Dans la nuit du 4 au 5 mars, l'officier commandant ces postes surprit le chef Rainijaika et délivra 3,500 indigènes que celui-ci retenait de force. Cette affaire fut le coup de grâce de la rébellion de ce côté.

Au nord-est, la pacification alla moins vite, à cause de la présence de Rabezavana. Néanmoins, la vallée de la Sahasaraotra est occupée dès la fin de décembre et le poste de Tikoderaina créé au confluent de cette rivière et de l'Amparibé. Une compagnie de tirailleurs sénégalais y fut rassemblée fin mars et mise à la disposition du capitaine Staup, chargé de l'occupation de Vohilena.

Les progrès faits par le lieutenant-colonel Gonard pendant les trois premiers mois de 1897 déterminèrent un grand nombre de soumissions ; elles s'élevèrent pour ces trois mois à 45.000 individus, qui rapportèrent plus de 1.000 fusils.

En résumé, au 1er avril, la route de Majunga était sûre, le Marovatana et le Vonizongo étaient pacifiés. On put alors commencer les travaux de la route et la pose de la ligne télégraphique.

Le commandant Lyautey, qui remplaça le lieutenant-colonel Gonard, tourna ses efforts du côté de la Betsiboka et de la Mahajamba. Afin d'assurer l'unité de commandement dans cette région, dont la pacification intéressait les trois cercles de Babay, d'Ambatondrazaka et d'Ambohidrabiby, je désignai le commandant Lyautey pour diriger les opérations entreprises par les troupes des trois cercles, en remplacement du colonel Combes, qui avait demandé à quitter son commandement.

Rabezavana s'était retiré sur Marotsipoy, après la prise d'Antsatrana par le colonel Combes. Le commandant Lyautey se porte sur ce point, mais il le trouve évacué (3 mai). La position d'Ambohimanjaka est enlevée le 15 mai, à la suite d'une opération combinée. A la fin de mai, la liaison était effective entre les trois cercles. Rabezavana, désespérant de l'issue de la lutte, se rend le 29 mai au capitaine Rémond, commandant le secteur d'Antsatrana, avec 560 partisans. Le capitaine Lyautey lui promet la vie sauve, à condition qu'il usera de son influence pour faire rentrer dans le devoir ceux de ses partisans qui tiennent encore la campagne. Le capitaine Rémond, emmenant avec lui Rabezavana, entreprend alors une longue tournée au cours de laquelle les soumissions affluent à l'appel de Rabezavana. Cette tournée est jalonnée par les points suivants : Ambodiamontana (6 juin), Betandraka (21 juin), Tsaratanana (23 juin).

Cercle d'Arivonimamo et cercle annexe de Soavinandriana.

Ce cercle comprenait la province de l'Ambodirano, le sous-gouvernement d'Ambohimasina (Vankindrano), le Mamolakaza et le Valalafotsy. Il était placé sous les ordres du commandant Reynes, de qui relevait également le cercle annexe de Soavinandriana (Mandridrano), administré par M. le vice-résident Compérat.

- Trois compagnies de tirailleurs algériens et une compagnie de tirailleurs sénégalais tenaient garnison dans le cercle ; la compagnie de milice en voie de recrutement devait compter 300 miliciens.

Le Mandridrano et l'Ambodirano étaient à peu près tranquilles, mais le Mamolakasa et le Valalafotsy étaient infestés de bandes mi-partie hovas, mi-partie sakalaves. Ceux-ci, réfugiés en temps ordinaire au delà du Sakay, venaient souvent piller les villages d'Imerina et attaquer nos postes ; leur chef le plus réputé était Zamaria.

Dans l'Ambodirano, la région de l'Ankaratra donnait asile à quelques bandes de pillards.

Le commandant Reynes avait couvert la partie tranquille de son cercle au moyen d'une ligne de postes : Ambohimasina-Ambohibelona-Amboasary-Amboniriano.

Dans l'Ankaratra, le poste de Miantsoarivo reliait Arivonimamo à Ambatolampy.

Telle était la situation quand le commandant Reynes reçut pour la pacification de son cercle des instructions en vertu desquelles il devait procéder par bonds successifs, de manière à atteindre dans le Mamolakaza et le Valalafotsy les frontières de l'Imerina, réorganiser, au point de vue administratif, le pays ainsi occupé progressivement, et rejeter les Sakalaves au delà du Sakay.

Mais, avant de songer à progresser vers l'Ouest, il fallait d'abord donner de l'air aux postes d'Ambohibelona, d'Amboatsary et d'Amboniriano, que les insurgés attaquaient fréquemment. C'est à quoi s'attachèrent les commandants de ces postes pendant le courant d'octobre : par de petites opérations extérieures, ils infligèrent de sévères leçons aux bandes qui les harcelaient et qui finirent par reculer un peu vers l'Ouest.

Au commencement de novembre, un bond en avant fut prescrit au commandant Reynes, qui, le 10, installa des postes à Ambohitrondrona, Bealoka, Donantrotsara, Ambohimahiratra; en même temps, un poste était créé à Tsaramandrosa, au nord d'Ambohibelona, pour contenir la tribu turbulente des Tsimadilo.

La garde des anciens postes d'Ambohimasina, d'Ambohibelona, d'Amboasary fut confiée à la milice soutenue par quelques tirailleurs algériens.

Dans le cercle-annexe de Soavinandriana, le capitaine Compérat ne disposait que de miliciens pour la défense de la région qu'il administrait. Le 29 octobre, une bande nombreuse attaque Soavinandriana, défendu seulement par cinquante miliciens et un soldat d'infanterie de marine. Grâce aux habiles dispositions du capitaine Compérat, la bande est repoussée après avoir subi des pertes nombreuses.

Dans l'Ankaratra, le capitaine Lamy obtient de nombreuses soumissions.

A la fin de novembre et au commencement de décembre, les garnisons des postes exécutent une série de coups de main heureux qui refoulent peu à peu les insurgés dans l'Ouest.

De nouveaux postes sont créés dans les environs du lac Itasy, à Menazary et Ambohidrano.

Le capitaine Schæffer remplace, à la tête du cercle annexe de Soavinandriana, le capitaine Compérat, envoyé comme résident d'abord à Antsirabé, puis à Mananjary.

L'occupation méthodique du massif de l'Ankaratra est complétée par l'installation de nouveaux postes, notamment à Ramainandro; l'arrivée de la 12e compagnie malgache, venue de Fianarantsoa, permet de resserrer encore le réseau des postes et d'assurer la sécurité de la route de Fianarantsoa.

Le 21 décembre, les cercles d'Ambatomanga, d'Arivonimamo et de Soavinandriana étaient réunis sous le commandement du lieutenant-colonel Borbal-Combret pour former le 2e territoire militaire; en même temps, le commandant Reynes avait l'ordre de faire un nouveau bond vers l'Ouest et d'atteindre de ce côté les frontières de l'Imerina. En conséquence, quatre postes étaient créés le 28 décembre à Ngiloby, Ampalamanarivo, Ambatomanjaka, Belanitra. Les garnisons de ces nouveaux postes rayonnèrent dans toutes les directions, firent subir de nombreux échecs aux rebelles; de sorte que ceux-ci, acculés à la limite de la zone habitée, ne trouvant plus de quoi subvenir à leur existence, se soumirent en masse : pendant le mois de janvier, près de 17.000 habitants du Mamolakaza demandent à rentrer dans leurs villages; ils rendent 330 fusils.

Dans le Valalafotsy, les progrès furent moins sensibles, parce que la zone habitée s'étend plus à l'ouest et que la population est en partie composée de métis sakalaves. En outre, le fait que la pacification n'était pas terminée sur la rive droite de l'Ikopa avait sa répercussion sur la rive gauche.

Afin d'activer la pacification du Valalafotsy et de donner une impulsion nouvelle à la réorganisation administrative du pays pacifié, je prescrivis, à la date du 13 février, les modifications territoriales suivantes :

1º Le cercle d'Arivonimamo était réduit à l'Ambodirano et transformé en cercle annexe sous le commandement du capitaine Schæffer ;

2º Le cercle de Soavinandriana était supprimé et le cercle de Miarinarivo créé, comprenant le Mandridrano, le Mamolakaza et le Valalafotsy ;

3º Le cercle de Betafo était créé en remplacement de la vice-résidence d'Antsirabé, afin de préparer notre pénétration vers l'Ouest, du côté d'Inanatonana.

Le commandant Reynes, devenu commandant du cercle de Miarinarivo, pouvait se consacrer entièrement à l'achèvement de la pacification du Valalafotsy. Il reçut l'ordre de se porter sur Fenoarivo, qu'il occupa le 2 mars.

Je lui donnai ensuite comme objectif l'occupation de la ligne Tsiroanomandidy-Ankavandra, jalonnée d'anciens postes hovas. Tsiroanomandidy fut occupé à la fin de mars, Ankavandra au mois de mai. C'était le début de la pénétration en pays sakalave, qui sera étudiée plus loin.

En résumé, la pacification des cercles de Miarinarivo et d'Arivonimamo était à peu près achevée en avril. L'assassinat dans l'Ankaratra de MM. Escande et Minaut, en mai, fut un incident isolé que nous n'aurions pas eu d'ailleurs à déplorer si les victimes avaient donné connaissance de leur itinéraire aux autorités locales.

Cet événement regrettable prouvait, en tous cas, que le massif de l'Ankaratra, qui a de tout temps été le repaire de petites bandes de brigands, a toujours besoin d'être surveillé de près.

Cercle d'Ambatomanga.

(Plus tard cercle de Tsiafahy.)

Commandant du cercle : lieutenant-colonel Borbal-Combret. Troupes : cinq compagnies, une section d'artillerie, renforcées ultérieurement par une compagnie de légion et une compagnie de tirailleurs malgaches.

La rébellion était particulièrement vivace dans ce cercle ; les attaques sur la ligne d'étapes étaient fréquentes ; Ambatomanga, le chef-lieu du cercle, avait été vivement attaqué les 12 et 24 septembre.

Le commandant du cercle avait pour mission : 1° de rétablir la sécurité sur la route de Tananarive à Ankeramadinika et dans la vallée de la Varahina, dont il importait de livrer le plus tôt possible à la colonisation les ressources en bois et en fer (c'est dans cette vallée que se trouve Mantasoa, siège des anciens établissements Laborde) ; 2° de progresser vers le Sud, en nettoyant la forêt et en amenant à composition Rainibetsimisaraka.

Opérations aux abords de la ligne d'étapes.

Dans les premiers jours d'octobre, les rebelles sont chassés des grottes qui leur servaient de refuge à Angavokely, Antalatakely, et au mont Kiroba.

Des blockhaus sont construits aux abords immédiats de la route, en des points convenablement choisis pour qu'ils puissent communiquer entre eux; des postes sont créés au nord de la route à Ambohimasina et Nosivato. Des opérarations, combinées avec le cercle d'Ambohidrabiby, commencent le nettoyage de la forêt.

Le 21 décembre, le 2e territoire militaire est créé, et le commandant Drujon remplace le lieutenant-colonel Borbal-Combret à la tête du cercle d'Ambatomanga.

A la suite de l'échauffourée du 28 décembre, qui a été racontée précédemment, le lieutenant-colonel Hürstel fut chargé de procéder, avec trois compagnies de tirailleurs algériens, à la destruction des bandes réfugiées dans la forêt au nord d'Ankeramadinika.

Cet officier supérieur fit cerner le quadrilatère Ambohibao-Ambohidrahimo-Sabotsy-Ankeramadinika, puis organisa des battues méthodiques dans la forêt. Les bandes furent ainsi disloquées et leurs débris s'enfuirent vers le nord. Des blockhaus et des postes furent construits aux issues de la forêt.

La réussite de ces opérations, qui eurent lieu en pleine saison des pluies et dans un pays boisé des plus difficiles, amena un grand nombre de soumissions, mais les postes continuèrent à détacher dans la forêt, à des jours et suivant des itinéraires fixés à l'avance, des reconnaissances qui devaient se relier les unes aux autres.

Opérations au sud du cercle.

Nous ne dépassions pas, au commencement d'octobre, la ligne Tsiafahy-Ambatomanga. Le 20 octobre, le commandant du cercle quitte Ambatomanga avec deux compagnies et une pièce, enlève le 22 le village d'Ambohimasina, le 23 la position d'Andranankasina, et installe des postes en ces deux points. Puis il donne l'ordre au capitaine Tahon, commandant le secteur de la Varahina, de se rendre maître de cette vallée, pendant que le capitaine Thévenin progressera le long de la route de Fianarantsoa.

Le premier occupe Lazaina, enlève Imerinarivo et refoule devant lui les rebelles. Le second s'avance jusqu'à Ambohitromby, où il crée un poste.

Le commandant Drujon remplaçait, le 21 décembre, dans le commandement du cercle, le lieutenant-colonel Borbal-Combret, placé à cette date à la tête du 2e territoire.

Il réunit des troupes à Imerinarivo au commencement de février, passe l'Ikopa de vive force et donne l'assaut, le 6, au village fortifié de Nossi-Bé, qui était le repaire de nombreux rebelles, entre à Ambohimarina sans coup férir, et installe des postes en ces deux points ainsi que sur la lisière de la forêt.

A la suite de ces opérations et des pointes incessantes que faisaient les garnisons autour des postes, une foule d'habitants vint se rendre à nos officiers.

Accueillis avec douceur et bienveillance suivant la coutume, ils étaient aussitôt invités à reconstruire leurs villages et à reprendre leurs cultures.

Opérations dans la région de Tsinjoarivo.

Des négociations avaient été entamées dès le mois de novembre 1896 avec des gens de la région de Tsinjoarivo, par l'intermédiaire de Philippe Razafimandimby, ancien aide de camp de la reine, qui avait des intérêts dans le Voromahery. Ces négociations faisaient prévoir que la région pourrait être occupée pacifiquement. Notre installation à Tsinjoarivo devant offrir l'avantage de nous faire faire un bond de grande amplitude vers le Sud et de nous rapprocher des camps occupés dans la forêt par Rainibetsimisaraka, je décidai l'occupation du Voromahery, qui fut détaché du Vakinankaratra et rattaché au cercle d'Ambatomanga.

En conséquence le lieutenant-colonel Borbal-Combret partit de Tananarive avec la compagnie de légion Deleuze, et arriva le 14 décembre à Tsinjoarivo sans incident, en passant par Ambatolampy. Le lieutenant-colonel Borbal-Combret reçut la soumission de l'ancien gouverneur du Voromahery, qui avait été longtemps le lieutenant de Rainibetsimisaraka, puis revint à Tsiafahy prendre le commandement du 2e territoire militaire.

Le commandant du secteur de Tsinjoarivo entama, dès le mois de janvier, la lutte avec Rainibetsimisaraka, qu'il pourchassa sans relâche dans la forêt. Il serait trop long de relater les incidents de cette poursuite, au cours de laquelle les légionnaires déployèrent leurs qualités habituelles d'endurance et de bravoure.

Les camps du chef rebelle furent enlevés à plusieurs reprises, mais celui-ci réussit toujours à s'enfuir. Enfin fatigué de cette lutte opiniâtre, réduit à quelques rares fidèles, il vint se rendre sans condition, le 9 juin, au sergent Molinié, chef d'un poste du cercle de Betafo.

Les opérations contre Rainibetsimisaraka avaient été interrompues au mois de mai par la répression de l'insurrection d'Ambohimanga du Sud.

Le lieutenant Grillo, précédemment commandant du secteur d'Anosibé, avait été désigné pour occuper ce point, situé en pays Tanala, avec un peloton malgache. Il s'y était installé depuis quelques jours seulement lorsque, le 10 mai, les Tanalas, excités en sous-main par les Hovas fixés dans le pays, attaquèrent le poste. Il les repoussa. Mais, le 12, un colon français qui se rendait sans méfiance d'Ambositra à Mananjary est assassiné près d'Ambohimanga.

A la nouvelle de ces événements, le capitaine Deleuze quitte Tsinjoarivo le 17 et arrive le 19 à Ambohimanga. Le résident de Fianarantsoa y accourt le 20 avec sa milice, et le capitaine Lefort, avec un détachement de l'infanterie de marine, le 21.

Le capitaine Deleuze prend le commandement de ces divers détachements de troupes et de milice et entreprend méthodiquement dans la forêt une série de battues, à la suite desquelles Revanorivo, chef de la rébellion, se rend sans condition.

Cet incident avait fait ressortir les qualités d'initiative de nos fonctionnaires et officiers qui, sans attendre d'ordres, s'étaient hâtés de courir au secours d'un poste menacé.

Vakinankaratra.

(Plus tard cercle de Betafo.)

Le résident de France à Antsirabé assura la tranquillité dans sa province pendant les derniers mois de 1896 avec sa seule milice. Mais, comme il lui était impossible d'occuper solidement le Voromahery et ainsi de protéger efficacement la route de Fianarantsoa, le Voromahery fut rattaché au cercle d'Ambatomanga au mois de décembre.

Au mois de février fut créé le cercle militaire de Betafo ; une compagnie malgache lui fut affectée.

La militarisation du Vakinankarata avait pour but principal la pénétration dans le Betsiriry.

En résumé, dès le mois d'avril, la pacification de l'Imerina avait fait des progrès tels qu'il devenait possible de distraire de cette région une partie des troupes qui l'avaient reconquise pied à pied, pour les employer à la pénétration des vastes territoires insoumis du Sud et de l'Ouest. Deux des plus fameux chefs de bandes, Rabezavana et Rainibetsimisaraka, se rendaient au mois de mai et faisaient leur soumission solennelle à Tananarive, au mois de juillet, au milieu d'un concours énorme d'indigènes, pour qui cette soumission était la preuve tangible de la fin de l'insurrection et de la puissance de la France.

Il me fut alors permis d'entreprendre, pendant les mois de mai et de juin, un voyage d'inspection sur toute l'étendue des côtes de Madagascar. Je pris sur place, au cours de cette tournée, différentes mesures qui seront exposées dans le chapitre suivant, pour préparer l'occupation des régions de l'Ouest et du Sud. Mais je pus déjà me convaincre que cette partie de notre tâche ne serait pas la moins pénible et exigerait de la part du corps d'occupation des efforts persévérants avant que ces régions de l'île pussent être livrées à l'activité de nos colons et de nos commerçants.

Les opérations qui ont amené en six mois la pacification de l'Emyrne complètement insurgée en septembre 1896, font ressortir, une fois de plus, les qualités de dévouement, d'entrain, de ténacité de nos troupes coloniales. Poursuivies en pleine saison des pluies, dans un pays boisé, marécageux, coupé de nombreux cours d'eau, avec un ravitaillement rendu laborieux par la difficulté des communications, elles nous coûtèrent des pertes importantes, et,

un moment, nos hôpitaux et ambulances étaient insuffisants pour contenir les 1.200 blessés ou malades du corps
d'occupation.

Mais ce fut cette ténacité de nos officiers et soldats, exé-
cutant en dépit de tous les obstacles le programme méthodique de pacification qui leur avait été tracé, qui contribua
le plus à abattre l'insurrection des pays hovas. Cette qualité essentielle et l'extrême bienveillance déployée vis-à-vis
des malheureux habitants soumissionnaires, auxquels ils
s'empressaient de venir en aide par des distributions de
vivres et de vêtements, font le plus grand honneur aux
troupes du corps d'occupation de Madagascar.

TABLEAU SYNOPTIQUE

montrant la correspondance des principaux événements qui ont marqué la marche
de la pacification en Imerina.

MOIS.	CERCLE D'AMBATONDRAZAKA	CERCLE DE MORAMANGA.	CERCLE D'AMBOHIDRABIBY (Anjozorobé).	CERCLE D'AMBOHIDRATRIMO (Babay, Ankazobé).	CERCLES D'ARIVONIMAMO, de Miarinarivo et de Soavinandriana.	CERCLE D'AMBATOMANGA (Tsiafahy).
Octobre 1896...	Déblocus d'Ambatondrazaka.	Construction de blockhaus le long de la route d'étapes.	Occupation d'Ambohidratrimo, Anjohy, Ambatomainty.	Occupation de Fihaonana.	Opérations autour de la ligne des postes (Ambohibelona, Amboasary, Amboniriana).	Construction de blockhaus le long de la route d'étapes.
Novembre 1896.	Reconnaissance autour du lac Alaotra. Occupation d'Imerimandroso	Occupation de Mandialaza, Betafo, Ambohibato.	Occupation de Tanifotsy.	Le chef-lieu du cercle est transféré à Babay.	Occupation d'Ambohitrondrona, Bealoka, Donantrotsara, Ambohimahiratra.	Occupation d'Imerinarivo et d'Ambohitromby.
Décembre 1896.	Occupation d'Ivandrozana, d'Antanimenakely et de Mandanivatsy (la liaison avec le cercle d'Ambohidrabiby est effectuée).	Occupation d'Anosibé.	Occupation d'Anjozorobé.	Occupation de Kiangara (reprise des communications régulières avec Andriba). Occupation de Tikoderaina (Betsiboka).	Occupation d'une nouvelle ligne de postes plus à l'ouest (Ngilohy, Ampalamanarivo, Ambatomanjaka, Belanitra) sur les confins de l'Imerina.	Opérations dans la forêt d'Ankeramadinika. Occupation de Tsinjoarivo.
Janvier 1897...	Occupation d'Anosimbohangy (route de Maudritsara).	Occupation de Mérimitaira. Liaison avec les cercles d'Ambatondrazaka et d'Ambohidrabiby. Occupation de Beparasy.	»	Occupation de la rive gauche de l'Ikopa.	»	»
Février 1897...	»	»	»	»	Création du cercle de Miarinarivo, suppression du cercle de Soavinandriana.	Occupation de Nossi-Bé et d'Ambohimarina.
Mars 1897.....	»	»	Prise du camp de Rabozaka à Mampidongy.	»	Occupation de Fenoarivo et de Tsiroanomandidy.	»
Avril 1897.....	Opérations sur la rive occidentale du lac. Occupation d'Ambohijanara, Amparafaravola, Morafeno, Ambohitromby.	»	Occupation de Vohilena et d'Antsatrana. Le chef-lieu du cercle est transféré à Anjozorobé.	Le chef-lieu du cercle est transféré à Ankazobé.	»	»
Mai et juin 1897	Occupation de Tsaratanana.	»	»	Occupation de Marotsipoy et d'Ambohimanjaka. Soumission de Rabezavana.	Occupation d'Ankavandra.	Répression de la révolte d'Ambohimanga du Sud. Soumission de Rainibetsimisaraka.

CHAPITRE V

La première partie de la mission qui m'avait été confiée
à Madagascar se trouvait terminée vers le mois de mai
1897; à cette époque, en effet, la grande majorité des
habitants d'Imerina avaient réoccupé leurs villages et
s'étaient remis à leurs cultures ; quelques chefs de bandes
tenaient encore la campagne, mais ils n'avaient plus que
de rares fidèles avec eux. La tranquillité était complète sur
la route de Tamatave et les communications avec Majunga
étaient reprises régulièrement.

Mais la pacification du plateau central constituait seulement, me semblait-il, la première partie de la tâche que
le gouvernement de la République s'était tracée dans la
grande île. Des régions d'une étendue considérable échappaient encore à l'autorité de la France; j'estimai que nous
devions pénétrer progressivement dans ces régions et les
occuper toutes successivement au fur et à mesure que des
effectifs deviendraient disponibles.

Diverses raisons motivaient cette pénétration : raisons
d'ordre militaire, raisons se rapportant à la colonisation
et à la mise en valeur de l'île.

Au point de vue militaire, deux solutions se présentaient pour protéger l'Imerina et le Betsiléo contre les incursions périodiques des Sakalaves et autres pillards; la
première consistait à former un réseau très serré de
postes sur les frontières pour protéger les villages amis :
ce système avait l'inconvénient d'immobiliser des garni-

sons nombreuses dans un rôle purement défensif. En
outre, il est évident qu'il aurait fallu le compléter par
l'occupation de tous les points des côtes Sud et Ouest se
prêtant au débarquement, afin d'empêcher la contrebande
de guerre; de sorte qu'en résumé nous aurions eu deux
lignes de postes militaires sans aucune communication
entre elles et sans action extérieure.

Ne valait-il pas mieux se donner pour but d'occuper le
pays intermédiaire pour l'ouvrir à la colonisation et à l'activité de nos commerçants? Cela revenait à reporter en
avant les garnisons des postes frontières et à leur donner
un rôle actif.

Il est à remarquer que les régions côtières sont incontestablement les plus riches de l'île, les seules qui se prêtent aux cultures tropicales et à la grande colonisation;
les plateaux, où l'Européen ne subit pas les atteintes du
paludisme, doivent être réservés à la petite colonisation et
à l'élevage. De plus, certaines régions comprises entre les
plateaux et la zone côtière, comme, par exemple, le Betsiriry, sont riches en alluvions aurifères; mais nos prospecteurs n'osaient pas y créer d'exploitations régulières tant
que les Sakalaves ne seraient pas rejetés dans le Menabé.

Bref, des raisons impérieuses exigeaient que nous ne
restions pas confinés dans la partie centrale de l'île, si
nous voulions tirer le meilleur parti possible de notre nouvelle conquête. Le mode de pénétration dans les régions
insoumises devait, bien entendu, revêtir des formes différentes suivant la richesse de ces régions, suivant leur densité de population et suivant les qualités guerrières des
populations; il n'était pas possible, avec les faibles effectifs
dont nous disposions, d'occuper uniformément l'île tout
entière. Cela eût d'ailleurs été inutile. Il est certain qu'un
pays pauvre et peu peuplé ne mérite pas qu'on fasse pour
son occupation les mêmes sacrifices que lorsqu'il s'agit
d'une région appelée à un certain avenir.

Mais lorsque, la pacification de l'Imerina à peu près terminée, on songea à étendre la zone occupée, soit par l'action militaire, soit par l'action politique, les renseignements que nous possédions sur les immenses territoires
non soumis aux Hovas étaient forcément des plus vagues ;
ils furent complétés peu à peu par les officiers des troupes
chargées de la pénétration, et les renseignements recueillis
par eux permirent, dans bien des cas, de modifier le programme adopté tout d'abord.

Ces considérations générales une fois posées, j'examinerai successivement, pour chacune des régions conquises
par le corps d'occupation, les raisons qui en motivaient
l'occupation militaire.

Pénétration dans le Nord et le Nord-Ouest.

Si des doutes pouvaient s'élever sur l'opportunité de la
pénétration immédiate dans certaines régions insoumises
de l'île, il était en revanche incontestable qu'il fallait occuper le plus tôt possible le Nord et le Nord-Ouest. Ces
pays sont en effet réputés parmi ceux qui ont le plus
d'avenir au point de vue de la colonisation. Ils sont riches
en caoutchouc, possèdent des troupeaux de bœufs nombreux, qu'un mode d'élevage rationnel doit encore augmenter et améliorer. La côte Nord-Ouest est découpée de baies
profondes et très bien abritées qui s'avancent loin dans
les terres et reçoivent des rivières se prêtant à la navigation sur une longueur notable. Aucune partie de la colonie
ne présente donc autant de commodités pour les transactions maritimes. Aussi plusieurs colons avaient déjà
jeté leurs vues sur les régions du Nord-Ouest et n'attendaient que leur pacification pour y créer des centres agricoles.

Les populations qui les habitent, Antakaras et Sakalaves, supportaient difficilement la domination hova et réclamaient des administrateurs français. Nous étions en relations assez suivies avec elles par l'intermédiaire de l'administrateur de Nossi-Bé, qui exerçait une sorte de protectorat moral sur les chefs Tsialana et Tsiarasso et sur la reine Binao. Enfin, dans l'intérieur, la région de Mandritzara, peuplée et riche en bétail, valait la peine que nous fassions quelques sacrifices pour son occupation.

Une dernière considération d'ordre purement militaire devait nous déterminer à occuper les pays du nord. L'importance de Diégo-Suarez, seul port de l'île qui se prête à une défense relativement facile et qui puisse abriter les bâtiments de la division navale, n'est pas discutable. Donc, de même qu'au point de vue du ravitaillement de nos troupes et du développement de notre commerce entre l'Imerina et la côte nous devions occuper les routes de Tamatave et de Majunga, de même, au point de vue de la défense de l'île contre une agression extérieure, nous étions obligés de tenir la route de Tananarive à Diégo.

Dans cet ordre d'idées, le premier point que nous devions occuper était Mandritzara, dont les Hovas avaient fait un arsenal et un centre de rébellion et d'où pouvait partir un mouvement dirigé contre l'Imerina. M. Pradon, résident de la province de Maroantzetra, quitta cette ville le 7 décembre avec trois gardes de milice et soixante miliciens et entra à Mandritzara le 18, après avoir eu plusieurs engagements avec les rebelles hovas de la région, commandés par Rakotovaomoramanga.

La garnison laissée à Mandritzara par M. Pradon fut vivement attaquée à plusieurs reprises, et toujours sans succès. Néanmoins, il n'était pas prudent de laisser sans soutien une garnison aussi en l'air ; aussi, le capitaine Clavel, commandant la 5e compagnie de tirailleurs malgaches, fut-il envoyé à Maroantzetra. Cette compagnie, qui était en voie de recrutement à Mahanoro depuis environ quatre mois, comptait seulement 10 Européens et 120 indigènes. Le capitaine Clavel reçut pour mission de renforcer la garnison de Mandritzara, puis de pousser dans l'intérieur et de créer des postes là où M. Pradon, qui l'accompagnait, le jugerait nécessaire; enfin, d'aller jusqu'à la côte Nord-Ouest en essayant de faire sa liaison avec les milices que M. Troupel, résident de Nossi-Bé, détachait dans l'intérieur.

Il quitte Maroantzetra le 6 février, laisse quelques tirailleurs à Mandritzara, occupe le 4 mars Befandriana, où M. Pradon installe un chancelier, et se met à la poursuite d'une bande qui lui est signalée dans les environs, l'atteint le 6 mars à Ampometo et la disperse après une sanglante affaire dans laquelle il a 10 p. 100 de son effectif hors de combat, mais qui lui livre un matériel considérable. Continuant sa route, il installe son lieutenant à Antsohy le 8 mars et arrive le 13 à Andranosamonta.

Cette marche à travers un pays soulevé, et dont les rivières, grossies par les pluies de l'hivernage, étaient autant d'obstacles, effectuée avec des recrues qui n'avaient jamais vu le feu, faisait le plus grand honneur au capitaine Clavel, qui avait ainsi relié en un mois les deux côtes par une ligne de postes.

Le capitaine Clavel trouvait Andranosamonta déjà occupé. En effet, M. Troupel, résident de Nossi-Bé, avait reçu l'ordre de déloger de Maivarano et d'Andranosamonta les bandes de rebelles, composées pour la plus grande partie de Hovas qui en avaient fait leur repaire.

Grâce à l'appui de la compagnie de débarquement du *Météore*, ces deux points furent occupés les 5 et 11 février.

Le capitaine Clavel continua à poursuivre les rebelles pendant les mois de mars et d'avril, afin d'achever la désagrégation de ces bandes et surtout de prendre en mains la réorganisation administrative du pays. Je désignai, lors de mon passage sur la côte Ouest, le capitaine Toquenne pour faire fonctions de résident à Analalava, et mis à sa disposition une seconde compagnie malgache (la 7e), qui s'embarqua à Tamatave le 19 juin.

Le capitaine Toquenne enleva la position de Tsiafabazaha le 29 juin, celle d'Ankiziny le 6 juillet (400 fusils, 5 canons et les drapeaux de la reine tombèrent entre ses mains); la plus grande partie des rebelles fit alors sa soumission. Le commandant de la province ramena à la côte, le 23 juillet, 1,600 Hovas, et les installa dans des villages sous la surveillance du poste d'Analalava. Puis il procéda à l'organisation de sa province avec un tact et un savoir-faire remarquables, et, à partir de ce moment, aucun incident ne s'y produisit pendant tout le temps qu'il en resta le chef, bien que les deux compagnies malgaches dont il disposait lui aient été successivement enlevées.

Rakotovoamoramanga avait réussi à s'échapper après l'affaire d'Ankiziny; mais, ne trouvant plus où se cacher dans la province d'Analalava, il se réfugia dans celle de Maroantsetra, et fit sa soumission, le 23 juillet, entre les mains de M. Pradon.

Opérations du capitaine de Bouvié dans le Bouëni oriental.

Le poste d'Ambato (sur la Betsiboka) ayant été attaqué, le résident de France à Majunga réquisitionna le capitaine de Bouvié, commandant la 7e compagnie de tirailleurs haoussas, pour rétablir l'ordre dans la région.

Cet officier partit de Marovoay et se dirigea sur Maroadabo (région de la Mahajamba) qui lui avait été signalé comme un centre d'agitation. Il occupe ce point le 10 avril et, le 15, bat les rebelles à Vativoka, puis il remonte la Mahajamba et installe un poste à Tsaratanana le 24.

La création de ce poste détermina quelques soumissions;

mais, les renseignements parvenus au capitaine de Bouvié lui ayant fait connaître que la région du Bemarivo, affluent de gauche de la Sofia, était le refuge de bandes nombreuses obéissant à l'agitateur hova Rainitavy, il se porte dans cette direction, enlève Mempikony le 9 mai et y crée un poste. Puis il rentre à Majunga.

Cependant Rainitavy tenait toujours la campagne et avait fini par rassembler, au mois de juillet, 1,200 hommes dans la région peu connue, limitée au nord par la Sofia, à l'est par la province de Maroantsetra, au sud par le cercle d'Ambatondrazaka, à l'ouest par le Bemarivo.

Le 20 juillet, il essaya, sans succès, d'enlever le poste de Mempikony. Il devenait urgent d'agir énergiquement contre lui. Dans ce but, la 7e compagnie du régiment malgache, dont la présence n'était plus nécessaire dans la province d'Analalava, pacifiée par le capitaine Toquenne, fut mise à la disposition du capitaine de Bouvié. Cet officier marche contre les positions occupées par Rainitavy, et les attaque le 24 août. Rainitavy les évacue, mais pour se reporter en arrière, sur une position de deuxième ligne qu'il a préparée à l'avance. L'assaut est donné, mais nous ne pouvons prendre pied sur cette position appelée Masokoamena ; 1 officier est tué et 22 hommes sont mis hors de combat.

Le capitaine de Bouvié demande des renforts et, en attendant, investit la position de Mazokoamena.

Des renforts partirent de Majunga le 21 août et d'Ambatondrazaka le 1er septembre. Le commandant Rouland, chargé de prendre la direction des opérations, arrivait le 8 devant Mazokoamena, qu'il enlevait le 9.

Les rebelles de la région ne tardèrent pas à faire leur soumission après la prise de ce repaire. Rainitavy lui-même se rendit en novembre.

La région occupée à la suite de cette opération fut organisée en un secteur militaire dit du Bemarivo, dépendant de la province de Majunga.

Pénétration dans le Betsiriry, le Menabé et le Mahilaka.

De toutes les peuplades sakalaves de la côte Ouest, celles qui habitent le Menabé central, entre le Manambolo et la Tsiribihina, sont les plus guerrières. Favorisés par la nature de leur pays couvert de forêts et de marécages, les Sakalaves du Menabé n'avaient pu être entamés par les Hovas, qui échouèrent toujours dans leurs tentatives de conquêtes et qui durent se contenter d'occuper au sud la ligne Midongy-Mahabo, et au nord les lignes Tsiroanomandidy-Ankavandra et Mahatsinjo-Manandaza.

Les colonnes militaires qui occupaient les postes hovas étaient réduites à un rôle purement passif et n'empêchaient pas les Sakalaves d'envahir chaque année, à la fin de la saison des pluies, les provinces de l'Imerina et du Betsiléo, d'y razzier des femmes, des enfants, qu'ils emmenaient en esclavage, et des troupeaux de bœufs. Ces incursions périodiques avaient eu pour conséquence de rendre déserte la région à l'ouest d'Inanatonana, région réputée pour ses alluvions aurifères, dont les Sakalaves prétendaient se réserver le monopole de l'exploitation. L'or qu'ils en tiraient leur était un objet d'échange qu'ils troquaient contre les armes et les munitions introduites à la côte par les commerçants indiens, sujets anglais.

L'exploitation de l'or devant être réservée aux Européens, dont un certain nombre insistaient auprès du résident général pour avoir l'autorisation de s'installer dans le Betsiriry, il fallait occuper cette région et la préserver efficacement des incursions des Sakalaves.

Les renseignements que l'on possédait sur la navigabilité de la Tsiribihina, bien qu'assez vagues, laissaient pourtant supposer que ce fleuve pourrait devenir une voie de pénétration d'une certaine importance. Il y avait donc lieu de déterminer les conditions de sa navigabilité et, si elles étaient reconnues bonnes, de nous assurer la possession d'une voie fluviale qui permettrait à nos commerçants et à nos colons d'accéder directement par eau au Betsiriry.

Pour toutes ces raisons, il fut décidé qu'une petite colonne serait envoyée, à la fin de juillet 1897, au Betsiriry et au Menabé. Elle fut composée en majeure partie de troupes sénégalaises, beaucoup plus aptes que les tirailleurs hovas à supporter le climat côtier et à lutter contre les Sakalaves. Il fallait, en effet, s'attendre à rencontrer de la résistance et à faire œuvre de force; car les gens du Menabé ne nous verraient pas sans déplaisir venir nous installer chez eux pour faire cesser leur commerce illicite d'armes et d'esclaves, et ils ne nous accueilleraient pas mieux qu'ils n'avaient jadis accueilli les Hovas. La prétendue « alliance pacifique avec les Sakalaves » n'a jamais été qu'une légende.

Dans le courant du mois de mai, le commandant du cercle de Betafo fit créer un poste à Analaidirano, à peu près à mi-distance du poste d'Inanatonana et du confluent du Mahajilo et de la Mania. Puis, au milieu de juin, le capitaine Mazillier, commandant la 4e compagnie sénégalaise, s'installa à Miandrivazo, en aval des derniers rapides du Mahajilo, avec un détachement de conducteurs et de mulets; il était chargé d'y réunir les approvisionnements et munitions nécessaires à la colonne, au moyen de navettes de mulets et de bourjanes, et d'entamer des négociations avec les Sakalaves en vue d'une pénétration pacifique du Menabé. Mais ces négociations n'aboutirent pas, et les Sakalaves ne voulurent rien promettre; au contraire, ils répondirent à ces avances pacifiques en attaquant deux fois le capitaine Mazillier.

Le 10 août, tous les éléments de la colonne étaient réunis à Miandrivazo : trois compagnies sénégalaises, un peloton algérien, une section d'artillerie. En outre, le commandant

Gérard, chef d'état-major du corps d'occupation, chargé
de la direction des opérations, avait sous ses ordres :

1° La 3ᵉ compagnie sénégalaise, qui occupait Ankavandra et devait s'efforcer de progresser vers le Manambolo;

2° La 8ᵉ compagnie haoussa, dont la portion principale
occupait Maintirano, et dont un détachement était installé
à Morondava et Mahabo. Ce dernier détachement devait
coopérer activement à la pénétration du Menabé, en se reliant de Mahabo avec la colonne venue de Miandrivazo.

D'après les renseignements parvenus à Miandrivazo au
commandant Gérard, deux gros rassemblements sakalaves
existaient : l'un à Anosymena, dans une île près du confluent de la Mania et du Mahajilo, résidence du chef Maha-
tanty; l'autre à Ambiky, non loin de l'embouchure de la
Tsiribihina, résidence de Tœra, le principal chef du Menabé. Ces deux groupes préparaient la résistance et se disposaient à nous attaquer.

Il était urgent de les disperser le plus tôt possible, sous
peine de voir notre petite colonne, peu nombreuse, arrêtée
et mise dans l'impossibilité d'atteindre la côte. Anosyména
fut enlevé le 14 août; la prise de ce village détermina un
grand nombre de soumissions et la remise de 5 à 600 fusils.

Entre Anosymena et la mer, le pays est divisé en deux
zones bien distinctes : on rencontre d'abord le Bemaraha,
plateau calcaire d'une vingtaine de kilomètres de large, de
direction nord-sud, limité à l'est et à l'ouest par des pentes
raides; puis commence une région très boisée, coupée
d'étangs et de marécages, où la marche est difficile, qui se
prête aux embuscades et permet à quelques tireurs isolés
d'entraver l'offensive d'une colonne.

Le commandant Gérard créa un poste à Bemena, sur la
rive droite de la Tsiribihina, au pied occidental du Bemaraha, puis prit ses dispositions pour marcher sur Ambiky.
La colonne fut divisée en trois fractions : la fraction de
gauche marchant par la rive gauche de la Tsiribihina

pour se relier avec le détachement de Mahabo; la fraction du centre descendant le fleuve en pirogues ou marchant par la rive droite, et la fraction de droite se portant sur le Manambolo, pour se relier avec la 3e compagnie sénégalaise, qui, partie d'Ankavandra, devait occuper Bekopaka.

Ambiky fut enlevé le 30 août, et le commandant de la colonne s'occupa immédiatement d'organiser le pays au point de vue administratif.

Le capitaine Mazillier fut nommé au commandement du secteur de la Tsiribihina, et Inguerezza remplaça comme chef indigène Tœra, tué à l'assaut d'Ambiky. Le ravitaillement par la voie fluviale s'organisa; des postes furent créés à Ankalalobé et Androngony; de nombreuses soumissions furent recueillies, au cours desquelles les indigènes rendirent environ 1.000 fusils.

Le centre d'un autre secteur fut installé à Mahabo, près de la reine Rasinaota. Là, l'œuvre put se poursuivre pacifiquement, grâce à l'affaire d'Ambiky, qui avait frappé les indigènes : les soumissions arrivèrent assez facilement, 4.000 fusils furent rendus, et depuis lors cette région n'a pas bougé.

Une fois cette organisation en train, le commandant Gérard se rendit par mer à Behenjavilo, puis à Maintirano; de Maintirano il pénétra dans l'intérieur jusqu'au Bemaraha et fit installer des postes à Andjia et Ambalarano.

En revenant à Tomboharano par la vallée du Manambolo, la petite escorte du commandant fut violemment attaquée pendant deux jours et arriva à la mer après avoir subi des pertes importantes.

Pendant ce temps, des postes étaient installés sur la côte avec le concours de la division navale, afin d'arrêter d'une manière définitive la contrebande de guerre.

Soulèvement des Sakalaves.

Jusque vers le milieu de septembre, les Sakalaves ne nous avaient en somme opposé qu'une assez faible résistance, et ils semblaient disposés à accepter le fait accompli, à admettre notre autorité et à se laisser désarmer.

Mais à ce moment ils se relèvent peu à peu de l'abattement dans lequel les a plongés la marche rapide de nos troupes; ils comptent ces troupes, se disent qu'elles ne sont pas nombreuses et qu'il sera facile de les chasser du pays. En outre, poussés par les marchands étrangers établis sur la côte, ils ne veulent pas renoncer à leurs habitudes de pillage ni à leur commerce illicite, au commerce d'esclaves notamment, sans courir encore une fois la chance des armes. Bref, un mouvement général de rébellion se dessine, du nord au sud, dans le pays sakalave.

Le 21 septembre, un convoi de pirogues qui remonte de Benjavilo à Bekopaka est attaqué, et il ne doit d'arriver à Bekopaka que grâce aux flanc-gardes envoyées sur les deux rives.

Le 28 septembre, le poste de Bekopaka est violemment attaqué avant le jour : les assaillants, dont quelques-uns ont réussi à pénétrer dans l'intérieur de l'enceinte, sont repoussés, mais la petite garnison a deux tués et quatre blessés.

Le 5 octobre, au petit jour, le poste d'Ambiky est entouré par une bande de 400 Sakalaves, qui sont refoulés, non sans grosses pertes de notre côté : sur une garnison de cinquante hommes, nous avions un officier et un adjudant tués (lieutenant Turquois et adjudant Renault), sept indigènes tués et quatorze blessés.

Le 7 octobre, des indigènes entrent par surprise dans le poste d'Ankalalobé et tuent le lieutenant Chambaud et trois Sénégalais; le reste de la garnison, trop confiante, était parti en corvée.

Le 9 octobre, Bemena est attaqué à son tour, mais sans succès.

Enfin, à l'est de Maintirano, le poste d'Anbemda est assailli par des bandes nombreuses; le lieutenant Randey trouve la mort dans cette attaque.

Tous nos postes avaient donc été furieusement attaqués par les Sakalaves; mais partout ceux-ci avaient été repoussés, sauf à Ankalalobé, où ils ne durent de réussir qu'à une imprudence du commandant du poste.

Des mesures furent prises pour renforcer les troupes d'occupation de l'Ouest, mais il est nécessaire de dire ici que les garnisons voisines des postes attaqués se portèrent immédiatement à leur secours avec une initiative des plus louables.

Le capitaine Robin et le lieutenant Marchat partirent de Mahabo et se portèrent sur Ambiky avec des détachements de tirailleurs et de conducteurs sénégalais. Le capitaine Durand, commandant le cercle de Betafo, croyant à l'enlèvement d'Ambiky par les Sakalaves, poussa sur Bemena tout ce qu'il put trouver de tirailleurs et de miliciens disponibles. Dans sa marche de Bemena sur Ambiky, il eut un officier (lieutenant Dejoux) et plusieurs hommes tués, mais put faire sa jonction avec le lieutenant Baudoin, qui marchait en sens inverse.

Mesures prises pour éteindre la révolte des Sakalaves.

Au moment où les Sakalaves se soulevaient contre nous, le lieutenant-colonel Septans se trouvait à Majunga et était sur le point d'aller prendre le commandement du territoire sakalave, pour lequel il était désigné depuis quelque temps. Je lui envoyai les instructions suivantes sur la ligne de conduite qu'il aurait à suivre : concentrer la ma-

jeure partie de ses forces sur la Tsiribihina, afin de venir
à bout le plus rapidement possible de la rébellion dans la
région comprise entre ce fleuve et le Manambolo; tenir solidement les points de la côte se prêtant à un débarquement
afin d'empêcher le commerce d'armes et de munitions;
consolider les résultats acquis précédemment.

Les renforts envoyés d'Imerina comprenaient la 1re compagnie de légion et la 9e compagnie du régiment colonial.
Avec ces renforts, le lieutenant-colonel Septans fit procéder à quelques reconnaissances autour des postes; puis, la
saison des pluies arrivant, il répartit sur la côte un certain
nombre des unités qui ne pouvaient plus lui rendre de
services dans l'intérieur, envoya la 1re compagnie de légion à Tuléar, la 5e compagnie sénégalaise à Ambohibé
(embouchure du Mangoka) et la 9e compagnie coloniale à
Maintirano.

Le territoire sakalave, constitué par arrêté du 12 novembre, s'étendait le long du canal de Mozambique, depuis le
cap Saint-André jusqu'au Mangoka; il avait pour limite
orientale le Bemaraha. Il était divisé en deux cercles : cercle de Maintirano et cercle de Morondava. Le cercle du
Betsiriry était rattaché au 2e territoire.

Cette organisation avait été adoptée dans l'hypothèse que
le commandant du territoire disposerait de moyens de
communication rapides par mer. Il n'en fut rien en réalité.
En outre, les négociations, encore une fois entamées pendant l'hivernage avec certains chefs sakalaves, n'amenèrent
aucun résultat, du moins dans le Menabé.

Les Sakalaves recommencèrent même leurs incursions
autour du Betsiriry, et l'on ne pouvait plus y circuler sans
escorte à la fin de janvier. Il allait donc falloir, dès que la
saison le permettrait, recommencer les opérations actives
dans le Betsiriry et le Menabé, suivant une ligne d'opérations perpendiculaire à la côte; comme l'année précédente,
le cercle de Betafo allait être la base de ravitaillement, car

on ne pouvait pas utiliser la Tsiribihina pour faire venir les approvisionnements de la côte tant que la canonnière demandée en France ne serait pas arrivée. En résumé, il fallait substituer l'action en profondeur à l'action de front parallèle à la côte.

En conséquence, le territoire sakalave fut supprimé le 12 mars, le cercle de Morondava, rattaché au 2e territoire militaire et le cercle de Maintirano au 4e territoire.

Nous examinerons plus loin les opérations qui furent effectuées pour relier le cercle de Maintirano au 4e territoire militaire.

Opérations du 2e territoire militaire en 1898.

(Pénétration dans l'Ouest.)

Antérieurement à la suppression du territoire sakalave, le capitaine Lucciardi, nommé au commandement du cercle du Betsiriry, avait, depuis la fin de janvier, entrepris une série d'opérations à la fois hardies et méthodiques pour nettoyer le Betsiriry et refouler les Sakalaves au delà du Bemaraha. Quand cet officier prit le commandement du cercle, les garnisons des postes composés de tirailleurs malgaches originaires de la région centrale étaient réduites à l'impuissance. Ces tirailleurs résistaient mal au climat du Betsiriry : plus des trois quarts étaient indisponibles par suite de fièvre et de plaies aux jambes ; ils étaient en outre déprimés moralement, et un grand nombre désertèrent pour échapper aux dangers d'une nouvelle campagne contre les Sakalaves. Afin de remédier à cette situation déplorable, deux sections de la 1re compagnie sénégalaise furent mises à la disposition du capitaine Lucciardi, qui put, grâce à ce renfort, prendre l'offensive contre les Sakalaves. Le plan qu'il exécuta avec beaucoup de décision consistait d'abord à nettoyer la boucle entre le Mahajilo et la Mania, puis à occuper des points sur les rives extérieures de ces rivières afin de s'en servir comme de têtes de pont pour déboucher au delà, enfin à refouler les Sakalaves dans le Menabé, à l'ouest du Bemaraha. Ces opérations furent couronnées par la réoccupation d'Ankalalobé, le 4 juin.

De son côté, le commandant du cercle de Betafo avait pris l'offensive vers le Sakeny et installé, le 4 mars, un poste sur cette rivière à Ankazoambo.

Le cercle de Betafo eut à assurer le ravitaillement des troupes en opération. Un seul chiffre donnera l'importance de l'effort accompli : 550 tonnes furent transportées de l'Imerina à Miandrivazo.

Le plan d'opérations adopté par le commandant du 2e territoire consistait à prendre pour objectif principal l'occupation solide, d'abord de la vallée de la Tsiribihina, puis de la vallée du Manambolo. Le temps et les effectifs manquèrent pour la seconde partie du programme, mais la première fut réalisée ; c'était d'ailleurs de beaucoup la plus importante, puisque la Tsiribihina est une voie de pénétration de valeur militaire et commerciale bien supérieure à celle du Manambolo, ainsi que l'avait fait reconnaître la campagne précédente. Pour l'occupation de la Tsiribihina, le colonel Sucillon se décida à agir d'abord sur la rive gauche, où Inguerezza, frère de Tœra et principal chef des Sakalaves rebelles, paraissait s'être réfugié.

Les opérations furent entreprises en juin et juillet simultanément par les cercles de Morondava, de Betafo et du Betsiriry. Au cours de ces opérations, plusieurs postes furent installés sur la rive du fleuve et à une certaine distance au sud. Suivant leur tactique habituelle, les Sakalaves ne résistèrent pas en masse ; ils se contentèrent de tendre des embuscades aux colonnes et aux convois ou d'inquiéter la construction des postes. Mais il fut impossible d'entrer en relations avec eux ; aucune soumission ne put donc être recueillie.

Le 23 août, le commandant du territoire réunit à Antsoa les commandants des trois cercles et donna ses instructions pour la suite des opérations. Les postes de la rive gauche, bien organisés au point de vue défensif et pourvus de garnisons assez fortes pour pouvoir rayonner à l'extérieur, feraient de fréquentes reconnaissances.

M. le commandant Putz, commandant du cercle de Morondava, serait chargé, de concert avec le capitaine Lucciardi, de débarrasser la rive droite de la Tsiribihina des bandes qui l'infestaient et d'y créer des postes pour assurer la sécurité de la navigation.

Mais, avant de commencer les opérations sur la rive droite, il était nécessaire d'attendre le résultat des négociations entamées par M. Larsen, capitaine de la marine marchande norvégienne, qui, ayant eu autrefois des relations avec les chefs indigènes du Menabé, était venu offrir ses services au gouverneur général. M. Larsen échoua malheureusement dans sa tentative généreuse et se rembarqua le 1er septembre à Tsimanandrafozana.

Le commandant Putz, malgré l'insuccès de M. Larsen, accorda jusqu'au 26 septembre aux chefs indigènes de la rive droite pour se soumettre, puis, n'ayant reçu d'eux à cette date aucune réponse, il marcha, le 29, sur Soatanimbary, signalé comme résidence d'Ozoué, l'un des principaux lieutenants d'Inguerezza, et enleva ce village; après quoi il établit un poste à Ankazoaberavo, revint à la mer, recueillit quelques soumissions dans les environs de Belo et y installa un poste pour protéger les soumissionnaires.

Résultats au 31 décembre 1898.

Le pays entre le Bongo-Lava et le Bemahara est pacifié; toute incursion des Sakalaves à l'est du Bemahara est désormais impossible. Aussi les Hovas du Mandridrano n'ont-ils pas hésité, en 1898, à pousser leurs troupeaux dans la vallée du Sakay, ce qu'ils n'osaient pas faire autrefois ; la richesse en bétail du cercle de Miarinarivo va donc rapidement s'augmenter.

La sécurité du Betsiriry a permis à nos colons d'y reprendre les exploitations aurifères régulières.

Enfin, la sécurité de la navigation est assurée sur la Tsiribihina ; un canot à vapeur calant 0^m,75 a pu remonter jusqu'à Bemena, le 1er janvier ; la canonnière qui vient de prendre son service dans la Tsiribihina pourra desservir régulièrement ce poste et même probablement remonter pendant une partie de l'année jusqu'à Miandrivazo.

La Compagnie lyonnaise se propose d'y avoir prochainement un canot à vapeur, afin de faire communiquer directement avec la mer ses exploitations aurifères du Betsiriry.

Il reste encore à assurer la pacification du Menabé central entre le Manambolo et la Tsiribihina ; mais dès maintenant les gens de cette région sont privés de leurs communications avec la mer et avec la Tsiribihina ; comme c'est par la mer qu'ils se ravitaillaient en munitions et sur la Tsiribihina qu'ils avaient la plupart de leurs cultures, il est possible qu'ils se rendent bientôt compte de leur impuissance.

Enfin, si nous n'occupons pas encore, au sud de la ligne Morondava-Mahabo-Malaimbandy, le pays à l'ouest de la Sakeny, ses habitants sont loin d'être aussi guerriers que ceux du Menabé, et ils se soumettront sans doute d'eux-mêmes quand la question du Menabé sera définitivement réglée.

Opérations du 4ᵉ territoire militaire en 1898.

(Pénétration vers l'Ouest.)

Le 4ᵉ territoire militaire, créé le 26 janvier 1898, comprenait, à ce moment, le cercle d'Ankazobé, le cercle annexe de Mevatanana et le cercle annexe de la Mahavavy.

Ce dernier cercle fut constitué à la même date; le programme fixé à l'officier qui le commandait consistait à pénétrer méthodiquement dans le pays à peu près inconnu situé à l'ouest de la Menavava, et à occuper successivement les rivières de la Mahavavy et de l'Andranomavo, en se reliant au nord avec la province de l'Ambongo, au sud avec le 2ᵉ territoire.

Ainsi qu'on l'a vu plus haut, le cercle de Maintirano fut rattaché au 4ᵉ territoire le 12 mars; dès lors le programme à réaliser par le lieutenant-colonel Lyautey, commandant de ce territoire, s'élargissait; il s'agissait maintenant de coordonner les efforts des commandants des cercles de Maintirano et de la Mahavavy de manière à occuper progressivement le pays entre la mer, l'Ambongo et le 2ᵉ territoire et à pacifier la région de Fonjia, sise au nord d'Ambalarano (Manambao) et signalée comme le repaire de nombreux rebelles bien armés.

Opérations préliminaires du cercle de Maintirano.

Le commandant de ce cercle en avait, pendant les premiers mois de 1898, pacifié la plus grande partie, grâce à un mélange très habile des reconnaissances militaires et de l'action politique, de sorte qu'à la fin du mois de juin il ne restait plus de groupes rebelles que dans le sud-est du cercle (région du Bemaraha) et dans le nord; la route Maintirano-Belalitsy-Anjia-Ambalarano était complètement dégagée.

Des approvisionnements furent accumulés en ce dernier point pour servir ultérieurement aux opérations du Fonjia. Le commandant Ditte avait en outre réussi à recruter sur la côte une bonne compagnie de milice.

Opérations préliminaires du cercle de la Mahavavy.

Le capitaine de Bouvié, parti le 6 mai de Stampiky, réussit en deux mois à occuper pacifiquement tout son cercle, à y installer des postes et à les ravitailler, et, le 6 juillet, il faisait sa jonction avec le commandant Ditte à Ambalarano.

Opérations d'ensemble.

A partir du 6 juillet, des opérations d'ensemble furent dirigées contre les rebelles du Fonjia, sous la direction du commandant du territoire. Le 12 août elles se terminaient par la dislocation des bandes et l'occupation du massif par quatre postes.

Le commandant Ditte se porta ensuite au nord afin d'occuper le Milanja. Il prit possession des ports de Nosy-Voalavo et Vilamatso, et fit sa jonction avec les troupes du cercle de la Mahavavy, au pied du pic d'Ambohitrosy.

En résumé, au 15 septembre, toute la région côtière, le Mahilaka et le Milanja, et tout le pays compris entre le cercle de Maintirano et le cercle d'Ankazobé étaient à peu près pacifiés et divisés en secteurs administratifs correspondant aux groupements indigènes; Maintirano était relié à Ankazobé par une route sûre, doublée d'une ligne optique entre Ankazobé et Morafenobé. Les populations, sauf quelques dissidents assez rares, étaient rentrées dans leurs villages.

Sans doute il sera nécessaire de maintenir longtemps encore l'occupation militaire et de surveiller étroitement les Sakalaves, dont il faut toujours escompter la duplicité; mais il n'en est pas moins vrai que des résultats obtenus aussi rapidement font grand honneur au commandant du 4ᵉ territoire et à ses collaborateurs.

La mise en valeur de la colonie tirera de la pacification de ces régions les avantages suivants :

Les incursions des Sakalaves sont désormais impossibles dans le Vonizongo et le Valalafosty, dont les populations pourront maintenant utiliser les terrains d'élevage du Bongo-Lava.

Dans la zone côtière, la région du Milanja paraît particulièrement propre à la colonisation et à l'élevage. Elle est peuplée, bien arrosée, et le petit port de Nosy-Voalavo offre un bon mouillage aux bâtiments de faible tonnage.

Historique de la révolte et de la pacification dans le cercle de Tuléar.

Le petit îlot de Nossi-Vé, en face la baie de Saint-Augustin, avait pris depuis quelques années une grosse importance commerciale à la suite de l'exploitation du caoutchouc dans le sud de l'île. De nombreux traitants s'y étaient installés et faisaient avec les indigènes de la Grande-Terre un fructueux commerce d'échanges. Le paquebot *Mpanjaka*, annexe des Messageries maritimes, le desservait mensuellement.

Mais notre installation à Nossi-Vé, qu'avait déterminée la nécessité pour les commerçants de se mettre à l'abri des attaques des pillards de la côte, présentait des inconvénients, dont le principal était le manque d'eau qu'il fallait aller chercher sur la Grande-Terre. En outre, le mouillage de Nossi-Vé est de beaucoup inférieur au mouillage de Tuléar, qu'un long récif orienté nord-sud protège des vents du large.

Je décidai donc que nos établissements seraient transférés à Tuléar, qui deviendrait le point de départ de notre rayonnement vers l'intérieur.

Lorsque je passai à Tuléar, le 19 juin 1897, au cours de ma première tournée d'inspection autour de l'île, le roi Tompomanana, qui jouissait d'une grande influence sur les populations au nord de Tuléar, refusa de venir se présenter. Il devenait nécessaire de donner à M. Estèbe, résident de Tuléar, les moyens de forcer Tompomanana à l'obéissance. Je prescrivis au commandant d'armes de Diégo d'envoyer à Tuléar un détachement mixte composé de la 6e compagnie de tirailleurs malgaches et de quelques disciplinaires.

Peu après mon départ de Tuléar, Tompomanana attirait dans un guet-apens le garde de milice Bligny, commandant le poste de Manambo, et l'assassinait. Le détachement de Diégo, commandé par le capitaine Génin, arrivait fin juillet à Tuléar.

Du mois d'août au mois de novembre, une série de reconnaissances fut faite entre l'Onilaky et le Mangoka; des postes furent créés à Manera, sur la route d'Ihosy à Ankazoabo, chez les Baras-Imamonos, à Ankotofotsy, sur l'Onilahy; mais Tompomanana échappa à nos poursuites.

Il résultait de ces reconnaissances que la population au nord de Tuléar jusqu'au Mangoky, sous l'influence des conseils de Tompomanana, montrait de la répugnance à se soumettre, mais que, dans l'intérieur, les Baras-Imamonos et les Antanosys émigrés ne demandaient pas mieux que de se rallier franchement à nous.

Des communications commencèrent à s'établir à la fin de 1897 entre Tuléar et Ranohira, poste créé par le lieutenant-chancelier d'Ihosy. Je prescrivis à M. Estèbe de chercher en premier lieu à assurer la sécurité de cette voie de pénétration dans l'intérieur. Pour lui faciliter cette tâche, la 1re compagnie de légion lui fut envoyée de Morondava à la fin de décembre.

A la même époque, la 5e compagnie sénégalaise était envoyée à Ambohibé, à l'embouchure du Mangoky.

Le delta du Mangoky était signalé comme le repaire de plusieurs chefs irréductibles en relations avec Tompomanana; il importait de l'occuper, et, ultérieurement, d'examiner si le Mangoky pouvait se prêter à la navigation et faciliter la pénétration dans l'intérieur.

Cependant, les opérations qui avaient eu lieu à l'est de la province de Tuléar dans le cercle des Baras avaient eu pour conséquence de rejeter vers le nord-ouest de ce cercle tous les irréductibles; ils avaient installé leur repaire dans une région très accidentée et boisée, au confluent du Mangoky et du Malio, nommé le Vohinghezo. Ils étaient en relations avec les Tanalas-Volambitas, de la rive droite du Mangoky, et constituaient avec eux un groupement très dangereux pour la tranquillité des régions voisines.

L'ordre fut donné au capitaine Flayelle, commandant la 1re compagnie de légion et les troupes de la province de Tuléar, de disperser le rassemblement du Vohinghezo. Cet officier concentra le 10 mars à Soaserana un détachement mixte, et se porta le 11 au soir sur le Vohinghezo, afin d'attaquer les rebelles le 12 à la pointe du jour. Mais il tomba dans une embuscade et fut tué ainsi que le lieutenant Montagnole et plusieurs hommes de troupe. Cet incident nous forçait à remettre à une époque ultérieure l'occupation de la région.

L'affaire du Vohinghezo, les difficultés rencontrées par la compagnie sénégalaise d'Ambohibé pour pénétrer dans l'intérieur, l'agitation maintenue dans une grande partie de la province de Tuléar par Tompomanana et ses fidèles prouvaient la nécessité de procéder à une occupation méthodique du pays entre le Mangoky et l'Onilahy; et, comme M. Estèbe arrivait au terme de son séjour colonial, je désignai, pour le remplacer, le capitaine Toquenne, qui avait obtenu, l'année précédente, des résultats si rapides et si décisifs dans l'organisation de la province d'Analalava ; en même temps, la province de Tuléar était provisoirement tranformée en cercle militaire, afin d'y assurer l'unité d'action et de direction.

Le capitaine Toquenne sut appliquer avec beaucoup d'intelligence l'esprit des « instructions » du 22 mai pour la pénétration dans les pays insoumis. Il se fixa d'abord un programme bien défini pour disloquer successivement les bandes rebelles éparses dans diverses régions du cercle, puis donna à ces régions une organisation administrative appropriée à leur situation.

Les opérations militaires commencèrent à la fin de juillet; le premier objectif fut la pacification du pays au nord de Tuléar jusqu'au Mangoky. Elle fut obtenue par l'action simultanée de détachements partis du delta du Mangoky et de Sambololo. Dans les premiers jours d'août, Tompomanana et les autres chefs, ses alliés, faisaient leur soumission.

Ce premier résultat atteint, le capitaine Toquenne remonta le Mangoky, installa un poste non loin du Vohinghezo et entama des pourparlers avec les rebelles. Ces pourparlers n'aboutirent point; mais les renseignements recueillis par le commandant du cercle l'amenèrent à cette conclusion qu'une action de vive force contre le Vohinghezo n'aurait de chance de déterminer un résultat décisif qu'autant qu'elle serait soutenue par l'occupation de la rive droite du Mangoky ; sans quoi les rebelles auraient toute facilité pour s'échapper vers le nord en franchissant le fleuve. Aussi il se décida à renoncer à l'action de vive force et à y substituer un investissement progressif, qui mettra les régions pacifiées à l'abri des incursions des gens du Vohinghezo, jusqu'au jour où les commandants des cercles voisins pourront participer à une opération d'ensemble contre leurs repaires. En conséquence, il créa la « marche militaire » du Vohinghezo.

Le capitaine Toquenne fit en même temps reconnaître

la navigabilité du Mangoky : la reconnaissance montra que ce fleuve est accessible, jusqu'à 150 kilomètres de son embouchure, à des embarcations d'un tirant d'eau de 40 centimètres. La voie fluviale put être utilisée pour le ravitaillement des troupes d'investissement du Vohinghezo.

Une fois la question du Vohinghezo réglée comme il vient d'être dit, le capitaine Toquenne se rendit sur l'Onilahy et en organisa l'occupation militaire jusqu'à la limite du pays des Baras-Vindas.

A la suite de ces opérations, le cercle fut divisé en quatre secteurs et une « marche militaire ». Deux des secteurs qui correspondent à des pays complètement pacifiés : la région côtière au sud de Betsioka et le pays des Baras-Imamonos sont soumis au régime civil; les deux autres, qui ont encore besoin d'être surveillés, sont placés sous le régime militaire ; ce sont le secteur d'Ambohibé et le secteur de Beraketa.

Au 15 octobre, le cercle de Tuléar a atteint ses limites : il est séparé, au sud, du Mahafalys par l'Onilahy; au sud-est, des Baras-Vindas par le Sakamari. Il ne subsiste qu'un point noir, le Vohinghezo ; mais les rebelles qui s'y sont cachés sont mis hors d'état de nuire.

Les indigènes du cercle reconnaissent notre autorité; ils admettent le principe de l'impôt; nos colons peuvent désormais mettre en valeur ce pays en toute sécurité.

Pénétration au sud du Betsiléo chez les Baras et Tanalas.

Les pays au sud du Betsiléo sont habités par des peuplades sauvages et jalouses de leur indépendance appartenant aux races bara et tanala. Ces peuplades venant périodiquement razzier les villages frontières du Betsiléo, il était nécessaire de se couvrir contre leurs incursions par la création d'un certain nombre de postes militaires. Pour l'emplacement de ces postes, il y avait intérêt à choisir des points assez éloignés et situés en pays insoumis ; nous ferions ainsi de la protection à grande distance en réservant à la milice la garde immédiate des frontières ; nous augmenterions notre zone d'influence et nous préparerions la pénétration des régions se prêtant à la colonisation.

D'autre part, il était indispensable de relier Fianarantsoa avec Fort-Dauphin, Tuléar et Farafangana, les trois centres' commerciaux les plus importante du Sud, non seulement pour développer les transactions, mais aussi pour assurer aux garnisons et aux colons de ces trois centres des lignes de retraite vers l'intérieur en cas d'agression venue de la mer. D'où la nécessité de jalonner par des postes militaires les lignes de communication de Fianarantsoa à Fort-Dauphin par Ihosy, de Tuléar à Ihosy et de Farafangana à Fianarantsoa par Ivohibi.

Telles sont les considérations qui m'ont guidé dans les ordres et instructions donnés en 1897 et 1898 en vue de l'occupation des régions du Sud. Les difficultés rencontrées par nos troupes, qui se sont trouvées en présence de populations guerrières et indépendantes, les faibles effectifs dont disposaient les commandants de cercle et de province, ne nous ont pas permis, malgré les efforts qui ont été déployés, d'arriver à pacifier entièrement le Sud. Tant que le Menabé, dont la pacification représente pour le moment notre principal objectif militaire et absorbe la majeure partie de nos forces, ne sera pas soumis, il ne faudra pas songer à augmenter les troupes d'occupation du Sud ; par suite, nous nous contenterons de tenir solidement les lignes de communications indiquées ci-dessus ; les postes chercheront à augmenter peu à peu leur rayon d'action, et les commandants de cercle et de secteur s'efforceront d'attirer à eux les populations par l'action politique. Il est permis d'espérer que, dans ces conditions, nous grouperons autour de nous les populations paisibles, qui chercheront sous l'abri de nos postes une protection contre les pillards, et que ceux-ci, voyant leur zone d'action peu à peu réduite, se soumettront à la longue; en tout cas, ils deviendront de plus en plus misérables.

Événements principaux qui ont marqué nos progrès dans le Sud.

Sur la demande de M. le résident de France à Fianarantsoa, des détachements de troupes régulières furent envoyés, dans les premiers mois de 1897, à Ivohibé, Ihosy et Ikongo. Deux lieutenant furent désignés pour faire fonctions de chanceliers à Ihosy et Ivohibé et pour essayer de rallier les populations baras et tanalas, dont ces villages constituent les centres les plus importants.

Le lieutenant-chancelier à Ihosy devait se relier à Tuléar; dans ce but, il créa au mois de juillet le poste de Ranohira, à quelque distance de la rive droite du Malio, qui constitue la limite orientale de la province de Tuléar; ultérieurement, il installa un poste à Soaserano, au confluent du Malio et du Mangoki. Il recueillit un grand nombre de soumissions; mais tous les réfractaires de la région allèrent se réfugier sur la rive gauche du Malio, dans la région du Vohinghezo, dont il a été parlé à propos du cercle de Tuléar.

A l'est des pays baras et tanalas, dans les régions d'Ikongo et d'Ivohibé, les progrès réalisés au point de vue de la pacification furent lents. Le lieutenant-chancelier d'Ivohibé eut à lutter notamment contre les Baras-Iantsantsas, obéissant au roi Isambo. Ce n'est qu'après des échecs répétés que celui-ci finit par aller faire sa soumission au résident de Farafangana.

Du côté d'Ikongo, un grand nombre d'insoumis se réfugièrent, pendant les mois d'août et de septembre, sur un rocher difficilement accessible, où ils réunirent de gros approvisionnements et élevèrent des retranchements. Tout le pays entre Ikongo et Ivohibé est d'un parcours difficile : ce ne sont qu'escarpements boisés, vallées étroites et rocheuses, où les communications sont des plus pénibles. Malgré tout, il nous fallait déloger les rebelles d'un repaire où ils pouvaient se croire inaccessibles, étant donné que jadis ils y avaient bravé impunément les efforts répétés des Hovas, et où ils étaient une menace pour la région que suit, au nord d'Ikongo, le tracé de la route à péage de Fianarantsoa à la mer. Des ordres furent donc donnés pour les y attaquer. Le commandant Cléret réunit les détachements de Fianarantsoa et d'Ikongo, et, après un siège en règle, le rocher d'Ikongo fut enlevé le 10 octobre.

L'état troublé dans lequel se trouvaient les pays habités par les Baras et les Tanalas me détermina à les détacher de la province de Bétsiléo et à en faire un cercle militaire, afin d'y assurer l'unité d'action nécessaire à sa pacification et à son organisation administrative.

Nous nous trouvions là, malheureusement, en présence de populations ne connaissant, en fait de régime politique, que l'anarchie, déshabituées d'obéir à des chefs, paresseuses et résolues à s'enfuir dans la brousse ou dans la forêt plutôt que de renoncer à leurs coutumes traditionnelles de pillage. En outre, les Baras et les Tanalas sont divisés en une multitude de tribus enchevêtrées les unes dans les autres, plus ou moins nomades; cet enchevêtrement, qui est le résultat des émigrations successives de la côte Est vers la côte Ouest, vient encore compliquer les questions d'administration.

Le chef-lieu du cercle fut d'abord placé à Ivohibé et le cercle divisé en trois secteurs : Ihosy, Ivohibé et Tamo-Tamo. Le secteur d'Ikongo fut rattaché, à la province de Farafangana. Nous occupions le poste de Tamo-Tamo depuis trois mois déjà. A la suite de l'assassinat du garde de milice Philippini, qui commandait le poste de Tsivory dépendant de la province de Fort-Dauphin, un détache-

ment de tirailleurs malgaches avait été envoyé de Fianarantsoa pour reprendre pied de ce côté et avait créé deux
postes, l'un à Betroky, l'autre à Tamo-Tamo.

Le commandant du cercle des Baras et Tanalas s'attacha
en premier lieu à conserver ses communications :

1° D'Ivohibé sur Farafangana ;

2° D'Ihosy sur Tuléar ;

3° De Betroky et Tamo-Tamo sur Fort-Dauphin.

En même temps il s'efforça d'étendre peu à peu notre
zone d'influence dans les régions que nous n'occupions pas
encore.

Le commandant Michard, qui remplaça au mois de mai
1898 le commandant Cléret, se proposa d'abord de réduire
les populations turbulentes des hautes vallées du Menaha-
raka et de Iantara, qui menaçaient la sécurité de la route
de Fianarantsoa à Ivohibé. Il dirigea contre elles, au mois
de juin, une série d'opérations qui les mirent à la raison.
Puis il tourna son activité vers la pacification de la région
traversée par le chemin d'Ivohibé à Farafangana. Il aug-
menta le nombre des postes, mais ne put obtenir la soumission de la population tout entière, dont une partie se
réfugia dans la forêt.

Une cause qui vient s'ajouter aux difficulté de la pacification du cercle des Baras, dans sa partie orientale, c'est
l'existence de la frontière de la province de Farafangana,
tracée à travers un pays boisé et de parcours extrêmement
difficile. Les bandes rebelles peuvent ainsi passer d'une
province à l'autre, et il n'est pas toujours commode de faire
concorder les opérations entreprises par les troupes des
deux provinces. Néanmoins, au mois d'octobre, le secteur
d'Ivohibé étant à peu près pacifié, le chef-lieu du cercle
put être transféré à Betroky.

De ce point, il sera facile au commandant du cercle
d'agir soit politiquement, soit par la force, quand les
effectifs dont il dispose auront pu être augmentés, sur la

région intéressante de l'Ivondro, située entre les vallées de l'Onyaivo et de l'Itomampy. Cette dernière vallée est réputée pour sa fertilité; des colons se sont déjà présentés pour y créer de grandes exploitations; mais il n'a pas pu leur être donné satisfaction, en raison de l'état troublé de la région.

En résumé, la pacification du cercle des Baras est loin d'être terminée; mais, tant que le Menabé ne sera pas entièrement soumis, aucun renfort de troupes ne pourra être envoyé au commandant du cercle, qui devra se borner à consolider les résultats acquis et à se maintenir sur le *statu quo* en gardant avec le plus grand soin les grandes lignes de communication entre Tuléar, Ihosy, Ivohibé-Farafangana et Fiaranantsoa-Ihosy, Betroky-Fort-Dauphin.

Cercle de Fort-Dauphin.

Lors de mon passage à Fort-Dauphin, le 23 juin 1897, je constatai que la situation de la province était des plus troublées. Les communications avec l'intérieur étaient devenues excessivement précaires et les transactions sur le caoutchouc réduites à rien. Les colons, craignant de voir les rebelles arriver jusqu'aux portes de Fort-Dauphin, insistèrent auprès de moi pour l'envoi de troupes régulières commandées par un officier qui détiendrait les pouvoirs civils et militaires. L'état d'anarchie dans lequel se trouvait cette région exigeait qu'il fût déféré à leur désir le plus tôt possible. Aussi, dès ma rentrée à Tamatave, je prescrivis l'envoi à Fort-Dauphin de la 4e compagnie de légion commandée par le capitaine Brulard.

Elle y débarqua le 26 août.

En moins de trois mois, le capitaine Brulard organisa son cercle avec une méthode et une intelligence rares. Il commença par rouvrir les communications avec le secteur de Tamo-Tamo et créa des postes sur le chemin qui conduit de Fort-Dauphin à ce point. Puis il partagea le cercle en trois secteurs : secteur de Fort-Dauphin, secteur Antanosy et secteur Antandroy, en se rapprochant autant que possible des anciennes divisions par races ou tribus. Les populations antanosys étant plus paisibles que les Antandroys, le capitaine Brulard chercha à se les rallier et à les protéger contre leurs belliqueux voisins. Ceux-ci furent refoulés sur le Mandraré, qui forme la limite occidentale du cercle, et des postes furent créés pour les surveiller.

Enfin, au mois de décembre, le commandant du cercle se rencontra sur la frontière nord-est avec l'administrateur de la province de Farafangana, et la délimitation précise de la frontière fut arrêtée d'un commun accord.

Pendant l'hivernage 1897-1898, les garnisons des postes, composées de légionnaires et de miliciens, déployèrent, malgré la mauvaise saison, une grande activité pour maintenir les résultats acquis. Les Antandroys cherchèrent à piller les villages amis; ce n'est que grâce à des reconnaissances fréquentes et à de petites opérations souvent renouvelées qu'ils finirent par être convaincus de leur impuissance et que la tranquillité du pays fut obtenue.

Au mois de mai, le cercle avait atteint ses limites naturelles; le commerce reprenait peu à peu, les impôts rentraient et le ravitaillement de la partie méridionale du cercle des Baras se faisait régulièrement par Fort-Dauphin.

A l'heure actuelle, il subsiste encore un point noir : la tribu turbulente des Ranofotsy, habitant la région du Haut-Itomanpy, à cheval sur les trois provinces de Farafangana, des Baras et de Fort-Dauphin, est une menace pour la tranquillité de la région Nord-Est du cercle. Cette tribu, qui a reçu une sévère leçon au mois de décembre dernier, au cours d'une reconnaissance exécutée par des troupes du cercle de Fort-Dauphin et de la province de Farafangana, ne pourra être mise tout à fait à la raison que lorsque nous occuperons d'une manière effective la région d'Ivondro.

———————

CHAPITRE VI

INCIDENTS SURVENUS SUR CERTAINS POINTS APRÈS LA PACIFI-
CATION — FUITE DE RABEZAVANA (MAI 1898)

Lors de sa reddition, en mai 1897, Rabezavana avait
rendu à la cause de la pacification des services appréciables en déterminant la soumission d'un grand nombre
de ses partisans.

Comme il paraissait franchement rallié à notre cause et
qu'il jouissait d'une grande influence personnelle dans la
région d'Antsatrana dont il était le gouverneur autrefois,
je lui rendis la liberté à condition qu'il prêterait son concours à un colon français, M. Sescau, qui désirait établir
une exploitation aurifère aux environs de Tsaratanana.

Tout alla bien pendant un an, et Rabezavana s'employait
avec beaucoup de bonne volonté à fournir à M. Sescau la
main-d'œuvre toujours difficile à recruter, lorsque, le 24
mai 1898, la veille du jour où le capitaine Rémond, commandant le secteur d'Antsatrana, se disposait à l'emme-
ner à Mevatanana pour me le présenter lors de mon
deuxième voyage sur les côtes, il s'enfuit avec son fils.

La fuite de Rabezavana ne provoqua aucun mouvement
dans la région, où son influence avait d'ailleurs considérablement baissé ; néanmoins les recherches les plus actives
furent immédiatement entreprises pour le retrouver. Ce
n'est que le 1er août qu'il se rendit au capitaine Rémond,
après une démarche personnelle faite auprès de lui par
M. Sescau, qui lui assura qu'il aurait la vie sauve. Je l'exi-
lai momentanément avec son fils à la Réunion.

Cet incident est un exemple de la crédulité des Mal-

gaches. Rabezavana s'imagina que, si je le convoquais à
Mevatanana, c'était pour revenir sur la grâce qui lui avait
été déjà accordée et pour le châtier de ses fautes passées;
et il avait été confirmé dans cette supposition lorsqu'il
eut consulté les fétiches auxquels ses congénères croient
toujours plus ou moins, même après leur conversion au
christianisme.

Il s'enfuit alors, disant à son entourage qu'il se réfugiait
dans la forêt pour y mourir.

Mouvement insurrectionnel du Nord (octobre-décembre 1898).

Le 26 octobre 1898, on apprenait à Helleville que des
troubles venaient d'éclater sur la Grande-Terre, dans la
région du Sambirano, que plusieurs Français et créoles
avaient été massacrés et leurs plantations saccagées.

Cette nouvelle était d'autant plus inattendue que les
derniers rapports politiques des administrateurs de cette
partie de la côte étaient très optimistes. La côte Nord-Ouest,
entre la province de Diégo et celle de Majunga, est divisée
en deux provinces : Nossi-Bé, dont le chef-lieu est à Helleville, et Analalava. Les opérations militaires des capitaines
Clavel et Toquenne, en 1897, et l'administration sage et
prévoyante de ce dernier officier avaient ramené la tranquillité la plus complète dans ces deux provinces, et il
avait été possible d'en enlever les troupes régulières, dont
la présence était nécessaire dans d'autres régions de l'île
encore insoumises. Les compagnies de tirailleurs avaient
été remplacées par des milices locales et les deux provinces remises à l'administration civile.

M. Chauvot, administrateur de Nossi-Bé, dès qu'il con-
nut le soulèvement des indigènes, partit immédiatement
pour Ankify, où il fut rejoint par la compagnie de débarquement du *Fabert*, qui s'installa au poste d'Ambalavelo.

Pendant ce temps, sur mon ordre, une compagnie de marche de 150 Sénégalais était constituée à Majunga avec des recrues arrivant de la côte d'Afrique et quelques rapatriables dont on retarda l'embarquement. Cette compagnie fut mise sous les ordres du capitaine Laverdure, qui débarqua le 3 novembre à Ankify et prit en main le commandement militaire et la direction administrative de la partie de la province de Nossi-Bé située sur la Grande-Terre, transformée en cercle annexe.

Les premiers renseignements arrivés à Tananarive avaient fait supposer que le mouvement insurrectionnel était limité à la vallée du Sambirano; malheureusement, il s'étendait à la région de l'Ankaizinana, dans le nord de la province d'Analalava : le garde de milice Gouraud, commandant le poste de Bealanana, avait été massacré dans la nuit du 1er au 2 novembre. Des indices de troubles se manifestaient également dans la vallée de la Sofia. Enfin, on put croire un moment que l'insurrection gagnerait le nord de la province de Vohémar : un colon créole fut assassiné à Loky; mais il ne s'agissait en réalité que d'une vengeance locale n'ayant aucune relation avec les événements qui se passaient sur l'autre versant de l'île.

Les mesures suivantes furent immédiatement prises pour circonscrire l'insurrection. Le commandant Mondon fut envoyé de Majunga à Analalava avec une deuxième compagnie de marche sénégalaise, formée dans les mêmes conditions que la première; il reçut tous les pouvoirs civils et militaires; il eut pour mission de rétablir le calme dans la province en se liant le plus étroitement possible avec le capitaine Laverdure.

D'autre part, je prescrivis au chef de bataillon Lamolle, commandant le cercle d'Ambatondrazaka, de se porter sur Mandritsara et d'occuper la région Mandritsara-Befandriana aussitôt qu'une compagnie malgache et une pièce de canon, que je lui envoyais d'Imerina, l'auraient rejoint.

Enfin, le capitaine Rémond, commandant le cercle d'Andriamena-Antsatrana, et l'administrateur de la province de Majunga devaient surveiller les frontières Nord-Est des régions qu'ils administraient pour empêcher toute infiltration de bandes venues de la Sofia.

Tous ces ordres furent exécutés avec une précision et une rapidité remarquables, et les indigènes des régions troublées, stupéfaits de voir ainsi, quelques jours après le commencement de l'insurrection, des troupes régulières nombreuses surgir de l'Ouest et du Sud, n'opposèrent pas grande résistance et ne tardèrent pas à se soumettre.

Le capitaine Laverdure, débarqué à Ankify le 3 novembre, se porte sur Ambalavelo, y laisse un détachement de sa compagnie et marche sur Marotoalana, où le garde de milice Ettori a été assassiné le 21 octobre, après que ses miliciens l'eurent lâchement abandonné. Le poste est réinstallé, et le capitaine Laverdure revient à Ambalavelo le 15 novembre ; là il apprend que ce poste a été attaqué dans la nuit du 7 au 8 novembre et dans la journée du 8.

Le commandant Mondon débarque le 17 novembre à Analalava, renforce ce poste et installe des garnisons à Befotaka et Maromandia. Il se met en relations avec le capitaine Laverdure et, apprenant que cet officier se proposait de marcher sur Bealanana, il se porte également sur ce point. Il y arrive le 9 décembre ; le capitaine Laverdure y était arrivé trois jours auparavant. Le poste est reconstruit, et le capitaine Briand y est laissé comme chef de poste.

Le commandant Mondon charge ensuite le capitaine Laverdure de pacifier la presqu'île d'Anorontsangana, où une bande de rebelles tient la campagne. Le capitaine Laverdure procède à cette opération de concert avec le *Gabès*.

Le commandant Mondon rentre de sa personne à Analalava ; il y est rejoint le 22 décembre par le commandant

Lamolle, que j'avais entre temps désigné pour prendre le commandement de la province d'Analalava et du cercle de Nossi-Bé.

Cet officier supérieur n'avait pas attendu l'ordre de faire occuper Mandritsara pour y envoyer des renforts. En effet, le commis de résidence qui commandait ce poste lui avait adressé, le 14 novembre, une lettre pour lui annoncer que le poste de Bealanana venait d'être enlevé par les rebelles et que lui-même n'était pas très sûr des dispositions de la population de Mandritsara. Aussitôt, le commandant Lamolle envoie à Mandritsara un officier et quelques hommes ; il attend, pour s'y rendre lui-même, les renforts qui lui sont annoncés (une compagnie malgache et une pièce). Il quitte Ambatondrazaka le 27 novembre et arrive à Mandritsara le 2 décembre ; la compagnie malgache y arrivait en trois échelons les 4, 5 et 6 décembre.

Le commandant Lamolle dirige alors un détachement au nord pour réoccuper Antsakabary, qui était tombé aux mains des rebelles, et, avec la fraction principale, marche dans la direction du nord-ouest sur Befandriana, puis sur Bealanana, où il arrive le 15 décembre et d'où il se rabat sur Analalava.

Le commandant Mondon, désigné pour un autre poste, lui remet le commandement. La province d'Analalava a été transformée en cercle militaire ; la partie de la province de Nossi-Bé située sur la Grande-Terre, qui avait été précédemment transformée en cercle militaire annexe, relève également du commandant Lamolle.

Il n'est pas douteux que cet officier supérieur, disposant de tous les pouvoirs militaires et administratifs, n'arrive rapidement à reprendre en main une région qui semble appelée à un grand avenir au point de vue de la colonisation.

En résumé, en moins de deux mois, le calme fut rétabli dans la région du Nord-Ouest. Les causes de ce mouvement insurrectionnel sont multiples, mais, quelles qu'elles soient, il est incontestable que les autorités locales ne l'avaient pas prévu et que leur service de renseignements, s'il existait, s'est trouvé en défaut. De cette constatation découle une conclusion : l'installation du régime civil était prématurée chez des populations qui recélaient encore des ferments de révolte. Seule, l'administration militaire dispose des moyens d'action nécessaires pour réprimer immédiatement toute tentative de révolte, et elle est seule à même d'exercer une surveillance active sur le pays, grâce au réseau de postes groupés en secteurs qui est la base de l'organisation des cercles.

Les événements du Nord ont également prouvé qu'il était imprudent de compter encore complètement sur les milices : à Marotoalana, comme à Bealanana, comme à Ambalavelo, les miliciens ont abandonné leurs chefs ou ont même été complices de leur meurtre. C'est une leçon qu'il ne faudra pas oublier.

CHAPITRE VII

RÉSUMÉ GÉNÉRAL

Situation actuelle.

La colonie de Madagascar peut être actuellement divisée, au point de vue de la pacification, en quatre zones :

1° Zone complètement pacifiée qui a été remise à l'administration civile et où le maintien de l'ordre est confié à la milice, exceptionnellement à des troupes régulières. Cette zone comprend toute la côte Est (provinces de Diégo, de Vohémar, de Maroantsetra, de Fénérive, de Tamatave, territoire des Betsimarakas du Sud, province de Mananjary et de Farafangana); — une partie de la côte Nord-Ouest (île de Nossi-Bé et province de Majunga); le Betsiléo (province d'Ambositra et une partie de celle de Fianarantsoa);

2° Zone pacifiée, mais où il est indispensable de conserver pendant quelque temps encore l'administration militaire, parce que la soumission des indigènes y est de date trop récente pour qu'il ne subsiste pas encore çà et là des ferments de révolte qui ne tarderaient pas à se manifester si un changement radical était apporté au régime administratif. Cette zone comprend l'Imerina (1er et 3e territoires militaires, partie des 2e et 4e territoires militaires), les cercles d'Analalava et de la Grande-Terre, le cercle de Fort-Dauphin ;

3° Zone dont la pacification n'est pas achevée et où nous sommes en présence de peuplades sauvages et belliqueuses. Cette zone comprend le cercle de Morondava, les cercles

des Baras et de Tuléar, une partie des cercles de Maintirano et de la Mahavavy ;

4° Zone dans laquelle nous n'avons encore fait aucune
tentative de pénétration : le pays mahafaly.

Cette division est d'ailleurs faite sous la réserve que,
dans les régions pacifiées qui sont en contact avec les régions non pacifiées, il y a des précautions spéciales à
prendre pour empêcher l'infiltration des rebelles.

La répartition des troupes du corps d'occupation correspond à l'état actuel de la pacification. En laissant de
côté Diégo-Suarez, point d'appui de la flotte, cette répartition est la suivante :

3ᵉ Territoire militaire.

Cercle de Tananarive et d'Arivonimamo.

4 compagnies d'infanterie de marine.

1 compagnie de légion étrangère (réserve destinée au
Sud).

1 batterie d'artillerie.

1ᵉʳ Territoire militaire.

*Cercles d'Anjozorobé, de Tsifahy, de Moramanga
et d'Ambatondrazaka.*

3 compagnies d'infanterie de marine.
2 compagnies de tirailleurs malgaches

4ᵉ Territoire militaire.

Cercle d'Ankazobé.

3 compagnies d'infanterie de marine.
1 demi-compagnie de tirailleurs malgaches.

Cercle annexe de Mevatanana.

1 compagnie de tirailleurs malgaches.

Cercle annexe d'Andriamena.

1 compagnie de tirailleurs malgaches.

Cercle de la Mahavavy, y compris l'Ambongo.

1 compagnie du régiment colonial.
2 compagnies de tirailleurs malgaches.

Cercle de Maintirano.

2 compagnies du régiment colonial.

2ᵉ Territoire militaire.

Cercle de Miarinarivo, cercle annexe d'Ankavandra.

1 compagnie du régiment colonial.

Cercle de Betafo.

1 compagnie d'infanterie de marine.
1 compagnie et demie de tirailleurs malgaches.

Cercle annexe du Betsiriry.

2 compagnies du régiment colonial.
1 compagnie de tirailleurs malgaches.

Cercle de Morondava.

1 compagnie de légion.
5 compagnies du régiment colonial.
3 compagnies de tirailleurs malgaches.
2 pièces d'artillerie.

*Cercle d'Analalava, cercles annexes de la Grande-Terre
et de Mandritsara.*

2 compagnies de marche sénégalaises.
2 compagnies de tirailleurs malgaches.

1 demi-compagnie de légion.
3 pièces d'artillerie.

Majunga (en réserve).

1 demi-compagnie de légion.
1 batterie.

Cercle de Tuléar.

2 compagnies de légion.
1 compagnie de tirailleurs malgaches.
1 demi-compagnie du régiment colonial.

Cercle annexe de Fort-Dauphin.

1 compagnie de légion.
1 demi-compagnie du régiment colonial.

Cercle des Baras.

2 compagnies d'infanterie de marine (dont 2 sections à Fianarantsoa).
3 compagnies de tirailleurs malgaches.
Cette répartition est basée sur les principes suivants :

1º Maintenir dans la région centrale le plus possible de troupes blanches, le climat de la côte étant trop débilitant pour elles, et n'avoir dans les régions côtières où nous sommes en contact avec des peuplades belliqueuses que le noyau de troupes blanches strictement nécessaire ;

2º Les compagnies de Sénégalais ou de Haoussas sont toutes stationnées dans les régions habitées par les tribus guerrières insoumises de l'Ouest ou du Sud. Elles y constituent la seule troupe indigène sur laquelle nous puissions compter en toutes circonstances. Les tirailleurs malgaches sont en effet loin de nous avoir rendu les services que nous attendions d'eux. Les tirailleurs originaires de la côte, Betsimisarakas ou Comoriens, sont assez braves et résistants, mais ceux d'origine hova ou betsiléo sont plus que médiocres lorsqu'ils servent hors de la région centrale. Ils sont au moins aussi sujets à la fièvre que les Européens, sans avoir leur valeur militaire et ont, sauf de rares exceptions, une crainte véritable des Sakalaves, Baras et Tanalas.

Au commencement de 1898, certaines compagnies malgaches des cercles d'Ankavandra et du Betsiriry étaient presque entièrement indisponibles par suite de fièvres et d'ulcères. Aussi fallut-il bientôt demander en France un nouveau bataillon de Sénégalais et, pour compenser l'augmentation de dépenses résultant de son entretien, ramener à dix-huit le nombre des compagnies malgaches qui, dans le courant de 1897, avait été porté de douze à vingt-quatre.

Ce nombre est même encore trop fort, et il paraît difficile de constituer actuellement dix-huit bonnes compagnies malgaches. Aussi serait-il nécessaire d'en supprimer encore quelques-unes et de les remplacer par un second régiment colonial recruté au Sénégal, au Soudan ou au Dahomey.

Pendant les deux années qui viennent de s'écouler, j'ai essayé de substituer peu à peu aux troupes d'Afrique, qui coûtent cher, des troupes recrutées sur place. Le bataillon de tirailleurs algériens a été rapatrié, le régiment colonial a été un moment réduit à huit compagnies. Mais il faut bien reconnaître, car l'expérience l'a démontré, que c'était faire des économies néfastes, et que, si nous ne voulons pas compromettre les résultats acquis, nous serons obligés de réduire encore le nombre de nos compagnies malgaches et d'avoir un régiment noir de plus, sur le dévouement absolu duquel nous savons que nous pouvons compter.

Enfin il faut dire un mot des milices pour terminer ce qui a trait à la force armée.

La valeur militaire des milices employées seules, sans encadrement de troupes noires ou européennes, est peu sérieuse.

Celles du Nord-Ouest ont été, lors du récent mouvement insurrectionnel, d'une lâcheté inqualifiable. Elles ont abandonné leurs chefs, les ont laissé massacrer sans les défendre, et beaucoup de miliciens se sont mis du côté des insurgés.

Nous ne devons donc employer les milices *non encadrées* que dans les régions absolument calmes, où elles servent uniquement de force de police; par contre, si elles sont solidement encadrées, elles peuvent rendre des services appréciables.

Ce qui reste à faire.

On peut dire, en résumé, qu'à l'heure actuelle, la plus grande partie de notre nouvelle colonie, dont on peut cependant comparer l'étendue à celle de notre ancienne France de 1800, est placée sous notre autorité. Ce document, joint aux cartes indiquant les emplacements de nos postes actuels, fait bien ressortir l'immense travail de pacification et d'occupation accompli par nos troupes, tant au point de vue militaire que politique, depuis le mois d'octobre 1896. Ces mêmes troupes, après avoir accompli leur œuvre dans les régions orientales de l'île et sur le plateau central, ont commencé leur mouvement de pénétration vers l'Ouest, le Nord et le Sud, à travers d'immenses territoires à peu près inconnus, parcourus seulement, jusqu'à ce moment, par quelques explorateurs isolés, et habités par des peuplades guerrières, sauvages, indépendantes, Sakalaves, Baras, Tanalas, Antandroys, etc., dont l'occupation essentielle était, jusqu'à notre arrivée, le pillage et le vol des esclaves et des bœufs chez les Hovas et les Betsiléos, qui, plus travailleurs et plus industrieux, avaient vainement et à plusieurs reprises essayé de mettre à la raison ces turbulents voisins. Ce mouvement de pénétration est entrepris, en même temps, de l'intérieur par les grandes voies de communication naturelles, vallées des grands fleuves et chemins suivis ordinairement par les bandes se dirigeant vers le plateau central, et aussi des bords de la mer, de Maintirano, Morondava, Tuléar, Fort-Dauphin. Il nous permet de prendre pied peu à peu dans ces régions nouvelles, malgré l'hostilité des habitants, les difficultés du terrain et du ravitaillement, l'absence de routes et de chemins. Partout nos officiers se conforment à mes instructions du 22 mai 1898 sur le programme de pacification à poursuivre dans la grande île, joignant constamment l'action politique à l'action militaire, n'usant de la force que lorsque les indigènes restaient sourds à nos offres de soumission et refusaient de libérer leurs esclaves, et, dès la pacification obtenue, établissant une première organisation rudimentaire du pays, bien en rapport avec la nature de ce pays, de ses habitants et du but politique et économique que nous poursuivions.

En résumé, aujourd'hui, en mars 1899, notre autorité s'étend sur la plus grande partie de notre nouvelle colonie, et nous pouvons constater l'existence de groupes et peuplades hostiles dans la vallée de la Mahajamba (nord-est de Majunga), dans l'Ambongo et la province de Maintirano, dans la vallée du Manambolo et dans celle du Mangoky.

Dans le Sud, un groupement important se tient encore aux limites de la province de Farafangana, du cercle des Baras et de la province de Fort-Dauphin. Enfin, le pays des Mahafalys est resté encore impénétré. Le commandant du cercle de Tuléar informe seulement qu'il a réussi déjà à entrer en relations amicales avec quelques-uns des chefs de la partie Nord de cette région.

Il est nécessaire ici de s'arrêter sur cette question de pénétration qui, dans toutes nos colonies, a toujours donné lieu à des appréciations très différentes et permis aux adversaires de la politique coloniale d'exercer de nombreuses critiques contre cette politique. Ici, à Madagascar, cette question de pénétration s'est posée comme en Algérie, au Tonkin, au Soudan, comme elle se posera toujours dans toutes nos colonies présentes et à venir. Partout, suivant moi, elle devra se résoudre pratiquement de la même manière, c'est-à-dire par l'occupation et la pacification des pays nouvellement acquis, jusqu'à ce que nous y ayons imposé notre ferme volonté de faire cesser les troubles dont ils sont le théâtre, d'ouvrir largement et en toute sécurité ces nouvelles régions à nos commerçants et colons, et surtout d'empêcher que les tribus pillardes qui les habitent ne viennent se répandre au dehors pour troubler les populations voisines, plus travailleuses, plus soumises, qui réclament notre protection, sous peine de passer elles-mêmes du côté des pillards.

L'œuvre de nos troupes, de septembre 1896 à juillet 1897, consista tout d'abord à reprendre à l'insurrection tout le plateau central, à ramener l'ordre dans les régions de l'Est qui avaient été partiellement troublées et à commencer à nous installer sur quelques points des côtes Ouest et Sud, habités par une population assez dense, commerçante, composée, surtout vers l'Ouest, de Makoas, d'Indiens, de Comoriens, et où étaient établis un certain nombre de comptoirs européens.

Mais entre ces points et le plateau central se trouvaient d'immenses zones, à peu près inconnues, qu'on savait seulement peuplées de tribus sauvages, pillardes et réfractaires au contact avec les Européens.

Pouvait-on ou devait-on réserver ces zones impénétrées et se borner à assurer la protection immédiate des régions occupées et pacifiées?

Théoriquement, c'eût été désirable. Bien que ces régions eussent la réputation de renfermer de sérieuses richesses naturelles, leur pénétration, en raison de l'insalubrité du climat, de l'absence de communications et des immenses espaces déserts à parcourir, devait présenter, pour les troupes, les plus sérieuses difficultés et de grosses privations qui pouvaient ne pas être en rapport avec les résultats à obtenir.

Dans la pratique, c'était impossible, et eût-on été le plus résolu à ne pas faire cette pénétration qu'on y eût été amené par la force des choses.

En effet, il ne suffisait pas de ramener le pays à la situation à laquelle il se trouvait avant la conquête, car cette situation était des plus précaires.

A. — En ce qui concerne les régions Nord et Ouest, elles étaient en effet occupées par quelques postes hovas qui jalonnaient les principales voies de communication, notamment celle de Tananarive à Suberbieville, celle de Tananarive à la Mahajamba, celle de la capitale à Ankavandra, et celle de Betafo à Morondava par Mahabo, etc.

Mais ces quelques postes, dont la plupart, d'ailleurs, ne faisaient qu'exploiter le pays, étaient loin de suffire à en assurer la sécurité. Les preuves sont là :

1° Les incursions des Sakalaves venant de l'Ouest avaient complètement dévasté et dépeuplé les confins de l'Emyrne et du Betsiléo. Toutes ces zones frontières ne contenaient plus un habitant, mais montraient de nombreuses traces de villages abandonnés depuis longtemps. Aux abords de la grande route de Majunga, les villages, actuellement redescendus dans les plaines, s'étaient solidement retranchés sur les hauteurs, et c'est seulement maintenant que la crainte des Sakalaves, voleurs de bœufs, voleurs de femmes, voleurs d'esclaves, commence à se dissiper.

2° L'insécurité de ces routes, y compris celle de Majunga, était encore prouvée par ce fait que la circulation commerciale ne s'y faisait que par caravanes bien groupées, solidement constituées et armées.

La caravane dite d'Andriba quittait Tananarive toutes les semaines, formée dans ces conditions. Elle avait souvent à repousser les pillards venus de l'Ouest. Et comme je m'étonnais, après la réouverture de la route, que cette caravane ne se reconstituât pas, les indigènes, d'un commun accord, me répondirent que, si elle ne se reformait pas, c'était parce que les marchands pouvaient désormais marcher isolés et il m'était facile de constater que le détail de leur nombre actuel dépassait le total de ceux qui formaient les caravanes. Il n'y avait donc pas là diminution de commerce, au contraire, mais changement de régime.

3° Il est superflu de rappeler ici les nombreux accidents survenus aux Européens, aux employés de la compagnie Suberbie, les innombrables attaques de pirogues sur la Betsiboka provenant d'incursions de l'Ouest, les pillages des marchands mis dans l'impossibilité presque absolue de circuler vers les côtes pour s'y livrer au commerce des bœufs échangés contre les étoffes.

Malgré la présence de nos postes et l'énorme immobilisation de troupes qu'elle comportait, cette insécurité s'est même prolongée sur la route de Majunga pendant toute l'année 1897. D'une part, de l'Est venaient les Sakalaves de la Mahajamba, qui, se glissant sur la rive gauche de la Betsiboka, trouvaient des repaires dans les massifs boisés au nord-est d'Andriba et dans la forêt d'Ambohitantely, d'où ils inquiétaient la route. Ils ont notamment rendu très difficile la construction de la ligne télégraphique.

D'autre part, de l'Ouest, les Sakalaves du Bongo-Lava et du Bemaraha ont continué pendant cette même année à faire des tentatives, dont plusieurs suivies de succès, sur l'Ikopa, jusqu'à Kiangara même, et sur la Menavava, où plus de 1.000 habitants viennent seulement de rentrer (janvier 1899). Du côté du Betsiléo, des villages entiers étaient mis à sac et leurs habitants emmenés en esclavage. Dans les provinces de Tuléar et de Fort-Dauphin, nos colons acheteurs de caoutchouc ne pouvaient pénétrer dans l'intérieur sans payer de forts tributs aux chefs des diverses peuplades, et encore étaient-ils, malgré cela, souvent molestés.

Lorsque le lieutenant-colonel Lyautey installa, en septembre 1897, l'occupation de la Menavava, si riche, formant presque la banlieue de Suberbieville, il y trouva les habitants en état de défensive constante, non contre nous, mais contre leurs voisins de l'Ouest, et il n'entendit parler, pendant cette période, que de vols de troupeaux, d'esclaves et de pillages de convois. Or, plus le mouvement de la route allait se développer, plus elle allait offrir d'appâts. C'est pourquoi, pendant toute l'année 1897, malgré mes sollicitations, aucun des négociants de Majunga ne voulut risquer de convoi sur Tananarive, parce qu'ils déclaraient n'avoir aucune confiance dans la sécurité de la route, et ils n'avaient pas tout à fait tort.

B. — En ce qui concerne la zone maritime et la côte, la situation était encore plus anormale.

Les rares comptoirs européens étaient absolument à la merci des petits souverains indigènes, à toutes les exigences capricieuses, à toute la fiscalité arbitraire desquels ils étaient forcés de se soumettre.

On cite les quelques explorateurs qui sont parvenus à pénétrer à quelques journées de marche dans l'intérieur de ces régions, mais au prix de négociations interminables, de dangers incessants et sans aucun résultat commercial. Le fait était d'autant plus regrettable que ces contrées étaient signalées comme riches en pâturages, en forêts de caoutchouc. Il existait néanmoins dans les zones de l'Ouest un trafic assez considérable des produits de l'intérieur au moyen d'intermédiaires indiens ou comoriens, trafic momentanément suspendu, comme il sera exposé plus loin, mais qui était bien le trafic le plus anormal, le plus aléatoire, le plus soumis aux caprices des roitelets sakalaves, le plus contraire à toute tentative d'exploitation européenne et régulière qui se puisse imaginer. C'était, en somme, une côte de sauvages avec tous les hasards que comporte le commerce avec des sauvages, bien que ces zones, je le répète, formassent les parties de la grande île les plus propices à la grande culture tropicale et à la colonisation.

On voit donc que, tant pour garantir la sécurité et l'exploitation de la partie centrale pacifiée que pour assurer la mise en valeur de la côte, il fallait pénétrer du centre vers la côte et de la côte vers l'intérieur, afin de reporter le système de protection de l'une et l'autre région à une distance telle que chacune d'elles fût intégralement à l'abri de toute inquiétude.

Or il n'y avait qu'un moyen pour que cette pénétration fût effectivement efficace : c'était, du moment qu'on allait au-devant les uns des autres, de se rencontrer.

En effet, si c'est une loi coloniale générale que, chaque fois qu'on s'installe dans un pays neuf, on soit fatalement amené, pour en protéger les parties utiles, à n'en laisser aucune partie sinon inoccupée du moins impénétrée, c'est pour la raison bien simple qu'il se forme toujours plus ou moins tôt, plus ou moins tard, dans les zones vagues, des *œufs* d'éléments hostiles qui ne tardent pas à éclore, des *noyaux* autour desquels se groupent peu à peu tous les réfractaires et qui finissent un jour par nécessiter une nouvelle conquête.

C'est ce qui s'est produit en Algérie, où pendant longtemps on a agité la question du maintien de notre domination dans la zone côtière et où finalement on a été contraint, par la force même des choses, de s'étendre jusqu'aux confins du désert pour mettre progressivement à l'abri des incursions de nos ennemis de l'intérieur les parties de la colonie déjà occupées et pacifiées.

Je ne crois pas qu'en ce qui concerne notre belle colonie de la Méditerranée, il reste encore aujourd'hui beaucoup de partisans de l'occupation restreinte. C'est ce qui s'est produit encore au Sénégal et au Soudan, où, depuis Faidherbe, tous nos gouverneurs ont dû s'étendre peu à peu vers l'intérieur pour mettre nos comptoirs, nos voies de navigation et de commerce à l'abri des entreprises des conquérants prophètes, tels que El Hadj Oumar, Ahmadou, Mahmadou Lamine, Samory, menaçant sans cesse l'œuvre déjà accomplie. C'est ce qui s'est produit encore plus récemment au Tonkin, où a régné longtemps aussi la théorie qu'il fallait se borner à l'occupation du Delta. On a d'abord regardé comme négligeable la zone improductive et difficile qui séparait le Delta de la frontière de Chine. Peu à peu, dans cette zone antérieurement presque déserte, se sont constitués de véritables Etats pirates, centres d'attraction de tous les mécontents, aussi bien Chinois qu'Annamites, de tous les éléments les plus réfractaires, par conséquent les plus irréductibles. Ils sont devenus un véritable danger pour le Delta même, sur lequel ils ont dirigé de véritables expéditions et où ils ont retardé de dix ans la colonisation. Il a fallu compter avec eux. On a d'abord voulu négocier, mais on ne négocie pas avec des groupements inorganiques et chez lesquels il n'y a pas de responsable. Il a donc fallu, dix ans après la première, procéder à une seconde conquête : on sait ce qu'elle a coûté d'hommes, d'argent ; quel discrédit prolongé elle a jeté sur la colonie et combien elle a indisposé la métropole, qui croyait la question réglée depuis longtemps, et où cette recrudescence d'un effort militaire était tout à fait imprévue. La question n'a été réglée que lorsqu'on a eu porté l'occupation sur la frontière politique de la Chine, c'est-à-dire au contact de quelque chose d'organique, de fixe, de saisissable.

Mieux cent fois eût valu en finir dès le début, tandis que l'on disposait de troupes, d'argent et de moyens suffisants, et tandis que la métropole était encore en haleine. Et cependant c'est l'œuvre de pacification accomplie sans relâche par nos gouverneurs généraux, MM. de Lanessan et Rousseau, qui permet à l'administration actuelle de l'Indo-Chine d'exécuter à son aise les grands projets de construction de chemins de fer qui doivent transformer complètement notre colonie de l'Extrême-Orient.

Le même fait se serait infailliblement passé pour Madagascar si nous avions reculé devant l'obligation d'une pénétration complète, par timidité, pour éviter les affaires, pour ménager la nervosité métropolitaine, au risque d'en laisser la charge aux successeurs avec la vieille formule : « Après nous le déluge ».

Il se serait formé partout, sans aucun doute possible, de véritables Etats comme ceux d'A-Cocthuong, de Baky, de Luong-Tam-Ky, etc., au Tonkin, aussi bien avec les débris des bandes insurgées rejetées du plateau central qu'avec les rois et chefs sakalaves des vallées de la Tsiribihina, du Manambolo, du Mangoky, qui avaient repoussé mes ouvertures pacifiques.

Ces groupements se seraient fatalement grossis de tous les mécontents, tant de l'intérieur que de la côte (il y en a toujours), Hovas ruinés par la suppression de l'esclavage, paysans ne voulant pas du contact de l'Européen, prolétaires réfractaires au travail, tirailleurs et miliciens déserteurs, emportant avec eux leurs armes à tir rapide et leurs munitions. Ce n'est pas là, d'ailleurs, une hypothèse gratuite, puisque ce sont déjà ces éléments que nous avons trouvés commençant à constituer les centres de résistance. Ce sont de véritables colonies hovas, réfugiées là depuis la guerre de l'insurrection, que nous avons trouvées sur la haute Mahavavy et sur le haut Manambao ; ce sont les déserteurs qui nous ont donné le plus de fil à retordre dans les régions avoisinant la route de Majunga ; on peut être assuré que, dans ces régions sans débouchés, ils ne seraient pas restés toujours à l'état passif et que cette route notamment, aussi bien que nos établissements côtiers, n'auraient pas tardé à faire connaissance avec eux.

Aujourd'hui, le résultat est en partie acquis, la route de Majunga est aussi sûre que nos routes de France, et les entreprises coloniales peuvent s'établir sur une grande partie des côtes Ouest et Sud. Mais l'œuvre n'est pas encore complète, bien qu'il ne faille plus, pour la terminer, que peu d'efforts comparés à ceux qui ont été déjà faits.

Enfin, l'on peut être assuré qu'entre ces deux régions où les lignes naturelles sont jalonnées de postes, il n'existe plus, sauf encore sur les points indiqués, de groupement sérieux exigeant une action d'ensemble, et cela deux ans après notre arrivée à Madagascar. Seulement il a fallu évidemment y mettre le prix, et il faut surtout, sous peine de compromettre les résultats acquis, terminer entièrement la tâche commencée.

Causes des difficultés en face desquelles nous nous sommes trouvés et nous nous trouvons encore.

Ces difficultés sont les mêmes que celles qu'on a rencontrées dans l'occupation du haut Tonkin et qu'on trouvera toujours dans l'occupation de pays impénétrés, insalubres, sans renseignements, sans chemins, sans approvisionnements locaux, sans moyens de transports.

C'est d'abord le ravitaillement, difficulté qui prime toutes les autres et qui, dans les régions à peine peuplées, impose immédiatement des charges énormes et provoque une désaffection incontestable et momentanée.

C'est l'absence de moyens de communication, de lignes électriques et optiques, que les faibles ressources allouées parcimonieusement par la métropole rendent toujours insuffisantes.

C'est le climat. Non seulement il est ici, comme dans presque toutes les régions coloniales, insalubre par lui-même pour les Européens, mais cette insalubrité se décuple encore, au début, par l'obligation de se frayer un chemin et de s'établir dans des pays presque vierges, et par l'insuffisance forcée des premières installations.

C'est l'*inconnu* dans lequel on se meut qui amène forcément au début des fausses manœuvres, des erreurs de direction, des maladresses politiques, des inexactitudes d'appréciation sur l'importance de tel ou tel chef, sur la valeur de tel ou tel groupement, des malentendus provenant de ce qu'on se comprend mal.

Aussi, les premiers résultats de la pénétration, si on les considère à un point de vue immédiat et superficiel, semblent-ils défavorables. Les cultures se ralentissent, les villages s'évacuent, les transactions s'arrêtent. C'est ce qui se produit évidemment aujourd'hui dans l'Ambongo et sur la côte Ouest. Il est certain que le chiffre d'affaires avec Majunga, les petits ports de Maintirano, de Beravina, de Nossi-Voalava, de Soalala et autres, a été cette année presque nul. Par contre, à Tuléar et à Fort-Dauphin, on peut constater que les transactions commencent à augmenter dans des proportions notables.

Notre arrivée a été tout d'abord le signal d'un arrêt presque complet du commerce d'importation et d'exportation. Celui-ci se faisait en effet, comme on l'a dit, par intermédiaires : Sakalaves agents des Silams musulmans, Silams courtiers d'Indiens, métis de créoles et d'indigènes ; tous ont plié bagage et ont cessé leurs tournées dans l'intérieur. Les causes en sont multiples : inquiétudes salutaires des marchands d'esclaves et d'armes, inquiétudes injustifiées des gens ayant fait autrefois ces trafics et craignant d'être poursuivis pour le passé, crainte de se heurter aux interdictions et au formalisme d'une législation inconnue, crainte que les gains soient moins considérables pour des risques aussi grands, enfin obligation où nous nous sommes trouvés de tenir en suspicion et un peu à l'écart des intermédiaires naturels, Silams et Indiens, à cause de leurs sentiments souvent hostiles à notre influence.

L'exploitation des produits forestiers a temporairement cessé ; les indigènes ne s'y livrent pas parce que les Silams et leurs agents, qui venaient autrefois chercher la cire, les résines, le caoutchouc et l'ébène jusque dans les lieux de production, ont suspendu leurs tournées et que les habitants ne se soucient pas de faire le voyage de la côte.

Dans la région du Sambao, dont la navigabilité partielle fait une de nos principales bases de ravitaillement, la population s'est retirée devant nos réquisitions de porteurs.

Mais, si toutes ces conséquences regrettables sont incontestables, il suffit de réfléchir pour se rendre compte qu'elles ne peuvent être que superficielles et temporaires, et il serait d'une mauvaise foi absolue d'en tirer un argument.

Tout changement de régime amène une crise politique et économique.

Prenons un à un les difficultés et les inconvénients signalés.

Pour le ravitaillement, dès cette saison, la reprise des cultures a commencé à se faire dans des conditions qui assureront à peu près entièrement sur place la subsistance des troupes indigènes d'occupation.

Or, c'est le transport du riz qui a été en 1897-1898 la charge la plus lourde pour les populations. Pour les vivres européens, qui ne représentent du reste que des quantités infimes, la reconnaissance des cours d'eau Mahavavy, Sambao, l'utilisation de certains d'entre eux, la Tsiribihina, le Mangoky, par nos canonnières et chaloupes à vapeur, ont permis d'en déterminer la navigabilité dans des conditions qui permettront d'amener des denrées presque jusqu'aux points de consommation.

Pour les lignes de communication, plusieurs lignes, partie optiques, partie électriques, réunissent déjà plusieurs de nos postes de l'intérieur à Maintirano et Morondava, et permettent de communiquer en cinq jours au lieu de quinze, ce qui simplifie singulièrement la transmission des ordres, régularise les mouvements et en diminue l'importance. Si, comme cela est essentiel, un réseau télégraphique et optique complet parvient à réunir ainsi l'intérieur à la côte, il en résulterait une économie énorme dans le même sens.

Au point de vue de la salubrité, des installations confortables se font sur tous les points occupés avec le savoir-faire qui caractérise les cadres des troupes coloniales. L'exemple de l'Émyrne est là pour attester avec quelle rapidité l'état sanitaire se modifiera avec l'amélioration des installations.

Pour ce qui est de l'inconnu dans lequel on se mouvait, les renseignements se précisent avec une rapidité singulière; les croquis établis par plusieurs de nos officiers et qui font ressortir les groupements traditionnels de régions dont on ne savait rien il y a un an, prouvent qu'on peut dès maintenant y faire de la politique, sinon avec une certitude absolue, du moins avec de bien grandes probabilités.

En ce qui concerne le commerce et le trafic des ressources naturelles, c'est uniquement une question de confiance à rendre aux indigènes, et on a vu en Émyrne combien elle revenait vite.

Aussitôt qu'ils nous verront stables, ne sillonnant plus le pays de mouvements de troupes onéreux et à but inconnu, devenus au contraire les premiers des consommateurs, les intermédiaires se grouperont d'eux-mêmes autour des postes et reprendront les voies de communication naturelles, jalonnées cette fois par nos troupes et y ayant gagné une sécurité inconnue jusqu'alors. C'est ce qui est arrivé en Émyrne, où le trafic, après s'être complètement arrêté pendant deux ans, a repris infiniment plus actif qu'auparavant. C'est ce qui arrivera forcément dans les régions côtières et intérieures, où, quel que fût le trafic antérieur, il était, en somme, soumis à des aléas perpétuels, aux prélèvements régaliens des chefs locaux, à tous les hasards d'un pays où la guerre intestine et le pillage étaient la règle. Notre présence met une fin immédiate à cet état de choses et je ne donne pas deux ans pour que le trafic côtier reprenne dans des conditions qu'il n'a jamais connues.

Devons-nous poursuivre l'œuvre de pénétration, ou la limiter aux points acquis, ou évacuer les régions les plus difficiles et les moins peuplées qui absorbent une partie de nos forces ?

Devons-nous donc poursuivre la pénétration ou la limiter aux points acquis ? Faut-il évacuer les points déjà occupés et renoncer ainsi à l'œuvre de pénétration entreprise ?

Les considérations qui précèdent y répondraient péremptoirement sans qu'il y ait rien à ajouter. Mais, à supposer même (et je ne l'admets pas un instant) que la pénétration eût été inutile, il y a un premier facteur moral qui interdit l'évacuation d'une manière absolue. Même dans les régions les plus réfractaires, dans celles où la population montre le plus de répulsion pour notre contact, il s'est formé partout un *parti* qui nous est favorable; partout il y a un noyau qui a adopté notre cause, qui s'est montré fidèle dès le début, qui a solidarisé ses intérêts avec les nôtres, qui a même parfois fait le coup de feu avec nous. Évacuer l'une des régions occupées, c'est livrer ce parti à des représailles immédiates et terribles. C'est ce qui est arrivé trop souvent dans nos possessions coloniales et particulièrement dans le haut Tonkin. Là-bas, comme ici, les peuplades de l'intérieur étaient foncièrement divisées entre elles, et les groupes les plus faibles, généralement les plus paisibles et les plus civilisés, saluaient notre arrivée comme un appui contre les autres. A la fin ils se sont lassés de voir nos troupes constamment se replier après une installation éphémère et ont fini par perdre toute confiance dans notre bonne foi et l'efficacité de notre concours. Aussi, lorsqu'il a fallu en finir, n'avons-nous plus trouvé devant nous qu'une solidarité d'hostilités.

Il en a été de même en Annam, où notre nombreuse clientèle chrétienne a toujours payé par d'effroyables massacres l'incertitude de notre politique et le peu de vigueur et de durée de l'appui que nous lui apportions. C'est certes le défaut que, sur tous les points du monde, les indigènes nous reconnaissent, nous reprochent le plus ; si partout où nous nous installons le noyau favorable qui existe toujours se décide si timidement à nous donner son concours et grossit si lentement, c'est parce qu'il a les doutes les plus sérieux sur la stabilité de notre établissement dans le pays. Or, ici plus qu'ailleurs, cette méfiance à notre égard est habilement et incessamment semée par les influences étrangères, qui possèdent, dans la région côtière particulièrement, des agents d'une souplesse et d'une activité singulière, les Silams et Indiens. Il n'y a pas un interrogatoire indigène, au cours de mes tournées dans l'intérieur et sur les côtes, qui ne m'ait prouvé qu'ils étaient tous persuadés que nous n'étions pas là pour longtemps, que c'était un orage à laisser passer, qu'il n'y avait qu'à en attendre la fin en se dispersant dans la brousse pour reprendre, après notre départ prochain, l'ancien état de choses.

Installons-nous sérieusement en créant des établissements, des logements qui, par leur caractère, affirment d'une manière évidente notre résolution inébranlable de ne plus nous en aller, ainsi que cela a été si judicieusement compris au Tonkin, et nous verrons comme par enchantement la confiance renaître, le trafic reprendre, les réfractaires sortir de la brousse en se disant : « Puisque décidément ils restent, autant s'arranger. » C'est ce qui s'est produit dans le haut Tonkin, où la construction de nos postes en briques, substitués aux infectes paillottes dont nous nous étions contentés pendant dix ans, où la création de routes, de cultures, ont transformé subitement l'esprit de la population, qui s'est tenu le raisonnement exposé plus haut.

Mais, en outre de ces considérations, l'évacuation de la région intérieure serait, ainsi qu'il a été, je crois, démontré assez fortement plus haut, le signal d'une insécurité complète pour l'Émyrne, pour les grandes voies de communication, pour la route de Majunga notamment, pour les nouvelles voies si heureusement ouvertes entre l'intérieur et les côtes et dont quelques-unes commencent à être déjà jalonnées de marchés et de centres de population spontanément reconstitués, et pour toute espèce d'exploitation côtière.

Quelle doit être la ligne de conduite à adopter désormais?

La réponse se trouve en partie donnée par ce qui précède.

Principes à suivre. — Il faut avant tout consolider ce qui existe pour faire disparaître le plus rapidement possible la plus grande partie des difficultés en face desquelles nous nous trouvons.

1° Pour le ravitaillement : Considérer que presque toute la région envisagée est dès maintenant praticable aux mulets, en raison du caractère de ses longs plateaux parallèles aux rivières, c'est-à-dire aux voies de pénétration. Doter en conséquence les nouveaux cercles ainsi créés dans l'Ouest et dans le Sud de chaloupes à vapeur et d'un nombre de mulets suffisant pour supprimer complètement l'emploi des porteurs à partir des points où les cours d'eau cessent d'être navigables.

2° En ce qui concerne les moyens de communication : Développer le plus vite possible le réseau électrique, le seul pratique, les lignes optiques étant soumises à des variations qui en rendent l'emploi toujours aléatoire. La pre-

mière objection qui se présente évidemment à ce point de
vue, c'est la-question d'argent : or, il n'y en a pas, je crois,
qu'on envisage en France d'une façon plus erronée. C'est
certainement beaucoup plus à coups de routes et de télégraphes qu'on fait la conquête d'une colonie qu'à coups de
troupes. Il n'y a pas d'argent plus vite regagné que celui
jeté en masse pour ces dépenses de première installation.

Une ligne télégraphique, c'est une économie immédiate
d'effectifs, de transports ; les ordres pouvant être transmis
instantanément, les troupes pouvant être dirigées rapidement d'un point à un autre, il n'est plus nécessaire de constituer sur autant de points des groupes suffisamment forts
pour se suffire à eux-mêmes ; il n'est plus nécessaire d'exagérer les approvisionnements pour parer aux imprévus,
parce qu'avec le télégraphe l'imprévu disparaît. On n'est
plus exposé aux mouvements inutiles, aux fausses manœuvres qui résultent toujours de l'arrivée tardive des
renseignements et qui font prendre à l'autorité supérieure
des mesures ne s'appliquant plus la plupart du temps à
une situation déjà modifiée, pour peu que les nouvelles
datent de quinze ou de vingt jours. Il faut être convaincu
de ce point : *Toute perte de temps se traduit toujours par une
perte d'argent.* Or, la ligne électrique, c'est la suppression
de la perte de temps. Un pays couvert d'un bon réseau télégraphique est aux trois quarts conquis. Le commandement
qui en tient ainsi en main toutes les extrémités et qui est
en mesure de contrôler les renseignements ne donne plus
d'ordres qu'à coup sûr et se trouve à l'abri des fausses manœuvres, des mouvements onéreux et superflus, qui sont
la conséquence fatale d'une information insuffisante.

Il n'y a peut-être pas de point dont une métropole qui
fait de la politique coloniale devrait être plus convaincue.
Or, à ce point de vue, nous sommes d'une timidité et d'une
parcimonie inouïes, surtout si on les compare aux procédés
employés par les Anglais, chez qui l'établissement des

lignes télégraphiques accompagne pas à pas la pénétration, quand elle ne la précède pas. Nous, au contraire, malgré les moyens que l'état actuel de la science met si largement à notre disposition, nous faisons encore le plus souvent la guerre coloniale comme au xviiie siècle.

Tout ce qui vient d'être dit des lignes électriques s'applique également aux installations. Là encore l'argent dépensé presque sans compter pour assurer immédiatement aux Européens, aux troupes, aux divers services, des installations salubres, sera bien vite regagné par l'économie des dépenses d'évacuation, de frais d'hospitalisation, de mutations de personnel qui en résultera dès la première année.

En résumé, pour les entreprises coloniales comme pour toute entreprise industrielle, la première mise de fonds doit être aussi large et aussi rapide que possible.

Voilà pour ce qui concerne le caractère matériel à donner sans aucun retard à notre installation.

En ce qui concerne le caractère moral et politique de la ligne de conduite à adopter dans les parties des régions Ouest et Sud que la pénétration nous a forcés à occuper, c'est absolument l'inverse. Autant dans le premier cas il faut être rapide et hardi, autant ici il convient d'être prudent et temporisateur.

Le premier point à établir, c'est qu'il ne faut à aucun prix administrer directement tout le pays. Cela est admissible en Émyrne, en raison de la densité et du caractère de la population.

Dans les régions qui séparent le plateau central des côtes Sud et Ouest, et sur les côtes elles-mêmes, il faut avant tout envisager une occupation à l'économie. Toute organisation se rapprochant plus ou moins de l'administration directe nécessiterait un personnel tout à fait hors de proportion avec le chiffre de la population. La base du régime doit donc être le *protectorat*. Il existe de grands groupements

indigènes traditionnels : il s'agit de les reconstituer autant
que possible et de les utiliser, ainsi que je l'ai prescrit à
nos administrateurs et officiers dans mes instructions du
22 mai 1898, sur les principes de pacification à adopter
dans la grande île.

Examinons donc comment, dans ces conditions, doit
s'entendre l'occupation définitive.

Elle doit, à mon sens, partir de ces deux directives :

1º Jalonner les lignes de communication naturelles par
des postes assez forts et assez rapprochés pour assurer
d'une manière absolue la sécurité des voyageurs et la liberté des transactions ;

2º Occuper les centres d'influence ;

3º Évacuer tout ce qui ne répond ni à l'un ni à l'autre de
ces objets.

Pour le premier point, c'était déjà l'idée générale de
l'occupation hova dans les régions où elle avait pénétré ;
seulement, dans la pratique, elle n'avait pas de portée
parce que les soldats n'avaient pas de valeur, parce que la
direction supérieure manquait et parce que les chefs subalternes se transformaient aussitôt en exploiteurs de la
région.

Pour le second point, c'est l'idée générale anglaise qui,
aux Indes, en Birmanie, place auprès de chaque grand
chef indigène un agent européen surveillant et contrôleur.
Mais, ici, le difficile est de réagir contre la tendance innée
chez tout Français de se substituer complètement au chef
local dans les détails et de verser dans l'administration directe. Très peu de nos agents, officiers ou fonctionnaires,
savent se limiter à ce rôle de contrôleur supérieur et deviennent tracassiers, formalistes, s'ingérant dans tout, à
propos de tout. Ils ont la manie de l'uniformité et des règles
fixes. Il y a là toute une éducation à faire, et à laquelle ne
seront certainement pas réfractaires nos officiers et administrateurs. L'occupation des diverses régions de l'Ouest et

du Sud, d'après les principes ci-dessus, donnera lieu pour chacune d'elles à une étude détaillée.

Le programme d'occupation définitive pourrait être le suivant :

1° Occuper sur la côte tous les débouchés des lignes de communication, ce qui répond à un triple objet :

Assurer le service douanier ;

Tenir la clef des débouchés commerciaux et assurer ainsi la protection des établissements européens qui se fixeront forcément aux abords de ces débouchés ;

Tenir en main les chefs de la zone côtière, qui presque tous ont leur résidence près des petits ports côtiers ;

2° Jalonner les lignes de communication intérieures en se bornant exclusivement aux grandes lignes indiquées plus haut. Il n'y a pas à préciser le nombre des postes, parce que, plus nombreux au début, ils peuvent, à mesure que la sécurité augmentera, être diminués. Constituer ces postes avec une force suffisante pour qu'ils puissent se suffire à eux-mêmes, se relier entre eux et opérer de petites reconnaissances aux abords de la route pour en éloigner les pillards ;

3° Occuper les centres d'influence intérieure qui ne semblent pas devoir être au nombre de plus de quelques-uns par région.

Tous ces centres d'influence, se trouvant sur les routes de pénétration, ne feront pas d'ailleurs double emploi avec les postes qui les jalonneront. Avoir dans chacun de ces points et dans chacun des grands postes côtiers un agent français, officier ou fonctionnaire, concentrant tout le contrôle et la surveillance de l'administration locale, sous la forme du protectorat.

Quant aux chefs des postes de sécurité jalonnant les routes, limiter et préciser de la manière la plus stricte leurs attributions administratives, de façon à assurer simplement l'exploitation des abords immédiats de leur poste et ne pas leur laisser une action politique étendue dans laquelle ces agents forcément subalternes, gradés militaires ou gardes de milice, commettent souvent des maladresses ou des abus qui ont les plus regrettables conséquences.

Si même, pour ces postes, on ne dispose pas d'un nombre suffisant de gradés, il vaut mieux les supprimer, car il ne faut à aucun prix y laisser de troupes indigènes, tirailleurs ou milice, sans gradé français (sauf le cas exceptionnel où il s'agit de jalonner une route en pays désert, comme cela a lieu dans certains cas particuliers); sinon, ces petits détachements indigènes tyrannisent et exploitent la population et en déterminent l'exode. Dans ce cas, il vaut mieux laisser le soin de jalonner la route à un chef local à qui on en confie la garde et la responsabilité. Il est bien rare que cette confiance soit trompée. C'est du reste ce dernier système auquel il faut tendre à arriver finalement sur toutes les routes, ce qui permettra de borner l'occupation, d'ici quelques années, aux points côtiers et aux centres d'influence.

Caractère de l'administration.

En ce qui concerne les vastes régions de l'Ouest et du Sud, elle se résume dans le mot « protectorat ». C'est dire combien elle doit être large, variée et souple.

1º Sauf en ce qui concerne la législation douanière, qui doit être forcément uniforme pour toute l'île, il faut penser tout d'abord que les arrêtés et circulaires émanant de Tananarive et concernant le plateau central et les provinces de l'Est sont, la plupart du temps, inapplicables dans les régions intermédiaires et côtières du Sud et de l'Ouest.

Nos administrateurs militaires ou civils employés dans ces régions doivent être avant tout des hommes d'action. De deux choses l'une : ou bien consacrés à leurs devoirs locaux, à leur besogne politique, ils négligent les documents qu'ils reçoivent, ou bien ils se transforment en bureaucrates ; or, même dans ce cas, ils n'ont ni les moyens, ni la compétence, ni le personnel nécessaires pour y suffire.

2° Cette administration doit, avant tout, ne pas être uniforme. Il faut prendre simplement les autorités indigènes telles qu'elles existent traditionnellement dans le pays, rois, manjakas, masindranos, etc., en leur laissant le nom et le régime particulier auxquels ils sont habitués, en leur attribuant, au besoin, des soldes essentiellement variables, selon les mœurs et selon les ressources et les besoins du pays, et utilisant le plus possible les rouages existants, au lieu de leur superposer des rouages artificiels.

Il y a lieu, je crois, de se bien convaincre que Madagascar n'est pas une unité et que, si l'Émyrne et ses débouchés sur la côte sont constitués de manière à supporter immédiatement et très avantageusement une organisation administrative rigide, presque européenne, dans le reste de l'île elle serait de beaucoup prématurée, inutile et nuisible. Il est incontestable que, pour adopter ces idées, il faut réagir contre le fond même du caractère français, essentiellement symétrique et logique. C'est justement parce qu'il y a là une tendance naturelle dont est imbu partout le haut fonctionnarisme, représentant directement la métropole, qu'il est plus essentiel de réagir et d'éviter tout ce qui peut la développer encore.

3° Dans l'administration de ces régions intérieures, la question du choix des personnes a plus d'importance que partout ailleurs. En effet, par le fait même que cette administration ne peut se régler ni par des gabarits ni par des règlements, elle laisse une part prépondérante au bon sens, à la souplesse d'esprit, à l'assimilabilité, à l'appropriation de l'homme à la région qu'il commande. Nulle part on ne doit s'inspirer davantage de la formule du « The right man in the right place ». La plupart du temps, c'est l'agent local bien choisi qui doit être juge de la politique à suivre et en inspirer l'autorité supérieure, et non pas à l'autorité supérieure à la lui tracer.

4° L'administration de ces régions spéciales doit être essentiellement patiente. Les résultats ne peuvent y être que très lents en raison du caractère des habitants, de la pénurie des moyens et des difficultés locales de toute sorte.

Il ne faut donc pas que la métropole s'étonne de ne pas en tirer un rendement immédiat et de ne pas y toucher du doigt les résultats aussi vite que dans le reste de la colonie ; il ne faut pas qu'elle s'étonne d'y voir surgir encore de fréquents incidents grossis par la publicité immédiate qu'ils reçoivent et qui ne sont pourtant rien si on les compare à l'état de désorganisation et de guerres intestines qui a précédé notre arrivée et où les incidents étaient autrement nombreux, mais sans répercussion parce qu'ils se passaient entre indigènes. Ne pas oublier qu'on y a affaire à des sauvages qu'il faut dresser et apprivoiser comme des animaux, et tout dressage comporte de nombreux mécomptes. Là encore le choix de l'administrateur et surtout sa stabilité jouent le premier rôle, parce que c'est surtout une question de confiance, et que la confiance des sauvages ne s'acquiert qu'à la longue, par habitude. C'est pourquoi si souvent de simples agents commerciaux établis sur une côte nous y rendent tant de services et sont de vrais chefs locaux par suite de l'influence de longue durée qu'ils ont acquise sur les indigènes.

5° Enfin, l'administration doit y être aussi peu exigeante et aussi peu fiscale que possible. Pendant les premières années d'occupation, borner les corvées au strict nécessaire, les arrêter même au moindre signe de mécontentement, compter presque exclusivement sur les recettes indirectes, en réduisant les impôts directs au minimum nécessaire pour bien marquer la souveraineté. Et cette modération s'impose pour une raison bien simple : c'est que, si dans l'Émyrne, où la population est dense et stable, nous avons sur elle une prise qui nous permet d'imposer tout ce que nous croyons nécessaire à notre établissement, dans les régions peu peuplées, au contraire, la population a un moyen infaillible de témoigner son opposition : c'est de s'en aller. Elle n'y manque jamais, et dans ce cas le désavantage immédiat est infiniment supérieur à celui d'avoir fait un peu moins de travaux ou un peu moins de recettes. Du reste, c'est dans ces régions plus que dans toutes autres qu'une fiscalité prématurée donne des résultats tout artificiels et qui ne peuvent se soutenir.

Pour payer l'impôt trop lourd sous l'intimidation de la première occupation, la population « coupe son blé en herbe », tandis qu'une fiscalité modérée lui laisse toute latitude pour mettre en valeur les richesses locales : ses besoins augmentent à notre contact, et nous regagnons bien vite en recettes indirectes, par le développement économique du pays, le centuple de ce que nous avons pu perdre à limiter au minimum la contribution directe.

Enfin, il est un dernier point sur lequel je me permets de porter l'attention. C'est avec des pacotilles que les explorateurs et les commerçants se sont acquis les indigènes dans les régions neuves. En attendant l'arrivée des commerçants, pourquoi ne pas prendre la même règle en ce qui concerne notre première occupation ?

Quelques officiers, en en faisant l'avance sur leurs propres ressources, en ont déjà fait l'essai qui a toujours pleinement réussi. Un détachement qui se présentera dans les régions dont il est question avec un approvisionnement d'outils, de toiles, d'objets usuels, à échanger contre les produits du pays, verra toutes les portes s'ouvrir, et le poste deviendra instantanément un centre d'activité commerciale et un marché.

En un mot, je voudrais voir chaque chef de poste doublé

d'un chef de comptoir. Je sais bien ce que cette idée peut avoir de choquant pour nos conceptions administratives actuelles ; mais, puisque je me préoccupe d'exposer ici librement mes idées sur les procédés à employer pour donner à l'occupation des régions intérieures toute son efficacité, on me permettra d'indiquer celui-là. Il serait facile, au point de vue administratif, d'ouvrir à chacun des agents européens un crédit lui permettant de constituer ce comptoir. Il va sans dire que ce comptoir serait immédiatement cédé à un colon européen ou à l'un de ses représentants, du jour où notre commerce ferait son apparition dans le pays.

Je viens de discuter en détail la question de la pénétration dans les provinces où notre action militaire ou politique avait déjà commencé son œuvre. Il me reste quelques mots à dire sur la région des Mahafalys, située au sud-ouest de l'île et où aucun effort dans ce sens n'a encore été tenté.

Seuls, jusqu'à présent, de rares voyageurs se sont attardés sur les côtes de la région qu'ils occupent, MM. Marchal et Héraud par exemple. Quelques commerçants de Tuléar se sont risqués à tenter avec eux des échanges commerciaux et y ont réussi le plus souvent. Mais tous s'accordent à dépeindre ces peuplades comme pillardes, avides de butin et peu scrupuleuses pour s'en procurer : rarement elles attentent à la vie des Européens, mais elles les capturent et les rançonnent volontiers.

Le pays est désolé, sans eau, partant sans culture, on l'affirme du moins, et les populations, assez clairsemées, se seraient groupées autour des sources et des puits les plus abondants, à la côte d'une part, à l'intérieur d'autre part, formant parallèlement au rivage de la mer deux zones relativement peuplées mais séparées par un désert de trois ou quatre journées de marche.

Au point de vue politique, les Mahafalys sont divisés en

trois royaumes, dont les chefs se sont fixé des frontières perpendiculairement à la mer; c'est, au nord, le long de l'Onilahy, celui de Refotaka; plus au sud, celui de Tsivereigne; plus au sud encore, celui de Tsiampona.

Le voisinage de ces hôtes turbulents et pillards était une gêne considérable pour nos populations tanosy et machicores, riveraines de l'Onilahy également, quand les succès que le capitaine Toquenne remporta sur Tompomanana, suivis de la soumission de ce grand chef, vinrent donner à Refotaka et aux autres une leçon dont ils semblent encore tenir compte. Le commandant du cercle de Tuléar sut habilement profiter de l'ascendant et du prestige que lui donnèrent ses succès pour entrer en relations avec le plus voisin des rois mahafalys, Refotaka. Tompomanana lui-même et ses fils servirent d'intermédiaires; une sorte de trève fut conclue. Aujourd'hui, l'Onilahy est une frontière respectée par toutes les tribus qui le bordent, soumises à nous sur la rive droite, relevant des Mahafalys sur la rive gauche. Les commerçants de Tuléar ont repris très activement les échanges qu'ils avaient tentés autrefois et, depuis cinq mois, pas un pillage n'a été signalé. Quelques faits particuliers laissent croire même que notre intervention officielle dans le pays serait bien vue de quelques-uns.

Tsivereigne et Tsiampona ne sont pas entrés en relation avec nous, c'est vrai, mais les renseignements recueillis les donnent comme neutres pour le moment, plutôt portés même à une certaine bienveillance à notre égard, en raison de la puissance qu'ont montrée nos armes, de Tuléar au Vohinghezo.

Il y a donc lieu de profiter de ces dispositions exceptionnelles : un explorateur déjà connu dans le Sud de l'île, M. Bastard, a sollicité l'honneur d'explorer maintenant le pays mahafaly.

Je viens de lui confier une mission officielle à ce sujet en mettant à sa disposition les ressources qu'il m'a demandées, et j'espère qu'il nous fournira sur ces régions, sommairement connues, des renseignements du plus haut intérêt pour la continuation de l'œuvre que nous avons entreprise dans le Sud de la grande île.

En attendant, il semble que nous ne devions pas nous engager encore dans une opération militaire qui pourrait être longue et pénible et nécessiterait évidemment après elle une occupation onéreuse. Notre rôle doit se borner à une pénétration politique et pacifique, notre action ayant pour base la ligne de postes qui s'étend le long de l'Onilahy, rejoint Betroky et descend sur Fort-Dauphin, ligne à compléter et à organiser en vue du but à atteindre : la section Betroky-Fort-Dauphin aurait une action secondaire ; le rôle principal reviendrait à la section Betroky-Tuléar, en contact plus direct avec les populations à ramener progressivement à nous.

Enfin, il semble indispensable dès aujourd'hui d'assurer la protection des commerçants qui fréquentent la côte mahafaly et y font la traite du caoutchouc : les Mahafalys seraient bien obligés d'accepter, sur les points où se font les échanges, des postes solides dont l'action pourra rayonner de plus en plus au loin. Du reste, même au point de vue commercial, les Mahafalys ont besoin de nous ; le climat est en effet très rude, à la saison froide ; ils ignorent la fabrication des tissus et sont forcés de s'approvisionner auprès des commerçants européens et créoles qui leur en apportent ; il y aurait ainsi cinq ou six points à occuper militairement, Beheloko, Lamivato, Itampolo, Langarano, Ampalanza, etc.

L'œuvre toute pacifique de ces postes, œuvre de protection locale, d'abord, mais surtout œuvre de pénétration politique, compléterait heureusement celle de la base Tuléar-Betroky. Le but recherché actuellement n'est, somme toute, qu'une sorte de protectorat peu sévère à faire accepter aux Mahafalys, garantissant avant tout la vie et la liberté de nos concitoyens; on peut espérer y arriver par ce moyen peu coûteux et risquant moins que tout autre d'effaroucher ces populations à la fois belliqueuses et craintives.

TITRE II

Organisation administrative.

ADMINISTRATION

Ce qu'elle était en octobre 1896.

Au moment où je pris le service de la résidence générale, le 28 septembre 1896, l'organisation administrative de Madagascar se dessinait à peine. Peu de changements avaient été apportés depuis la prise de Tananarive (30 septembre 1895); l'insurrection qui, depuis le mois de mars 1896, troublait le centre de l'île, faisait presque exclusivement l'objet des préoccupations du pouvoir central et avait considérablement entravé les premières tentatives d'organisation qui avaient été entreprises.

Le régime politique alors en vigueur était, du reste, de nature à laisser se perpétuer un état de choses peu propice à l'extension de notre influence et à l'établissement définitif de notre domination dans la grande île. Bien que la loi du 6 août 1896 eût déclaré Madagascar colonie française, la situation était restée, en fait, telle que l'avait établie l'article 1er de l'acte unilatéral signé par la reine Ranavalo III, le 18 janvier 1896, aux termes duquel le résident général n'était que le représentant du gouvernement de la République française auprès du gouvernement hova. C'était donc encore, comme par le passé, le régime du protectorat, avec cette différence, toutefois, qu'en vertu du décret du 11 décembre 1895 le résident général était investi de pouvoirs plus étendus, consacrant en quelque sorte nos nouveaux droits de souveraineté sur la grande île.

A Tananarive, où régnaient encore les traditions du ministère des affaires étrangères, l'organisation de l'administration centrale était à peine ébauchée et l'expédition des affaires s'en ressentait inévitablement.

Le résident général se renfermant, du reste, dans son rôle de représentant de la France auprès du gouvernement de la reine, administrait principalement par l'intermédiaire du pouvoir central indigène qui comprenait, en dehors de la reine, un premier ministre, un ministre de l'intérieur et différentes autres autorités assistées d'un personnel nombreux qui formait l'ancienne administration hova. Le régime administratif financier et économique de l'île était toujours à peu près complètement soumis aux lois malgaches; quelques actes, peu nombreux, de l'autorité française l'avaient modifié sur divers points.

En dehors de l'administration centrale française, qui n'était constituée que par l'entourage immédiat du résident général et par le secrétaire général de la résidence, quelques services avaient commencé à s'installer et à fonctionner dans la limite des moyens dont ils disposaient.

Le service judiciaire, institué par un décret du 28 décembre 1895 et réorganisé par le décret du 9 juin 1896, avait son personnel au complet et comprenait une cour d'appel et un tribunal de première instance à Tananarive, un tribunal de première instance à Tamatave et à Majunga, une justice de paix à compétence étendue à Diégo-Suarez et à Nossi-Bé.

La direction des finances, créée par décret du 14 février 1896 et transformée le 14 juillet 1896 en une direction des finances et du contrôle, était placée auprès du résident général pour assurer les services de recettes et de trésorerie.

Le service des douanes, dont la direction était à Tananarive, commençait à se substituer aux douanes hovas qui possédaient sur les côtes un assez grand nombre de postes dont le fonctionnement était des plus préjudiciables aux finances de la colonie.

Le service des postes et des télégraphes, qui avait été organisé dans l'île bien avant la campagne de 1895 et qui, depuis l'expédition, était rentré dans les attributions de la trésorerie aux armées, assurait le transport des courriers dans des conditions de rapidité et de régularité défectueuses, dues à l'état troublé du pays et à l'insécurité des voies de communication.

La seule ligne télégraphique existant alors était celle qui reliait Tananarive à Tamatave, et elle était le plus souvent interrompue.

Le service des travaux publics, organisé dès les premiers mois de 1896, avait commencé l'ouverture d'une route muletière dans la direction d'Andevorante ; mais son action s'exerçait principalement dans la ville même de Tananarive, où d'importants et urgents travaux de voirie avaient été entrepris.

Le service des domaines et le service topographique étaient au début de leur organisation. Il en était de même des services des mines, des forêts, de l'agriculture, dont les règlements n'avaient du reste pas encore été établis.

Le service de l'enseignement n'existait pas.

La garde indigène (milice), créée par décret du 11 juillet 1896, était à peine en voie de formation et les détails de son organisation n'étaient pas déterminés.

Enfin, l'imprimerie officielle de Tananarive, qui était l'ancienne imprimerie du gouvernement hova, publiait encore sous le nom de *Ny gazety malagasy* (*La Gazette malgache*) le journal officiel de l'île, rédigé en malgache et en français.

Dans l'intérieur du pays et sur les côtes, l'organisation administrative n'était pas plus avancée que dans la capitale. L'état troublé du centre de l'île, le peu de sécurité et la lenteur des communications étaient cause de l'absence de toute instruction adressée aux différents chefs de province par l'autorité centrale.

Les rapports que les résidents faisaient parvenir à Tananarive démontraient qu'ils n'étaient pas orientés pour poursuivre un programme d'ensemble et que leur bonne volonté n'était pas utilisée.

Etant donné le régime politique alors en vigueur, leur action ne pouvait du reste pas s'exercer aussi efficacement qu'ils l'eussent désiré; ils avaient à subir l'influence quelquefois hostile des gouverneurs hovas qui avaient conservé presque entière leur ancienne situation dans les postes de la côte; leur autorité n'était généralement reconnue que dans une zone restreinte autour des chefs-lieux et des principaux centres.

En septembre 1896, les divisions administratives de Madagascar étaient les suivantes :

Au centre : résidences de Tananarive, d'Ambatondrazaka, d'Antsirabé, de Fianarantsoa.

Sur la côte Est : résidences de Vohémar, de Tamatave, de Mananjary, de Fort-Dauphin.

Sur la côte Ouest : résidences de Majunga et de Tuléar.

Les établissements de Diégo-Suarez, Nossi-Bé et Sainte-Marie, dont l'organisation administrative était achevée depuis de nombreuses années, avaient été rattachés à Madagascar par décret du 28 janvier 1896.

Organisation administrative à partir d'octobre 1896.

A. — Administration centrale.

Direction des affaires civiles.
Bureau des affaires indigènes.
Conseils d'administration et du contentieux.

B. — *Administration provinciale.*

Principes généraux.

Décentralisation. — Politique de races. — Organisation des provinces. — Personnel.

C. — *Administration communale.*

Les commissions municipales.

D. — *Organisation et fonctionnement des services.*

Finances et contrôle.

Service judiciaire.

Trésor.

Postes et télégraphes.

Travaux publics (travaux dans Tananarive).

Bâtiments civils.

Transports civils.

Enseignement.

Domaines (1).

Service topographique (1).

Douanes (1).

Agriculture (1).

Forêts (1).

Milice.

Imprimeries.

Bureau topographique de l'état-major.

Service sanitaire (peste).

A. — Administration centrale.

Une de mes premières préoccupations, lorsque je pris le service de la résidence générale, fut d'organiser le bureau qui devait constituer l'administration centrale et me seconder, tant pour la préparation du nouveau régime admi-

---

(1) Voir le titre III.

Rap. d'ensemble.   13

nistratif, financier et économique que nous avions mission
d'importer dans notre nouvelle colonie, que pour l'expédition des affaires courantes d'ordre civil.

Afin d'assurer dans les meilleures conditions possibles,
par l'unité d'action et de direction, la réalisation du programme qui m'avait été tracé pour la pacification de l'île
et pour son organisation politique et administrative, l'administration centrale fut tout d'abord constituée par le
3e bureau de mon état-major et confiée à M. le capitaine
Lucciardi, sous la direction de M. le commandant Gérard,
chef d'état-major, qui fut investi des fonctions de secrétaire
général par intérim en territoire militaire, et devint ordonnateur secondaire du budget local ; le 3e bureau comprenait un personnel mixte composé d'officiers et de fonctionnaires civils, chanceliers et commis de résidence.

L'importance de ce service s'accrut rapidement en raison
du nombre d'affaires chaque jour plus considérable qu'il
avait à traiter et des règlements nouveaux à élaborer. Dès
le mois de janvier 1897, le 3e bureau fut divisé en quatre
sections entre lesquelles les affaires furent réparties de la
façon suivante :

1re *section*. — Administration politique des territoires
militaires. Cultes. Enseignement. Milices. Services divers.

2e *section*. — Administration politique des territoires
civils. Personnel. Archives.

3e *section*. — Colonisation. Commerce. Industrie. Régime
douanier. Propriété foncière.

4e *section*. — Comptabilité.

En outre, l'administration centrale indigène continua à
fonctionner sous la direction du chef du 3e bureau, avec
les modifications que j'exposerai plus loin sous la rubrique
« Bureau des affaires indigènes ».

Au fur et à mesure des progrès de la pacification qui
furent suivis de la pénétration de nos commandants de
cercle et chefs de province dans de nouvelles régions jus-

qu'alors inoccupées, et de l'extension des territoires soumis à leur autorité, le 3e bureau de l'état-major prit un développement rapide et eut à fournir une somme de travail de plus en plus grande, qui nécessita la présence d'un personnel plus nombreux.

Afin de réaliser peu à peu la réforme qui devait consister à former une administration centrale destinée à devenir plus tard le secrétariat général du gouvernement général de Madagascar, les affaires civiles furent séparées de l'état-major du corps d'occupation par arrêté du 26 novembre 1897, et constituèrent le « Bureau des affaires civiles, politiques et commerciales » relevant désormais directement du gouverneur général. Le capitaine Lucciardi, maintenu provisoirement à la tête de ce bureau autonome, fut en même temps investi des attributions d'ordonnateur secondaire du budget local. Le chef d'état-major cessa, d'autre part, de porter le titre de « secrétaire général par intérim en territoires militaires ».

Le bureau, dont le personnel comprenait encore à cette époque deux ou trois officiers provenant de l'ancienne organisation, devint exclusivement civil à la fin de l'année 1897 : le capitaine Lucciardi fut lui-même remplacé par M. le commissaire adjoint des colonies Lallier du Coudray (arrêté du 27 décembre 1897). Le secrétariat général en territoire civil, qui avait été institué à Tamatave dans les conditions relatées plus loin à propos de la décentralisation administrative, fut également supprimé à la même époque, et le bureau des affaires civiles dut, à lui seul, à l'avenir, assumer la lourde tâche de la correspondance directe du gouvernement général avec tous les chefs de province. Au 1er janvier 1898, le personnel du bureau était composé de 7 chanceliers dont 4 chefs de section, et de 5 commis de résidence ; un certain nombre de caporaux et de soldats d'infanterie de marine étaient détachés au bureau des affaires civiles comme secrétaires.

Au cours de l'année 1898, le régime administratif de la colonie s'est affermi progressivement, La période troublée que la grande île avait précédemment traversée a fait place, dans les régions pacifiées, à une ère de calme et de tranquillité qui a eu pour conséquence une nouvelle impulsion donnée de toutes parts à l'organisation méthodique du pays et à son développement économique.

Dès lors, l'importance du bureau des affaires civiles s'est encore accrue. La mise en vigueur des nouveaux règlements, le fonctionnement de plus en plus ample de l'organisme administratif, l'extension prise par les divers services dans la capitale comme dans les provinces, l'unité d'ordonnancement, ont augmenté dans une notable proportion les attributions du bureau des affaires civiles.

Aussi, pour mettre ce service en rapport avec la mission qui lui incombe désormais et pour donner à celui qui en est le chef toute l'autorité qui s'attache à l'importance de ses fonctions, j'ai, par décision du 4 janvier 1899, transformé le bureau des affaires civiles en une *direction des affaires civiles* et donné la dénomination de bureaux aux sections qui le composaient.

J'ai eu l'honneur de vous rendre compte de cette nouvelle organisation par lettre du 12 janvier, n° 159 A. Les attributions des cinq bureaux qui forment la direction des affaires civiles ont été ainsi fixées :

1er bureau : Administration générale ;

2e bureau : Personnel, archives ;

3e bureau : Colonisation ;

4e bureau : Comptabilité ;

5e bureau : Affaires indigènes.

Le personnel comprenait, à la date du 4 janvier, M. Lallier du Coudray, directeur, auquel est adjoint M. l'administrateur Péan ; neuf administrateurs adjoints, dont cinq faisant fonctions de chefs de bureau ; dix-huit commis de résidence ou commis auxiliaires et un certain nombre de militaires remplissant l'emploi d'expéditionnaires.

L'augmentation du personnel a principalement porté sur le bureau chargé de la comptabilité, par suite de la centralisation à Tananarive de la comptabilité financière de toute l'île.

Telle est l'administration centrale qui se trouve constituée après trois ans d'occupation. Son accroissement rapide prouve mieux que toute autre considération quelle a été l'œuvre réalisée en un espace de temps relativement aussi court; qu'il me suffise, en terminant, de rappeler que le bureau des affaires civiles a traité en 1898 plus de 35.000 affaires et a émis 6.163 mandats et 1.030 ordres de recettes.

Bureau des affaires indigènes.

Il me parut nécessaire, dès ma prise de commandement, de diminuer le prestige de l'administration centrale indigène, dont le maintien était aux yeux des Malgaches comme le signe d'une dualité de pouvoirs qu'il était impossible de laisser subsister.

Je fis de cette administration un bureau rattaché à l'état-major et dont le chef d'état-major prit personnellement la haute direction. L'ancien secrétaire général Rasanjy, sous le titre de faisant fonctions de premier ministre et plus tard de gouverneur principal de l'Imerina, resta attaché à ce bureau qui fut chargé de l'étude et de l'expédition des affaires indigènes. Grâce à cette combinaison, j'ai pu m'entourer, chaque fois que cela a été nécessaire, des avis des notabilités malgaches pour la préparation des mesures intéressant particulièrement la population autochtone de l'Imerina et ayant trait à l'organisation administrative, aux impôts, à la justice indigène, aux prestations, à l'enseignement public ou privé. J'ai cru devoir lui confier également l'étude des affaires que provoquent les rapports des missions religieuses avec les Malgaches.

Par suite des considérations politiques dont il faut tenir compte dans la réglementation du travail, les questions de main-d'œuvre ressortissent également au bureau des affaires indigènes, dont les agents européens dirigent aussi le service des renseignements ainsi que la publication du journal malgache *le Vaovao*.

Quand je rendis, à la fin de 1897, le bureau des affaires civiles distinct de l'état-major du corps d'occupation, les affaires indigènes furent rattachées à ce bureau.

Conseil d'administration.

Cette assemblée, constituée par décret du 3 août 1896, a été placée auprès du résident général de Madagascar à titre consultatif.

Sa composition, fixée par l'article 2 de cet acte organique, a été successivement modifiée par deux arrêtés du résident général en date des 22 octobre 1896 et 4 janvier 1897, qui ont reçu l'approbation du département et qui ont été motivés, ainsi que j'ai eu l'honneur de le faire ressortir à l'époque, par les changements survenus dans l'organisation des services à Tananarive et dans le régime administratif de la colonie, après mon arrivée dans l'île.

L'arrêté du 4 janvier 1897 établissait la composition du conseil d'administration de la façon suivante :

Le général commandant le corps d'occupation et résident général, *président;*

Le chef d'état-major faisant fonctions de secrétaire général en territoires militaires,

Le directeur des finances et du contrôle,

Le procureur général,

Le directeur des travaux publics,

Le chef du service des domaines,

Deux colons appelés à siéger au besoin et à titre consultatif.

membres.

En fait, ces deux derniers membres n'ont jamais été appelés, au cours de l'année 1897, et suivant les instructions du département, à prendre part aux travaux du conseil.

Un décret du 6 mars 1897 fit en outre entrer au conseil d'administration le chef des services administratifs de la colonie.

Enfin, par décret du 9 août 1898, le conseil a été définitivement organisé de la façon suivante :

Le gouverneur général, *président;*

Le commandant supérieur des troupes,

Le secrétaire général du gouvernement général,

Le directeur du contrôle,

Le procureur général,   } *membres.*

Le chef des services administratifs,

Le directeur des travaux publics,

Le chef du service des douanes,

Le poste de secrétaire général n'ayant pas de titulaire, un arrêté du 30 septembre 1898 a désigné le chef du bureau des affaires civiles (depuis directeur des affaires civiles), ordonnateur secondaire du budget local, pour suppléer ce haut fonctionnaire au sein du conseil.

La première séance du conseil d'administration a été tenue le 28 septembre 1896 ; c'est au cours de cette réunion que M. le résident général Laroche m'a fait la remise de ses pouvoirs, conformément aux instructions de M. le ministre des colonies.

Depuis cette époque jusqu'au 1er mars 1899, le conseil a tenu trente-cinq séances, avec deux interruptions en 1897 et 1898, motivées par les tournées que j'ai effectuées sur les côtes de l'île en compagnie de plusieurs membres du conseil, tels que le directeur des finances et du contrôle et le chef du service des domaines.

Il a examiné près de 300 affaires dont les plus importantes ont été : les anciens contrats de concession passés entre le gouvernement malgache et un certain nombre de particuliers; tous les règlements fiscaux à appliquer dans la colonie, impôts indigènes, tarif douanier, droits de consommation; les projets de règlements sur le domaine public et la propriété foncière, sur les concessions de terres, les exploitations forestières, les projets de budget, etc., etc.

Les avis du conseil d'administration m'ont été des plus utiles pour la préparation de cet ensemble de règlements qui forme aujourd'hui la législation locale intéressant toutes les branches de l'administration et dont l'élaboration rapide et l'application immédiate n'ont pas peu contribué à l'heureux développement de notre nouvelle possession. Je ne puis ici, à cette occasion, que reconnaître le zèle qu'ont déployé et la compétence dont ont fait preuve tous les membres du conseil dans les travaux de cette assemblée. Il n'est pas inutile d'ajouter que les discussions ont toujours été marquées de la plus parfaite courtoisie et qu'une entente favorable n'a cessé de régner au cours des séances entre les divers membres.

Conseil du contentieux administratif.

Le décret du 6 mars 1897 a constitué le conseil d'administration en conseil du contentieux administratif fonctionnant suivant les dispositions des décrets des 5 août et 7 septembre 1881 avec l'adjonction de deux magistrats.

Ce tribunal administratif n'a été saisi jusqu'à ce jour que de trois affaires. La première, qui était relative aux opérations électorales du 14 mars 1897, à Nossi-Bé, pour la nomination d'un délégué au conseil supérieur des colonies, ne ressortissait pas à cette juridiction, ainsi que le résident général en fut avisé par dépêche ministérielle du 9 juin 1897, après que la décision du conseil fut intervenue.

Les deux autres litiges rentraient dans le droit commun

du contentieux administratif et ont été solutionnés conformément à la législation en vigueur.

La tâche du conseil du contentieux a donc été aussi réduite que possible, et il en sera de même, à n'en pas douter, jusqu'à ce que le régime administratif de la colonie soit définitivement établi et que la présence d'un plus grand nombre de colons rende plus fréquents les conflits d'intérêt entre l'État et les particuliers, dont la connaissance appartient aux tribunaux administratifs.

B. — Administration des provinces.

Principes généraux. — Politique de races et décentralisation.

Le programme d'ensemble qui m'avait été dicté par M. le ministre des colonies en 1896, lorsque je fus envoyé à Madagascar, était basé sur une orientation politique diamétralement opposée à celle qui avait été adoptée jusqu'à ce jour. Le temps était venu de rompre avec les errements du passé et de prendre, vis-à-vis des Hovas, l'attitude qui convenait à la nouvelle nation souveraine à Madagascar. L'œuvre que j'avais à entreprendre dans la grande île avait pour point de départ la destruction de l'hégémonie hova, l'abaissement de la race conquérante qui avait été notre principal adversaire dans l'île depuis le commencement du siècle ; elle ne devait plus être considérée que comme une peuplade et être traitée sur le même pied que les autres tribus jusqu'alors soumises à sa domination.

Notre intérêt était de soutenir ces dernières en les détachant peu à peu de leurs anciens maîtres, en renvoyant en Imerina les gouverneurs hovas qui les administraient, en les constituant, enfin, en confédérations indépendantes et autonomes commandées par leurs chefs naturels, dirigés eux-mêmes par nos résidents civils ou militaires ; il fallait, en un mot, inaugurer à Madagascar la politique de races qui avait déjà eu des résultats si heureux au Soudan et au Tonkin.

Les instructions que j'adressais le 8 octobre 1896 à M. le résident François, désigné pour remplir les fonctions de secrétaire général à Tamatave, déterminaient de la façon suivante la mission politique que les chefs de province en territoire civil devaient accomplir :

« Vous devrez faire comprendre à vos fonctionnaires le but définitif à atteindre, à savoir la constitution à Madagascar d'autant de groupements politiques séparés qu'il y a de populations, de races différentes, chacun de ces groupements devant être commandé par des chefs de même race, dirigés eux-mêmes par des résidents.

» Ce programme ne pourra être exécuté que progressivement, sans à-coups, nos résidents étendant de plus en plus la zone de l'influence française et fournissant aux populations autochtones un appui toujours moral, souvent même matériel quand ce sera possible et sans danger, leur permettant de se débarrasser de leurs gouverneurs hovas pour échapper désormais à l'autorité de la cour d'Emyrne. »

Et dans les instructions spéciales que j'adressais moi-même aux chefs de province, le 27 octobre, je leur traçais ainsi la ligne politique à suivre :

« L'hégémonie hova doit être détruite ; il y aurait danger à la maintenir, les Hovas étant la race conquérante de Madagascar, celle qui nous a opposé toujours la plus vive hostilité et qui, aujourd'hui encore, alimente en grande partie le mouvement insurrectionnel dans la région centrale.

» Le programme à réaliser est donc :

» En dehors de l'Emyrne, se débarrasser des autorités hovas et former les populations en groupes séparés constitués avec les indigènes de même race, administrés par des chefs de cette race sous la direction des résidents ; en un mot, faire de la politique de races, sans s'astreindre surtout à un mode d'organisation et d'administration uniforme pour toutes les populations de l'île, puisqu'il est nécessaire, avant tout, de tenir compte des mœurs, des coutumes et du caractère de chaque tribu. »

Telles étaient, dans leurs grandes lignes, la nouvelle orientation politique et la tâche qui incombait à nos chefs de province. Il y avait là pour eux tout un travail de longue haleine à entreprendre, analogue à celui qui avait été opéré avec succès dans quelques-unes de nos autres possessions, notamment au Soudan et au Tonkin. Ils devaient étudier de très près toutes les peuplades placées sous leur direction, se rendre compte de leur organisation, de leurs mœurs et de leurs habitudes, de leurs intérêts, rechercher les familles influentes, leurs liens avec les peuplades voisines, les limites des pays qu'elles occupaient ; puis, après s'être entourés avec soin de tous ces renseignements, ils devaient procéder à l'organisation politique et administrative de chaque tribu, dans le sens le plus favorable aux intérêts de notre occupation et à ceux des colons, nos compatriotes.

Cette tâche était compliquée, souvent même décourageante, en raison de la sauvagerie et de l'inintelligence de la plupart des populations côtières. Elle exigeait de la part de ceux qui étaient appelés à l'accomplir une grande somme de patience, de dévouement et d'habileté.

Mais, comme dans les autres colonies dont les noms ont été cités plus haut, le succès est venu à Madagascar couronner les efforts de nos résidents et administrateurs, et faire prévaloir la politique de races qui aura été, on peut le dire, la base même sur laquelle s'est affermie l'influence française dans la grande île et le point de départ de la pacification et du développement économique de notre nouvelle colonie.

Dès les premiers mois de l'année 1897, l'organisation politique des provinces de la côte Est était en voie d'achèvement, suivant les principes que je viens d'exposer. Les gouverneurs et les autres autorités hovas, dont quelques-uns avaient inspiré une haine profonde chez les populations côtières par suite de leurs exactions et de leur cruauté, étaient peu à peu renvoyés en Imerina. Les Hovas étaient toutefois laissés libres de rester sur les côtes, mais comme simples particuliers seulement, et à la condition qu'ils ne chercheraient en aucune façon à s'immiscer dans l'administration des populations autochtones.

Cette réforme considérable opérée dans l'organisation politique du pays ne donna lieu à aucun incident fâcheux. Vers le mois de juillet 1897, elle était entièrement terminée, et depuis cette époque la cour d'Emyrne a définitivement disparu et les Hovas ne forment plus qu'une peuplade isolée au milieu des autres peuplades de l'île, administrés, comme ces dernières, par des chefs de leur race, sous la direction et le contrôle des autorités françaises.

L'organisation administrative de la colonie a eu également pour base, à la fin de 1896, une *décentralisation* aussi étendue que les circonstances du moment l'ont permise. Dès mon arrivée à Tananarive, je me rendis compte des inconvénients qui résultaient pour l'administration de la colonie de l'absence de communications rapides entre les divers points de l'île. En octobre 1896, la route de Majunga était coupée; une lettre pour y parvenir mettait un mois, et il en fallait trois pour recevoir la réponse. Il en était de même pour Diégo-Suarez et Nossi-Bé. Quant à Tamatave, bien que des forces importantes aient été accumulées sur la ligne d'étapes pour conserver nos communications avec ce port, les relations n'étaient pas moins difficiles et la ligne télégraphique, en raison de la nature boisée et accidentée de la région traversée, était fréquemment interceptée; de plus, les porteurs chargés du transport des courriers, forcés de suivre la marche des escortes, mettaient au moins dix jours pour accomplir le trajet.

Dans ces conditions, il était difficile d'administrer, de Tananarive, un pays aussi vaste, en proie à l'anarchie, et alors que nous manquions des moyens d'action suffisants pour y exercer notre influence et faire prévaloir notre autorité.

La seule manière de parer en quelque mesure à ce grave inconvénient consistait à décentraliser autant que possible l'autorité du chef de la colonie, à déléguer en grande partie ses pouvoirs aux résidents et administrateurs civils ou militaires répandus sur tous les points de l'île. L'administration centrale devait se borner à leur donner une orientation générale vers le but à atteindre, à leur tracer le programme d'ensemble qu'ils avaient mission d'appliquer dans leurs territoires respectifs; quant aux détails de leur administration, aux décisions rapides à prendre pour solutionner les questions urgentes, ils étaient laissés à leur intelligence et à leur esprit d'initiative.

Par application de ces principes, mon premier soin fut de placer à Tamatave M. le résident François, secrétaire général par intérim en territoire civil, avec la délégation de mes pouvoirs sur toutes les provinces côtières; il avait dans ses attributions l'ordonnancement des dépenses afférentes à ces circonscriptions et son pouvoir de décision s'étendait à toutes les questions dont l'importance ne nécessitait pas mon intervention comme chef de la colonie.

En outre, j'avais jugé utile de placer auprès du secrétaire général à Tamatave un représentant de chacun des services civils, afin de l'éclairer dans l'étude des diverses questions qui seraient soumises à son appréciation, les directeurs de ces mêmes services, sauf celui des douanes, restant auprès de moi à Tananarive.

M. François avait toute initiative pour régler avec ces représentants les détails d'exécution et d'application du nouveau programme administratif, financier et économique, sauf à me tenir constamment au courant des mesures qu'il aurait prises ou ordonnées.

Dans les provinces, les mêmes principes furent adoptés, ainsi que je l'ai déjà fait ressortir plus haut. Sous la direction du secrétaire général, les résidents et administrateurs étaient libres de s'arrêter aux moyens qui leur paraîtraient les meilleurs pour organiser leur circonscription, tout en se conformant aux idées générales qui leur avaient été indiquées pour l'application de la politique de races et la pénétration dans les régions encore inexplorées du pays, où il était urgent d'étendre notre influence.

Ils avaient, d'autre part, pour mission, de préparer eux-mêmes les divers règlements à mettre en vigueur dans les provinces, et, notamment, l'établissement d'un système d'impôts basé sur les anciennes coutumes locales, revisé de manière à régulariser les perceptions et à rendre le régime fiscal plus équitable et moins vexatoire; la réglementation du travail des indigènes destinée à assurer aux colons, par l'établissement de libres contrats de travail, la main-d'œuvre nécessaire à leurs entreprises.

Enfin, et toujours en vertu du même principe de décentralisation, comme conséquence de l'initiative laissée aux chefs de province, la responsabilité personnelle était établie à tous les degrés de la hiérarchie, et chaque chef de province était responsable vis-à-vis du résident général du maintien de l'ordre et de la sécurité dans sa circonscription.

Pour l'organisation intérieure de leurs territoires, bien que les chefs de province eussent toute latitude quant au choix des moyens à adopter, je leur avais tracé le programme suivant :

Ils devaient créer sur les lignes de pénétration dans l'intérieur du pays des postes confiés à des gradés de milice ou à des agents de l'administration chargés de remplir les fonctions administratives dans les territoires placés sous leur autorité.

Ces régions devaient être constituées en secteurs ou en districts correspondant à des groupements de second ordre par races ou tribus. Se réservant à lui-même l'administration directe d'un de ces secteurs ou districts qu'il lui appartenait de déterminer, le chef de province devait déléguer ses pouvoirs aux chefs des autres secteurs, responsables vis-à-vis de lui de la bonne administration de leur circonscription.

Mes instructions déterminaient ainsi le rôle du chef de secteur :

Au point de vue militaire, il doit s'assurer un point d'appui solide, un blockhaus pouvant être facilement défendu, le cas échéant, contre des bandes nombreuses par une faible garnison, le reste des forces restant disponible pour des opérations à l'extérieur.

Au point de vue politique, sa mission consiste à appliquer la politique de races ; il doit entrer en relations avec toutes les tribus de son territoire, étudier leurs mœurs, leurs coutumes, pénétrer leur caractère, utiliser leurs querelles intestines pour les opposer les unes aux autres au besoin, et, par une action habile, étendre notre influence dans le pays.

Au point de vue administratif, il lui appartient de proposer la nomination des chefs indigènes que son expérience du pays a désignés à son choix. Il est responsable de tous les événements quelconques survenant dans son secteur, de même que les chefs indigènes sont également responsables vis-à-vis de lui.

Il doit chercher à créer des recettes pour le budget, percevoir les impôts, entreprendre les travaux d'utilité publique au moyen de prestations, etc.

Ce second degré dans la décentralisation administrative devait permettre aux chefs de province de concentrer tous leurs efforts dans l'administration directe des territoires qu'ils se réservaient et de ne conserver que la haute direction sur les autres secteurs ou districts en laissant aux chefs de ces circonscriptions l'initiative voulue pour s'occuper utilement des questions de détail qui eussent été de nature à multiplier leurs occupations.

En résumé, l'organisation des provinces côtières a eu pour base, à la fin de 1896, la *politique de races*, c'est-à-dire la destruction de l'hégémonie hova et l'émancipation des peuplades autochtones, et la *décentralisation* administrative et financière imposée par la difficulté des communications.

Ces deux principes fondamentaux ont été les assises de l'œuvre politique et administrative qui a été accomplie pendant ces deux années écoulées et du développement progressif et constant de la colonie ; il est incontestable que leur application continue assurera, dans l'avenir, à la grande île, avec le calme et la tranquillité politiques et la sécurité pour nos colons, l'affermissement définitif de notre domination et l'extension des entreprises agricoles, commerciales et industrielles qui feront la prospérité de notre nouveau domaine colonial.

Constitution géographique des provinces civiles.

J'ai déjà fait connaître quelle était, en septembre 1896, la division administrative de la colonie.

Le plateau central comportait quatre circonscriptions :

Résidence de Tananarive, d'Ambatondrazaka, d'Antsirabé, de Fianarantsoa.

La côte Est comprenait les résidences de Vohémar, Tamatave, Mananjary et Fort-Dauphin.

La côte Ouest comprenait les résidences de Majunga, Tuléar (Nossy-Vé).

Il y a lieu d'ajouter enfin à cette énumération les trois

anciens établissements de Diégo-Suarez, Nossi-Bé et Sainte-Marie.

Les divisions qui précèdent étaient plutôt fictives que réelles, leurs limites n'ayant jamais été déterminées. En fait, étant donnée la situation politique du pays, les résidents se tenaient cantonnés au chef-lieu de leurs circonscriptions et leur sphère d'influence était bornée à une zone plus ou moins restreinte autour de leur résidence ou des autres centres dans lesquels ils étaient représentés par un agent de l'administration.

Dès mon arrivée dans la colonie, de nombreuses modifications furent apportées à la constitution des divisions administratives.

Tout d'abord, en exécution des instructions du département et en vue de hâter la répression de l'insurrection de l'Imerina, les résidences de Tananarive, Ambatondrazaka et Antsirabé furent supprimées et le plateau central fut divisé en territoires militaires dans lesquels des officiers du corps d'occupation furent investis des fonctions de résident. La résidence de Fianarantsoa, également englobée dans les territoires militaires, fut maintenue en fait sous le régime civil.

Le reste de l'île demeura constitué en provinces civiles. L'organisation de ces divisions administratives depuis fin 1896 jusqu'à ce jour a été la suivante :

Province de Vohémar.

Créée pendant la période qui avait précédé ma prise de service, la province de Vohémar, qui fait suite au territoire de Diégo-Suarez, fut réduite au sud, à la fin de 1896, par la création de la province de Maroantsetra (baie d'Antongil). Depuis cette époque, elle n'a pas été modifiée, et comprend les quatre districts de Loky, Vohémar, Sambava et Antalaha.

Province de Maroantsetra.

Organisée par arrêté du 18 octobre 1896, cette province
a été constituée par des territoires prélevés sur les provinces de Vohémar et de Tamatave et a compris tout d'a-
bord les anciens gouvernements hovas de Maroantsetra,
Mananara, Mandritsara et Befandriana. Mais, à la fin de
1897, ces deux dernières régions ont été rattachées à la
province d'Analalava (côte Nord-Ouest de l'ile) dont elles
se rapprochaient, à tous les points de vue, beaucoup plus
que de la baie d'Antongil.

Province de Fénérive.

Cette circonscription a été créée au mois d'août 1897 au
moyen de territoires pris, en partie sur ceux de Maroantsetra, en partie sur ceux de Tananarive, et n'a pas subi de
modifications depuis cette époque.

Province de Tamatave.

Occupant toute la région côtière comprise entre la baie
d'Antongil et l'embouchure du Mangoro, la province de
Tamatave a successivement été réduite : au nord, par l'organisation des provinces de Maroantsetra et de Fénérive ; au
sud, par celle d'Andevorante. Elle constitue aujourd'hui
une des circonscriptions les moins étendues de la région
côtière.

Province d'Andevorante.

Cette province a été créée en janvier 1897 avec les districts
d'Andevorante, de Beforona, de Vatomandry et de Mahanoro; elle a été augmentée ultérieurement par le district
d'Anosibé, détaché des territoires militaires.

Un arrêté du 22 novembre 1898 a transformé la province
d'Andevorante en un territoire dont le chef lieu a été fixé

à Beforona et qui, sous la dénomination de territoire des Betsimisaraka du Sud, comprend les districts d'Andevorante, de Vatomandry, de Mahanoro, de Beforona et d'Anosibé. Les chefs de ces districts sont investis des fonctions de commandant de cercle annexe ou de chef de province, suivant qu'ils sont officiers ou administrateurs, sous la direction du colonel commandant le territoire.

Cette transformation m'a été inspirée par la nécessité de centraliser dans une seule main tous les services de la ligne d'étapes et de la construction de la route. J'attends les meilleurs résultats de cette unité de direction qui s'imposait, étant données la multiplicité et la diversité des besoins à satisfaire.

Province de Mananjary.

Le territoire de cette circonscription, qui était très vaste en 1896, a successivement été réduit, en 1897, par la création de la province de Farafangana et par l'annexion du district de Mahanoro à la province d'Andevorante, en 1898, par le rattachement du district d'Ambohimanga à la province d'Ambositra et de celui de la région du Haut-Farahony à la province de Fianarantsoa.

Province de Farafangana.

Organisée en avril 1898, et formée par des territoires prélevés sur les provinces de Mananjary et de Fort-Dauphin, cette circonscription s'est accrue, à la fin de l'année 1897, du district d'Ikongo, détaché de la province de Fianarantsoa.

Cercle annexe de Fort-Dauphin.

Tout d'abord maintenue sous le régime civil et réduite en avril 1897 par la création de la province de Farafangana, la province de Fort-Dauphin fut transformée, par arrêté du 23 août de la même année, en un cercle annexe, à la suite des événements politiques qui se trouvent relatés d'autre part. Depuis lors, son territoire, limité au sud par le cap Sainte-Marie, n'a pas été modifié.

Province de Nossi-Bé.

Cette circonscription comprenait, à la fin de 1896, l'île de Nossi-Bé, les îlots qui en dépendent et la partie de la Grande-Terre limitée par le territoire de Diégo au nord, la province de Vohémar à l'est et celle de Majunga au sud. La création de la province d'Analalava, en juillet 1897, la réduisit notablement; depuis lors, de récents événements ont amené la séparation de l'île de Nossi-Bé du territoire situé sur la Grande-Terre qui a été érigé en cercle annexe par arrêté du 6 novembre 1898.

Province d'Analalava.

Organisée en juillet 1897 avec des territoires prélevés en grande partie sur la province de Nossi-Bé et, dans une proportion moindre, sur celle de Majunga, cette circonscription s'est accrue, à la fin de 1897, des districts de Befandriana et de Mandritsara, détachés de Maroantsetra. Un arrêté du 5 décembre 1898 l'a, comme la province de Nossi-Bé, transformée en un cercle militaire.

Province de Majunga.

Cette province était fictivement, en 1896, la plus vaste de la colonie; elle s'étendait depuis la Sofia au nord, jusqu'au Mangoky au sud, englobant tous les territoires sakalaves de la côte Ouest. Mais la pénétration entreprise dans ces dernières régions et les nécessités de leur pacification les firent bientôt ériger en territoires militaires indépendants. La province de Majunga se trouva donc limitée, à la fin de 1897, aux bassins de la Mahajamba et du Bemarivo, au Boueni et à l'Ambongo; la région de Mevatanana et d'Andriba en avait également été précédemment détachée.

Enfin, par arrêté du 16 décembre 1898, l'Ambongo a été rattaché au 4e territoire militaire. La province de Majunga est donc actuellement très sensiblement réduite.

Province de Tuléar.

Cette circonscription a conservé les limites côtières qui lui avaient été primitivement assignées, c'est-à-dire, au nord, l'embouchure du Mangoky, et au sud, le cap Sainte-Marie. Dans l'intérieur, ses frontières sont restées longtemps indéterminées, mais la création du cercle des Baras en 1897-1898 a permis de fixer, sur certains points, les limites de cette circonscription.

La province de Tuléar a été transformée en cercle annexe par arrêté du 1er juin 1898.

Province de Fianarantsoa.

La province de Fianarantsoa comprenait en 1896 toute la région du plateau central située au sud de l'Imerina. La pénétration dans le Sud de l'île, entreprise dans le courant de 1897, eut pour résultat la création du cercle des Baras qui fut constitué par des territoires jusqu'alors considérés comme faisant partie des provinces de Fianarantsoa, de Tuléar et de Fort-Dauphin.

La circonscription de Fianarantsoa se trouva donc désormais limitée au sud.

Par arrêté du 15 septembre 1898, le district d'Ambositra, qui en faisait partie, en fut détaché pour former, avec celui d'Ambohimanga, une province autonome; par contre, elle s'est accrue à la même époque de la région du Haut-Faraony.

Telles étaient, brièvement exposées, les modifications apportées dans la constitution des provinces civiles depuis la fin de l'année 1896 jusqu'aux premiers mois de 1898.

Elles ont été le résultat de la pénétration entreprise et poursuivie simultanément par tous les chefs de province dans les parties inexplorées de leurs circonscriptions et qui a dû être suivie de la formation de nouveaux groupements autonomes répondant au programme politique.

L'organisation intérieure des provinces a été elle-même, au cours de la période précitée, l'objet de remaniements divers laissés à l'initiative des résidents et des administrateurs mais correspondant toujours à la ligne politique adoptée.

Personnel de l'administration provinciale.

Le personnel mis à la disposition du chef de la colonie pour le seconder dans l'administration des provinces était, en 1896, représenté par un corps de résidents, vice-résidents et chanceliers, organisé par décret du 28 décembre 1895, et par des commis de résidence dont le cadre n'était pas réglementé.

Dans les anciennes dépendances, l'administration était restée confiée à des administrateurs coloniaux (ancienne formation) ayant auprès d'eux un certain nombre d'agents des directions de l'intérieur.

Le décret du 4 juillet 1896, portant réorganisation du personnel des administrateurs coloniaux, prévoyait déjà, dans son article 22, que les administrateurs (ancienne formation), les résidents et les vice-résidents en service à Madagascar pourraient être admis dans le nouveau corps, et un décret du 12 septembre 1896 détermina les conditions d'admission de ce personnel dans le cadre des administrateurs coloniaux (nouvelle formation).

Ces conditions me parurent désavantageuses pour nos résidents et vice-résidents; en effet, l'assimilation qui était faite entre leurs grades et ceux qui leur étaient attribués

comme administrateurs constituait pour eux une véritable rétrogradation, alors qu'au contraire, en raison des
services exceptionnels qu'ils rendaient au début de l'occupation de Madagascar, ils paraissaient devoir plutôt jouir
d'un régime de faveur. D'autre part, l'admission des chanceliers de résidence dans le nouveau corps n'était pas prévue par le décret du 12 septembre.

J'eus alors l'honneur d'intervenir auprès du département pour proposer que l'assimilation entre les grades
des résidents et vice-résidents et ceux qu'ils devaient
obtenir dans le cadre des administrateurs coloniaux fût
élevée d'un rang et que la lacune concernant les chanceliers de résidence fût comblée. Ces propositions, que
M. le Ministre des colonies voulut bien accueillir favorablement, firent l'objet du décret du 31 juillet 1897. — En
exécution de ce texte, tous les résidents, vice-résidents et
chanceliers à Madagascar devinrent administrateurs coloniaux et cette réforme était terminée en janvier 1898.

Il y a lieu d'ajouter que les administrateurs des anciennes dépendances avaient été également admis précédemment dans le nouveau cadre.

Le corps des commis de résidence est resté sans réglementation aucune depuis qu'il a été formé, en 1896, par
analogie avec le personnel similaire du Tonkin. Cette
situation, préjudiciable aux agents qui en faisaient partie,
a été signalée, à plusieurs reprises, au département; un
projet de règlement lui avait même été soumis au mois de
septembre 1897. Mais un décret du 8 février 1899 vient de
fixer régulièrement la situation du personnel secondaire
de l'administration à Madagascar.

Le personnel chargé de l'administration des provinces
civiles se compose actuellement de (1) :

---

(1) Ces chiffres comprennent également les fonctionnaires en congé
ainsi que ceux qui forment le bureau de la direction des administrations civiles.

6 administrateurs en chef,
5 administrateurs de 1re classe,
4 administrateurs de 2e classe,
14 administrateurs adjoints de 1re classe,
7 administrateurs adjoints de 2e classe,
9 administrateurs adjoints de 3e classe,
2 administrateurs stagiaires,
Adjoints des affaires civiles,
Commis des affaires civiles.

C. — Administration communale.

La première application du régime municipal à Madagascar a été réalisée dans les anciens établissements de Diégo-Suarez, Nossi Bé et Sainte-Marie, rattachés à la colonie par décret du 28 janvier 1896.

L'article 4 de ce texte donnait le pouvoir au résident général d'ériger ces trois dépendances en communes par arrêté local.

Cette nouvelle organisation fut opérée par arrêté du 13 février 1897. Les communes de Diégo-Suarez, Nossi-Bé et Sainte-Marie sont administrées par un administrateur colonial investi des attributions de maire et assisté d'une commission municipale dont les membres sont nommés par le gouverneur général. Ces commissions ont un rôle exclusivement consultatif; elles doivent se borner à donner des avis aux administrateurs-maires et n'ont pas le pouvoir délibératif.

Les communes ont un budget autonome et un domaine qui leur a été constitué au moyen de dotations de la colonie par un second arrêté du 13 février 1897.

Le régime municipal qui permet de donner à un centre le pouvoir de se développer et de prospérer rapidement par l'emploi de ses propres ressources à l'exécution de travaux d'intérêt local, et qui lui assure la personnalité civile, a été étendu, au cours des années écoulées, à d'autres localités de la grande île.

Tamatave et Majunga, en raison de leur importance croissante et du chiffre relativement élevé de leur population européenne, ont été les deux premières villes ayant paru devoir bénéficier de l'autonomie administrative et financière municipale. Un arrêté du 15 octobre 1897 les a érigées en communes et leur a donné une constitution identique à celle des anciennes dépendances, conformément aux instructions du département.

Cette organisation a déjà produit de bons résultats; les administrateurs-maires se sont procuré des ressources importantes par l'allotissement et la vente des terrains communaux et ont pu entreprendre des travaux de voirie et des constructions d'utilité publique appelés à donner un nouvel essor à l'accroissement et à la prospérité de ces deux centres.

Les commissions municipales de Tamatave et de Majunga, ainsi que celles de Diégo-Suarez, Nossi-Bé et Sainte-Marie, sont, ainsi que je l'ai dit plus haut, des conseils dont le rôle est purement consultatif; elles ne peuvent émettre que des avis auxquels les administrateurs-maires et l'autorité supérieure ne sont jamais tenus de se conformer. D'un autre côté, il semble difficile de les limiter dans ce rôle restreint; elles ont une tendance marquée à en sortir et à s'attribuer le droit de décision que la loi locale leur refuse; de là naissent entre les commissions municipales et les administrateurs-maires des difficultés et des froissements qui sont souvent de nature à porter préjudice aux intérêts des communes et à troubler la bonne harmonie qu'il est désirable de voir régner entre ceux qui en sont chargés.

Le remède à ce défectueux état de choses aurait pu consister dans l'attribution du pouvoir délibératif aux commissions municipales; mais ce progrès ne peut pas encore être

réalisé dans les centres urbains de la grande île. La population française, dont la majeure partie a immigré depuis
peu dans la colonie, n'est pas suffisamment préparée au
fait de prendre elle-même en main les intérêts des établissements communaux ; la vie municipale ne saurait, à
Madagascar, avant plusieurs années, être aussi complète
que dans la métropole, et les franchises dont jouissent nos
communes de France ne pourront être importées dans
notre jeune colonie que dans un avenir peut-être encore
éloigné.

La solution qui m'a paru dès lors la plus pratique en
cette matière est celle qui consiste à confier l'administration des centres appelés à jouir de l'autonomie municipale
à des administrateurs-maires sans l'assistance d'aucun
conseil ni d'aucune commission, et sous l'unique contrôle
de l'autorité supérieure.

C'est en m'inspirant des considérations qui précèdent et
que j'ai déjà eu l'honneur de développer dans un rapport
adressé à M. le Ministre des colonies, du 14 novembre 1898,
que j'ai soumis au département un projet de décret prévoyant la création, non plus de communes, mais de centres
autonomes devant recevoir une organisation municipale
suffisamment étendue pour leur permettre de bénéficier de
tous les avantages qui s'attachent à la personnalité civile,
sous la direction exclusive d'un administrateur-maire.

Un décret du 2 février 1899 a consacré ces propositions
et a autorisé le gouverneur général à constituer lui-même
les centres autonomes par arrêtés pris en conseil d'administration.

Ce nouveau régime, qui a déjà été, par anticipation,
appliqué aux villes de Tananarive et de Fianarantsoa
(arrêté du 30 novembre 1898), sera prochainement mis en
vigueur dans plusieurs centres importants de la côte Est
de la colonie.

V

D. — Organisation et fonctionnement des services.

Direction du contrôle financier.

Ce service fut d'abord constitué en une direction des finances et du contrôle ayant pour attributions, aux termes des décrets organiques des 14 février et 4 juillet 1896, la direction des services des recettes et de trésorerie de la colonie, avec mission de suivre la comptabilité des dépenses engagées, de contrôler et de viser tous les projets d'arrêtés et de décisions entraînant engagement ou liquidation de dépenses.

Un décret du 17 février 1897 vint modifier celui du 4 juillet 1896 en retirant à la direction des finances et du contrôle le service du Trésor organisé par décret du 8 janvier 1897 et confié à un trésorier-payeur colonial.

M. Homberg, inspecteur des finances, que j'avais trouvé à la tête de la direction lors de mon arrivée dans la colonie, resta en fonctions jusqu'à la fin de 1897; c'est lui qui prépara les budgets locaux des exercices 1897 et 1898. Je dois reconnaître ici que M. Homberg me prêta un concours des plus intelligents et des plus utiles pendant tout le temps où il est resté placé à la tête du service financier de la colonie.

M. Crayssac, inspecteur des colonies, succéda à M. Homberg et prépara la transformation de la direction des finances et du contrôle en une direction du contrôle financier analogue à celle de l'Indo-Chine. Cette réforme a été réalisée par décret du 7 août 1898. M. Crayssac a été maintenu directeur du contrôle financier. Ce haut fonctionnaire a toujours été pour moi un précieux collaborateur et j'ai pu, à maintes reprises, apprécier sa compétence en matière coloniale, qui m'a été parfois d'une grande utilité.

Service judiciaire.

Le service de la justice avait été organisé à Madagascar avant la campagne de 1895, en dehors des établissements de Diégo-Suarez, Nossi-Bé et Majunga ; il était représenté à Tamatave par un tribunal de première instance.

Réorganisé définitivement par décret du 9 juin 1896, le service judiciaire avait fonctionné conformément aux dispositions de cet acte organique avant ma prise de service. Mais la mise en état de siège de l'Imerina et du Betsiléo et la répartition en territoires et cercles militaires de la première de ces régions vinrent, en septembre 1896, apporter des modifications sensibles à la situation antérieure, tout au moins en ce qui concerne le fonctionnement de la cour d'appel et du tribunal de première instance de Tananarive.

Le tribunal répressif institué par l'article 15 du décret susvisé cessa, sous ce régime spécial et transitoire, d'être saisi des faits de rébellion, conformément à l'article 4 de l'arrêté du 27 septembre 1896 déclarant l'état de siège, et les infractions de cette espèce furent soumises à la juridiction des conseils de guerre. Cette première mesure fut complétée par une organisation spéciale de juridiction indigène qui se trouve exposée dans le présent rapport sous la rubrique « Juridiction indigène ».

A l'exception de la modification précitée relative à la répression des faits insurrectionnels, l'administration de la justice civile et commerciale demeura entièrement entre les mains du service judiciaire en ce qui concernait les Européens.

Enfin, dans les territoires civils, la justice continua à fonctionner suivant les dispositions du décret du 9 juin 1896.

L'arrêté du 4 décembre 1897, en levant l'état de siège dans les régions de l'Imerina et du Betsiléo, supprima le régime d'exception qui avait été établi par l'arrêté du 27 septembre 1896. Désormais, la cour d'appel et le tribunal de première instance de Tananarive fonctionnèrent normalement, comme les autres juridictions de la colonie, conformément au décret organique.

Je dois dire ici que le service judiciaire a eu, dès les débuts de l'occupation, à remplir une tâche relativement importante; le nombre des affaires jugées et des ordonnances d'immatriculation rendues par la cour et les tribunaux de Tananarive, de Tamatave et de Majunga, est considérable si l'on songe que la colonie n'a que trois ans d'existence. Les administrateurs et commandants de cercle, investis des fonctions de juge de paix, ont eu également, de nombreux litiges à juger et se sont acquittés de cette partie de leurs attributions avec le zèle le plus louable.

Mais si la justice a rendu des services appréciés quant au chiffre des affaires solutionnées par les différentes juridictions, je suis forcé de faire des réserves en ce qui concerne le concours prêté en général par cette administration dans les questions ayant un caractère politique.

Je ne saurais méconnaître que les magistrats de tous ordres, qu'ils soient du parquet ou qu'ils fassent partie d'un siège, doivent, en principe, se conformer strictement, dans leurs décisions ou leurs arrêts, à la loi qu'ils ont mission de faire respecter par tous.

Mais ce principe ne peut être absolu, et je considère qu'il est des circonstances dans lesquelles un intérêt supérieur doit prévaloir.

En France, où les institutions sont définitivement établies, où les traditions sont séculaires, où la population est française et où les conflits portés devant les tribunaux mettent en présence des adversaires de même race, le juge n'a pas à se préoccuper d'un intérêt supérieur qui n'existe pas, et son devoir est d'appliquer la loi telle que les pouvoirs publics l'ont édictée.

Mais combien doit-il en être autrement dans une colonie neuve comme Madagascar, et quelles entraves n'apporte-t-on pas, quels dangers même ne fait-on pas courir à l'œuvre gouvernementale, lorsqu'on y introduit de toutes pièces, sans tempéraments aucuns, un principe tel que celui que je viens d'exposer!

J'estime qu'à Madagascar l'intérêt supérieur de la domination française, l'intérêt de la soumission complète et définitive de nos nouveaux sujets, celui, enfin, non moins considérable, de la colonie, doivent primer le souci qu'ont les magistrats d'appliquer la loi à la lettre, quels que soient les justiciables qu'ils ont en présence. Ils doivent, en un mot, tenir compte des nécessités politiques lorsque leurs décisions sont de nature à intéresser l'ordre public et l'influence française, et surtout lorsque, ce faisant, ils ne s'exposent pas à méconnaître tel ou tel principe fondamental de droit, mais se bornent à adapter plus ou moins aux circonstances les subtilités de la procédure.

Or, il est certain que le parquet général, au moins pendant la première année de mon séjour à Madagascar, ainsi que les divers tribunaux et notamment la cour d'appel, ont montré un esprit hostile à cette manière de voir et une résistance marquée à seconder notre œuvre politique dans la mesure de leurs moyens.

Je ne veux pas dire que ces magistrats aient cherché à faire à l'administration une opposition systématique et à contrecarrer les actes du gouvernement général; mais, provenant pour la plupart, soit de la métropole, soit de nos anciennes colonies, ils ont apporté dans leurs jugements les traditions et l'esprit de leur corps, sans se plier aux circonstances et aux nécessités locales.

Un exemple, entre plusieurs, fera ressortir les inconvénients réels qui résultent d'une telle manière de faire :

La contrainte par corps existe en matière civile, entre indigènes, d'après la loi locale; de telle sorte que le créancier indigène peut, après jugement rendu par un tribunal indigène, faire incarcérer son débiteur récalcitrant et l'astreindre, par ce moyen extrême, à se libérer.

La contrainte par corps a été abolie en France, en matière civile, par la loi du 22 juillet 1867.

Cette loi est-elle applicable à Madagascar? Si oui, le Français ou l'Européen, créancier d'un indigène, qui aura obtenu d'un tribunal français jugement contre ce dernier ne pourra exercer contre lui la contrainte par corps; et si l'on suppose que ledit indigène se trouve à la fois débiteur du créancier français et d'un créancier indigène, on ne peut que constater que notre compatriote se trouve dans une situation défavorable par rapport à ce dernier.

Si, au contraire, la loi du 22 juillet 1867 n'est pas applicable, la contrainte par corps devient autorisée en matière civile et les tribunaux français peuvent l'ordonner. La situation avantageuse du créancier indigène disparaît donc.

Cette importante question a été portée, dans le courant de 1898, devant le tribunal de première instance de Tananarive. Le juge (qui est, du reste, un administrateur remplissant par intérim les fonctions de président du tribunal de première instance de Tananarive), prenant en considération l'intérêt supérieur de la colonisation et du commerce français, qui se trouve trop souvent compromis par l'insigne mauvaise foi des débiteurs indigènes, a, dans un jugement motivé, déclaré, en s'appuyant sur le dernier alinéa de l'article 2 du décret du 28 décembre 1895, que la loi du 22 juillet 1867 était actuellement inapplicable à Madagascar à l'égard des indigènes; il a, en conséquence, ordonné la contrainte par corps.

Porté en appel devant la cour, ce jugement a été infirmé par un arrêt qui a eu pour principal objet l'application stricte de la loi et son interprétation étroite; les intérêts français n'ont pas trouvé grâce devant les principes respectables, il est vrai, mais inopportuns, dont sont imbus les membres de notre cour d'appel.

Le même esprit dangereux s'est manifesté à l'occasion des renonciations au statut personnel que la cour d'appel, dans un arrêt qui eut un certain retentissement, parut disposée à admettre de la part des indigènes, et il fallut que mon intervention immédiate vînt atténuer les effets regrettables que cette sentence aurait pu avoir pour notre situation politique en Imerina. Et cependant il était incontestable, ainsi, du reste, que le département l'a interprété, que les termes du décret du 9 juin 1896 étaient formels et que les indigènes n'étaient pas autorisés à renoncer à leur statut personnel. Ce mouvement de renonciation au statut personnel parmi les indigènes du plateau central, si je ne m'y étais pas opposé, aurait rendu toute œuvre de colonisation impossible à Madagascar, et mieux eût valu alors envisager très sérieusement l'éventualité de l'évacuation de notre nouvelle conquête. Ce n'est pas ainsi qu'ont agi les Anglais dans l'Inde et dans toutes leurs colonies, ni les Hollandais dans les Indes néerlandaises.

En résumé, j'estime que l'organisation judiciaire à Madagascar, telle qu'elle a été opérée par les décrets des 28 décembre 1895 et 9 juin 1896, a été prématurée. A un pays nouvellement conquis et dont la pacification est à peine terminée, où les intérêts de la nation souveraine doivent dès lors tout primer, dans une sage mesure, bien entendu, il faut un organisme judiciaire spécial, élémentaire, qui ait une idée exacte de la mission qu'il est appelé à remplir et qui, tout en se conformant à la stricte équité, seconde utilement l'administration dans l'œuvre de conquête morale qu'elle est chargée de poursuivre.

Juridiction indigène.

Dès mon entrée en fonctions, il me parut nécessaire d'organiser sur des bases très larges la justice indigène. Dans l'état troublé du pays, l'action des tribunaux de répression devait aider puissamment au rétablissement et, plus tard, au maintien de l'ordre public. En ce qui concerne les juridictions civiles, il était de bonne politique de manifester la supériorité de notre administration, les avantages de notre domination, en donnant à nos nouveaux sujets toutes les facilités nécessaires pour obtenir la solution prompte et équitable de leurs différends. Les Hovas, dont nous avions alors à nous préoccuper principalement, devaient être d'autant plus sensibles à ce bienfait qu'ils avaient eu davantage à souffrir de l'ignorance, de la partialité et de la vénalité des juges dont ils relevaient avant notre occupation.

Malgré les graves abus que l'on pouvait reprocher aux tribunaux indigènes, il ne fallait pas songer à faire table rase du rudiment d'organisation existante pour y substituer de toutes pièces des juridictions exclusivement françaises. L'article 16 du décret du 9 juin, adoptant une des règles les plus sages qui puissent être appliquées à la conduite des peuples chez lesquels existe, au moins à un certain degré, une civilisation autochtone, avait maintenu formellement, en matière indigène, les usages et les traditions de l'île. Il y avait donc lieu de s'en inspirer dans la réforme projetée, tout en adoptant les modifications nécessaires pour compléter les juridictions indigènes et en assurer le fonctionnement rapide et intègre.

Les coutumes du pays en la matière pouvaient se résumer comme suit : à l'origine, la justice était familiale, locale et régalienne, suivant les cas et la situation des parties ; elle était rendue par la famille, le corps du village et

le roi ou le seigneur féodal. L'action répressive appartenait exclusivement à ces trois dernières autorités. C'était
l'organisation de l'Imerina avant son unification. On en
retrouve des traces chez les tribus restées indépendantes
des Hovas. Le premier chef qui groupa les Hovas sous sa
seule autorité fonda des tribunaux spéciaux qui, sous son
contrôle, souvent sous sa présidence, jugeaient les causes
graves ainsi que celles pour lesquelles il en était appelé à
sa justice.

A la suite de modifications successives, ces tribunaux
furent réduits au nombre de trois. Leurs attributions
étaient plus ou moins confuses. On arrive cependant à les
classer comme suit : le premier tribunal jugeait les infractions légères et les litiges de minime valeur; c'était, si l'on
veut, un tribunal de simple police et une justice de paix.
Le deuxième tribunal jugeait, au civil, les procès importants. Le troisième connaissait, au criminel, des faits d'une
certaine gravité.

Toutes les affaires dont avaient décidé ces tribunaux
pouvaient indistinctement être portées devant un tribunal
d'appel. Mais, en matière criminelle, l'appel conservait le
caractère d'un simple recours en grâce. L'appel civil seul
était reconnu et légalement organisé dans le code royal de
1881. Toute sentence était encore susceptible d'une sorte
de revision devant le premier ministre, qui pouvait, à son
gré, évoquer par-devant lui ou des délégués spécialement
désignés pour la cause n'importe quelle affaire pendante
ou déjà jugée. Aucune compétence spéciale n'était exigée
des juges. Ils pouvaient indifféremment occuper en même
temps d'autres fonctions, le principe de l'union du pouvoir judiciaire et administratif étant de tradition royale
dans l'Imerina et dans le reste de l'île.

Dans les provinces, les tribunaux étaient présidés par
les gouverneurs hovas assistés de leurs officiers et des
chefs des pays occupés. Ces tribunaux connaissaient indis-

tinctement de toutes les affaires. Les autochtones étaient jugés d'après les coutumes locales, dont le peu de précision obligeait, dans les cas délicats, à recourir à la loi hova.

En principe, appel des jugements rendus dans les provinces pouvait être porté devant le tribunal spécial de Tananarive ou le premier ministre.

Il faut ajouter que des dispositions particulières de la loi de 1881 avaient enlevé toute autorité effective aux décisions familiales. Il en était de même des sentences rendues par les corps de villages et les seigneurs féodaux. Aucune affaire ne pouvait être portée devant eux sans l'autorisation préalable de la reine et du premier ministre, et le jugement était dans tous les cas susceptible d'appel. Aussi toute l'autorité judiciaire avait-elle fini par se concentrer dans les tribunaux précités.

Le décret du 28 décembre 1895, organisant les juridictions françaises dans la grande île, ne modifiait en rien les juridictions malgaches.

Le décret du 9 juin 1896 apporta un changement sensible aux dispositions de l'acte précédent.

En disposant, dans son article 15, que les crimes ou délits commis par des indigènes au préjudice d'indigènes seraient jugés par un tribunal présidé par une autorité judiciaire française, il instituait en matière criminelle un contrôle qu'il n'eût pas été moins sage d'admettre en matière civile.

En résumé, lorsque je crus devoir vous proposer d'organiser la justice malgache, tant au criminel qu'au civil, les principes suivants se dégageaient des traditions et de la législation locale en matière de juridiction :

1o Degrés successifs basés sur l'étendue de la compétence avec droit d'appel en matière civile;

2o Admission au contrôle des autorités françaises.

Malgré la restriction dont ce dernier principe avait été

l'objet, l'insuffisance et la vénalité des juges malgaches étaient d'une notoriété telle, qu'il me parut que, mieux informé, le législateur n'eût pas hésité à placer sous notre contrôle la justice indigène au civil aussi bien qu'au criminel. Les nécessités politiques exigeaient impérieusement la réparation de cette lacune, comme si nous eussions perdu une partie de l'influence indispensable, si, sous notre autorité et presque sous notre couvert, les juges indigènes avaient pu continuer leurs exactions d'autrefois.

Il était urgent, par ailleurs, de décentraliser la justice et de généraliser dans les diverses circonscriptions de l'Imerina l'institution de tribunaux indigènes provinciaux telle qu'elle existait dans les autres parties de l'île.

Les arrêtés du 15 octobre et du 9 novembre 1896, organisant la justice civile dans les territoires soumis à l'état de siège, furent conçus d'après les considérations ci-dessus exposées.

Des tribunaux criminels étaient installés au chef-lieu de chacune des provinces devenues des cercles. Ils étaient composés de l'administrateur ou du commandant du cercle président, assisté de deux assesseurs indigènes et d'un chancelier ou officier faisant fonctions de greffier. Le président de cette juridiction, de laquelle relevaient toutes les infractions sans distinction, pouvait déléguer à des tribunaux inférieurs, institués, si besoin, au siège de chaque sous-gouvernement, la connaissance des délits n'emportant pas une peine supérieure à trois mois de prison et 50 francs d'amende. Ces derniers tribunaux étaient formés par le sous-gouverneur assisté de deux assesseurs.

Un tribunal civil composé du résident ou commandant de cercle président, de deux assesseurs indigènes et d'un greffier européen, était également institué au chef-lieu de chaque province. Sa compétence était illimitée en premier ressort. Il connaissait, en dernier ressort, de toutes les actions jusqu'à la valeur de 2.500 francs en capital et 300 fr.

de revenu dont le jugement en première instance était dévolu à des tribunaux de sous-gouvernement, composés du sous-gouverneur et de deux assesseurs. Les appels des jugements des tribunaux de chefs-lieux étaient portés devant la cour d'appel de Tananarive, dont le président et les deux conseillers s'adjoignaient deux assesseurs indigènes.

En fait, les tribunaux de sous-gouvernement, tant civils que criminels, eurent peu d'occasions de fonctionner. Les chefs de province n'usèrent pas de la faculté qui leur était laissée d'abandonner une partie de l'action répressive à des juridictions inférieures. En ce qui concerne les litiges civils, les indigènes préférèrent d'emblée soumettre à la décision amiable des chefs de province les différends dont ils auraient eu le droit de poursuivre la solution judiciaire devant les tribunaux de sous-gouvernement. Les intéressés eux-mêmes reconnaissaient ainsi la haute garantie d'impartialité qui résultait de la présidence d'un juge français et nous indiquaient l'une des modifications dont devait être plus tard l'objet l'organisation qui vient d'être décrite.

Fonctionnant dans les conditions ci-dessus exposées, celle-ci répondit d'ailleurs pleinement aux nécessités du moment. L'ordre public aussi bien que les intérêts privés se trouvèrent garantis de manière à faire hautement apprécier des indigènes une institution où ils étaient habitués à ne voir jusque-là qu'une des formes arbitraires ou intéressées du pouvoir.

Dans son rapport du 15 mars, consécutif à son voyage d'inspection, M. le procureur général constatait le bon fonctionnement des tribunaux mixtes, la réduction du nombre des procès, la facilité du règlement des affaires en conciliation, la rareté des crimes de droit commun et la diminution des vols autrefois fréquents.

Les résultats obtenus en Imerina furent tels que je

jugeai utile d'étendre à toute l'île l'organisation déjà expérimentée dans la région la plus importante. Cette extension a été l'objet principal de l'arrêté du 12 février 1898, organisant la justice indigène. Les principes demeuraient les mêmes : organiser suivant les divisions et subdivisions administratives des juridictions assez nombreuses pour suffire effectivement à maintenir l'ordre public, à faire respecter les droits privés, assurer conformément aux coutumes locales l'administration intègre et rapide de la justice, grâce à notre contrôle constant.

C'est pour ce motif que les tribunaux inférieurs, dont le fonctionnement avait paru difficile et peu apprécié des indigènes tant qu'ils n'étaient composés que de juges de leur race, ont été placés sous la présidence d'agents français par l'article 1er de l'arrêté du 15 février 1898. Cet acte modifiait aussi, en quelques détails, la compétence attribuée jusque-là aux tribunaux civils et criminels indigènes. Il réglait le taux du ressort de la cour d'appel en matière civile indigène et rappelait les dispositions déjà prises par arrêtés des 21 octobre 1897 et 20 janvier 1898, relativement à la constitution des archives des tribunaux, et aux audiences foraines tenues par les administrateurs ou commandants de cercles.

L'acte du 15 février réalisait un progrès notable dans l'institution de la justice indigène organisée désormais sous notre contrôle entier dans toute la colonie. Les principes adoptés pour la classification des infractions, la détermination du droit d'appel, tendaient à rapprocher du droit métropolitain la législation indigène. A ne consulter que les sentiments de quelques magistrats, j'aurais pu être tenté d'entrer de plus en plus dans cette voie si, par ailleurs, il ne s'était manifesté dans la population indigène des tendances dont le danger devait nous prémunir contre un libéralisme exagéré.

Inconvénients de la situation actuelle et de la dualité du pou-
voir administratif et judiciaire en ce qui concerne les
Malgaches (affaire du statut personnel).

C'est ainsi que deux notables indigènes de Tananarive
soulevèrent la question du statut personnel des Malgaches.

L'un d'eux, Rajoelina, fils de l'ex-premier ministre,
avait été condamné à mort, en 1893, pour avoir conspiré
contre son père. Sa peine fut commuée en celle de la dé-
tention perpétuelle. Gracié par mon prédécesseur, il rentra
à Tananarive, où, déshérité par Rainilaiarivony, il ne tarda
pas à se trouver dans une situation très embarrassée. Il
attaqua sans succès le testament qui le privait de tous
droits à l'héritage considérable de l'ex-premier ministre.
Hanté de l'idée de poursuivre ce litige, et aussi de faire
reviser la sentence qui l'avait frappé en 1893, il crut, sous
l'inspiration d'hommes de loi, avoir trouvé un moyen de
se soustraire aux juridictions indigènes en invoquant le
bénéfice des lois françaises par une renonciation à son
statut personnel.

Sous l'influence des mêmes inspirations, sa démarche
fut imitée par une femme indigène tombée récemment
sous le coup d'un jugement qui la laissait exposée à des
revendications pécuniaires importantes. Celle-ci avait déjà
réclamé une première fois l'application en sa faveur des
dispositions *in fine* de l'article 16 du décret du 9 juin 1896,
stipulant que les indigènes pouvaient se soustraire entièrement à la compétence des tribunaux indigènes en déclarant, dans un acte, qu'ils entendaient contracter sous
l'empire de la loi française.

Déboutée de sa demande par un arrêt de la cour d'appel
en date du 22 décembre 1897, elle déclara à son tour, et le
jour même, qu'elle renonçait au statut indigène et voulait
être régie par les lois françaises.

Dans les deux cas, les renonçants se fondaient uniquement sur le fait de l'annexion qui avait fait d'eux des sujets français et élevaient ainsi une prétention d'une portée aussi générale que possible.

Un considérant de l'arrêt précité de la cour d'appel semblait donner quelque fondement à leur demande, car il indiquait indirectement que cette juridiction reconnaîtrait comme valables les renonciations absolues et générales faites par les Malgaches.

Cette jurisprudence pouvait être considérée comme inadmissible du moment qu'aucun acte du pouvoir administratif n'avait encore réglementé dans la colonie les renonciations en question.

En fait, elle créait une situation pleine de dangers.

Sous les excitations intéressées d'hommes de loi et d'agents d'affaires, bon nombre de notables hovas étaient prêts à se déclarer renonçants. Leur orgueil les portait à adopter ce moyen de devenir les égaux des Français, dont ils entendaient ainsi contester avec plus de facilité les droits à l'occasion.

Très processifs, ils escomptaient en outre les avantages qu'ils auraient trouvés dans leurs litiges avec ceux de leurs congénères non renonçants. Moins instruits ou moins avisés, ceux-ci auraient hésité à soutenir devant une juridiction encore peu familière des procès dont ils ne pouvaient apprécier ni l'issue ni les frais probables. Le privilège acquis par les renonçants leur aurait ainsi fourni un moyen efficace d'intimidation. L'élite hova voyait encore dans la renonciation un moyen d'échapper à l'action de l'autorité administrative investie en même temps de l'autorité judiciaire en matière indigène. Elle eût voulu accentuer une dualité et un antagonisme qui n'eussent pas tardé à entraîner les résultats les plus dangereux au point de vue de notre domination et de la sécurité dans la grande île

Tout le système judiciaire, basé sur les traditions locales

et sur l'application des lois malgaches par les agents de l'ordre administratif, se trouvait compromis. Ce n'est pas sans graves inconvénients politiques et budgétaires qu'on eût pu renoncer à une organisation qui, sans aucun frais supplémentaire, pourvoyait à l'exécution d'un service important dans les conditions les meilleures pour l'établissement et le maintien de notre influence.

Je m'empressai de vous faire part de ces considérations, dont la magistrature locale ne me paraissait pas suffisamment apprécier la portée. Votre càblogramme et votre dépêche des 18 et 24 février me confirmèrent dans une manière de voir que vos instructions bienveillantes devaient faire prévaloir sans contestation possible.

De graves difficultés ont pu être ainsi écartées. On ne peut mieux dégager l'enseignement résultant de faits semblables qu'en proclamant la nécessité de reculer jusqu'à une échéance encore éloignée toute mesure ayant pour objet d'accorder aux Malgaches, et notamment aux Hovas, la faculté d'une naturalisation même partielle.

Les Hovas et les agents d'affaires.

On se trouve encore confirmé dans cette appréciation par l'attitude que certains d'entre eux prennent vis-à-vis, soit de nos compatriotes, soit de l'administration, sous l'influence des agents d'affaires. Si, parmi ces hommes de loi, il s'en trouve quelques-uns à la correction desquels il convient de rendre justice, il s'en trouve d'autres qui ne méritent que trop le jugement porté sur eux dans la plupart de nos colonies.

Souvent besogneux, avides d'un gain rapide, ils ne reculent devant aucune considération lorsqu'il s'agit d'augmenter leurs honoraires. Ils prêtent leur appui aux réclamations même les moins fondées des Malgaches, lorsqu'ils ne les provoquent pas eux-mêmes. Le fait qu'elles se trouvent, fût-ce sans motif plausible, dirigées contre un de nos compatriotes ne les arrête nullement. Je vous ai cité, dans mon rapport politique du 29 novembre dernier, le cas d'un de nos colons en instance d'immatriculation d'un terrain, qui n'a pas reçu moins de cent trente assignations pour se voir contester la propriété de quelques parcelles de faible étendue que des indigènes prétendaient leur appartenir.

Actuellement, j'ai à vous entretenir d'une affaire que j'exposerai plus longuement dans une communication spéciale : l'affaire Ravero. Il s'agit d'une réclamation en remboursement de contributions extraordinaires de guerre prélevées par l'ancien gouvernement malgache. L'avocat défenseur qui l'a soulevée essaye de présenter ces contributions comme un emprunt dont le règlement peut être exigé de la colonie. Si tous les indigènes qui se trouvent dans le même cas entraient dans cette voie, le montant total du litige s'élèverait à plus de 1 million. Il est à noter d'ailleurs que ces réclamations sont surtout le fait d'indigènes qui, sous l'ancien régime, vivaient d'exactions et ont constitué leur fortune au moyen d'agissements qui, aujourd'hui, les rendraient passibles de nos tribunaux.

Ces quelques faits typiques vous mettent en état d'apprécier les agissements des hommes d'affaires peu recommandables qui gravitent dans les grands centres autour des tribunaux.

J'ajouterai que leurs procédés, alors que des indigènes seuls sont en cause, ne sont pas moins blâmables. Ils abusent du tempérament processif des Malgaches pour leur faire engager des instances où leur intervention est chèrement payée. A l'affût de toutes les occasions de multiplier leurs gains, ils réveillent des affaires depuis longtemps oubliées, provoquent des différends qui, sans eux, ne se seraient jamais élevés. Ils sont pour la population indigène un élément actif de ruine et de discorde. Je serais tenté de regretter qu'une stipulation précise n'ait pas limité aux seuls indigènes le droit de représenter en justice les autres Malgaches. Sans méconnaître les services que les avocats défenseurs peuvent rendre pour l'instruction des affaires, il me paraît que leur concours ne compense pas les inconvénients et abus dont ils sont la cause ou les agents.

Sous cette réserve, je considère que l'acte du 24 novembre sanctionne l'organisation des juridictions indigènes de la manière la plus satisfaisante. L'intégrité et la rapidité de la justice sont assurées par le rôle prépondérant donné au président français placé à la tête des tribunaux des 1er et 2e degrés. En confiant aux fonctionnaires de l'ordre administratif les pouvoirs judiciaires en matière indigène, vous avez assuré le fonctionnement d'un service important sans augmenter les charges de la colonie et laissé aux chefs politiques des subdivisions l'autorité absolument indispensable à leur influence dans un pays où la tradition n'admet que l'unité de pouvoir. L'organisation de l'appel criminel, la nouvelle réglementation de l'appel civil comblent deux lacunes de la législation indigène.

Il convient d'ajouter que ces lacunes n'étaient pas isolées. Les renseignements dont je me suis entouré m'ont permis d'estimer que la législation de l'Imerina, malgré les modifications successives dont elle a été l'objet, est encore incomplète. L'état des biens, les conventions matrimoniales, le régime successoral, sont presque en entier régis par un droit coutumier assez homogène et précis, mais qu'il n'en serait pas moins utile de sanctionner. La législation criminelle hova présente aussi des rigueurs ou des lacunes qui font qu'elle est loin d'être parfaite. Quant au droit des provinces, uniquement fondé sur la coutume, il est de beaucoup inférieur à la législation dont je viens de faire la critique.

Aussi ai-je pensé qu'il convenait d'étudier une refonte du code malgache de 1881. Il est probable que la partie pénale en sera modifiée presque en entier; quant à la partie civile, il importe surtout d'y faire figurer le droit coutumier de l'Imerina et des autres provinces.

Ainsi améliorée, cette codification permettra à nos administrateurs d'asseoir leurs sentences sur des bases certaines; elle assurera en même temps aux populations malgaches, en ce qui touche leurs personnes et leurs intérêts, une justice conforme à leurs propres traditions.

Déjà la commission de législation indigène instituée par arrêté du 18 octobre 1897 a procédé, sur une partie du droit coutumier (état des personnes), à une enquête dont les résultats constituent des données des plus utiles pour ses travaux. Des recherches semblables se poursuivent en ce moment sur les coutumes locales en matière de biens et de transmission des propriétés. J'espère que sous peu la commission, malgré les récentes modifications dont elle a été l'objet, sera en mesure de me fournir le projet qu'elle a été chargée d'élaborer.

Quelle que soit l'utilité des améliorations que pourra ensuite recevoir la législation propre aux indigènes, elle demeurera insuffisante par certains côtés. Il importe que les administrateurs soient investis des pouvoirs disciplinaires nécessaires pour réprimer certaines infractions, sans les lenteurs et les réserves que suppose même l'organisation simplifiée qui résulte de l'application des lois locales conformément au décret du 24 novembre. Je crois opportun, en un mot, d'établir à Madagascar un code spécial de l'indigénat. Dans l'état troublé par où a passé ou bien se trouve encore une notable partie du pays, un tel moyen de répression est des plus utiles. On doit le juger même comme indispensable dans la période de transition qui marquera le passage à l'administration civile des cercles militaires institués pendant la rébellion. J'aurai l'honneur de vous adresser sous peu des propositions à ce sujet.

Tels sont les desiderata qui semblent encore pouvoir être formulés à propos de la justice indigène. Ainsi organisée et complétée, elle semble devoir satisfaire pleinement aux nécessités auxquelles son action s'applique. Nous n'aurons, je crois, à prévoir que dans un avenir assez lointain les modifications qui, parallèlement aux progrès de la civilisation française dans l'île, tendront à mettre le droit de notre nouvelle possession en harmonie avec notre droit national.

Trésor.

A la fin de 1896 le service du Trésor à Madagascar était assuré par deux éléments distincts :

1° Le *service de la trésorerie aux armées,* attaché au corps expéditionnaire en 1895, et qui, après la campagne, continua à fonctionner à Tananarive, Tamatave et Majunga ;

2° Un *service de trésorerie coloniale* installé à Diégo-Suarez, dont relevaient les préposés du Trésor de Nossi-Bé et de Sainte-Marie.

Le décret du 8 janvier 1897 réunit en une seule trésorerie les services de la trésorerie aux armées et de la trésorerie coloniale de Diégo-Suarez, qui furent dès cette époque constitués, sous la direction de M. de Custine, trésorier-payeur, comme le service analogue en Indo-Chine.

La nouvelle trésorerie assura, à compter du 1er mai 1897, le service des recettes et dépenses tant métropolitaines que locales dans toute l'étendue de la colonie.

Dans le courant de 1898, la payerie de Sainte-Marie, devenue très peu importante, fut supprimée et remplacée par une caisse de fonds d'avances. Cette modification permit de créer le poste de payeur à Fort-Dauphin, en même temps qu'un poste était également établi à Fiana-rantsoa.

De nombreuses caisses d'avances, créées depuis 1896 et fonctionnant suivant une instruction du 25 septembre 1897, ont assuré le service financier sur tous les points de la colonie où il n'existe pas de payeur; le nombre de ces caisses était de vingt-six au 31 décembre 1898, et il est à présumer que de nouvelles créations viendront l'augmenter en 1899.

Au début de l'exercice 1898, une réforme fut introduite dans le service de l'ordonnancement des dépenses locales; l'ordonnancement définitif fut désormais effectué à Tana-narive, les chefs de provinces et commandants de cercles n'établissant plus que des ordres de payements à régula-riser, le cas échéant, par l'administration centrale. Quant aux recettes, diverses dispositions furent adoptées pour qu'elles fussent constatées d'une façon régulière et nor-male.

Les recettes des services des domaines, des postes et télégraphes, des mines, furent réglementées d'une façon particulière permettant à ces différents services de suivre leurs recettes pratiquement et facilement en spécialisant exactement les exercices.

En fait, M. de Custine a cherché par tous les moyens à organiser son service tel qu'il fonctionnne en Indo-Chine, et en particulier au Tonkin, où il avait pu personnellement apprécier les résultats obtenus.

D'autre part, M. le Ministre des finances a bien voulu autoriser l'émission de traites par les payeurs, mesure qui permet au public de transmettre des fonds en France avec facilité et rapidité.

La délivrance de mandats internationaux pour la France et l'étranger a été récemment autorisée pour les autres colonies françaises. Cette disposition bienveillante place les colons de Madagascar dans une situation avantageuse qu'ils ont su apprécier et qui participera dans une certaine mesure au développement économique de la grande île.

En résumé, le service du Trésor fonctionne actuellement d'une manière satisfaisante.

La création de caisses de fonds d'avances dans les centres où il n'y a pas de payeur permet d'assurer économiquement et pratiquement l'acquittement des dépenses et l'encaissement des recettes.

Il incombe de ce chef, au bureau des fonds des services administratifs pour les caisses militaires et aux bureaux de la comptabilité de la direction des affaires civiles pour les caisses civiles, un surcroît de besogne considérable, occasionné par la régularisation des opérations desdites caisses d'avances. Mais il en résulte d'autre part, pour les finances locales, une économie de plusieurs centaines de mille francs.

Postes et télégraphes.

Le service des postes et télégraphes, qui existait déjà à Madagascar avant la campagne de 1895, mais dont l'organisation était alors très embryonnaire, a reçu une extension considérable depuis l'annexion de la grande île comme colonie française.

Son fonctionnement laissait particulièrement à désirer lorsque je pris la direction de la résidence générale, en octobre 1896; les courriers d'Europe mettaient de huit à douze jours à parcourir le trajet de Tamatave à Tananarive (350 kil.), et les autres lignes, du reste peu nombreuses, n'étaient pas mieux desservies. Cet état de choses était dû en grande partie, il faut le reconnaître, à l'état troublé du pays.

Mon premier soin fut de faire établir un service de relais sur la route de Tamatave, ce qui devait permettre aux porteurs de se remplacer en certains points et de marcher

MARCHE DE **OURRIERS POSTAUX.**

ORIGINE des CORRESPONDANCES.	DESTINATION.	DATES OU JOURS DE DÉPART.	HEURE.	DATES OU JOURS D'ARRIVÉE.	PRINCIPALES LOCALITÉS DESSERVIES.	OBSERVATIONS.
Tananarive......	Tamatave........	Les mercredi et samedi de chaque semaine et les 13 ou 14, 28 ou 29 de chaque mois.	8 h. 30 matin.	Les dimanche et mercredi de chaque semaine et les 18 et 2 ou 3 de chaque mois.	Manjakandriana, Ankeramadinika, Moramanga, Beforona, Mahatsara et Andevoranto.	Les courriers des 14 et 29 ne prennent pas les correspondances pour la ligne d'étapes. Le courrier des journaux qui n'est pas transporté par les relais arrive à Tananarive les 12 ou 13 et 22 ou 23 de chaque mois.
Tamatave........	Tananarive	Les mercredi et samedi de chaque semaine et les 5 ou 6, 15 ou 16 de chaque mois.	8 h. 30 matin dès le débarquement des dépêches apportées par les malles.	Les dimanche et mercredi de chaque semaine, les 9 ou 10 et les 19 ou 20 de chaque mois.		
Tananarive	Majunga........	Les mercredi et samedi et le 16 de chaque mois.	8 h. 30 matin.	Les lundi et vendredi et le 23 de chaque mois.	Ampanatokona, Fihaonana, Ankazobé, Andriba, Mevatanana, Ambato et Marovoay.	Le courrier partant le 16 de Tananarive est un courrier léger rapide correspondant avec la malle pour l'Europe, passant à Majunga le 23. Il ne comporte aucune correspondance pour la ligne d'étapes.
Majunga.........	Tananarive	Les mercredi et samedi.	8 h. 30 matin.	Les lundi et vendredi.		
Tananarive	Fianarantsoa.....	Les lundi et jeudi et les lendemains de l'arrivée du courrier d'Europe.	8 h. 30 matin.	Les samedi et mardi.	Tsiafahy, Antsirabé, Ambositra.	Les correspondances pour Betafo, Inanatonana et Miandrivazo sont expédiées d'Antsirabé dès l'arrivée des courriers venant de Tananarive.
Fianarantsoa	Tananarive	Les mercredi et samedi.	8 h. 30 matin.	Les lundi et jeudi.		
Tananarive	Nossi-Bé.........	Le mardi.	8 h. 30 matin.	e mardi, 15 jours après le départ.	Anjozorobé, Ambatondrazaka, Imerimandrosa, Mandritsara, Befandriana, Analalava, Ambodimadiro.	
Nossi-Bé.........	Tananarive	Le jeudi.	8 h. 30 matin.	e jeudi, 15 jours après le départ.		
Tananarive	Fort-Dauphin	Le jeudi.	8 h. 30 matin.	e jeudi, 15 jours après le départ.	Ihosy, Betroky, Tamotamo.	Ce courrier comprend les correspondances pour Tuléar, qui sont dirigées sur leur destination par Ihosy.
Fort-Dauphin	Tananarive	Le lundi.	8 h. 30 matin.	e lundi, 15 jours après le départ.		
Tananarive	Mananjary.......	Le jeudi.	8 h. 30 matin.	Le mercredi.	Ambohimanga du Sud.	
Mananjary.......	Tananarive	Le mardi.	8 h. 30 matin.	Le lundi.		
Tananarive	Ambatondrazaka.	Les mardi et vendredi.	8 h. 30 matin.	es dimanche et mercredi.	Ambohitrolomahitsy, Ambatomainty, Anjozorobé, Mandanivatsy et Andranofotsy.	
Ambatondrazaka.	Tananarive	Les mercredi et samedi.	8 h. 30 matin.	Les lundi et jeudi.		
Tananarive	Ankavandra	Les jeudi et samedi.	8 h. 30 matin.	Les mardi et jeudi.	Arivonimamo, Miarinarivo, Fenoarivo et Isoavinandriana.	Correspondances pour Isoavinandriana à chacun de ces courriers.
Ankavandra	Tananarive	Les jeudi et samedi.	8 h. 30 matin.	Les mardi et jeudi.		

NOTA. — Outre les courriers désignés ci-dessus, il existe, entre les chefs-lieux des cer les secteurs, un service bihebdomadaire de correspondance, réglé selon les besoins de l'autorité militaire.

ORIGINE des CORRESPONDANCES.	DESTINATION.	DATES OU JOURS DE DÉPART.	HEURE.	DATES OU JOURS D'ARRIVÉE.	PRINCIPALES LOCALITÉS DESSERVIES.	OBSERVATIONS.
Tananarive	Isoavinandriana..	Le lundi.	8 h. 30 matin.	Le mercredi.		Les correspondances pour Morondava sont envoyées d'Isoavinandriana le lendemain de l'arrivée du courrier de Tananarive.
Isoavinandriana..	Tananarive	Le jeudi.	8 h. 30 matin.	Le samedi.		
Tananarive	Vatomandry	Les jeudi et mercredi.	8 h. 30 matin.	Les vendredi et dimanche.	Ankeramadinika, Moramanga et Beforona.	Ces courriers comportent les correspondances pour Mahanoro, Mananjary et Farafangana.
Vatomandry	Tananarive	Les mardi et samedi.	8 h. 30 matin.	Les dimanche et jeudi.		
Tamatave........	Maroantsetra.....	Les 6, 12, 17 et 25.	8 h. 30 matin.	Les 15, 19, 26 et les 2 ou 3 de chaque mois.	Foulpointe, Mahambo, Fénérive, Soavinandriana et Manahara.	
Maroantsetra	Tamatave........	Les 6, 12, 15 et 22.	8 h. 30 matin.	Les 14, 22, 23 et 30 de chaque mois.		
Tamatave........	Ambatondrazaka.	Les 6, 12, 17 et 25.	8 h. 30 matin.	Les 13, 19, 12 et 2 ou 3 de chaque mois.	Foulpointe, Mahambo, Fénérive, Soavinandriana et Manahara.	
Ambatondrazaka.	Tamatave........	Les 4, 10, 14 et 20.	8 h. 30 matin.	Le 11, 17, 21 et 27.		
Tamatave........	Mananjary.......	Le mercredi et le 6 ou 7 et le 16 ou 17.	8 h. 30 matin.	Le lundi, le 11 ou 12 et le 21 ou 22 de chaque mois.	Andevorante, Vatomandry, Mahanoro et Mahela.	
Mananjary.......	Tamatave.	Le mardi et les 13 et 28 de chaque mois.	11 h. matin.	Le dimanche et les 13, 2 ou 3 de chaque mois.		
Vatomandry	Anosibé..........	Le dimanche.	8 h. 30 matin.	Le mercredi.		
Anosibé..........	Vatomandry	Le jeudi.	8 h. 30 matin.	Le samedi.		
Mananjary.......	Fianarantsoa.....	Le mardi et les 11 ou 12 et 21 ou 22.	11 h. matin.	Le vendredi et les 14 ou 15 et 24 ou 25.		
Fianarantsoa.....	Mananjary.......	Le vendredi et les 9 et 24.	8 h. 30 matin.	Le lundi et les 12 et 27.		
Mananjary.......	Fort-Dauphin	Le mardi et les 11 ou 12 et 21 ou 22.	11 h. matin.	Le mardi et les 18 ou 19 et 28 ou 29.	Faraony, Menakara, Farafangana, Benanoremana, Manambandro et Manantenina.	
Fort-Dauphin	Mananjary.......	Le lundi et les 5 et 20 de chaque mois.	8 h. 30 matin.	Les lundi et les 12 et 27 de chaque mois.		
Tuléar..........	Ankotofotsy......	Le lundi et le 13 ou le 14.	11 h. matin.	Le mercredi et le 15 ou 16.	Saint-Augustin et Itandraka.	
Ankotofotsy......	Tuléar...........	Le jeudi.	8 h. 30 matin.	Le samedi.		

ORIGINE des CORRESPONDANCES.	DESTINATION.	DATES OU JOURS DE DÉPART.	HEURE.	DATES OU JOURS D'ARRIVÉE.	PRINCIPALES LOCALITÉS DESSERVIES.	OBSERVATIONS.
Majunga......... Analalava........	Analalava........ Majunga.........	Le mardi. Le dimanche.	8 h. matin. Après le passage du courrier de Nossi-Bé.	Le samedi. Le jeudi.	Ambenja, Passandava et Antonibé.	
Diégo-Suarez.....	Baie du Courrier.	Tous les deux jours.	8 h. 30 matin.	Aller et retour dans la même journée.		
Diégo-Suarez..... Vohémar.........	Vohémar .... Diégo-Suarez.....	Les 4 ou 5 et 19 ou 20. Les 9 et 29.	8 h. 30 matin. 8 h. 30 matin.	Les 7 ou 8 et 22 ou 23. Les 12 et 1er ou 2.		Après l'arrivée du courrier de France.
Vohémar .... Angontsy	Angontsy........ Vohémar	Les 8 ou 9 et 23 ou 24. Les 3 et 23.	8 h. 30 matin. 8 h. 30 matin.	Les 13 et 14 et 28 ou 29. Les 8 et 28.	Par Sambava et Antalaha.	
Mandritsara	Befandriana......	Service quotidien.	8 h. 30 matin.			Service créé pour les besoins de l'expédition du Nord.
Mandritsara	Maroantsetra	Service quotidien.	8 h. 30 matin.			Service créé pour les besoins de l'expédition du Nord.
Majunga......... Soalala	Soalala .... Majunga.........	Les 2 et 24. Les 16 et 30.	8 h. 30 matin. 8 h. 30 matin.	Les 3 et 25. Les 17 et 31 ou 1er.		Service par boutre.
Fénérive.........	Antenina	Service mensuel.				

nuit et jour. Les résultats de cette organisation qui, par la suite, a été maintenue, ont été des plus satisfaisants ; les courriers ont mis depuis lors une moyenne de quatre jours à franchir la distance de Tamatave à Tananarive et le public a vivement apprécié cette réforme.

La division de l'Imerina en cercles militaires et l'extension de notre domination dans de nouvelles régions de territoires civils ont peu à peu nécessité la création de nouveaux courriers reliant les centres administratifs entre eux et la capitale. On peut dire que le service de la poste s'est accru progressivement en même temps que la pacification, qu'il a du reste contribué à faciliter dans une certaine mesure en assurant la transmission régulière et aussi rapide que possible des ordres et des instructions émanant du commandement.

Mais ce service exige un personnel technique nombreux que la modicité des ressources de la colonie ne lui a pas permis de demander dès le début à la métropole.

Il a dû, par suite, faire appel à des agents auxiliaires, militaires du corps d'occupation ou indigènes, insuffisamment instruits et relativement inexpérimentés, dont les capacités n'ont pas toujours répondu aux besoins réels de l'administration des postes et télégraphes.

Quoi qu'il en soit, le service de la poste a été assuré d'une façon générale, dans des conditions satisfaisantes, pendant les deux années écoulées.

Le tableau annexé au présent rapport indique la marche actuelle des courriers dans toute la colonie ; l'organisation des relais sur la plupart des lignes desservies a permis d'atteindre, pour le transport des sacs de dépêches, une vitesse inconnue jusqu'à ce jour dans la grande île. Cette rapidité des communications facilite considérablement aussi bien le fonctionnement des services civils et militaires que les transactions des particuliers et des maisons de commerce. Un progrès très sensible a donc été réalisé par l'administration des postes de la colonie depuis l'occupation.

Par contre, il a été constaté que les bureaux métropolitains n'apportaient pas tout le soin désirable dans le classement des dépêches à destination de Madagascar, et les réclamations auxquelles donne lieu parfois la distribution des courriers de France paraissent généralement motivées par des erreurs de destination commises au départ. C'est ainsi qu'une commission récemment réunie au bureau central de Tananarive, lors du dépouillement d'un courrier de France, a constaté un certain nombre d'irrégularités qui ont été signalées au département par lettre du 20 février 1899.

Il est nécessaire que des dispositions soient prises par l'administration des postes pour remédier à cet état de choses, qui crée de nombreuses difficultés au service local.

Réseau télégraphique.

Le réseau télégraphique a été notablement accru et amélioré depuis deux ans.

La ligne télégraphique de Tamatave à Tananarive était la seule qui eût été installée dans l'île depuis 1887. Établie avec un fil unique, elle était fréquemment interrompue, notamment pendant la saison des pluies, dans les régions boisées qu'elle traverse; aussi, pour éviter à l'avenir, dans la mesure du possible, le retour de pareils inconvénients, je fis au commencement de 1897 doubler la ligne par un fil direct de Tamatave à Tananarive.

Dès le début de l'occupation française, la nécessité de nouvelles lignes s'était fait sentir; la construction de celle de Tananarive à Majunga, qui devait relier la capitale de l'île à l'Europe par le câble Majunga-Mozambique, fut tout d'abord décidée.

La loi du 25 avril 1896 ayant ouvert au budget colonial un crédit de 400.000 francs pour l'établissement de cette ligne, des dispositions furent prises pour que les travaux pussent être commencés sans retard et pour que le personnel européen qui devait y être employé fût dirigé de France sur Madagascar.

A l'arrivée de ce personnel et du matériel dans la colonie, en août 1896, la rébellion rendait impraticable la route de Majunga, et la construction de la ligne télégraphique fut remise à l'année suivante.

Ce fut donc en 1897 seulement que les travaux purent être entrepris. Commencée en avril, la ligne fut terminée en juillet et inaugurée le 1er août à la grande satisfaction de la population européenne.

Le programme des travaux de 1898 prévoyait la construction d'une nouvelle ligne devant relier Tananarive à Fianarantsoa par Ambositra, ainsi que le prolongement jusqu'à Mananjary de la ligne Tamatave-Andevorante.

Le matériel destiné à la ligne de Fianarantsoa, commandé en avril 1898, parvint dans la colonie en septembre. Les travaux qui avaient pu déjà être effectués sur une petite distance, au moyen de matériel prélevé sur les réserves du service, furent poussés aussitôt avec activité, et, le 1er janvier 1899, la communication pouvait être établie entre Tananarive et Fianarantsoa. Un embranchement relie la capitale à Antsirabé et est destiné à être prolongé ultérieurement sur Betafo et le Betsiriry pour aboutir à Morondava sur la côte ouest de l'île.

En même temps que s'établissait la ligne de Fianarantsoa, celle d'Andevorante-Mananjary était prolongée jusqu'à Mananjary.

Pour l'année 1899 les projets de constructions nouvelles sont :

1o Le prolongement de la ligne de Fianarantsoa jusqu'à Betroky, chef-lieu du cercle des Baras. Les travaux ont déjà pu être entrepris au moyen de l'excédent de matériel resté disponible après l'achèvement de la ligne de Fianarantsoa;

2° Le prolongement de la ligne de Mananjary jusqu'à Fort-Dauphin;

3° Enfin quelques lignes secondaires comme celle d'Antsirabé à Betafo.

Le fonctionnement des lignes télégraphiques à Madagascar devient particulièrement difficile pendant la saison des pluies. Les orages très violents qui éclatent à cette époque produisent des dégâts parfois considérables qui occasionnent souvent des interruptions prolongées. Aussi un service de surveillance très active doit-il être organisé sur tout le parcours des lignes afin que les dérangements soient relevés dans le minimum de temps et que les transmissions télégraphiques soient assurées le plus régulièrement possible.

En vue d'éviter les effets destructeurs de la foudre, un essai d'installation de paratonnerres sur les poteaux de la ligne de Majunga a été tenté en 1898 et a produit des résultats relativement satisfaisants, étant donné que les paratonnerres avaient été placés seulement de kilomètre en kilomètre. Pour rendre leur effet préservatif plus efficace, il serait nécessaire d'en augmenter le nombre et d'en munir chaque poteau, au moins dans les régions plus particulièrement battues par les orages.

Réseau téléphonique.

Dès mon arrivée dans la colonie, je prescrivis l'installation à Tananarive d'un réseau téléphonique devant relier entre eux les principaux services afin de faciliter les communications qu'ils étaient appelés à échanger.

Actuellement le réseau urbain comporte plus de 240 kilomètres de fil et dessert 36 postes. En outre, quelques lignes suburbaines sont déjà établies, ou en voie de l'être autour de la capitale.

Enfin, une certaine quantité de matériel nouveau a été commandé en France pour permettre l'adjonction au réseau actuel, qui dessert exclusivement les bureaux des administrations civiles et militaires, de lignes téléphoniques privées qui seront mises, moyennant abonnement, à la disposition des particuliers et des commerçants.

Milice.

Au moment où je pris la direction de la résidence générale, en octobre 1896, rien ou presque rien n'avait été fait pour l'organisation de la milice, dont le cadre européen avait été fixé par le décret du 11 juillet 1896.

Des dispositions furent prises aussitôt pour que le recrutement des miliciens fût opéré sans retard; des cadres, des armes, des munitions, des effets d'habillement et d'équipement furent envoyés aux résidents, invités à activer le plus possible la formation de cette garde civile, d'autant plus indispensable, notamment sur la côte, que l'insurrection de l'Imerina m'obligeait à concentrer toutes les troupes régulières sur le plateau central.

Une nouvelle réglementation fut en outre reconnue nécessaire pour fixer les détails de la formation et de l'administration des compagnies de milice. Un arrêté du 6 novembre 1896 remplit ce but et servit de base à la constitution et au fonctionnement de la garde indigène.

Aux termes de cet arrêté, la milice comprenait dix-neuf compagnies respectivement affectées à chaque province et à chaque cercle, et avait un effectif total de 2.759 hommes avec 69 gardes indigènes.

Au point de vue de l'administration, une masse d'entretien était créée dans chaque unité, destinée à subve-

nir à tous les frais d'habillement, d'entretien, de casernement, etc.

Les cadres européens de la milice avaient été constitués
tout d'abord en 1896 avec des sous-officiers des troupes
régulières détachés pour ce service et mis hors cadres.

Les inconvénients de cette première organisation n'a-
vaient pas tardé à apparaître. Le personnel européen, de
par son origine même, était forcément restreint. La période
active d'opérations, dans laquelle étaient engagées toutes
les troupes du corps d'occupation, ne permettait pas de
distraire un nombre suffisant de sous-officiers pour l'encadrement complet des compagnies de milice. Dès le mois
d'octobre 1896, le nombre des gardes et inspecteurs recrutés dans la colonie ou engagés par le département était
assez considérable pour qu'il fût possible de prescrire le
remplacement de tous les gradés appartenant encore à
l'armée pour une durée supérieure à huit mois.

Le besoin immédiat d'un grand nombre d'agents fut tout
d'abord une cause de la médiocrité du personnel recruté
à cette époque et de l'entrée en fonctions de gardes principaux ou d'inspecteurs ne présentant pas de garanties suffisantes de moralité, de connaissances militaires et de
bonne constitution.

Les fatigues imposées aux milices dans toute l'étendue
de l'île ne tardèrent pas du reste à creuser de nombreux
vides dans les cadres. Plusieurs gardes durent être hospi-
talisés, d'autres rapatriés pour raisons de santé. Aussi,
malgré l'envoi continuel de personnel de la métropole,
malgré le recrutement opéré parmi les sous-officiers du
corps d'occupation libérables, la formation régulière des
compagnies fut retardée.

La proportion, établie à 1 garde pour 40 indigènes, fut
abaissée à 1 p. 100 et plus.

Certaines compagnies, notamment dans les cercles militaires, n'eurent pendant longtemps qu'un seul garde.

Cependant, grâce à l'énergie et au dévouement d'un certain nombre de gradés, la milice rendit de réels services sur le plateau central : malgré le peu d'instruction technique de ces troupes nouvellement incorporées, équipées et armées, elles tinrent tête presque partout victorieusement à l'insurrection et contribuèrent efficacement à la pacification de l'île. Il est vrai de dire que, presque partout, dans ces circonstances, elles opérèrent de concert avec nos troupes régulières et furent presque entièrement amalgamées avec celles-ci.

Il me paraît inutile de rappeler ici les opérations militaires auxquelles la milice a pris part; elles se trouvent relatées dans l'historique de la pacification. De nombreux gardes européens et des miliciens de tous grades ont été cités à l'ordre du corps d'occupation ou félicités officiellement pour les actes de courage qu'ils avaient accomplis.

Certains d'entre eux tombèrent mortellement frappés dans leurs rencontres avec les rebelles.

En résumé, la répression de l'insurrection avait permis de constater que la garde indigène de Madagascar paraissait être en mesure de remplir convenablement dans l'avenir son rôle de force de police chargée du maintien de l'ordre et de la répression des actes délictueux, mais à la condition expresse que les miliciens seront toujours solidement encadrés.

Les récents troubles du Nord-Ouest sont venus, ainsi que je l'ai déjà fait ressortir dans mon rapport politique et administratif du 28 janvier dernier, vous révéler les défauts de l'organisation actuelle et les réformes qu'il y aurait lieu de réaliser.

Des postes entiers de miliciens ont fui devant les insurgés et ne leur ont opposé aucune résistance. Un certain nombre même de ces miliciens ont passé aux rebelles avec leurs armes. Est-ce à dire que les indigènes qui composaient ces détachements ne possédaient aucune des qualités d'énergie, de sang-froid, de courage, qui leur étaient nécessaires pour être à la hauteur de leur tâche et pour faire face à l'ennemi en cas de danger? Je ne le crois pas.

Le mal est venu de la composition des cadres ; pour la milice de Madagascar, l'adage « tel chef, tel soldat » est d'actualité. Il n'y a pas de motifs plausibles pour que certaines compagnies de milice se comportent moins bravement que d'autres, que celles notamment dont je citais plus haut la belle conduite pendant l'insurrection de l'Imerina ; les compagnies des régiments malgaches sont composées des mêmes hommes que les compagnies de milice, et cependant elles n'ont jamais faibli devant les rebelles ; mais elles sont bien encadrées par des sous-officiers et des caporaux d'infanterie de marine.

C'est donc le chef qui doit faire sa troupe ; il nous faut en conséquence des inspecteurs et des gardes principaux qui prennent à cœur leur métier et qui fassent de leurs miliciens des hommes sur lesquels on puisse compter en toutes circonstances.

Mais pour obtenir ce résultat il est indispensable que l'avenir du personnel européen de la milice à Madagascar soit définitivement assuré par l'institution d'une pension de retraite.

Actuellement, beaucoup de gardes, appréhendant de poursuivre une carrière sans issue, ont pour unique préoccupation d'en sortir et de se créer une nouvelle situation qui leur donne plus de garanties.

Dès lors, ils se désintéressent de leur mission, abandonnent leurs hommes à eux-mêmes, ne cherchent à leur inculquer aucun des sentiments qui en feraient d'utiles auxiliaires de notre cause et qui les maintiendraient à leur poste dans les moments critiques.

Il y a donc urgence à remédier à cette dangereuse situation en fixant, par un lien solide, les gradés de la milice à la carrière qu'ils ont embrassée ; ce lien sera la pension de retraite.

J'ai déjà eu l'honneur d'appeler l'attention du département sur l'importance de cette question, et M. le directeur du contrôle, envoyé en mission auprès de M. le Ministre des colonies, a été chargé de l'en entretenir spécialement.

En outre, il semble que la proportion admise jusqu'ici de 1 gradé pour 40 hommes est insuffisante. Il sera, je crois, nécessaire de se rapprocher de l'organisation adoptée pour les compagnies de troupes indigènes. C'est en vue d'atteindre progressivement ce but que j'ai décidé, à partir du 1er janvier 1899, de mettre à la disposition des chefs de province les sommes inscrites au budget local au titre de leur circonscription. Je laisse à chacun d'eux le soin d'organiser sa milice comme bon lui semble, sous réserve, toutefois, de mon approbation. Ce nouveau mode de procéder est très apprécié par tous les intéressés, que j'avais consultés, au préalable. Les résultats obtenus me fixeront sur la solution définitive à adopter.

Pour terminer sur le chapitre de la milice, je dois faire connaître que, dans les débuts de son organisation, l'administration intérieure des compagnies a été souvent défectueuse et la tenue de la comptabilité irrégulière.

A Tananarive, un inspecteur portant le titre d'administrateur central de la milice est chargé de centraliser les pièces de comptabilité de toutes les compagnies et de procéder à leur vérification.

Or, cette dernière opération a permis de constater, à diverses reprises, que la plupart des commandants n'apportaient pas tout le soin désirable dans l'administration de leurs troupes ni dans la tenue de leurs écritures et que les chefs de province responsables de cette administration s'en désintéressaient quelque peu.

Les instructions et les observations que je leur ai adressées à ce sujet ont amené une amélioration sensible dans la façon dont les commandants de compagnie s'acquittent de cette partie de leur tâche, et l'administration de la milice tend à devenir chaque jour plus régulière et plus conforme aux règlements.

Service sanitaire.

Épidémie de peste à Tamatave.

Le service sanitaire n'avait pour ainsi dire pas eu à fonctionner à Madagascar depuis l'annexion de l'île comme colonie française. Il avait toutefois été organisé dans le courant de 1898, conformément aux dispositions du décret du 31 mars 1897 sur la police sanitaire maritime.

L'épidémie de peste bubonique de Tamatave vint brusquement mettre le service sanitaire dans l'obligation de parer, avec les moyens rudimentaires dont il disposait, au danger qui menaçait l'île entière.

Les premiers cas de peste bubonique furent constatés le 24 novembre 1898. A la première nouvelle de l'apparition du fléau, je déclarai sous le régime de la patente brute la ville de Tamatave et toute la région traversée jusqu'à Andevorante par la ligne d'étapes et interdis à toute personne renfermée dans la zone ainsi déterminée de franchir le cordon sanitaire qui se trouvait par suite fictivement établi.

Le 15 décembre, la ville d'Andevorante et la région côtière depuis l'Ivondro furent rendues au régime de la patente nette, l'état sanitaire n'ayant pas cessé d'y être satisfaisant, et la zone contaminée fut désormais réduite à la ville de Tamatave et à une étendue environnante de 10 kilomètres de rayon environ. Un cordon sanitaire fut installé au moyen de gardes de police et de détachements de milice, et une surveillance étroite exercée nuit et jour.

L'épidémie continuait néanmoins son œuvre dans l'agglomération urbaine de Tamatave. Frappant avec une égale intensité les Indiens, les Chinois et les créoles de Bourbon et de Maurice, sévissant avec moins de force sur la population malgache, de beaucoup plus nombreuse que les précédentes, elle épargnait à peu près complètement l'élément européen.

L'état statistique récapitulatif annexé au présent rapport montre la marche du fléau telle qu'elle a été observée jour par jour.

Pendant tout le courant du mois de décembre les cas furent nombreux ; le 19, quinze cas furent constatés suivis de neuf décès : ce fut le maximum de personnes atteintes dans une même journée.

Jusqu'au 8 janvier 1899, la moyenne fut élevée, mais, à partir du 12, elle tomba brusquement à deux cas ou un cas par jour, et dès le 26 janvier l'épidémie parut être en voie de disparition. En effet, depuis cette date jusqu'au 3 février, un seul cas nouveau se produisit; ce fut le dernier. Les personnes en traitement soignées à l'hôpital militaire par M. le docteur Thiroux, envoyé de l'Institut Pasteur, recouvrèrent successivement la santé, et le 13 février fut la date officiellement constatée de la dernière guérison.

Il ne restait plus alors qu'à replacer Tamatave sous le régime de la patente nette en prenant les mesures de précautions nécessaires pour éviter que les marchandises entreposées à Tamatave pendant l'épidémie, et qui étaient destinées à en sortir, ne disséminassent le microbe dans le reste de l'île. Du côté de l'intérieur, la libre circulation fut autorisée, mais pour les Européens seulement, à partir du 23 février; cette disposition vient d'être complétée à partir du 2 mars en ce qui concerne les indigènes.

Pour la voie maritime, la quarantaine a été également levée à compter du 2 mars.

Il restait une question délicate, celle des marchandises

Statistique de l'épidémie de peste de Tamatave.

DATES	CAS CONSTATÉS					DÉCÈS				
	Malgaches.	Créoles.	Asiatiques.	Européens.	Total.	Malgaches.	Créoles.	Asiatiques.	Européens.	Total.
24 novembre 1898......	6	»	»	»	6	3	»	»	»	3
25 —	1	»	»	»	1	2	»	»	»	2
26 —	4	2	»	»	6	3	»	»	»	3
27 —	»	»	»	»	»	»	»	»	»	»
28 —	3	2	»	»	5	4	»	»	»	4
29 —	6	»	1	»	7	»	1	1	»	2
30 —	5	»	»	»	5	2	»	»	»	2
1er décembre 1898........	1	»	»	»	1	2	»	»	»	2
2 —	5	1	»	»	6	1	1	»	»	2
3 —	4	»	1	»	5	2	»	1	»	3
4 —	4	»	1	»	5	2	»	»	»	2
5 —	1	»	»	»	1	3	»	»	»	3
6 —	5	1	»	»	6	1	»	»	»	1
7 —	3	»	1	»	4	2	»	1	»	3
8 —	4	»	1	1	6	3	»	»	»	3
9 —	4	1	1	»	6	3	»	»	»	3
10 —	5	»	1	»	6	2	3	»	»	5
11 —	3	2	2	»	7	6	2	3	»	11
12 —	3	1	1	»	5	2	»	2	»	4
13 —	4	2	2	»	8	2	»	1	1	4
14 —	4	3	2	»	9	2	1	4	»	7
15 —	3	»	»	»	3	1	2	1	»	4
16 —	7	1	1	»	9	1	1	»	»	2
17 —	5	2	3	»	10	1	2	4	»	7
18 —	»	3	2	»	5	»	»	2	»	2
19 —	4	5	6	»	15	2	1	6	»	9
20 —	»	2	5	»	7	1	»	1	»	2
21 —	4	4	2	»	10	1	2	»	»	3
22 —	3	4	1	»	8	2	1	3	»	6
23 —	3	2	»	»	5	2	3	1	»	6
24 —	6	1	3	1	11	5	1	1	»	7
25 —	2	»	3	»	5	3	»	1	»	4
26 —	1	»	3	1	5	»	1	»	»	1
27 —	3	3	1	»	7	1	»	4	»	5
28 —	3	1	3	»	7	2	1	2	»	5
29 —	3	»	2	»	5	2	»	2	»	4
30 —	1	2	1	»	4	1	2	1	»	4
31 —	1	1	3	»	5	»	2	1	»	3
1er janvier 1899........	»	1	»	»	1	»	1	1	»	2
2 —	1	1	1	»	3	1	1	1	»	3
3 —	1	1	1	»	3	1	1	1	»	3
4 —	2	2	3	»	7	1	1	»	»	2
5 —	3	»	4	»	7	2	1	2	»	5
À REPORTER......	131	51	62	3	247	77	32	48	1	158

DATES	CAS CONSTATÉS					DÉCÈS				
	Malgaches.	Créoles.	Asiatiques.	Européens.	Total.	Malgaches.	Créoles.	Asiatiques.	Européens.	Total.
Report	131	51	62	3	247	77	32	48	1	158
6 janvier 1899	»	1	»	»	1	2	»	»	»	2
7 —	4	2	»	»	6	2	1	3	»	6
8 —	2	1	2	»	5	1	»	»	»	1
9 —	1	»	3	»	4	1	»	3	»	4
10 —	5	1	1	1	8	2	2	1	»	5
11 —	6	2	»	»	8	5	»	»	»	5
12 —	2	»	»	»	2	1	»	»	»	1
13 —	»	»	»	1	1	1	»	»	»	1
14 —	1	»	»	»	1	1	»	»	»	1
15 —	2	1	»	»	3	1	»	1	»	2
16 —	»	»	»	»	»	»	1	»	»	1
17 —	»	»	»	»	»	»	»	»	»	»
18 —	1	»	»	»	1	1	»	»	»	1
19 —	1	1	»	»	2	1	2	»	»	3
20 —	1	»	»	»	1	»	»	»	»	»
21 —	1	»	»	»	1	1	»	»	»	1
22 —	»	»	»	»	»	»	»	»	»	»
23 —	1	»	»	»	1	1	»	»	»	1
24 —	1	»	»	»	1	1	»	»	»	1
25 —	1	1	»	»	2	1	»	»	»	1
26 —	»	»	»	»	»	»	»	»	»	»
27 —	»	»	»	»	»	»	»	»	»	»
28 —	»	»	»	»	»	»	»	»	»	»
29 —	»	»	»	»	»	»	1	»	»	1
30 —	»	»	»	»	»	»	»	»	»	»
31 —	»	»	»	»	»	»	»	»	»	»
1er février 1899	»	»	»	»	»	»	»	»	»	»
2 —	»	»	»	»	»	»	»	»	»	»
3 —	1	»	»	»	1	1	»	»	»	1
Totaux	162	61	68	5	296	101	39	56	1	197

existant actuellement dans les magasins de Tamatave. La solution à laquelle je me suis arrêté, et qui a reçu l'assentiment unanime du comité d'hygiène, semble concilier les intérêts de la santé publique avec les intérêts du commerce de Tamatave; j'ai, en effet, décidé que tous les locaux renfermant des marchandises seraient visités par une délégation de la commission d'hygiène de Tamatave, qui

les diviserait en deux catégories : marchandises susceptibles d'avoir été contaminées et marchandises non susceptibles d'avoir été contaminées. Les premières seront laissées chez leurs détenteurs qui pourront les faire sortir
librement; les secondes seront transportées aux frais et
par les soins de l'administration dans un local *ad hoc* et
seront ensuite désinfectées, lorsqu'on voudra les faire
sortir. En outre, les magasins ayant renfermé des marchandises classées dans cette dernière catégorie seront
désinfectés.

Ce court historique de l'épidémie de peste de Tamatave
fait ressortir combien rapidement a été enrayée la marche
du fléau, grâce à la rigueur des mesures prises et à l'activité qu'ont déployée les autorités locales dans leur application. Le mal a sévi pendant environ deux mois et demi,
frappant 300 personnes dont 200 ont succombé. Tous les
autres points de la colonie sont restés absolument indemnes; le fléau n'a pas franchi le cordon sanitaire.

Les transactions commerciales, la circulation des voyageurs et des marchandises ont été tout d'abord boule-
versées par les premières mesures prises dès l'apparition
de la peste. Tamatave a été pendant quelques jours complètement isolé du reste de la colonie et des pays d'outre-
mer, et tout ce qui s'y trouvait au moment de la déclaration du régime de la patente brute, habitants ou marchandises, y resta rigoureusement enfermé.

Mais des tempéraments furent bientôt apportés à ce
régime d'exception dès que l'étendue du danger que cou-
raient les autres régions de la colonie eut été justement
appréciée. Le commerce local, du reste, ne tarda pas à
faire entendre ses doléances contre les entraves inévitables qui étaient imposées à ses opérations habituelles.
Afin de lui donner satisfaction dans la mesure du possible, tout en sauvegardant le reste de la colonie contre
toute contagion, je pris une série de dispositions qui

eurent pour objet d'autoriser la réexportation de Tamatave sur les autres ports de la côte Est, après désinfec-
tion, de certaines catégories de marchandises dont le besoin se faisait sentir pour le ravitaillement, et qui, par
leur nature, n'étaient pas susceptibles de propager le
microbe.

D'autre part, afin de permettre aux personnes qui se
trouvaient enfermées dans la zone contaminée de franchir
le cordon sanitaire et de se rendre au lieu de leur destination, deux lazarets furent installés, l'un terrestre, à
Ivondro, où les voyageurs furent admis à purger une quarantaine de dix jours avant de se mettre en route, l'autre,
maritime, à l'île aux Prunes, pour les personnes désireuses
de quitter Tamatave par mer. Ce lazaret servira aujour-
d'hui aux passagers provenant de Maurice. Telles sont,
brièvement rappelées, les différentes mesures qui ont été
prises à l'occasion de l'épidémie de peste, conformément
du reste aux dispositions de la loi du 3 mars 1822 et du
décret du 31 mars 1897. Sont-ce ces dispositions dont
l'exécution a été régulièrement assurée par les autorités
de Tamatave et de la ligne d'étapes qui ont amené la fin de
l'épidémie, ou faut-il attribuer l'amélioration rapide qui a
été constatée dans la situation sanitaire de Tamatave à
l'abondance des pluies qui ont détruit le microbe?

La question ne doit plus avoir pour nous qu'un intérêt
secondaire, qui s'efface devant le soulagement que la colonie entière a éprouvé à la constatation, chaque jour plus
certaine, de la disparition du fléau. L'alerte a été pénible,
et le mal, pendant son court passage, a frappé cruelle-
ment la population de Tamatave, mais au moins pouvons-
nous nous réjouir d'avoir sauvegardé le restant de la
colonie et de n'avoir plus à craindre — il est tout au moins
permis de l'espérer — la réapparition dans la grande île
d'une calamité qui eût pu, comme dans les Indes anglaises, s'y établir à l'état endémique.

Nous ne devons du reste pas nous arrêter dans l'œuvre
d'assainissement qui a été entreprise à Tamatave dès les
premiers jours de l'épidémie.

Cette ville, ainsi que je l'ai exposé à diverses reprises,
avait été construite dans des conditions déplorables pour
l'hygiène et la salubrité publiques.

Aussi, M. l'administrateur de Tamatave dut-il prendre,
d'après mes instructions, des dispositions très énergiques
pour astreindre les habitants, créoles et Asiatiques notamment, à assainir les locaux qui leur appartenaient, dans
un but de sécurité générale.

De même, le service de la voirie, augmenté en personnel
pour la circonstance, se mit résolument à l'œuvre pour
faire disparaître tous les foyers d'infection et pour détruire
les immondices qui constituaient dans les quartiers indigènes, en temps d'épidémie, un danger permanent pour
la santé publique.

Mais là n'ont pas dû se borner les travaux d'assainissement susceptibles de mettre désormais Tamatave à l'abri
de nouvelles contagions.

La situation de la ville était si défectueuse que la municipalité a dû tailler en plein quartier pour élargir les voies
existantes ou en ouvrir de nouvelles. En outre, au moyen
d'une subvention de 100.000 francs qui lui a été accordée
par la colonie, l'administration locale a entrepris diverses
constructions d'intérêt public dont l'utilité se faisait impérieusement sentir.

Mais ce qui a été fait jusqu'à ce jour n'est qu'une très
faible partie du programme à entreprendre : il est indispensable de reconstituer Tamatave sur de nouvelles bases
et suivant un plan d'ensemble approprié aux exigences de
l'hygiène ; il faut en outre doter ce port, qui est par le
mouvement des affaires commerciales le plus important
de toute la côte Est, et même de toute la colonie, des établissements et des installations de première nécessité, de

nature à contribuer à l'amélioration dans l'avenir de la situation sanitaire de la ville.

Pour atteindre ce but, nous devons faire appel au concours financier de la métropole, car la colonie, qui en est encore à ses débuts, n'a pas les moyens de faire pour la commune de Tamatave plus de sacrifices que ceux qu'elle s'est déjà imposés.

Le programme des travaux à entreprendre à Tamatave, dont j'ai déjà annoncé à plusieurs reprises l'envoi au département, est actuellement achevé et lui sera incessamment transmis.

Nous espérons que le Parlement voudra bien accueillir favorablement la demande de crédit extraordinaire qui lui sera présentée, accompagnée de ce programme dont le devis ne pourra pas être inférieur à un million, y compris les dépenses de toutes sortes occasionnées par l'épidémie de peste.

Imprimeries officielles.

Imprimerie de Tananarive.

L'imprimerie officielle de Tananarive a succédé à l'ancienne imprimerie du gouvernement malgache dont elle utilise le matériel.

A la fin de 1896, cet établissement, qui n'avait pour ainsi dire pas d'approvisionnements, était administré par un directeur dont les attributions et les responsabilités n'avaient pas encore été bien définies. Il assurait, avant mon arrivée dans la colonie, la publication du *Journal officiel* qui, sous l'ancien titre de *Ny Gazety Malagazy*, paraissait en malgache et en français.

A compter du 27 septembre 1896, ce journal fut transformé en *Journal officiel* de Madagascar et dépendances, publié exclusivement en français.

Le 1er janvier 1897, un administrateur chargé de tous les détails relatifs à l'administration comptable et financière de l'imprimerie fut placé auprès du directeur. Cette organisation dura jusqu'au mois de mai, époque à laquelle le directeur fut remplacé officieusement dans son rôle technique par le chef du service de la presse (état-major), l'administrateur conservant toujours les mêmes attributions que par le passé.

Mais cette dualité de direction présentait des inconvénients qui ne tardèrent pas à apparaître et qui nécessitèrent quelques mois plus tard, en septembre, la réorganisation du service de l'imprimerie dans des conditions normales, avec un directeur unique ayant sous ses ordres toutes les branches du service et responsable du fonctionnement général de l'établissement.

Cette dernière organisation, qui donnait à l'imprimerie son autonomie absolue, a été maintenue depuis cette époque.

Le personnel de l'imprimerie se compose actuellement de :

1 administrateur-directeur ;
4 agents civils ;
12 militaires détachés ;
95 ouvriers indigènes : compositeurs, imprimeurs-typographes, imprimeurs-lithographes, relieurs et plieurs, correcteurs malgaches, interprètes, menuisiers, manœuvres, plantons, etc.

L'imprimerie officielle à Tananarive, dont le matériel a été progressivement augmenté par des commandes faites en France, a été chargée, dès le début de ma prise de service, de l'impression des périodiques officiels de toute nature et des imprimés de tout genre nécessaires au fonctionnement des diverses administrations locales de Tananarive et de l'Emyrne.

Les publications officielles constituent par leur nombre, leur nature et leur fréquence, un travail particulièrement important et compliqué; ce sont :

Le *Journal officiel* de la colonie qui, à partir du 20 avril 1897, comporta huit pages de texte au minimum et parut désormais trois fois par semaine;

Le *Vaovao*, journal de propagation de l'influence française, publié en malgache une fois par semaine, à quatre grandes pages, avec illustrations;

La revue *Notes, Reconnaissances et Explorations*, paraissant chaque mois à 130 pages en moyenne, avec illustrations et cartes;

Le *Bulletin officiel* de la colonie, également mensuel.

Il y a lieu d'ajouter à cette énumération des suppléments et autres documents officiels spéciaux ne trouvant pas place dans le corps du *Journal officiel* lui-même et publiés sous forme d'annexes.

Enfin, l'*Annuaire de Madagascar* pour 1898, renfermant près de 600 pages, a été imprimé dans les premiers mois de l'année; celui de 1899 est actuellement en préparation et a été précédé d'un *Almanach malgache* de 170 pages avec illustrations et cartes.

Les imprimés nécessaires au fonctionnement des divers services publics de la colonie n'ont pas toujours pu être exécutés, en raison de leur très grand nombre, dans des conditions satisfaisantes pendant une partie de l'année 1897, et plusieurs services ont dû, à certaines époques, avoir recours à l'industrie privée locale.

Mais, depuis 1898, l'imprimerie officielle de Tananarive

se trouve en mesure d'exécuter toutes les commandes d'imprimés des services civils de Tananarive ainsi que des cercles militaires du plateau central.

En résumé, cet établissement, dont l'importance et la production se sont notablement accrues depuis deux ans, a rendu et est appelé à rendre des services réels et très appréciés à l'administration de la colonie et à la cause française dans la grande île.

Imprimerie de Tamatave.

L'imprimerie officielle de Tamatave a été créée au début de l'année 1897 au moyen d'un matériel acheté sur place, complété par celui qui appartenait à l'imprimerie officielle de l'ancienne dépendance de Diégo-Suarez.

L'installation de cet établissement a eu pour objet l'exécution des commandes d'imprimés des services installés à Tamatave, auprès du secrétaire général par intérim en territoire civil, ainsi que des provinces de la côte Est depuis Diégo-Suarez jusqu'à Fort-Dauphin. Elle permet de réaliser de notables économies sur le budget de l'imprimerie de Tananarive, qui n'eut plus à fournir d'imprimés qu'aux administrations du centre de l'île, ce qui diminua dans une notable proportion les frais de transport des grandes quantités de papier qui lui étaient précédemment nécessaires pour donner satisfaction aux commandes des provinces côtières.

Le fonctionnement de l'imprimerie officielle de Tamatave laissa à désirer pendant l'année 1897 et les premiers mois de l'année 1898. Son personnel, composé en grande partie de créoles de Bourbon et de Maurice, ne fournissait pas un travail suffisamment soutenu pour que toutes les commandes d'imprimés pussent être exécutées dans les délais voulus; d'autre part, les locaux affectés à l'imprimerie étaient exigus et aménagés d'une façon défectueuse, ce qui entravait la marche du service.

A mon passage à Tamatave, en septembre 1898, je pris diverses mesures destinées à améliorer le fonctionnement de l'imprimerie. Elle fut installée dans des locaux plus spacieux et placée sous la direction d'un administrateur adjoint qui réorganisa le personnel et put en obtenir de meilleurs services.

Depuis cette époque, l'imprimerie officielle a été à la hauteur de sa tâche et a donné satisfaction à tous les services qu'elle est chargée de pourvoir d'imprimés.

J'avais en outre décidé, au cours de ma dernière tournée, qu'un *Supplément commercial et agricole* du *Journal officiel* de la colonie serait imprimé à Tamatave comme élément d'informations pour les colons et les commerçants de la côte Est.

Cette publication a commencé à paraître au mois d'octobre et, depuis lors, l'imprimerie de Tamatave a assuré son tirage régulier le mercredi de chaque semaine.

Imprimerie de Majunga.

La côte Ouest était pourvue d'une imprimerie à Nossi-Bé, qui avait antérieurement appartenu à l'ancienne dépendance, et qui fut chargée en 1897 de fournir tous les imprimés nécessaires aux administrations installées sur le littoral depuis Analalava jusqu'à Tuléar et dans les circonscriptions adjacentes.

Mais le matériel que possédait cet établissement et le personnel qui en était chargé ne tardèrent pas à être insuffisants pour assurer dans de bonnes conditions le nouveau service imposé à l'imprimerie. Aussi son fonctionnement fut-il, dès le début, particulièrement défectueux, et je dus me préoccuper de remédier à cette situation.

L'occasion m'en a été fournie, dès la fin de 1898, par l'installation à Majunga d'une imprimerie privée avec laquelle il m'a été possible de traiter pour la fourniture, pendant une période de temps déterminée et suivant un certain tarif, de tous les imprimés nécessaires aux services de la côte Ouest. Ce marché a déjà reçu son exécution, qui s'opère d'une façon satisfaisante.

En outre, j'ai doté la côte Ouest, comme je l'avais fait pour la côte Est, d'un *Supplément commercial et agricole* du *Journal officiel*, qui paraît deux fois par mois depuis le 15 janvier dernier.

Cette nouvelle organisation a eu pour conséquence la suppression de l'imprimerie de Nossi-Bé, dont le matériel a été mis à la disposition des imprimeries de Tamatave et de Majunga et le personnel licencié à compter du 1er janvier 1899.

Le service géographique de l'état-major du corps d'occupation.

Le 1er novembre 1896, le service géographique de l'état-major du corps d'occupation, dont les travaux sur le terrain avaient dû se borner jusque-là, en raison de l'état troublé du pays, à quelques levés aux environs immédiats de Tananarive, devient le 3e bureau de l'état-major (Bureau topographique).

Les travaux exécutés par ce bureau topographique en 1897 et 1898 se divisent en travaux géodésiques et travaux topographiques.

Travaux géodésiques. — Le programme adopté consiste à s'appuyer sur les travaux antérieurs pour arriver à déterminer les deux axes N.-S. et E.-O., passant par Tananarive. Les travaux géodésiques effectués avant notre entrée à Tananarive étaient :

La triangulation de l'Imerina, s'appuyant sur la base

d'Ihamalaza (R. P. Roblet) et sur les coordonnées de l'observatoire de Tananarive (R. P. Colin);

La triangulation de Tananarive à Andevorante (R. P. Colin);

La triangulation de la côte N.-O. par les ingénieurs hydrographes;

La triangulation de Majunga à Andriba par le service géographique du corps expéditionnaire.

Deux brigades géodésiques travaillèrent en 1897 à établir la triangulation de Tamatave à Andevorante et de Tamatave à Ambatondrazaka, et à relier Ambatondrazaka à la triangulation de l'Imerina.

En 1898, deux brigades relièrent par des triangulations l'Imerina à Fianarantsoa et Fianarantsoa à Tuléar, d'une part, et Fort-Dauphin, d'autre part. Leurs travaux furent rendus particulièrement difficiles par l'état troublé du pays au sud du Betsiléo.

Le programme pour 1899 comportait l'établissement d'une triangulation entre Tananarive et Diégo.

Travaux topographiques. — Le levé des terrains traversés par les brigades géodésiques a été effectué par les officiers topographiques attachés aux brigades.

Dans les cercles militaires, les officiers de renseignements ont été chargés de faire le levé des cercles au 1/100.000e.

Enfin les officiers attachés à l'état-major du chef de bataillon Gérard, commandant les troupes de pénétration de Menabé ont levé plusieurs itinéraires entre Inanatonana et la mer.

Ces différents travaux ont servi au capitaine Mérienne-Lucas, chef du bureau topographique, à dresser les cartes suivantes :

1º Carte générale de l'île à 1/500.000º en 32 feuilles;

2º Carte à 1/100.000e de la région centrale en 28 feuilles;

3º Feuilles à 1/100.000e de Diégo, Tamatave, Andevorante, Ambatondrazaka.

Ateliers du bureau topographique.

Les minutes de la carte à 1/100.000ᵉ sont envoyées à Paris au service géographique de l'armée qui a bien voulu se charger du tirage.

La carte à 1/500.000ᵉ sera tirée au bureau topographique à Tananarive. Ce tirage présente déjà de grosses difficultés provenant du faible rendement des moyens de transport entre l'Imerina et la côte et du manque de personnel technique. Mais de nombreux travaux accessoires viennent encore s'ajouter au travail de la carte : dessins et tirages pour les diverses publications, et en particulier pour la *Revue mensuelle*, cartes provisoires pour les bureaux de l'état-major et pour les cercles, etc., etc.

Le bureau topographique possède trois ateliers :

Atelier de dessin ;

Atelier de photographie ;

Atelier de gravure.

L'atelier de gravure est divisé en trois sections : lithographie, zincographie, autographie. Une section d'héliogravure est à l'étude.

Le personnel de ces ateliers est fourni par des militaires du corps d'occupation et par des indigènes.

Travaux publics.

Le service des travaux publics, qui avait été organisé par mon prédécesseur, comprenait à la fois, en octobre 1896, le service des travaux publics proprement dit, ceux des mines, des bâtiments et des transports civils, et des voiries urbaines.

Cette organisation fut maintenue provisoirement sous les ordres d'un capitaine d'artillerie de marine; mais, par arrêté du 7 mars 1897, je supprimais la direction des travaux publics et rendais autonomes tous les services qui la composaient.

Antérieurement à cette décision, j'avais amélioré la situation des agents de cette administration qui avaient été précédemment choisis un peu à la hâte, sans garanties sérieuses, et auxquels avaient été faites des promesses de soldes exagérées.

Afin de donner, dans la mesure du possible, satisfaction à leurs doléances en partie fondées, je fixai la hiérarchie et la solde du personnel des travaux publics.

Par arrêté du 12 septembre 1897, M. le commandant Roques, directeur du génie, reçut le titre de directeur du génie et des travaux publics et fut chargé de l'étude, du contrôle et de l'exécution de tous les travaux d'intérêt général autres que ceux relatifs aux services des mines, des bâtiments civils et des voiries urbaines.

Les attributions du directeur des travaux publics furent de nouveau accrues par arrêté du 21 mai 1898, qui replaça sous ses ordres le service des mines ainsi que l'école professionnelle de Tananarive, créée par arrêté du 19 décembre 1896.

Enfin, à la date du 27 juin 1898, le service des bâtiments civils fut également réuni à la direction des travaux publics.

Cette dernière mesure fut basée sur cette considération que les services des travaux publics et des bâtiments civils se trouvaient assurés par les mêmes agents et qu'il y avait intérêt, en conséquence, à placer ceux-ci sous une direction unique. D'autre part, l'unité de direction présentait des avantages incontestables pour la répartition des crédits à affecter par ordre d'urgence ou d'importance à l'exécution des travaux ressortissant à ces différents services.

Telles sont les diverses phases par lesquelles est passée l'organisation du service des travaux publics pendant ces deux dernières années.

Dans les provinces importantes, cette administration est représentée par des conducteurs ou autres agents techniques. Dans les autres régions de l'île, et notamment dans les cercles militaires, ce sont les officiers qui remplissent eux-mêmes le rôle de conducteurs et qui font exécuter les travaux, particulièrement ceux d'ouverture ou d'aménagement des routes, sous leur direction et au moyen de la main-d'œuvre fournie par les prestataires.

La mission incombant au service des travaux publics revêt dès le lendemain de l'occupation de Madagascar une très grande importance, étant donné que tout était absoment à créer dans ce pays où la tactique du gouvernement hova était d'empêcher l'amélioration des sentiers existants et l'ouverture de toute voie de communication, dans l'espoir que l'Imerina et sa capitale seraient plus inaccessibles aux entreprises de conquête dont la grande île était menacée.

Mon prédécesseur avait déjà réalisé des progrès sensibles lorsque je fus appelé à lui succéder en octobre 1896. Un sérieux effort avait été produit et plusieurs des travaux effectués avaient déjà donné d'excellents résultats ; ils consistaient principalement en travaux de voirie dans l'intérieur de Tananarive.

Des considérations d'ordre budgétaire m'amenèrent, suivant les instructions du département, à suspendre l'exécution de la plus grande partie du programme précédemment arrêté, mais cependant plusieurs travaux durent être terminés avant la saison des pluies 1896-1897, afin que le bénéfice de ce qui avait déjà été exécuté ne fût pas perdu inutilement.

Dès le mois d'avril 1897, à l'approche de la belle saison, une nouvelle impulsion fut donnée aux travaux d'utilité publique ; l'établissement progressif du régime fiscal des provinces, la préparation, sur des bases plus solides, du budget de la colonie, me permirent d'affecter des crédits assez importants à l'exécution des travaux. Les efforts du service technique ainsi que ceux des administrateurs et des commandants de cercle durent porter tout d'abord sur l'amélioration des voies de communication par l'aménagement rationnel des chemins existants et l'ouverture de routes nouvelles.

De toutes parts on se mit résolument à l'œuvre et les résultats furent parfois remarquables ; à la fin de 1897, le réseau des routes muletières dépassait dans toute l'île plusieurs centaines de kilomètres.

Et cependant l'exécution des travaux de terrassement ou des travaux d'art rencontre à Madagascar des difficultés toutes particulières, causées en grande partie par les pluies, l'absence de chaux et l'absence de main-d'œuvre. La saison des pluies, qui dure en moyenne de novembre à avril, est caractérisée par des orages très violents qui se résolvent parfois en des torrents d'eau atteignant un volume exceptionnel. En un clin d'œil, toute une région se trouve envahie par une véritable inondation, et, dans les contrées accidentées comme l'Imerina, les eaux se précipitent des hauteurs dans les vallées en entraînant avec elles tous les obstacles qu'elles rencontrent; aussi, malgré les précautions prises et les soins apportés dans l'exécution des travaux de routes, ne se passe-t-il pas de saison pluvieuse sans que l'on ait à constater des dégâts quelquefois considérables : des ponts entiers sont emportés, des talus disparaissent, des murs de soutènement s'effondrent, des routes sont profondément dégradées.

A Tananarive, par exemple, où il existe des différences de niveau de plus de 150 mètres et où les maisons sont parfois accrochées aux saillies du roc et superposées en étages, de nombreux dégâts sont causés aux immeubles pendant la saison des pluies, ainsi qu'aux rues et places de la ville.

Le service des travaux publics est donc dans l'obligation de veiller d'une façon toute spéciale à l'établissement des plans des travaux et à la bonne exécution pour qu'ils puissent résister efficacement à la violence des eaux.

Il lui serait d'ailleurs facile de donner aux travaux d'art, aux murs de soutènement, en un mot à toutes les constructions de maçonnerie, la solidité désirable s'il pouvait faire emploi de chaux hydraulique ; mais l'absence de chaux est une des difficultés que les constructeurs ont à vaincre dans la majeure partie de Madagascar, et principalement en Imerina. Le terrain du plateau central manque de calcaires ; quelques gisements médiocres existent dans un rayon de 30 kilomètres autour de Tananarive, et encore ne suffisent-ils pas aux besoins sans cesse croissants des services techniques et des particuliers.

En tout cas, les maçonneries faites au mortier de chaux de provenance locale reviennent à un prix relativement élevé.

Quant à la solution qui consisterait à faire venir de la chaux de France, elle est presque impraticable en raison du prix encore considérable des transports dans l'intérieur de l'île. Aussi, l'administration des travaux publics en Imerina et les administrateurs et commandants de cercle dans la plupart des provinces du plateau central doivent s'ingénier à édifier sur les routes ou dans les agglomérations urbaines des travaux qui, le plus souvent, ne peuvent être effectués dans toutes les conditions de solidité voulues, et qui cependant doivent être en mesure de résister aux torrents d'eau qui s'abattent sur le pays pendant plusieurs mois de l'année.

L'absence de main-d'œuvre, enfin, est une nouvelle difficulté, et non la moindre, qui se présente pour l'exécution des travaux d'intérêt général. C'est une question qui, depuis trois ans, a fait l'objet de trop de discussions et de trop de commentaires pour qu'il me soit nécessaire de l'exposer à nouveau ici ; elle sera, du reste, traitée longue-

ment dans le chapitre du présent rapport relatif à la réglementation de la main-d'œuvre.

Qu'il me suffise de faire remarquer, en passant, que le
service des travaux publics et les chefs de province ont dû
employer exclusivement des prestataires pour arriver à
entreprendre et à mener à bien les importants travaux de
routes ou d'autres sortes qu'ils ont effectués; quant aux
ouvriers d'art, il a toujours été très difficile d'en recruter,
et encore, étant donné l'inconstance innée de la race, est-il
impossible de compter sur leurs services d'une façon soutenue lorsqu'ils consentent à s'engager.

Dans les conditions que je viens de relater, l'œuvre des
travaux publics a été et est encore des plus ardues; mais
l'énergie et l'activité qui ont été déployées aussi bien par
les agents techniques que par les officiers et les administrateurs leur ont permis, dans l'espace des deux années
écoulées, de réaliser un programme très étendu.

A l'heure actuelle, l'Imerina, le Betsiléo et les provinces
des côtes Est et Nord-Ouest sont sillonnés de routes, toutes
muletières, quelques-unes carrossables, qui ont contribué
puissamment à l'accroissement des transactions commerciales et ont facilité les entreprises de nos colons miniers
ou agriculteurs.

Les territoires sakalaves récemment pacifiés seront
bientôt, à leur tour, pourvus de routes nouvelles desservant les principaux centres. Dans les villes telles que
Tananarive, Tamatave, Majunga, Fianarantsoa et dans les
chefs-lieux des provinces, des travaux importants de voirie
ont été exécutés, mettant un peu d'ordre et d'harmonie
dans ces agglomérations de maisons et de cases, sorties du
sol au hasard et selon la fantaisie du maître, sans aucun
souci de l'hygiène la plus élémentaire.

A Tananarive, ces travaux ont été particulièrement considérables, et je dois ajouter qu'ils ont emprunté à leur
nature et à leur exécution dans la capitale de l'ancien

royaume hova, sous les yeux de la population et de l'entourage du palais, un caractère spécial qui n'a pas peu contribué à convaincre nos nouveaux sujets de la stabilité de notre occupation. Il était, en effet, essentiel de prouver d'une façon matérielle au peuple hova que nous étions fermement décidés à rester les maîtres à Madagascar et que notre domination y était définitivement établie.

Les travaux de voirie entrepris à Tananarive, comme du reste tous les travaux d'intérêt public exécutés dans toute l'étendue de la colonie, ont donc eu un but politique qui a porté ses fruits en frappant l'esprit des indigènes et en les fixant sans équivoque sur nos véritables intentions.

La ville, dont tous les quartiers étaient d'un accès très difficile, fut percée de larges rues, ouvertes suivant des tracés sérieusement étudiés et répondant aux besoins nouveaux de la population européenne sans cesse croissante. En même temps la place d'Andohalo, située au cœur de la cité, était aménagée en un élégant square au milieu duquel l'école professionnelle fut chargée d'édifier un kiosque devant être utilisé pour les concerts de la fanfare du 13e régiment d'infanterie de marine. D'autre part, d'importantes constructions ou aménagements d'immeubles destinés aux services civils ou militaires étaient entrepris et contribuaient à affirmer notre prise de possession définitive de la capitale de Madagascar.

Ce rapide exposé fait ressortir quelle a été jusqu'à ce jour la mission du service des travaux publics à Madagascar et quels appréciables résultats ont été obtenus dans l'exécution des travaux d'intérêt général, au double point de vue matériel et politique.

Les développements relatifs à la construction de la route carrossable de Tamatave à Tananarive, au chemin de fer, aux routes en territoires militaires, ne rentrent pas dans le cadre de ce paragraphe et font l'objet d'un chapitre distinct (1).

Pour terminer, je rappelle que d'importants travaux d'amélioration des ports de Tamatave et de Majunga ont été entrepris depuis plusieurs mois et sont poussés avec activité.

Bâtiments civils.

Le service des bâtiments civils est chargé de la construction et de l'entretien des immeubles appartenant au domaine de l'État et affectés aux divers services publics de la colonie. Les diverses phases qu'a traversées l'organisation de ce service ont été exposées précédemment; il est actuellement placé sous la direction immédiate du directeur du génie et des travaux publics.

A Tananarive, la majorité des immeubles affectés aux administrations civiles provient, soit des confiscations opérées sur les biens des personnages hovas convaincus de participation à l'insurrection de 1896, soit des acquisitions faites à l'amiable à des particuliers et notamment aux missions anglaises.

Peu de constructions neuves ont été édifiées jusqu'à ce jour.

Sur les côtes, la nécessité de fournir aux chefs de province et aux divers services des habitations confortables mettant les fonctionnaires à même de représenter dignement et de résister plus efficacement aux rigueurs du climat me fit décider, dès mon arrivée à Madagascar, l'achat de constructions démontables.

A cet effet, une convention fut passée entre la colonie et la Compagnie des constructions démontables et hygiéniques, sise à Paris, pour la fourniture d'un certain nombre

---

(1) Voir titre III.

de maisons de divers types dont le prix total était de 512.800 francs.

Le transport de ces maisons fut entrepris vers le milieu de l'année 1897; celles qui étaient destinées à Tamatave se trouvaient complètement édifiées à la fin de l'année. Il n'en fut pas de même dans la plupart des autres provinces par suite du retard apporté dans l'envoi des matériaux, et les administrateurs durent encore se contenter pendant plusieurs mois des habitations qu'ils avaient trouvées sur place.

Actuellement, toutes les constructions qui avaient primitivement été prévues sont terminées, et l'administration étudie l'offre qui lui a été adressée par la Compagnie précitée d'une nouvelle fourniture de pavillons démontables dont le besoin se fait sentir sur divers points du littoral.

Transports civils.

Le service des transports est chargé d'assurer le transport par bourjanes (porteurs) du personnel et du matériel des divers services civils dans l'intérieur de la colonie. Tout d'abord rattachés aux bâtiments civils et dirigés par des agents distraits de ce service, les transports civils furent réunis au service des transports militaires par arrêté du 26 mai 1898. Cette mesure devait avoir pour résultat de faire réaliser une économie appréciable aux budgets de l'État et de la colonie, les bourjanes recrutés par l'un des deux services précités et non utilisés pouvant servir à assurer les transports de l'autre; l'unité de direction pouvait également permettre de limiter les prétentions parfois exagérées des porteurs, puisqu'elle supprimait la concurrence à laquelle donnait lieu le recrutement distinct opéré de part et d'autre.

Le service des transports ne fait l'objet d'aucune observation spéciale; son fonctionnement est régulier et satisfaisant.

L'enseignement

Dans la partie de ce rapport consacrée aux affaires politiques et aux questions religieuses j'ai été souvent amené à constater à quel point l'organisation et le fonctionnement de l'enseignement à Madagascar leur étaient liés.

Comme je vous l'ai exposé, Monsieur le Ministre, mettant à profit le désir inné de s'instruire qui se rencontre à un si haut degré chez les Malgaches et surtout chez les Hovas, les diverses sociétés religieuses de l'île avaient fait de l'enseignement le principal terrain de leurs luttes confessionnelles et politiques. Toutes obtinrent des résultats marqués; mais, grâce à l'appui du gouvernement malgache, les missions étrangères eurent dans ce conflit avec les missions françaises un avantage que celles-ci s'efforcèrent de ressaisir au moment de notre conquête de l'île.

On peut dire cependant que l'enseignement proprement dit, le plus souvent négligé par les sociétés confessionnelles au profit de leur propagande religieuse, se trouvait délaissé et paraissait devoir l'être de plus en plus.

S'il était entré autrefois dans les vues des autorités locales d'abandonner exclusivement aux missions, par mesure d'économie, le soin d'instruire les Malgaches, il me sembla au contraire qu'une telle solution, indépendamment de ses inconvénients politiques, n'était pas sans désavantage pour l'avenir de l'instruction publique elle-même dans la grande île. Je fus bientôt convaincu que l'enseignement des missions avait besoin d'être orienté, stimulé, contrôlé, et qu'il était indispensable, en outre, que le gouvernement de la colonie ne parût pas se désintéresser du progrès intellectuel de ses nouveaux sujets. Il fallait aussi leur démontrer, par des faits, que l'autorité française, se plaçant au-dessus des sectes et des partis,

veut qu'ils acquièrent avant tout dans les écoles les sentiments de mutuelle tolérance, de concorde, d'union dans le
respect et l'amour de la France, sentiments qu'ils avaient
ignorés jusqu'à ce jour. Je cherchai les moyens de réaliser
ce programme par l'impulsion donnée à l'enseignement du
français et la création de l'enseignement officiel.

L'enseignement libre.

Je n'eus jamais d'ailleurs la pensée de substituer entièrement notre enseignement officiel laïque à celui des
congrégations. Indépendamment des considérations de
politique extérieure ou nationale qui rendent un pareil
changement difficile, l'importance, le nombre des établissements religieux étaient et sont tels que les ressources
financières de la colonie ne paraissent pas devoir lui permettre, même dans un avenir assez lointain, d'assumer
une semblable dépense.

La société des missions de Londres comptait en 1896,
dans les diverses provinces de l'île, environ un millier
d'écoles et 55.000 élèves; la mission des quakers environ
250 écoles et 7.000 élèves; la mission norvégienne près de
500 écoles et 36.000 élèves inscrits; la mission catholique
environ 400 écoles et 28.000 élèves.

La très grande majorité de ces écoles étaient situées
dans l'Imerina ou dans le Betsiléo.

Dans le reste de l'île elles étaient infiniment plus clairsemées.

Le chiffre des élèves ne doit pas être pris strictement à
la lettre. Pour beaucoup, l'inscription n'était que nominale
et ne s'accompagnait pas d'une assiduité effective.

Il est même regrettable de constater qu'à ce point de vue
la situation est loin d'avoir notablement changé.

En ce qui concerne le chiffre des écoles, il faut noter que

bon nombre de ces bâtiments servent aussi de temples et que, dans la plupart, le caractère religieux l'emporte sur le caractère scolaire.

Malgré ces réserves, les totaux ci-dessus relatés n'en conservent pas moins leur éloquence. Ils prouvent que l'occupation française avait trouvé, sinon dans Madagascar, du moins en Imerina et dans le Betsiléo, une œuvre scolaire très étendue.

Situation légale de l'enseignement libre.

La législation malgache avait puissamment aidé à ce résultat. Un article spécial de cette législation interdisait de retirer l'enfant de l'établissement où il avait été une première fois inscrit. On devine quel rôle jouaient les préférences de l'autorité dans cette première et définitive formalité. Là est tout le secret de l'extension de l'enseignement et de la supériorité numérique des écoles étrangères.

Un tel régime ne pouvait subsister dans un pays placé sous notre domination. Un ordre royal du 9 mars 1896, visé par mon prédécesseur, l'avait, il est vrai, atténué en donnant à l'élève le droit de changer d'école une fois dans l'année, lors de la rentrée. Cette modification incomplète n'avait eu que peu ou point d'effet dans la pratique; elle était insuffisante pour assurer aux Malgaches la liberté de conscience dans la large mesure où la comprennent les traditions libérales de la métropole.

Par circulaire du 11 novembre 1896, je rendis complètement libre le choix de l'école en ayant soin d'indiquer quels étaient en cette matière les principes de neutralité de l'administration, déclaration que je renouvelai à diverses reprises et notamment dans la circulaire du 12 février 1897, qui fut affichée surtout dans les bâtiments scolaires.

Cette neutralité s'affirmait encore dans l'arrêté du 12 février 1897, où je fixai la situation des maîtres des écoles libres en même temps que celle des instituteurs officiels.

La rivalité ardente des missions m'obligea à compléter ces mesures par la suppression des inspecteurs indigènes des écoles libres (masoivoho), remplacés dans leurs fonctions par des chefs de village ou de quartier (arrêté du 2 décembre 1897).

J'ai déjà eu l'honneur de vous exposer, Monsieur le Ministre, que ces agents, chargés de par la loi de 1881 de contrôler l'assiduité des élèves à l'école qu'ils surveillaient, n'étaient en réalité que des instruments de propagande confessionnelle.

Portés à exagérer un zèle dont les excès leur semblaient être protégés par leurs directeurs européens, ils étaient les instigateurs perpétuels de querelles et de troubles dont leur suppression paraît avoir marqué la fin.

J'ajouterai que, par circulaire du 11 novembre 1896, j'avais spécifié que les écoles libres étaient soumises à l'inspection du service de l'enseignement. Cette mesure a été accueillie avec déférence et le contrôle que j'avais ainsi établi a pu s'exercer sans provoquer ni récriminations ni inconvénients.

Il me reste, pour achever de caractériser la situation actuelle, au point de vue légal, de l'enseignement libre, à rappeler en quelques mots les décisions qui régissent actuellement la propriété des immeubles servant d'écoles privées.

Quelques bâtiments scolaires, uniquement affectés à l'enseignement, appartiennent aux missions françaises ou étrangères, à titre privé.

Tel est le cas d'un certain nombre d'immeubles dont la colonie a accordé la pleine propriété aux missions étrangères à la suite des conventions rappelées plus haut. Les missions françaises possèdent également quelques écoles ou collèges qu'elles ont fait construire sous l'ancien régime (collège d'Ambohipo, pères jésuites) ou dont la colonie leur a fait don et qu'elles ont aménagés (école primaire supérieure d'Ambatobevonja, mission protestante française).

Aucune des sociétés religieuses de l'île n'ayant d'existence légale, la plupart d'entre elles tournent la difficulté en constituant la propriété au nom personnel d'un de leurs membres qui donne à un ou plusieurs autres représentants de la mission les garanties qui paraissent de nature à prévenir toute probabilité d'aliénation ultérieure, fortuite ou volontaire.

Dans d'autres cas, les bâtiments scolaires ont été construits par les communautés religieuses, fournissant la main-d'œuvre et la plus grande partie des fonds, et plus ou moins aidées dans l'achat, soit du terrain, soit de certains matériaux, par la mission directrice.

Chez les catholiques, ces locaux sont indépendants des églises; chez les protestants, ils servent en même temps de temple et d'école.

La désaffectation de quelques-uns de ces derniers avait donné lieu à des contestations auxquelles mit fin un télégramme ministériel du 2 mars 1897, porté à la connaissance des autorités locales et des intéressés par ma circulaire du 27 du même mois. Mes instructions, basées sur le maintien du *statu quo*, interdisaient tout changement ultérieur, chaque temple ou école devant rester affecté au service du culte pour lequel il avait été construit.

Leur possession s'est trouvée ainsi nettement déterminée. Mais la question de propriété pourrait encore se trouver soulevée si, par exemple, une des missions venait à élever sur ces édifices des droits distincts de ceux des communautés indigènes qui les utilisent. Je vous ai fait connaître, dans mon rapport du 13 avril 1897, la doctrine formulée à ce sujet par une commission spéciale où figuraient, indépendamment de magistrats et fonctionnaires, les chefs des principales sociétés religieuses.

Sous réserve des droits privés et particuliers dont pourraient justifier des tiers, cette assemblée reconnut à titre de règle générale :

1° Que les églises et temples avaient été bâtis par les communautés indigènes ;

2° Que les subsides, peu importants, fournis à cette occasion par les missions, avaient le caractère de donations irrévocables ;

3° Qu'en l'absence d'organisation en la matière d'une propriété collective ou communale, les édifices religieux ou scolaires devaient être considérés comme appartenant à la colonie.

En résumé, dans l'état actuel des choses, la colonie garantit aux communautés indigènes la libre possession, le paisible usage des temples, églises ou écoles qu'elles ont construits ou construisent, et considère par ailleurs que la propriété de ces édifices lui appartient.

En fait, depuis deux ans, aucune contestation nouvelle n'a surgi.

Je considère cependant que cette question a besoin d'être plus complètement élucidée.

Actuellement, les missions, soit françaises, soit étrangères, continuent de procéder à la construction d'immeubles qui sont en réalité bâtis par les soins des communautés indigènes.

Mais il n'est pas difficile aux sociétés religieuses de prendre avantage des secours qu'elles accordent pour faire des réserves ou se constituer des titres dont la discussion pourrait, le cas échéant, être laborieuse, si des différends s'élevaient plus tard, la situation légale des communautés indigènes n'étant définie ni par rapport aux missions, ni par rapport à l'administration. Nous manquerions ainsi de principes définis pour solutionner des litiges de cette nature.

Il me paraît dès maintenant indispensable de soumettre au régime de l'autorisation préalable l'ouverture des écoles libres, ainsi que la construction de ces écoles, toutes les fois que les missions n'assurent pas de leurs propres deniers et à titre privé l'achat du terrain et des matériaux ainsi que leur mise en œuvre.

Il y aura lieu ensuite de prévoir les dispositions complémentaires subordonnant, dans ces cas, la susdite autorisation à la reconnaissance des droits des communautés indigènes, c'est-à-dire, en l'espèce, de la colonie. Je me réserve, Monsieur le Ministre, de vous adresser ultérieurement des propositions en vue de la solution de cette importante question.

Transformation dans le personnel et la situation des missions de 1896 à 1899.

Les missions françaises n'étaient représentées, en 1896, que par les pères jésuites. Les frères des Écoles chrétiennes, les sœurs de Saint-Joseph-de-Cluny, entre les mains desquels se trouvait une partie importante de l'enseignement, dépendaient de la société de Jésus au point de vue pécuniaire et matériel. Dans le courant de 1897, le Sud de l'île, érigé en vicariat apostolique distinct, a été attribué aux pères lazaristes, qui ont déjà installé quelques écoles.

Dans la partie septentrionale, la création du vicariat apostolique de Madagascar-Nord, dont la direction vient d'être dévolue aux pères du Saint-Esprit, a fait passer entre leurs mains l'évangélisation et l'enseignement congréganiste de ces régions.

Ils n'ont pas encore commencé leur œuvre scolaire.

Le centre de l'île, c'est-à-dire l'Imerina et le Betsiléo,

érigé en vicariat apostolique du centre, est resté aux jésuites.

A la suite de la convention du 8 avril 1897, le nombre des frères de la Doctrine chrétienne s'est accru de quinze nouveaux membres de l'institut qui n'ont aucun lien temporel avec les pères jésuites.

Ces frères ont pris la direction de quelques-unes des écoles de Tananarive.

Il me paraît utile de favoriser l'installation de ces maîtres modestes et dévoués, qui ont déjà rendu les services les plus signalés à l'influence française à Madagascar et ne cessent de fournir, soit à l'administration, soit aux colons, leurs meilleurs auxiliaires indigènes, initiés par eux à l'étude de notre langue.

Les sociétés protestantes ont été accrues, leur situation et leur importance respectives ont été modifiées par l'arrivée à Madagascar de la mission protestante française, branche de la société des missions évangéliques de Paris.

Par convention du 1er février 1897, la société des missions de Londres a cédé à la mission protestante française la direction de ses écoles des campagnes en entier.

Deux des grandes écoles urbaines de la société anglaise, l'école du « Palais » et l'école « Normale », sont également devenues françaises. La société des missions de Londres a toutefois conservé à Tananarive une importante école de filles, au centre de la ville.

Tout le concours possible a été donné à la mission protestante française, à laquelle la colonie va encore céder, pour son œuvre scolaire, une importante propriété à proximité de la capitale.

La situation territoriale des autres missions étrangères ne s'est pas modifiée. Indépendamment de leurs institutions de Tananarive, elles ont conservé sans changement les écoles qu'elles dirigeaient dans les provinces.

La mission norvégienne a toujours ses principaux établissements dans le Vakin-Ankaratra, des écoles moins nombreuses dans le Betsiléo et le district d'Ambohimanga du Sud, quelques postes dans les provinces de Farafangana, Tuléar et Morondava.

La mission luthérienne d'Amérique est installée dans les provinces de Farafangana et de Fort-Dauphin.

La mission anglicane rayonne un peu autour de Tananarive et compte quelques écoles sur la côte Est.

La mission des quakers garde les écoles du centre dans l'Ambodirano et le Mandridrano, région dont l'évangélisation lui avait été cédée autrefois par la « London Missionary Society ».

On peut dire, comme résumé des renseignements qui précèdent, que le personnel de l'enseignement libre s'est à la fois accru et francisé.

Telles sont les modifications dont a été l'objet l'organisation de l'enseignement libre depuis notre conquête de l'île. Elles étaient propres à favoriser un développement qui, je n'ai pas besoin de le répéter, a été le but principal du zèle outré des sociétés rivales. Il a été largement atteint, quoi qu'elles puissent en dire.

Chacune d'elles a sans doute estimé qu'elle n'avait pas trouvé pour son œuvre scolaire l'appui auquel elle avait droit. D'une manière plus ou moins ouverte, elles ont toutes manifesté leur contrariété de la concurrence qu'elles voyaient dans l'institution de l'enseignement officiel.

Cependant l'introduction de cet enseignement était essentielle à un autre point de vue. Comme je l'ai déjà dit, les missions tenaient surtout, il y a peu de temps encore et même aujourd'hui, à grossir le chiffre de leurs adhérents et se montrèrent souvent peu soucieuses de l'enseignement proprement dit; elles étaient impuissantes, du reste, à en assumer les charges effectives.

Mais le plus grand reproche que j'aie à leur faire, c'est

que l'enseignement du français y a été beaucoup trop
négligé, malgré mes pressantes instructions.

La langue française.

Il est évident que notre premier soin, en nous établissant
à Madagascar, devait être de faire pénétrer partout notre
influence et nos idées françaises. Il fallait essayer de fran-
ciser l'île. L'enseignement de notre langue était l'un des
moyens d'arriver le plus vite à ce résultat. Je reste convaincu que chez un peuple où les traditions nationales sont
de si récente date, où le désir d'une instruction et d'une
civilisation supérieures est nettement développé, cet enseignement doit donner des résultats plus rapides que
tout autre moyen.

Comme je vous l'ai déjà exposé, je débutai en prescrivant par mes circulaires des 5 octobre et 11 novembre 1896
que dans toute école la moitié du temps devait être consacrée à l'enseignement français.

J'affirmai de nouveau mes vues par l'arrêté du 18 janvier 1897, qui rendait la connaissance du français obligatoire pour tout fonctionnaire ou candidat à un emploi
public. Je crois utile d'ajouter que ces ordres reçurent
dans la pratique les tempéraments nécessaires. J'accordai
aux missions, notamment aux missions étrangères, les
délais nécessaires pour se mettre en règle. J'ai insisté
constamment pour l'observation aussi exacte que possible
de mes prescriptions, mais, pour éviter toutes récriminations ou complications, je me suis abstenu de sanctionner
les négligences constatées par la fermeture des écoles en
cause, comme j'aurais pu le faire en d'autres circonstances. En réalité, je me suis surtout adressé à la bonne
volonté des missions. Je reconnais d'ailleurs qu'elle ne
m'a pas, en général, fait défaut et que plusieurs missions

étrangères ont mis un zèle des plus louables à entrer dans mes vues.

L'école d'Ambohijatovo, dépendant de la mission des quakers, à Tananarive, rivalise certainement, pour l'étude du français, avec les écoles des frères les plus réputées jusqu'à ce jour pour l'enseignement de notre langue.

Mais, je le répète encore, l'enseignement libre, en raison du caractère religieux des missions qui se disputent avec tant d'acharnement les âmes et les esprits des Hovas, doit, si nous voulons en tirer des résultats utiles pour notre œuvre de civilisation et de colonisation française à Madagascar, être dirigé et stimulé par la présence de l'enseignement officiel à ses côtés. Il m'a semblé, et je le crois encore, que l'enseignement libre, à moins de subir une évolution marquée, ne nous rendra pas les services que nous sommes en droit d'en attendre.

La création de l'enseignement officiel a eu pour but de remédier à une situation dont je viens de vous détailler les inconvénients. Après vous avoir exposé son fonctionnement, ses résultats, il ne me restera qu'à vous faire connaître les modifications que je crois devoir essayer d'apporter à l'organisation, aux programmes de l'enseignement tant officiel que libre, pour les faire concourir dans la plus large mesure possible au développement de notre influence et au progrès économique de la colonie.

L'enseignement officiel.

La création de l'enseignement officiel a apporté dans la vie scolaire malgache un élément dont l'influence a été considérable et doit le devenir de plus en plus. Les motifs qui m'ont déterminé à l'instituer sont surtout politiques. Malgré l'affermissement de notre autorité, nous ne pouvions, sans manquer à une sage politique, laisser les missions étrangères donner seules l'instruction dans quelques régions de l'île.

Enfin, partout et même dans les provinces où sont fortement établies des sociétés nationales, l'enseignement libre sans le contrôle, l'exemple et le stimulant de l'enseignement officiel, me paraît incapable de donner à ses nombreux adeptes autre chose qu'une instruction médiocre et peu conforme aux programmes que je désire voir adopter.

Voici, en résumé, quels sont les résultats obtenus jusqu'à ce jour par l'enseignement officiel :

Centre scolaire de Tananarive.

L'organisation de l'enseignement officiel débuta par la création à Tananarive de trois grandes écoles : école de médecine, école normale Le Myre de Vilers, école professionnelle.

Je ne vous entretiendrai ici ni de cette dernière ni des établissements similaires dans les provinces, dont le fonctionnement sera décrit dans une autre partie de ce rapport.

L'école de médecine indigène de Tananarive a été instituée par arrêté du 11 décembre 1896 et inaugurée le 6 février 1897. Elle a pour but de former uniquement des praticiens malgaches. Elle a remplacé l'ancienne académie anglaise annexée à l'hôpital de Soavinandriana.

Au point de vue médical et économique, il y a avantage à favoriser la formation de praticiens qui fourniront à une population fortement éprouvée par la maladie des soins que ne pourraient pas lui donner des médecins européens dont l'établissement est encore impossible en dehors de deux ou trois grands centres. Les études durent cinq ans et elles n'entraînent aucun frais pour les élèves, auxquels un diplôme de docteur en médecine est délivré après qu'ils ont subi avec succès le dernier des examens annuels.

L'école compte actuellement soixante-treize étudiants. Trois candidats, qui avaient justifié d'études antérieures, ont reçu, en 1898, leur diplôme de docteur.

L'école normale Le Myre de Vilers, instituée par arrêté du 2 janvier 1897 et inaugurée le 22 avril suivant, comprenait, jusqu'en ces derniers temps, trois sections : instituteurs, interprètes, candidats aux emplois publics. Pour assurer son fonctionnement, il a été emprunté trois maîtres à l'enseignement métropolitain. Elle a débuté en 1897 avec une centaine d'élèves et en compte actuellement plus de cinq cents. Elle a déjà fourni quatre-vingt-quatorze instituteurs et de nombreux interprètes, choisis parmi les élèves auxquels quelques connaissances préalables de français avaient permis de se perfectionner rapidement. L'école normale Le Myre de Vilers constitue actuellement l'établissement d'instruction primaire supérieure le plus important de Tananarive et de la colonie. Son organisation va être l'objet de quelques modifications, mais elle n'en est pas moins destinée à rester notre première école « normale », c'est-à-dire à assurer l'unité de méthode dans l'enseignement officiel et à fournir à l'enseignement libre des indications et un exemple également précieux.

Deux écoles de filles, dont l'une est plus spécialement un ouvroir, ont été fondées à Tananarive (arrêtés des 25 avril et 14 août 1897). L'une d'elles est placée sous la direction d'une institutrice de religion catholique ; l'ouvroir, sous la direction d'une institutrice de religion protestante.

L'école Le Myre de Vilers et l'une des écoles de filles sont installées dans le bâtiment de l'ancien palais de la reine.

Le prestige qui s'y attachait a pu contribuer, au début, au succès de ces institutions. Cette considération perd chaque jour de sa valeur et, en pratique, on a été obligé de constater que les locaux ainsi mis à la disposition du service de l'enseignement, disposés pour un tout autre usage, ne correspondaient pas suffisamment aux exigences de la vie scolaire. J'ai été amené ainsi à faire étudier un projet de construction d'une école normale à Tananarive, projet qui vous sera soumis sous peu.

Centres scolaires officiels de l'Imerina.

A l'heure actuelle, Tananarive est le seul point de l'Imerina où se trouvent des écoles officielles tenues par des maîtres français. C'est pour l'enseignement de l'État une cause d'infériorité, car les différentes missions ont toutes des représentants européens dans les provinces du centre. A un autre point de vue, les tournées effectuées par le seul inspecteur primaire de la colonie ne peuvent être assez fréquentes pour exercer un contrôle suffisant sur l'enseignement libre et lui donner l'impulsion voulue. Il serait utile que chacune des circonscriptions de l'Imerina fût dotée d'une école officielle dirigée par un instituteur métropolitain qui serait en même temps une sorte de sous-inspecteur de toutes les écoles de la région.

En attendant que ce projet puisse être intégralement réalisé, le budget de 1899 a prévu la création d'un établissement de ce genre dans le cercle de Tsiafahy.

Centre scolaire de Fianarantsoa.

Une école normale double (filles et garçons) a été créée à Fianarantsoa par arrêté du 23 septembre 1897. Elle est installée dans des bâtiments bien aménagés et dirigée, depuis le mois de juin dernier, par un instituteur et une institutrice empruntés au cadre métropolitain.

Ecoles et instituteurs officiels.

J'ai déjà exposé que j'avais jugé indispensable, dès mon entrée en fonctions, de pousser vigoureusement l'enseignement du français et de répandre les idées de neutralité religieuse dans la masse indigène, en installant le plus grand nombre possible d'écoles publiques.

J'ai utilisé, dans ce but, la bonne volonté des soldats et gradés du corps d'occupation et n'ai pas hésité à leur confier la direction des écoles que je ne pouvais pourvoir de maîtres réguliers, faute d'un personnel technique suffisamment formé et nombreux. J'ai mis aussi des militaires à la disposition des sociétés françaises ou étrangères qui ont témoigné le désir d'en utiliser pour l'enseignement de notre langue.

Ces maîtres improvisés ont parfaitement compris l'importance du concours patriotique que je leur demandais. Je tenais à reconnaître les services que leur zèle dévoué a rendus à notre cause avant de vous exposer les mesures que j'ai prises pour constituer un cadre d'instituteurs indigènes capables de remplir leurs fonctions d'une manière satisfaisante.

L'arrêté du 12 février 1897 accorde à ces agents un traitement mensuel de 30 francs, le logement en nature, la jouissance de terrains de culture choisis parmi les terres domaniales. Cette disposition avait pour but de permettre aux instituteurs d'augmenter leurs ressources en utilisant leurs loisirs à des travaux agricoles, travaux avec lesquels je tiens essentiellement à les voir rester ou devenir familiers.

Les instituteurs officiels indigènes en fonctions sont au nombre de 94, dirigeant autant d'écoles distinctes ayant une population de 6.000 élèves. Étant donné sa création récente, il n'était pas possible de compter exclusivement sur les élèves de l'école normale pour diriger les nombreux établissements d'instruction neutre qu'il était nécessaire de fonder. Par arrêté du 24 avril, les chefs de province furent autorisés à désigner, à défaut d'élèves de l'école Le Myre de Vilers, des indigènes lettrés chargés provisoirement des fonctions d'instituteurs.

Le nombre des écoles publiques dirigées, soit par ces maîtres provisoires, soit par les soldats et gradés du corps d'occupation, est d'environ 140; elles comptent 12.000 élèves.

C'est principalement en Imerina que l'enseignement a été développé. Les écoles officielles sont surtout nombreuses dans la province de Tsiafahy, qui avait été particulièrement troublée par les querelles religieuses en 1897, et dans la province d'Ankazobé, où l'enseignement privé existait à peine.

Provinces autres que l'Imerina.

Dans le Betsiléo, l'école normale de Fianarantsoa est de fondation trop récente pour avoir formé des maîtres et il n'existe pas encore de corps d'instituteurs officiels. L'enseignement public n'y est encore représenté que par l'école normale.

Sur la côte Est il existe 48 écoles officielles, dont 11 dans la province de Tamatave, 18 dans celle d'Andevorante, 7 dans celle de Fénérive.

Les événements n'ont pas permis de procéder à d'aussi nombreuses créations sur la côte Ouest, où il a été cependant installé, à l'heure actuelle, neuf écoles officielles réparties entre les villes de Majunga, Maintirano, Marovoay et Morondava. Dans cette énumération ne figurent pas les établissements congréganistes depuis longtemps organisés dans notre ancienne possession de Nossi-Bé.

Ressources budgétaires et extrabudgétaires du service de l'enseignement.

Les ressources financières régulières du service de l'enseignement se limitent aux crédits inscrits au budget local.

Les sommes dépensées pour l'instruction dans les colonies, représentées seulement en 1896 par l'allocation de 20.000 francs attribuée aux missions françaises, se sont élevées respectivement en 1897 et 1898 à 103.540 francs et 221.620 francs. Elles figurent au budget de 1899 pour 240.270 francs (chap. 21). Dans ce chiffre ne figurent pas 20.000 francs pour constructions d'écoles (travaux neufs. — Chap. 14), ni 29.500 francs pour achat et entretien de mobilier scolaire (travaux d'entretien, loyers. — Chap. 13).

Toutefois, pour créer des écoles et les doter d'instituteurs, le service de l'enseignement n'a pas disposé exclusivement des ressources officielles budgétaires. Il s'est efforcé d'utiliser tous les concours que pouvaient lui offrir soit l'île, soit la métropole.

Dans la colonie, il est arrivé fréquemment que des villages, fatigués des dissensions confessionnelles ou dépourvus d'écoles, ont demandé qu'on leur envoyât un instituteur public, s'engageant à fournir les locaux scolaires et le traitement du maître. Dans les provinces éloignées ou malsaines, les habitants, pour augmenter leurs chances de se voir envoyer un instituteur officiel, offrent volontiers de lui constituer un supplément de traitement par une de ces souscriptions volontaires qui sont de tradition dans les corps de village.

J'ai jugé qu'il y avait intérêt, pendant la période de début, à ne pas décourager les bonnes volontés qui se manifestaient ainsi et dont l'aide a été précieuse.

Il paraît préférable cependant de régulariser cet état de choses. Une partie des écoles entretenues par les habitants ont déjà été transformées en institutions officielles dont les frais sont supportés par le budget local. De même, le projet d'organisation de l'enseignement, dont j'aurai à vous entretenir plus loin, fixe le supplément régulier à attribuer aux instituteurs de l'Imerina et du Betsiléo appelés à servir dans les provinces excentriques.

L'Alliance française.

Parmi les ressources que l'enseignement a trouvées en dehors du budget local, il convient de faire une mention spéciale des subventions en argent ou en nature de l'Alliance française.

Il ne m'appartient pas de faire ici l'éloge du but patriotique de cette société et du dévouement avec lequel elle le poursuit, mais je crois remplir un devoir en faisant connaître le bienveillant concours qu'elle a déjà fourni à l'extension de la langue française à Madagascar.

Sous le régime du protectorat de 1891, le comité de l'Alliance adressa un lot important de livres d'école et de prix au résident général, qui en fit la distribution entre les écoles françaises de l'île.

Pendant l'année 1898, le total des fonds alloués par l'Alliance française aux écoles de la colonie s'est élevé à 28.870 francs. Dans ce total n'est pas comprise la valeur des livres de prix ou de classe dont la société a fait don à nos écoles.

Ces chiffres témoignent éloquemment de l'intérêt que porte l'Alliance française à l'extension de l'enseignement dans la colonie et de son souci d'augmenter le concours qu'elle nous donne au fur et à mesure que nous avons à faire face à de plus grandes nécessités.

J'ai, à diverses reprises, exprimé, au nom de la colonie, aux directeurs de l'Alliance française, les sentiments de gratitude que mérite sa généreuse intervention. Je serais heureux, Monsieur le Ministre, si les détails que je vous ai fait connaître à ce sujet pouvaient valoir, à cette patriotique association, le précieux témoignage de votre satisfaction personnelle.

Par ailleurs, j'ai cru devoir encourager à Madagascar l'extension de cette utile institution. Le 16 février 1898, le bureau provisoire du comité d'organisation de l'Alliance française dans la colonie tint sa première séance à Tananarive. Le 21 août, le comité de la capitale se constitua définitivement.

Deux autres comités ont été institués depuis à Fianarantsoa et à Majunga. Je compte que mes compatriotes établis à Madagascar sauront s'inspirer du généreux exemple que leur donnent les comités de la métropole et tiendront à s'associer à une œuvre dont ils sont, mieux que personne, à même d'apprécier le but et l'utilité.

Programmes de l'enseignement. — Modifications projetées.

Pour les motifs, surtout politiques, que je vous ai déjà fait connaître, j'ai tenu, au début, à donner à l'enseignement de notre langue nationale une place aussi large que possible dans l'instruction à tous les degrés. Conformément aux circulaires des 5 octobre et 11 novembre 1896, il devait occuper dans toutes les écoles la moitié au moins des heures de classe.

En particulier, les programmes de l'école normale Le Myre de Vilers accordent à l'étude du français une prépondérance d'autant plus grande que les élèves arrivent à cette école déjà pourvus de connaissances qu'ils ont acquises ailleurs.

Les envois de l'Alliance française et de différentes librairies, la présence à Tananarive d'une succursale très modeste des maisons Armand Colin et Delagrave, permirent d'utiliser un assez grand nombre de publications scolaires françaises.

On se servit pour l'enseignement du français dans les écoles primaires officielles de la méthode Carré, mais surtout de l'adaptation qu'en a faite M. Machuel pour les écoles de Tunisie.

Les inspections permirent de constater que bon nombre d'instituteurs n'utilisaient qu'imparfaitement les livres qu'on avait mis entre leurs mains. Dans le but de leur faciliter l'usage des éléments dont ils disposent et d'assurer l'unité des méthodes d'instruction, il a été créé un « Bulletin de l'enseignement » dont le premier numéro a paru en septembre 1898. On s'est particulièrement efforcé jusqu'ici de mettre, au moyen de cette publication, les procédés de l'enseignement oral de M. Carré à la portée des instituteurs malgaches.

Déjà, la mission protestante française avait publié une méthode de ce genre dans un ouvrage intitulé : « Conseils pour l'enseignement du français à l'usage des instituteurs malgaches », qui a rendu des services dans quelques écoles officielles.

La lecture s'enseigne à l'aide de tableaux muraux (méthode Néel, Machuel). Dans certains établissements privés on se sert de syllabaires ou de tableaux de lecture en malgache publiés par les missions.

Le « Bulletin de l'enseignement » publie en ce moment une méthode mixte où l'enfant apprend à lire simultanément en français et en malgache.

La langue hova s'écrit, en effet, en caractères latins, et comme l'adaptation de cet alphabet a été due à l'origine aux créoles bourbonnais, les lettres, à de faibles différences près, se prononcent à la française.

Pour les écoliers un peu plus avancés, on ne dispose encore que de deux petits livres de lecture franco-malgache publiés à la librairie officielle (cours préparatoire et cours élémentaire). Un troisième volume est en préparation.

Dans un but d'économie, il est fait un grand usage des ardoises dans l'enseignement de l'écriture. Ce n'est pas sans peine que le service de l'enseignement et les écoles privées arrivent à s'en procurer en nombre suffisant, l'un des effets de l'insurrection ayant été de faire disparaître l'ancien stock de ces plaques.

L'arithmétique s'enseigne surtout oralement au tableau noir et à l'ardoise. Un certain nombre d'écoles sont munies de tableaux muraux du système métrique. Quelques-unes sont munies d'un jeu complet de nos poids et mesures.

Les cartes murales Vidal-Leblache, des reproductions sur toile de tableaux appropriés constituent l'outillage de l'enseignement historique et géographique à l'école primaire. Le service de l'enseignement prépare en ce moment un petit cours d'histoire franco-malgache.

Dans les deux sections supérieures de l'école Le Myre de Vilers, les élèves sont assez familiarisés avec notre langue pour se servir des livres élémentaires d'arithmétique (Leysenne), d'histoire (Lavisse), de géographie (Foncin), qui sont en usage dans les écoles primaires françaises.

Les programmes de l'enseignement libre se rapprochent de ceux de l'enseignement officiel. Dans les écoles primaires, les mêmes méthodes d'enseignement sont appliquées; des livres empruntés aux programmes officiels métropolitains ont été introduits dans les écoles supérieures.

Cependant, les sociétés religieuses, surtout les sociétés étrangères, avaient imprimé, depuis leur installation à Madagascar, une grande quantité de livres scolaires rédigés en malgache. Beaucoup sont restés en usage dans leurs écoles du premier degré, où, de ce fait, la littérature malgache figure plus abondamment que dans les établissements similaires de la colonie.

L'enseignement du français dans l'Imerina a déjà donné des résultats appréciables, particulièrement dans les écoles officielles et dans les écoles supérieures de l'enseignement libre.

Ces résultats ont pu être constatés d'une manière certaine dans les deux concours de langue française qui ont eu lieu, en 1897 et 1898, entre les écoles de Tananarive.

La plupart des candidats ont fait preuve de connaissances sérieuses, et le dernier concours a montré un progrès évident sur le précédent. Le concours institué au mois de septembre dernier entre les écoles officielles du cercle de Tsiafahy a donné lieu à la même appréciation satisfaisante. Dix boursiers choisis parmi les élèves qui s'étaient particulièrement distingués ont été envoyés à l'école normale de Tananarive, où ils tiennent un rang très honorable.

Il est à présumer que, dans un ou deux ans, la connaissance de la langue française sera assez répandue à Tananarive pour que l'ignorance de la langue malgache n'y soit plus un embarras sérieux pour nos colons.

Dans les campagnes, l'enseignement du français a moins progressé. La cause en est, indépendamment de la prédominance de l'activité religieuse des missions sur leur activité scolaire, dans l'insuffisance de leur personnel enseignant. Les instituteurs malgaches, presque tous en fonctions depuis longtemps, sont déjà d'un certain âge, y compris ceux de la mission protestante française qui a conservé le personnel de la société des missions de Londres.

A cette cause d'infériorité pour l'étude d'une langue nouvelle s'ajoute l'impossibilité, vu leur nombre, d'établir un roulement leur permettant de venir acquérir dans une institution *ad hoc* le complément d'instruction qui leur manque. Il y a là une situation que le temps seul peut modifier.

Je crois d'ailleurs qu'il est nécessaire, dès maintenant, d'introduire des réformes dans les programmes et l'organisation de l'enseignement.

Au moment où il s'agissait de faire prévaloir chez les Malgaches l'idée de la nationalité française, j'ai cherché à développer autant que possible l'enseignement de notre langue. L'élan est donné et se maintiendra. Les nécessités politiques qui m'avaient porté à agir dans ce sens ont cessé d'exister en grande partie. Il y aurait au contraire un grave inconvénient à multiplier le nombre des jeunes Malgaches auxquels une instruction générale étendue, l'acquisition complète de notre langue, enlèveraient le goût du labeur, inculqueraient des sentiments et des aspirations qui ne rendraient pas sans doute plus facile l'exercice de notre autorité ; d'un autre côté, l'augmentation des entreprises de colonisation impose de plus en plus la nécessité de préparer à nos compatriotes des collaborateurs indigènes susceptibles de leur prêter un concours vraiment utile. L'enseignement peut jouer dans ce but le plus important des rôles, s'il est bien dirigé et surtout s'il devient pratique et professionnel.

Pénétré de cette idée, j'ai confié à une commission formée des trois principaux fonctionnaires de l'enseignement, du chef du service de l'agriculture et d'un ingénieur colonial, le soin de préparer les nouveaux programmes de l'enseignement officiel.

A côté de l'enseignement général et théorique, l'enseignement pratique agricole et professionnel prendra une grande place.

Dans les écoles rurales, la moitié du temps sera consacrée à des travaux ou démonstrations pratiques d'agriculture. Dans tous les cas où cette installation sera réalisable, les écoles seront pourvues d'ateliers où les élèves apprendront les éléments d'un métier manuel.

Au second degré, des écoles régionales d'apprentissage industriel et agricole assureront aux élèves qui les fréquenteront un complément d'instruction primaire. Mais on y développera surtout l'instruction professionnelle préparatoire à l'agriculture ou à l'industrie, dans des ateliers ou exploitations qui feront partie intégrante de ces établissements.

Au troisième degré, se trouveront les trois grandes écoles de Tananarive : école normale Le Myre de Vilers, école professionnelle, école d'agriculture. Les deux premières existent déjà. La troisième sera prochainement créée. Leurs élèves seront recrutés parmi les meilleurs candidats des écoles régionales d'apprentissage.

La section de droit de l'école normale Le Myre de Vilers a été supprimée. A l'avenir, cet établissement comprendra : 1º un cours normal pour former les interprètes et instituteurs officiels ; 2º une section commerciale et administrative pour les jeunes gens destinés à devenir employés de commerce ou d'administration ; 3º une école primaire annexe d'application où les élèves-maîtres s'exerceront à la pratique de l'enseignement. On familiarisera également ces derniers avec les travaux agricoles et les ouvrages manuels. Les cours théoriques n'occuperont plus que la moitié du temps.

Il est nécessaire, en un mot, que l'enseignement officiel à tous les degrés prenne résolument le caractère pratique qu'il me paraît avantageux à tous les points de vue de lui imprimer.

Je serais heureux qu'il en fût de même de l'enseignement libre. J'emploirai tous les moyens dont je dispose pour que les sociétés religieuses apportent à l'administration, dans ce nouvel ordre d'idées, un concours aussi complet que possible.

Ce concours nous est indispensable. L'enseignement officiel, comme il a été exposé, peut et doit servir de modèle et de régulateur à l'enseignement libre. Il doit continuer à répandre dans la population les idées, les sentiments de tolérance qui, progressivement, amèneront nos nouveaux sujets à une conception moins étroite des divergences religieuses qui les séparaient jusqu'ici.

Mais, ainsi que je l'ai déclaré plus haut, la colonie ne pourrait prétendre à assumer exclusivement les charges de l'in-

struction publique. Elle ne dispose ni des ressources pécuniaires ni du personnel suffisant pour prendre à son compte
les 2.700 écoles et les 4.700 maîtres qu'entretiennent actuellement les missions.

Il a été nécessaire pendant une certaine période de contenir celles-ci avec soin, souvent même de lutter énergiquement contre leur tendance envahissante. Une telle
situation rendait difficile l'établissement entre elles et l'administration d'une collaboration effective et étroite. Les
circonstances semblent permettre aujourd'hui d'essayer
de la réaliser.

D'autre part, il nous paraît dès maintenant possible de
supprimer l'instruction obligatoire instituée par le gouvernement hova sous la pression de sociétés étrangères ; elle
a été plutôt un moyen de prosélytisme que d'instruction
proprement dite. Il continue dans une large mesure à en
être ainsi. En effet, si l'instruction paraît assez en faveur
dans une partie restreinte de la population malgache
représentée par une fraction du groupe hova, dans toutes
les autres provinces, l'obligation de l'assiduité scolaire
constitue une prescription prématurée inapplicable et en
fait inappliquée.

Il n'y a que des inconvénients à la laisser figurer dans
des textes dont la teneur, interprétée abusivement par les
missions, se résume dans l'obligation de figurer sur des
listes de catéchumènes plutôt que d'écoliers. En maintenant la loi hova, nous continuons de suivre des errements
imposés au gouvernement malgache par les vues intéressées des missions étrangères et nous prêtons involontaire-
ment la main à une pression religieuse.

Au point de vue économique, l'instruction obligatoire
prive une population, généralement pauvre, de l'assistance
que peuvent donner les enfants pour les menues occupations de l'élevage et de la culture. Pour l'avenir, elle
détournerait fatalement la masse de la population des tra-

vaux agricoles auxquels, tant dans l'intérêt de la colonie que de la métropole, il importe qu'elle continue de se livrer en grande majorité.

Ces considérations s'appliquaient au Betsiléo plus qu'à toute autre région. J'ai déjà déclaré l'instruction facultative dans cette province et mon intention est de généraliser cette réforme à toute l'île. L'article 1er du projet de réorganisation de l'enseignement que je vous soumettrai incessamment la consacrera.

Il me paraît nécessaire également, ainsi que je l'ai indiqué, de soumettre l'ouverture des écoles libres au régime de l'autorisation préalable et de spécifier nettement qu'elles sont placées sous l'inspection et la surveillance des autorités scolaires et administratives, la tendance des missions à se laisser influencer exclusivement par leurs préoccupations religieuses et à multiplier outre mesure leurs établissements scolaires sans s'inquiéter ni du bon état des locaux, ni de la capacité des maîtres, ni parfois même du nombre probable de leurs futurs élèves, rendant ces dispositions indispensables. La présence de plusieurs écoles de cultes différents dans une localité souvent de minime importance ne peut évidemment qu'être fâcheuse et encourager même les dissensions religieuses, si profondes à Madagascar.

Ces précautions prises, on peut accepter franchement l'aide de l'enseignement privé. Il est alors équitable de le rémunérer dans une certaine mesure, en prenant les garanties nécessaires pour que les avantages accordés concourent réellement à la diffusion de l'instruction pratique professionnelle et pour qu'ils soient proportionnés aux résultats obtenus.

Dans ce but, il y aura lieu de remplacer, à partir de 1900, les subsides fixes accordés à titre général aux diverses missions par des allocations réparties sur les bases suivantes : Une somme déterminée leur sera accordée pour chacun de leurs élèves qui aura satisfait à des examens institués d'après les programmes détaillés ci-dessus. Les stations agronomiques, colonies agricoles, écoles d'agriculture ou professionnelles, entretenues par les missions, pourront recevoir après inspection d'une commission spéciale des secours en rapport avec les frais occasionnés par lesdites institutions et avec la valeur de leur enseignement.

Les instituteurs officiels devront tous être pourvus du certificat d'aptitude à l'enseignement dans les écoles de Madagascar, certificat qui justifiera, indépendamment de leur capacité professionnelle, de leurs connaissances pratiques et d'une possession suffisante de la langue française. Il serait prématuré de demander aux maîtres de l'enseignement libre d'être munis de ce diplôme avant de les autoriser à exercer. Ce serait jeter les missions dans un embarras inextricable. Mais, à titre d'indication, la colonie prendra à sa charge une partie du traitement des instituteurs privés, qui auront satisfait à l'examen du certificat d'aptitude. De même, c'est seulement aux instituteurs libres diplômés que seront réservées les exonérations de prestations ou du service militaire. Il est à espérer que, grâce à ces mesures, la valeur du personnel des missions ne tardera pas à s'élever, ainsi que la qualité de leur enseignement.

Telles sont les modifications que je me propose d'apporter aux programmes et aux règlements actuels de l'enseignement. Une observation déjà longue des besoins économiques et de la situation politique de la colonie m'a convaincu de leur opportunité.

TITRE III

DÉVELOPPEMENT ÉCONOMIQUE

CHAPITRE Ier

Considérations générales.

Les vexations dont nos nationaux venus à Madagascar sur la foi des traités, après la guerre de 1885, furent victimes de la part des Hovas, à partir surtout de 1890, amenèrent, après de vaines tentatives de conciliation, la dernière expédition, qui avait par conséquent pour but de donner un champ plus vaste à l'activité de nos compatriotes, en lui permettant de s'exercer sûrement et librement sur une terre désormais française.

Obéissant encore à des sentiments de généreuse confiance, nous pensions, lorsque le drapeau français flotta pour la première fois sur le palais de la reine, que celle-ci et les notabilités indigènes qui l'entouraient seraient les premières à nous seconder dans l'œuvre de civilisation et de développement économique que nous venions entreprendre ici.

Mais, dès le mois de mars 1896, nos malheureux compatriotes Duret de Brie, Grand et Michaud tombaient assassinés à Manarantsoa, après s'être héroïquement défendus : l'Imerina entière s'insurgeait; la révolte armée contre notre autorité s'étendait aux pays sihanakas, bezanozanos, à l'Ankaratra, régnant ainsi dans la partie la plus grande et la plus peuplée des régions centrales. Bientôt la circulation entre la capitale et la côte, soit vers Tamatave, soit vers Majunga, ne pouvait plus se faire que sous la protection de fortes escortes : les convois de marchandises montaient difficilement jusqu'à la capitale, et d'ailleurs l'écoulement ne pouvait se faire dans un pays dont la population ne tardait pas à être, en presque totalité, acquise aux rebelles ; une tentative faite au mois de juin par M. Garnier, notable négociant de Majunga, aboutissait à un échec lamentable ; un important envoi qu'il expédiait à Tananarive était pillé au delà de Maevatanana par les Fahavalos conduits par Rabezavana. Son neveu, qui en avait la direction, était tué en voulant défendre les marchandises qui lui avaient été confiées.

Trois semaines avant, M. le chancelier Gerbinis, sa femme et quelques missionnaires norvégiens étaient assiégés par les rebelles dans Antsirabé (25, 26 et 27 mai). L'Imerina entière était donc fermée à toute entreprise de colonisation française.

Dans les régions de la côte Est, les populations indigènes, qui avaient attendu avec impatience notre prise de possession définitive de l'île dans l'espérance que la France les débarrasserait de la suprématie des Hovas, leurs oppresseurs, étaient déçues de voir ceux-ci les gouverner encore, continuer à percevoir les impôts, à exercer, sans contrôle, une autorité arbitraire, honnie de longue date. Elles se demandaient, d'ailleurs, si, en présence des progrès de l'insurrection en Imerina, notre conquête était bien stable, si les Hovas ne deviendraient pas de nouveau les maîtres, et, dans le doute que faisaient naître de malheureux événements dont nos compatriotes avaient été les victimes, leurs sympathies se refroidissaient. Il se manifestait, en même temps, parmi les indigènes de la côte Est, quelque agitation qui n'était pas pour encourager le commerce et la colonisation. Les pays sakalaves de la côte Ouest étaient encore inconnus ; mais on savait qu'il eût été imprudent pour un colon de s'y risquer.

D'autre part, les demandes de concession formulées, nombreuses, au lendemain de la conquête, par beaucoup de nos compatriotes dont quelques uns s'étaient même rendus à Madagascar, restaient forcément sans solution. Les commerçants français établis à la côte se heurtaient encore à la mauvaise foi des autorités hovas et à l'inertie des indigènes résultant de l'incertitude de l'avenir qu'éprouvaient ces derniers.

Telle était la situation économique de Madagascar à la fin du mois de septembre 1896. Le but à atteindre devait donc être de préparer à nos colons le champ dans lequel leur activité pût se donner carrière, d'ouvrir à nos commerçants des marchés et des débouchés.

C'est ce que je voulus indiquer tout de suite, dans les termes suivants, par une lettre ouverte que j'adressai le 9 octobre 1896 à nos compatriotes établis dans la colonie :

« J'ai toujours considéré comme le premier de mes devoirs de fournir mon concours le plus complet à nos compatriotes, estimant que les colonies sont faites pour les colons français, n'ignorant pas les risques auxquels ils s'exposent en s'expatriant et en aventurant leur fortune, leur personne, et applaudissant de grand cœur aux succès qu'ils peuvent obtenir.

» J'ai toujours posé en principe cette vérité, et je me suis efforcé de la faire admettre par mes subordonnés, à savoir que la réussite d'un colon français exerçait la plus heureuse influence, la plus essentielle de toutes, car la nouvelle, avec les multiples moyens d'information que nous possédons aujourd'hui, s'en répandait en France et déterminait aussitôt plusieurs de nos compatriotes à venir à leur tour tenter la fortune en apportant dans ces nouvelles terres françaises le concours de leur intelligence et de leurs capitaux. »

Mais, pour obtenir ce résultat, il n'y avait plus à songer à l'action pacifique dans les régions des hauts plateaux autres que le Betsiléo; l'action militaire pouvait seule triompher de la rébellion, et elle devait se manifester sans repos, tout en évitant le plus possible la destruction inutile, en assurant la vie sauve aux rebelles qui se soumettraient, afin que, l'insurrection réprimée, le pays pût reprendre bientôt sa vitalité économique.

En me rendant à Tamatave, en mai 1897, et pendant mes tournées dans les cercles de l'Imerina au cours de la même année, je pus me rendre compte que les populations, naguère insurgées, n'opposeraient point d'obstacles à l'établissement de nos colons et de nos commerçants.

En même temps, s'effectuait l'organisation politique et administrative des provinces de la côte Est et de la région de Majunga; mais, pour que les résultats obtenus fussent définitifs, il fallait mettre les territoires soumis à l'abri des incursions des peuplades pillardes qui avaient constamment repoussé la suprématie hova et, antérieurement à notre prise de possession, avaient coutume de razzier les pays peuplés et cultivés tant de l'Imerina que du Betsiléo et des provinces côtières. D'ailleurs, les colons, prospecteurs surtout, qui, depuis la fin de l'année 1896, se sont aventurés dans les régions qui échappaient à l'autorité des Hovas, ont signalé les ressources de ces territoires en bétail, produits naturels, mines, et ont manifesté leur intention d'y créer des entreprises de colonisation.

C'est ainsi que, dès la fin de 1896, MM. B... et G... exploraient les pays sakalaves du Betsiriry et d'Ankavandra; M. M... parcourait le Nord-Ouest au commencement de 1897; au cours de cette même année, MM. R... et P... reconnaissaient les richesses minières de la vallée de la Mahajamba, où d'autres colons, MM. S..., G..., B..., se proposaient aussi d'organiser des exploitations aurifères.

En 1898, MM. G... et S... découvraient dans la vallée de l'Itomampy (cercle des Baras) de très riches terrains, et le premier y demandait une vaste concession pour la culture du caféier d'Arabie.

Par ailleurs, dans certaines provinces côtières comme celles de Fort-Dauphin et de Tuléar, les opérations des commerçants ne pouvaient se continuer que s'il était mis un terme aux exigences de quelques roitelets indigènes.

Ainsi, la conquête militaire, l'extension de notre occupation, n'ont eu, depuis 1896, d'autre but que d'ouvrir à nos commerçants, à nos planteurs, à nos industriels, le champ nécessaire à la réalisation de leurs projets.

CHAPITRE II

MESURES D'ORDRE GÉNÉRAL PRISES POUR FACILITER
LE DÉVELOPPEMENT ÉCONOMIQUE DE LA COLONIE

———

Chambres consultatives. — Étude des ressources et des productions. — Bureaux de renseignements économiques. — Main-d'œuvre. — Repopulation. — Main-d'œuvre pénale.

Pour éviter aux nouveaux venus des échecs, il importait tout d'abord de procéder, sur les diverses régions progressivement soumises à notre autorité, à une étude minutieuse que des préoccupations d'ordre politique n'avaient pas permis à mon prédécesseur d'aborder. En octobre 1896, on ne connaissait Madagascar dans le public français que par des informations nécessairement superficielles en l'état de notre protectorat à Madagascar, insuffisantes, par conséquent, pour servir de base à la création de nouvelles entreprises agricoles, industrielles ou commerciales.

§ 1ᵉʳ. — Chambres consultatives.

Il m'a donc paru rationnel de m'enquérir tout d'abord auprès des colons établis dans le pays des ressources de la colonie et des moyens à adopter pour en assurer l'utilisation avantageuse. C'est dans ce but que, par un arrêté du 7 novembre 1896, j'ai créé dans les principaux centres des chambres consultatives composées de Français réputés pour leur expérience des affaires et la connaissance de la colonie. Ces assemblées ont été appelées à me renseigner et à me donner leur avis sur les faits d'ordre commercial, agricole et industriel intéressant Madagascar, sur les moyens d'encourager et de développer la colonisation, sur les améliorations à introduire dans toutes les branches de la législation commerciale, enfin sur les projets de règlements locaux en matière de commerce et d'industrie. J'ai soumis, dans cet ordre d'idées, aux chambres consultatives des questionnaires détaillés, leur demandant de faire profiter de leurs lumières les négociants, les industriels, les agriculteurs et les ouvriers de spécialités de la métropole qui seraient disposés à venir faire œuvre utile dans le pays. Constituées par des Français ayant déjà, le plus souvent, longtemps séjourné à Madagascar, ces assemblées m'ont fourni de précieuses indications.

§ 2. — Étude des ressources et des productions. — Bureaux de renseignements économiques.

Les renseignements que pouvaient au début fournir les chambres consultatives n'étaient de nature à s'appliquer qu'à des questions restreintes, celles touchant principalement au commerce et aux seules régions où l'élément européen s'était établi et avait créé des entreprises antérieurement à notre prise de possession. Les procédés vexatoires du gouvernement hova n'avaient pas en effet permis aux étrangers de s'employer activement à des exploitations agricoles ou industrielles. Dès mon entrée en fonctions, je recommandai aux administrateurs civils et militaires de s'attacher avec le plus grand soin à déterminer les ressources et les productions diverses de leurs circonscriptions respectives.

Lorsque la solution des questions touchant à la pacification, à l'établissement de la sécurité, à l'organisation du territoire, ont pu tenir moins de place dans leurs préoccupations, je leur ai tracé, par une circulaire du 21 avril 1897, le programme détaillé des études qu'ils avaient à faire aux points de vue du développement des transactions commerciales, de la création d'entreprises industrielles et agricoles, enfin de l'établissement des colons. La même circulaire a prescrit l'organisation, au chef-lieu de chaque circonscription, de bureaux de renseignements économiques destinés à éclairer le plus possible les nouveaux venus, à leur éviter des recherches personnelles, toujours longues et onéreuses dans un pays inconnu, à leur faciliter les moyens d'employer leur activité dans le sens le plus avantageux pour eux.

Toutes les données ainsi recueillies successivement au fur et à mesure de l'occupation et de la pacification des provinces présentant le plus grand intérêt économique ont été centralisées au gouvernement général; elles m'ont permis de répondre d'une façon de plus en plus précise aux nombreuses demandes de renseignements qui m'ont été adressées de la France, de nos colonies, des pays étrangers, et dont le nombre a atteint le chiffre de 1.500 depuis le mois d'octobre 1896. Celles de ces réponses qui traitaient de sujets importants et étaient caractérisées par une certaine abondance de détails précis, indiquant nettement quels débouchés nouveaux étaient offerts à l'activité des colons sérieux et entreprenants, ont été insérées au *Journal officiel* de Madagascar, dans la pensée que ces lettres, communiquées par le destinataire à son entourage, pourraient contribuer à faire connaître notre possession sous son véritable jour, et que leur lecture inciterait peut-être un certain nombre de nos compatriotes à venir contribuer à sa mise en valeur.

§ 3. — Main-d'œuvre.

A. *Législation actuelle.* — Arrêté n° 250, du 27 décembre 1896.

Il importait de compléter les mesures que je viens d'exposer pour une réglementation de la main-d'œuvre. La faible densité de la population, son naturel apathique, ses besoins limités, ne permettaient pas de compter sur l'offre spontanée pour assurer à nos entreprises commerciales, industrielles et agricoles, les bras nécessaires.

La suppression de l'esclavage coïncidant avec les débuts de la colonisation rendait d'autant plus urgente l'adoption de dispositions destinées à augmenter la stabilité et la quantité de la main-d'œuvre et même il importait, vu l'état troublé du pays, de renforcer les règlements ayant pour objet la sûreté générale.

C'est à ce double but que répondait l'acte du 27 décembre 1896, base de la législation actuelle du travail indigène à Madagascar; le projet de cet arrêté fut élaboré par une commission instituée par la circulaire du 5 novembre 1896 et composée d'officiers, de fonctionnaires, de colons et de notabilités indigènes. S'inspirant des considérations qui précèdent, cette assemblée se préoccupa :

1° D'organiser un contrôle général des indigènes valides, pour l'édiction de peines spéciales contre le vagabondage;

2° D'obliger tout indigène à figurer ou entrer dans une des catégories prévues de travailleurs, en sanctionnant par des peines afflictives les manquements aux contrats de travail;

3° D'assurer aux travailleurs toutes les garanties nécessaires dans les engagements ou contrats passés avec les colons qui devaient les employer.

Conformément à l'article 12 de l'arrêté précité, des règlements semblables établirent l'organisation du travail dans les provinces de Moramanga, Andevorante, Fianarantsoa, Ambatondrazaka, Majunga, Farafangana, Mananjary, Vohéma, Diégo-Suarez, Nossi-Bé, Analalava, Tamatave, Fénérive, Maroantsetra et Tuléar. Le régime du travail n'a pu être encore organisé dans les cercles de Maintirano, Morondava, Maevatanana, Ankavandra, Betroka (Baras) et Fort-Dauphin dont l'état politique n'a pas paru permettre jusqu'ici l'introduction d'une réglementation aussi stricte.

Les prescriptions ayant pour but de contrôler les moyens d'existence et l'identité des indigènes en leur imposant le port du livret ou de la carte d'identité ont été facilement mises en vigueur. Elles n'ont pas été modifiées officiellement. Toutefois le livret, ayant été utilisé pour l'inscription de l'extrait du rôle des contributions directes et des versements effectués, a remplacé en pratique la carte d'identité, en Imerina du moins.

Dans la plupart des autres provinces, la distinction a été maintenue, le livret demeurant en principe la pièce dont doit être muni tout indigène n'ayant pas de ressources propres et étant susceptible de contracter un engagement de travail.

B. *Additions et modifications apportées à l'arrêté du 27 décembre* 1896. — Quant aux dispositions destinées à favoriser et à sanctionner les engagements des indigènes elles ont été l'objet des additions et modifications suivantes :

En premier lieu, la pratique amena rapidement à reconnaître que la rédaction du paragraphe 5 de l'article 5 de l'arrêté du 27 décembre était insuffisante et ne permettait pas une répression efficace des ruptures des contrats d'engagement. Cet article renvoyait simplement devant les tribunaux compétents les engagés absents depuis plus de cinq jours, sans indiquer la pénalité à leur appliquer. Aussi ne pouvaient-ils être condamnés qu'aux peines de simple police pour contraventions à un arrêté légalement pris. L'article 5 fut donc complété par l'arrêté du 16 juillet

1897, qui punissait toute absence de plus de cinq jours de 5 à 25 francs d'amende, sans préjudice, le cas échéant, de l'application des lois sur le vagabondage.

L'observance des engagements pris était ainsi mieux assurée ; on eut en même temps à se préoccuper des moyens d'augmenter le nombre de ces engagements. A une époque aussi rapprochée de la campagne et de l'insurrection, la population montrait peu d'empressement à entrer au service des Européens. Pour combattre cet état d'esprit, il parut opportun d'accorder aux indigènes contractant avec des Français des avantages particuliers. C'est dans ce but que fut pris l'arrêté du 31 août 1897, exemptant des prestations les Malgaches ayant contracté un engagement d'au moins un an avec un de nos compatriotes.

Par raison d'analogie, les Asiatiques et Africains remplissant les mêmes conditions étaient exemptés de la taxe de séjour. Dans la pratique, les dispositions de cet acte ont été complétées de la façon suivante : les contrats d'engagement devaient être visés par les commandants de cercle ou de secteur pour conférer le bénéfice de l'exemption ; les employés devaient fournir un travail effectif de vingt jours par mois ou faire sept voyages à la côte par an.

Les baux de colonage partiaire n'étaient pas considérés comme contrats de travail.

Le bénéfice de l'exemption des prestations fut étendu aux employés des missions par la circulaire du 11 décembre 1897, sous les conditions suivantes : l'exemption était accordée aux instituteurs et employés des écoles libres dans lesquelles l'enseignement serait orienté dans un sens pratique et professionnel par la création de jardins d'essais, d'ateliers de menuiserie, de charpente, etc.

L'arrêté du 29 octobre 1898 dispensa du service militaire et de l'exonération à prix d'argent les indigènes ayant contracté un engagement de cinq ans avec un colon français. La durée de l'engagement fut réduite à trois ans pour les Hovas qui étaient employés dans les provinces côtières.

La circulaire du 28 août 1898, exemptait également des charges militaires et des frais d'exonération les Hovas employés dans les écoles professionnelles et jardins d'essais établis par les missions, ainsi que ceux envoyés en dehors de l'Imerina, dans les régions côtières, pour y exercer les fonctions d'instituteur.

Lors de la suppression du rachat des prestations (arrêté du 14 mai 1898), une disposition particulière permit aux indigènes au service des familles européennes, sans distinction de nationalité, de se libérer jusqu'à concurrence de six par foyer, moyennant le versement d'une somme de 15 francs.

Avec les avantages qui résultaient, pour les missions non françaises, des circulaires du 11 décembre 1897 et du 28 août 1898, cet article constitue toutes les exceptions au droit commun faites en faveur des étrangers.

Quant aux indigènes, rien, d'après le texte de l'arrêté du 27 décembre ou des règlements similaires, ne s'oppose à ce qu'ils contractent comme employeurs et ne réclament, si besoin est, que les engagements souscrits à leur profit par d'autres Malgaches soient sanctionnés comme il est prévu.

Telles sont les principales dispositions qui, depuis deux ans, ont été prises en vue de réglementer le régime du travail dans la colonie.

C. *Résultats et conséquences.* — Les résultats de leur application jusqu'à l'heure actuelle peuvent être exposés comme suit :

Le but cherché, provoquer l'entrée des indigènes au service des colons, a été largement atteint. En Imerina, on compte en ce moment dans les sept cercles de cette région près de 34,000 Malgaches engagés chez nos compatriotes.

Sous les réserves que comportent les abus résultant

d'engagements fictifs, ce chiffre suffit à justifier la constatation favorable indiquée ci-dessus.

Il n'en est pas de même dans les autres circonscriptions de l'île. Les renseignements statistiques à leur sujet manquent encore ; mais, d'une façon générale, on peut apprécier ainsi leur situation au point de vue de la main-d'œuvre recrutée par les Européens. Elle est, pour le moment, assez abondante dans le Betsiléo, à peu près suffisante dans les provinces de Mananjary, Farafangana, Vohémar, d'un recrutement très difficile dans les districts de Vatomandry, Mahanoro, Andevorante, tout à fait insuffisante dans les provinces de Tamatave et de Majunga. Dans les pays sakalaves soumis, les indigènes sont encore réfractaires à tout travail suivi et, seuls, les Makoas et quelques Comoriens constituent les travailleurs indispensables aux commerçants de la côte. Ce n'est qu'à la longue, et si les colons savent tenir compte des coutumes des indigènes, que cette situation pénible pourra s'atténuer.

Celle-ci s'explique, d'ailleurs, assez facilement. Exception faite du groupe antaimoro, les régions hova et betsiléo étaient les seules qui, de par le tempérament de leurs populations, leur système social et politique antérieur, leur organisation administrative actuelle, étaient susceptibles de fournir des ouvriers habitués, au moins dans une certaine mesure, à un labeur suivi. Il faut considérer, en outre, qu'en Imerina le chiffre des engagements ne fut dû qu'en partie à la contrainte que permettait d'exercer la loi du travail.

C'est surtout dans l'exemption des prestations qu'il faut voir la cause de l'empressement dont firent preuve les indigènes à entrer au service des colons français.

A l'appui de cette assertion on peut noter l'indifférence, la mauvaise volonté montrées par les travailleurs à s'engager jusqu'au jour où l'exemption des prestations leur fut accordée, et, en outre, la rareté des condamnations prononcées en vertu de l'article 7 de l'arrêté du 27 décembre 1896.

Par circulaire du 12 janvier dernier, il a été demandé aux autorités compétentes de faire connaître au gouvernement général les résultats du fonctionnement de la réglementation sur le travail, d'envoyer le relevé des procès-verbaux et condamnations auxquels avait donné lieu son application, d'indiquer les modifications qui pourraient être apportées à la législation actuelle en vue d'augmenter son effet utile.

Le procureur général, le procureur de la République, le commissaire central, les chefs de province de l'Imerina, de Fianarantsoa, Moramanga, Andevorante, Farafangana et Sainte-Marie ont adressé leur réponse.

Il en résulte :

1º Que les condamnations pour vagabondage et rupture de contrat ont été très rares ;

2º Que les employés semblent généralement exécuter leurs engagements ;

3º Que les employeurs ne se conforment presque jamais à leurs obligations concernant la tenue à jour des livrets ;

4º Que dans des cas assez nombreux, ils ne donnent à leurs engagés qu'une rétribution insuffisante.

Les relevés mensuels envoyés par les cercles, ainsi que les renseignements communiqués par les autorités de Tananarive, fournissent en octobre les données suivantes :

Les condamnations pour vagabondage sont restées rares : 1 à Betafo ; 1 à Ankazobé ; 3 à Miarinarivo ; 4 à Anjozorobé ; 5 à Ambatondrazaka et 9 à Tananarive, où 250 autres infractions ont été jugées administrativement.

Les condamnations ou poursuites pour ruptures d'engagement sont devenues plus fréquentes : 4 à Betafo ; 137 à Tsiafahy ; 17 à Tananarive ; dans cette dernière localité, 150 infractions pour vagabondage, 250 ruptures de contrat ont été punies ou réglées administrativement.

Le chiffre relativement faible des poursuites pour ruptures de contrat d'engagement tient, d'abord, à la négligence mise par les employeurs à procéder aux inscriptions
réglementaires sur les livrets. La plupart d'entre eux, se
trouvant en défaut, ne pouvaient, lors de la désertion de
l'engagé, provoquer à son égard les poursuites qu'il eût
encourues.

Les avantages faits aux ouvriers de nos compatriotes ont
suppléé au défaut de contrainte dont la cause ne m'a été
révélée que par des enquêtes minutieuses, à une date bien
postérieure à l'arrêté du 31 août 1897 ; s'ils ont contribué
à nous faire atteindre le but proposé, ils ont été l'occasion
d'abus considérables. On peut estimer que 12.000 porteurs,
3.000 domestiques, quelques milliers d'ouvriers employés
dans l'industrie ou l'agriculture remplissent à peu près
leurs contrats d'engagement.

Si l'on se reporte aux chiffres donnés on voit donc que
ceux-ci seraient fictifs ou très incomplètement exécutés
pour plus du tiers du nombre total. Les renseignements
officieux complètent cette appréciation ; on peut considérer comme assuré qu'un certain nombre de colons besogneux ont profité du désir assez naturel des Malgaches
d'échapper à la prestation pour leur signer des contrats en
échange de quelques journées de travail gratuites, sinon
même d'une rémunération frauduleuse. Des concessionnaires ont engagé ainsi beaucoup plus de travailleurs que
n'en exigeait l'étendue de leurs exploitations ; cet expédient
a surtout été pratiqué avant que les baux de colonage partiaire eussent cessé d'être considérés comme contrats de
travail.

Des entrepreneurs qui laissaient leurs ouvriers d'art
libres pendant de longues périodes ont réussi à accaparer,
grâce à l'exemption des prestations, les maçons, tailleurs
de pierre, etc., provoquant ainsi les réclamations de leurs
concurrents. Ces réclamations n'ont pas été isolées. Les

colons sérieux n'avaient pas été sans constater que les manœuvres frauduleuses de certains engagistes les frustraient
de la main-d'œuvre nécessaire, et un mouvement d'opinion
s'était franchement dessiné contre ces abus.

La suppression de l'exemption des prestations par l'arrêté du 28 décembre y a coupé court.

Mais les considérations exposées ci-dessus démontrent
qu'il est essentiel au développement de la colonisation de
remanier la législation sur le travail en rendant à la fois
plus étroites, plus effectives, les obligations et de l'indigène
et de l'employeur.

Je viens de décider, dans ce but, la formation d'une
commission chargée de préparer un projet de réglementation nouvelle de la main-d'œuvre indigène (arrêté du
23 février). J'ai tenu à ce que les colons y soient largement
représentés. J'espère pouvoir soumettre ce projet à votre
haute appréciation avant mon départ en congé.

§ 4. — Repopulation.

Les mesures dont l'exposé précède ont été prises dans
le but de faciliter aux entreprises de colonisation existantes ou en voie de création le recrutement des travailleurs
qui leur sont indispensables; mais à peine suffisante dans
les circonstances présentes, cette main-d'œuvre ne sera
bientôt plus assez abondante pour répondre à tous les
besoins si, avec la nécessité de doter la colonie de son
outillage économique, le développement actuel de la colonisation se poursuit. Il était prudent d'envisager dès le
début cette éventualité et de rechercher un moyen normal
de multiplier la main-d'œuvre en vue des entreprises
futures. La race hova étant, de toutes celles qui habitent
l'île, la plus industrieuse, la plus apte à l'agriculture et au
commerce, il m'a semblé que le but proposé pourrait être
atteint dans un proche avenir en favorisant l'accroissement

de la population de l'Imerina par un ensemble de dispositions de nature à assurer la stabilité et à encourager le développement de la famille, à augmenter les moyens d'existence du prolétariat hova, particulièrement des anciens esclaves, à faire participer toutes les catégories de la population aux charges qu'impose la famille. Cette idée a été réalisée par un arrêté du 15 juin 1898 dont les conditions d'application ont été expliquées et précisées dans les détails par des instructions adressées à la même date aux commandants des cercles de l'Imerina. La réglementation ainsi édictée prescrit aux autorités territoriales de veiller à la constatation des mariages entre indigènes et à leur enregistrement, le certificat attestant l'accomplissement de cette formalité devant, d'autre part, être exigé par les ministres des divers cultes pour pouvoir procéder au mariage religieux ; elle prévoit notamment l'attribution de terres aux indigènes pères de famille non propriétaires, l'exemption de l'impôt des prestations en faveur des Hovas pères de cinq enfants engendrés ou adoptés, la création dans chaque cercle d'un hôpital pour les indigènes ; elle institue, en outre, dans toute l'Imerina une fête annuelle des enfants qui sera célébrée pour la première fois au commencement du mois d'avril prochain ; par contre, elle impose aux célibataires une taxe annuelle fixée à 25 francs pour les hommes ayant dépassé vingt-cinq ans et 7 fr. 50 pour les femmes âgées de plus de vingt et un ans.

§ 5. — Main-d'œuvre pénale.

En raison de la faible densité de la population de Madagascar, il est à désirer, dans l'intérêt de l'accroissement de la richesse du pays, que l'administration soit mise en mesure de détourner le moins possible les indigènes des travaux agricoles et des entreprises de colonisation pour des travaux d'utilité publique dont l'exécution s'impose, cependant, de plus en plus impérieuse. L'emploi de la main-d'œuvre pénale allégerait sensiblement les charges qui pèsent, à cet égard, sur les Malgaches.

Sans doute, à cause de l'insalubrité du climat de la grande partie des régions de l'île, et pour sauvegarder d'ailleurs notre dignité aux yeux des indigènes, on ne saurait songer, ainsi que je l'ai déjà exposé au département, à introduire ici des condamnés européens; mais l'envoi d'Asiatiques punis des travaux forcés à perpétuité ne paraît pas soulever d'objections et je ne puis que vous renouveler les propositions que je vous ai déjà soumises pour que 2.000 condamnés soient mis, dans ces conditions, à la disposition de l'administration locale.

Les études poursuivies depuis la fin de 1896 avec le plus grand soin possible par les colons, les administrateurs civils et militaires, les fonctionnaires du service des domaines, de la topographie, des forêts et de l'agriculture ont permis de réunir sur le pays des notions de plus en plus exactes et complètes.

Je résumerai les renseignements recueillis, les expériences et les constatations faites pour dégager les facultés agricoles, commerciales et industrielles de la colonie; j'indiquerai ensuite les dispositions prises et les efforts manifestés en vue spécialement de la mise en valeur de notre nouvelle possession par la colonisation agricole et industrielle.

CHAPITRE III

Agriculture.

I. Cultures à entreprendre par les colons.—II. Cultures indigènes. Mesures prises en vue de l'extension des cultures. — III. Élevage. Mesures prises pour la constitution et l'augmentation des troupeaux. — IV. Service de l'agriculture. Jardins d'essais. Jumenteries.

---

§ 1ᵉʳ. — Cultures à entreprendre par les colons.

Un des principaux avantages de Madagascar est de posséder sous une même latitude des climats absolument distincts qui la divisent en trois grandes zones de cultures : les régions centrales, les côtes, la zone intermédiaire.

A. Régions centrales. — En Imerina, l'insurrection s'est opposée, pendant la première moitié de l'année 1897, à la création d'exploitations agricoles ; mais, dès le commencement de la même année et même au cours de 1896, quelques colons s'étaient portés dans le Betsiléo, dans le but de s'y livrer surtout à la culture du caféier d'Arabie ; la douceur de la température en toute saison, l'altitude élevée des régions centrales avaient donné à penser à plusieurs que cette plante pouvait être cultivée avec succès dans le haut pays. Les débuts furent, en effet, des plus encourageants. Peut-être à cause du climat, de la direction des rayons solaires, les plantes possèdent-elles dans le voisinage de l'équateur des facultés plus grandes de préhension et d'assimilation que dans les pays d'Europe. Peut-être aussi savent-elles, dans ce milieu spécial, mieux utiliser les parcelles minérales disséminées dans le sol. Il est de fait que les plantations de caféiers créées en 1896 et 1897 par quelques colons de Fianarantsoa, notamment par MM. de C..., B... et L..., donnaient tout d'abord les plus belles espérances de réussite; mais, en 1898, ces plantations ont commencé à dépérir, soit qu'elles aient eu à souffrir de la gelée blanche que les planteurs ne prévoyaient pas, mais qui est fréquente dans le Betsiléo pendant la saison froide (juin, juillet, août), soit qu'elles aient été atteintes par « l'Hemileïa vastatrix », soit enfin que, demeurées indemnes du fléau, elles n'aient pas trouvé dans le sol les éléments nutritifs suffisants, en raison du défaut de profondeur et de perméabilité, ainsi que de l'absence de phosphore et de calcium, qui caractérisent la majeure partie des terres des régions centrales.

Il ne faudrait pas conclure de ces faits, en termes absolus, que la culture du caféier ne peut être entreprise avec quelque succès dans le haut pays; le café récolté par les indigènes sur des plants cultivés dans les fossés des villages est de qualité supérieure; sans doute, il sera possible au colon de trouver dans l'Imerina et le Betsiléo des parcelles de terres riches et profondes, abritées des vents régnants, pour la création de plantations de cette nature; mais ces terres seront très rares dans ces deux régions; leur choix exigera des recherches longues et minutieuses et entraînera, par conséquent, des dépenses considérables; il est donc certain que la culture du caféier ne saurait être considérée comme la base d'importantes exploitations agricoles sur le plateau central. Des considérations identiques s'appliquent au vanillier, qui exige un climat humide et chaud, et au cacaoyer, qui ne prospère que dans les riches terres d'alluvions.

Thé. — On sait, par contre, que le théier est peu exigeant sous le rapport de la composition chimique du sol, qu'il vient à Ceylan dans des régions presque privées de calcaire, pauvres en acide phosphorique et en potasse, mais riches en fer et en magnésie, ayant, par suite, beaucoup d'analogie avec celles de l'Imerina et du Betsiléo.

Les plantations faites en 1890 dans les propriétés de l'ex-premier ministre Rainilaiarivony, aux environs de Sabotsy et à proximité de Tananarive, celles entreprises plus récemment, en 1896, par M. de C..., aux environs de Fianarantsoa, semblent démontrer que cette culture peut avantageusement donner lieu, dans le haut pays, à des exploitations rémunératrices. Les produits seront vraisemblablement plus abondants dans les régions côtières, et particulièrement à la côte Est, dont le climat chaud et humide est plus favorable au développement du système foliacé ; mais il est à présumer, par l'exemple de Ceylan, que le thé sera de meilleure qualité à 1.200 ou 1.400 mètres, c'est-à-dire dans l'Imerina et le Betsiléo qu'au voisinage des côtes.

Tabac. — En outre, le tabac, qui pousse avec une vigueur remarquable dans tout le haut pays et qui est cultivé par les indigènes sur une étendue relativement considérable, pourrait être certainement d'une culture rémunératrice pour les colons du jour où ceux-ci seraient en mesure d'exporter leurs récoltes sans avoir à supporter, faute de moyens faciles de communication, des frais de transport onéreux et des risques de détérioration ; cette culture serait d'ailleurs susceptible, avec l'introduction des procédés perfectionnés de récolte et de préparation, de provoquer la création d'industries locales d'un rendement avantageux.

Cotonnier, camphrier. — Il y a lieu de signaler encore quelques expériences de culture du cotonnier et du camphrier qui, effectuées aux alentours de Tananarive et de Fianarantsoa, dans des terrains judicieusement choisis, semblent devoir prospérer.

Plantes potagères, arbres fruitiers, vignes. — D'autre part, sans s'arrêter aux cultures vivrières : riz, manioc, patates, etc., bien que celle du riz entreprise de compte à demi avec l'indigène puisse certainemeut procurer aux colons des profits avantageux, il faut indiquer que l'Imerina et le Betsiléo se prêtent parfaitement à la culture des plantes potagères et des arbres fruitiers des pays d'Europe ; que celle de la vigne peut également y être faite avec chances de succès, à en juger par les essais déjà entrepris. C'est ainsi qu'un colon établi aux environs de la capitale, M. M..., a récolté en 1897 un vin de bonne qualité, bien que clair de couleur et peu chargé en alcool. Les pères de la mission catholique de Fianarantsoa ont fait, la même année, leur première récolte de vin — 25 hectolitres — sur un petit vignoble de 2 hectares créé en 1894-95. Le cépage américain pousse en Imerina et dans le Betsiléo avec une extrème vigueur ; malheureusement, la maturation a lieu en pleine saison des pluies, et la vigne, abondamment arrosée, ne produit qu'un raisin très aqueux et peu sucré ; c'est ce qui explique le faible degré alcoolique du vin produit. Il est fort probable qu'en utilisant les pieds de vigne indigènes (analogues au cépage américain dit « Othello »), comme porte-greffes de bonnes espèces françaises, on obtiendrait dans des terrains préalablement ameublis, abrités et fumés, de bons résultats. Sans doute, la culture de la vigne ne prendrait pas, néanmoins, un grand développement à Madagascar ; il ne faudrait pas, en effet, songer à en exporter les produits ; mais elle rendrait de grands services aux colons, si l'on considère qu'avec la création de voies de communication les hauts plateaux pourront devenir, grâce à la salubrité de leur climat, une excellente colonie de peuplement. Enfin, les essais qui ont été commencés dès la fin de 1896 et poursuivis depuis, avec persévérance et méthode, sur les divers points des régions centrales, essais dont il sera parlé dans la suite de ce rapport, ont démontré la possibilité d'introduire et d'acclimater certaines plantes, de développer la culture de certaines autres, qui seront d'une utilisation précieuse, soit pour l'élevage du bétail, soit pour la création d'entreprises industrielles.

B. Régions côtières. — Les régions côtières, caractérisées par un climat chaud et humide, se prêtent à la culture des plantes tropicales, parmi lesquelles il importe de citer le cacaoyer, le caféier, l'arbre à thé, le giroflier, le vanillier, le cocotier, le poivrier, la canne à sucre, les essences à caoutchouc.

Elles présentent, toutefois, des aspects différents suivant que l'on considère la côte Est ou la côte Ouest.

Sur la côte Est, depuis le cap Manambato, au nord de Vohémar, jusqu'à Fort-Dauphin, la division de l'année en deux saisons — saison sèche et froide, de mai à octobre ; saison pluvieuse et chaude, de novembre à avril — qui s'impose dans l'Imerina et le Betsiléo, se traduit seulement par une chaleur plus ou moins forte et une abondance plus ou moins grande des pluies ; constamment chaud et humide, le littoral Est présente en tout temps une végétation luxuriante et offre, dans les fertiles vallées des nombreux cours d'eau qui le parcourent, de vastes espaces particulièrement propres aux cultures tropicales. C'est surtout dans les régions de Sambavaha et d'Antalaha au nord, dans celles de Vatomandry, Mahanoro et Mananjary au centre de la côte Est, où le climat est moins malsain que dans les autres parties de la zone côtière orientale, que des plantations ont été entreprises ; celles-ci, qui ont eu surtout pour objet la culture du vanillier, du caféier Libéria, du cacaoyer, semblent légitimer aujourd'hui les meilleures espérances ; quelques planteurs de Mahanoro, de Mananjary et de Fort-Dauphin ont essayé, en outre, la culture du caoutchouc Ceara — Manihot Glàziowii — qui, en raison des avantages que présenterait sa réussite au point de vue du développement des entreprises agricoles à Madagascar, mérite une mention toute spéciale.

Introduit en 1888 par M. M..., colon mauricien, dans son

jardin d'essais de Nampoa, à proximité de Fort-Dauphin, le « Manihot Glaziowii », planté en semis, s'est rapidement et vigoureusement développé. M. M... possède aujourd'hui plus de trois cents pieds de cette essence en rapport, dont quelques-uns atteignent déjà 7 mètres de hauteur sur 1 mètre de tour ; on compte en outre, au jardin de Nampoa, un grand nombre de jeunes pieds. Les plantations ont été faites en divers terrains; les essais entrepris dans un sol riche et humide ont échoué; il semble permis d'en conclure que le caoutchouc Ceara se plaît surtout dans les terrains secs et rocailleux.

Les expériences auxquelles s'était livré M. M... amenèrent quelques planteurs de Mananjary à tenter à leur tour la culture du « Manihot Glaziowii », qui fut introduit dans cette région en juillet 1896. Les semis, effectués en pots et repiqués, après une germination rapide, dans un terrain frais mais non humide, donnèrent des plants qui, au bout de six mois, atteignaient 3 mètres et 3m,50 de hauteur, en même temps qu'ils accusaient une remarquable vigueur.

Cette croissance ne laissa pas que d'étonner les plus sceptiques et, parmi eux, un planteur de Java qui, témoin de l'insuccès des plantations de cette essence tentées il y a quelques années dans les îles de la Sonde, put établir un parallèle tout à l'avantage de Madagascar.

Les plants obtenus dans la province de Mananjary ont déjà donné des semences à l'âge de dix-huit mois, et, bien que la récolte du latex ne doive être effectuée que sur des sujets de cinq à six ans, une saignée pratiquée sur l'un d'eux a produit un excellent caoutchouc qui permet de concevoir les plus sérieuses espérances.

En présence de ces résultats, beaucoup de colons des régions côtières se sont empressés, en 1897-1898, d'employer une partie de leurs concessions à la culture du Manihot Glaziowii ; certains d'entre eux s'y sont même uniquement consacrés à l'exclusion de toute autre plante, ce qui, à mon avis, ne saurait être conseillé, les cultures multiples, alors surtout qu'il s'agit de plantes tropicales d'un rendement riche, mais sujettes à des maladies, paraissant constituer une garantie de réussite parce qu'elles assureront au planteur un revenu annuel régulier.

Une autre constatation faite par un planteur de Mahanoro sur la culture du « Manihot Glaziowii » met pleinement en évidence l'importance de cette règle.

Une plantation de caoutchouc Ceara, entreprise au commencement de 1897 sur les bords du Mangoro, a tout d'abord admirablement prospéré; la végétation arborescente s'est développée avec une rapidité et une vigueur surprenantes, dans un sol profond, riche en éléments fertilisants, produits des alluvions, sous un climat chaud et humide. Mais, en juillet 1898, les arbres commençaient à dépérir, bien qu'aucune maladie ne fût venue les atteindre et qu'ils eussent été l'objet de soins constants. Lorsque je visitai la plantation, au cours de ma dernière tournée d'inspection des côtes, il m'a été donné comme explication de ce fait, que le développement exubérant de la plante se fait au détriment des racines qui sont formées, comme celles du manioc, d'un gros tubercule; celui-ci, manquant de forces, ne peut plus, au bout de trois ou quatre ans, supporter et par conséquent alimenter l'arbre, qui dépérit, s'abat et meurt. Cette observation semble, en outre, confirmer celles déjà faites par M. M... à Fort-Dauphin, tendant à prouver que les sols situés à l'abri de l'humidité et de composition rocailleuse conviennent de préférence à la culture du Manihot Glaziowii.

On peut, dès maintenant, présumer qu'avec ses climats très divers Madagascar offre des régions favorables à l'exploitation du caoutchouc Ceara, qui, si l'on considère les utilisations nombreuses de cette gomme et la demande de plus en plus forte dont elle fait l'objet sur les marchés d'Europe, constituerait dans un bref délai une source de richesse considérable pour la colonie. Toutefois, avant de se lancer dans de grandes plantations de cette essence, les colons de la côte auront intérêt à procéder à de nouvelles expériences, en même temps qu'ils entreprendront d'autres cultures d'un rendement assuré. Au début les essais ont été forcément limités par la rareté des semences, qui ont atteint jusqu'au prix de 50 fr. le 100 dans la province de Mananjary. Pour les encourager et les faciliter, j'ai prié M. le ministre de France au Brésil de me faire l'envoi d'une trentaine de kilogrammes de graines qui seront réparties entre les colons.

Jusqu'à la fin de 1897, c'est la côte Est qui avait toute la faveur des colons; la raison en est qu'antérieurement à notre prise de possession les Européens venus à Madagascar et s'y livrant pour la plupart au commerce s'étaient établis dans cette partie du littoral habitée par des populations aux mœurs plus douces que celles de la côte Ouest, et que cet exemple a été suivi par les nouveaux venus.

Les ressources, les richesses agricoles des pays de la côte Ouest étaient donc encore ignorées ou à peine soupçonnées par quelques-uns. Des colons créoles, en petit nombre, s'étaient, il est vrai, déjà fixés dans la plaine du Sambirano (nord-ouest) et y cultivaient la canne à sucre pour fabriquer de l'alcool de qualité inférieure qu'ils vendaient aux indigènes; mais leurs exploitations, de très faible importance et portant sur une seule culture faite « à la malgache », ne pouvaient être considérées comme des travaux agricoles ayant quelque valeur. Les plantations effectuées à Nossi-Bé permettaient toutefois de penser que sous un même climat, dans un sol vraisemblablement de même composition, les mêmes cultures entreprises à la Grande-Terre pourraient donner des résultats identiques. Les colons de Nossi-Bé qui, pendant longtemps, s'étaient presque exclusivement adonnés à la culture de la canne en vue de la fabrication du sucre, très éprouvés par la mévente de ce produit sur les marchés de la métropole, impuissants à soutenir, faute d'un outillage qu'il leur eût été très onéreux de se procurer, la concurrence de l'industrie européenne, commençaient dès la fin de 1895 à abandonner ce genre d'exploitation pour y substituer la culture du vanillier et du caféier Libéria. Lors de ma première tournée d'inspection des provinces côtières, je pus constater à mon passage dans la Dépendance, en juin 1897, que la réussite de ces cultures s'annonçait sous les plus heureux auspices. Je faisais, en juillet 1898, la même constatation.

A partir du mois d'août 1897, lorsque la tranquillité fut rétablie dans les régions du Nord-Ouest, après la reddition des dernières bandes hovas du chef rebelle Rakotovaomoramanga, l'étude économique de cette partie de la colonie révéla de vastes régions — telles que les vallées du Sambirano et de la basse Mahavavy — qui semblaient réunir toutes les conditions qu'exigent, pour prospérer, les plantes tropicales. Des ingénieurs qui, peu après, parcoururent le Nord-Ouest, confirmèrent ces premières indications.

En outre, par la comparaison des climats de la côte Ouest et de la côte Est, il a été permis de présumer que certaines cultures trouveront sur le littoral occidental un milieu plus favorable à leur réussite. C'est ainsi que le Manihot Glaziowii, le cotonnier, auront à la côte Ouest la période de sécheresse qui paraît nécessaire à leur développement normal et à leur production, que le cocotier y sera à l'abri des maladies cryptogamiques qui, à la côte Est, sont activées par une excessive humidité.

La reconnaissance des zones côtières comprises dans les cercles de Maintirano, Morondava et Tuléar a fait également ressortir que ces régions offrent de vastes superficies dont la fertilité naturelle et les conditions climatériques sont très favorables aux cultures riches.

C) Zone intermédiaire. — Enfin, les contrées d'altitude moyenne (500 mètres à 800 mètres) tiennent à la fois, au point de vue du climat et du sol, des versants auxquels ils se rattachent et du haut pays. Au fur et à mesure que l'on s'éloigne de la côte, l'argile, qui est la base de la presque totalité des terrains de Madagascar, devient de plus en plus compacte; le sol, de moins en moins perméable, se prête, par conséquent, de moins en moins aux cultures tropicales; il est aisé cependant d'y désigner des vallées fertiles, très favorables à la plantation du cotonnier, du caféier d'Arabie, qui, à une altitude moyenne, résiste plus facilement que dans les basses terres aux atteintes de l' « Hemileïa vastatrix » sans être exposé, comme dans le Betsiléo, aux gelées blanches dont les effets sont des plus néfastes sur la végétation et sur la production. Cette zone intermédiaire conviendra surtout à l'élevage du bétail qui y était déjà pratiqué en grand par les Hovas et qui devra tout d'abord être de préférence entrepris dans des régions riches en pâturages naturels permanents, où la date récente de notre occupation ne permettrait qu'à grand'peine aux colons de se procurer la main-d'œuvre abondante et soigneuse que nécessitent les cultures tropicales. La haute vallée de la Mahagamba dans le nord-ouest, la vallée de la Tsiribihina dans l'ouest, la région située au nord de Vohémar, les vallées de l'Ionaivo, de l'Itormampy et du haut Menarahaka dans le pays bara, la moyenne vallée du Mangoro sur le versant oriental, doivent, à cet égard, être particulièrement mentionnées.

J'indiquerai du reste, en exposant les études faites et les mesures prises en vue d'aider à la création et au développement des entreprises agricoles et industrielles, quelles sont, suivant l'état d'esprit des populations, les facilités de main-d'œuvre et de transport, les régions où les colons ont actuellement intérêt à s'établir de préférence.

§ 2. — Cultures indigènes.

Si le développement économique de la colonie est intimement lié à la création d'exploitations agricoles et, par suite, à la connaissance de plus en plus approfondie de la nature des cultures à entreprendre avec succès dans les diverses régions, il ne faut pas perdre de vue que l'extension de l'agriculture indigène est également un facteur puissant de la richesse du pays : elle mettra à la portée de tous, à un prix peu élevé, les denrées nécessaires à l'alimentation de l'élément qui travaille ; elle augmentera, à brève échéance, les ressources des indigènes qui, au contact de notre civilisation, offriront un débouché de plus en plus important aux produits de notre industrie et contribueront ainsi puissamment au développement de notre commerce d'importation à Madagascar.

J'avais craint un moment, lors de mon arrivée à Tananarive, en fin septembre 1896, que les habitants n'abandonnassent complètement leurs cultures et que la famine ne vînt encore s'ajouter aux obstacles que nous avions à surmonter. Il est, en effet, avéré que les principaux chefs de l'insurrection avaient donné l'ordre de laisser les rizières incultes, de manière à augmenter les difficultés de ravitaillement du corps d'occupation, composé en grande partie de troupes noires se nourrissant de riz. La situation agricole de l'Imerina n'a pas laissé, au début, que de me causer les préoccupations les plus vives, car au seul examen du pays, en me rendant de Tamatave à Tananarive, j'avais pu apprécier l'importance des dévastations commises par les insurgés, l'arrêt complet imposé par eux aux travaux agricoles.

Je me suis donc immédiatement efforcé de remédier à cet état de choses et d'écarter les dangers qui nous menaçaient : dès le 27 octobre 1896, Rasanjy, faisant alors fonctions de premier ministre, prescrivait, sur mes ordres, aux autorités indigènes, de procéder à l'inspection des rizières et de formuler des propositions sur les mesures à adopter pour amener la population à reprendre et à étendre cette culture; en même temps, les rizières appartenant aux rebelles étaient confisquées et distribuées aux Malgaches soumis, principalement aux esclaves récemment libérés. Par circulaire du 23 décembre 1896, j'appelai l'attention des chefs de province sur la nécessité de ne pas laisser improductifs les terrains de culture provenant de la confiscation, au profit du domaine, des biens des personnages convaincus d'avoir participé à l'insurrection; je leur donnais, en même temps, des instructions pour que ces terrains fussent cultivés soit en régie, soit de compte à demi avec les indigènes.

Au commencement de l'année 1897, j'insistai encore auprès des administrateurs civils et militaires pour qu'ils encourageassent les Malgaches non seulement à remettre en valeur les terrains antérieurement cultivés, mais encore à transformer en rizières les marais se prêtant à cette opération. Je dois signaler, à cet égard, les travaux entrepris, sur l'initiative et sous la direction de M. le capitaine Freystœtter, dans le secteur d'Ampanotokana (cercle d'Ankazobé), en vue de la canalisation de la basse vallée de la Moriandro. Ces travaux, commencés dans les premiers mois de 1897, ont eu pour résultat, dès 1898, de rendre à la culture 450 hectares de terres d'alluvions excellentes pour les rizières; en outre, le canal qui a été creusé facilite les communications par pirogues entre le secteur et la route carrossable allant d'Ankazobé à Tananarive; il sera continué et vraisemblablement terminé au cours de l'année 1899.

Afin de faciliter l'exécution de semblables travaux et d'assurer l'extension de l'agriculture indigène, si désirable à tous les points de vue, je faisais remarquer aux commandants des cercles des régions centrales, par circulaire du 6 août 1897, qu'il était indispensable de restreindre le plus possible, pendant la période des cultures, l'emploi de la main-d'œuvre malgache pour les travaux de routes, d'aménagement de postes, etc., qui ne seraient pas d'une urgence absolue. Dans certaines régions particulièrement éprouvées par l'insurrection, telles que les cercles de Moramanga, d'Anjozorobé, d'Ambatondrazaka, des prêts de semences ont été faits aux indigènes qui ont ensemencé leurs champs sous la surveillance constante et attentive des autorités administratives, obligées souvent de réagir contre l'apathie des populations sihanakas et bezanozanos, même pour les amener à se livrer à ces travaux de première nécessité. Dans les régions où les rizières sont pauvres et peu nombreuses, les habitants ont été invités à accroître les cultures accessoires indigènes, principalement celles du manioc, du maïs et de la patate : j'ai également tenu à ce que de vastes champs fussent plantés en pommes de terre.

J'ai eu la satisfaction de constater par moi-même, à l'expiration de l'année 1897, le développement de la culture que ce tubercule avait pris dans certaines régions; dans le Vakin Ankaratra notamment, les Malgaches l'ont apprécié au point que les marchés en sont abondamment pourvus et qu'il entre pour une bonne part dans l'alimentation de la population.

D'un autre côté, les inondations étant dans ces pays-ci une véritable calamité, des ordres précis ont été donnés, au commencement de 1897, pour que les digues soient réparées et entretenues avec soin ; j'ai même prescrit que pendant la saison des pluies, où les orages sont si soudains, des veilleurs visitent constamment les chaussées destinées à contenir l'effort des eaux, de manière à prévenir les habitants aux premiers indices d'une rupture et à les faire concourir aux travaux jugés nécessaires; de nombreux hectares de rizières ont ainsi été préservés de la ruine, particulièrement en Imerina et dans la superbe plaine de Betsimidatatra qui entoure Tananarive au nord, à l'ouest et au sud, et où des dégâts importants étaient annuellement causés aux cultures par suite de la rupture de quelques-unes des digues qui bordent ses nombreux canaux.

Grâce à ces diverses mesures, non seulement la famine a pu être évitée dans les régions telles que les cercles d'Ambatondrazaka, d'Anjozorobé, de Moramanga, où je la redoutais au début; mais les cultures indigènes ont reçu progressivement, pendant les deux années écoulées, une vigoureuse impulsion qui profitera largement à la prospérité du pays.

Le tableau ci-après donne la superficie des terrains cultivés en rizières à la fin des années 1897 et 1898, en Imerina, dans les pays bezanozano et sihanaka.

CERCLES.	SUPERFICIES CULTIVÉES	
	fin 1897.	fin 1898.
Imerina... Tsiafahy	9.696 48 25	12.951 48 25
Anjozorobé............	3.608 43 15	4.900 » »
Ankazobé............	10.058 29 »	10.540 » »
Tananarive	11.575 59 »	13.145 » »
Arivonimamo	8.749 91 »	14.560 » »
Bétafo.............	10.010 83 21	12.313 68 »
Miarinarivo	4.785 39 34	7.447 93 »
TOTAL pour l'Imerina.......	58.484 92 95	75.828 09 25
Bezanozano. — Moramanga	715 » »	1.620 » »
Sihanaka. — Ambatondrazaka.......	972 » »	2.846 » »

Je ne dois pas dissimuler que les plus-values indiquées pour la fin de 1898 résultent en partie d'une mensuration plus exacte des rizières. Mais elles traduisent aussi, incontestablement, une très notable augmentation sur la période antérieure.

A ce propos, je ne crois pas inutile de m'arrêter un instant sur la hausse qui s'est produite en 1897 et en 1898 sur le prix du riz dans les régions de l'Imerina et des pays bezanozano et sihanaka. Ces faits trouvent immédiatement leur explication dans les ruines accumulées par l'insurrection pour 1897 et, en ce qui concerne les cercles de Moramanga et d'Ambatondrazaka, pour 1898.

Les récoltes de 1896 furent en grande partie soit détruites sur pied, soit enlevées par les rebelles.

Pour la hausse survenue en 1898 en Imerina, plusieurs causes peuvent expliquer ce phénomène économique. Les unes sont générales et tiennent aux modifications apportées par notre prise de possession dans la situation politique et dans l'état des personnes. Elles ne peuvent, par conséquent, être directement et immédiatement combattues. Les autres sont accidentelles : l'action administrative y a déjà remédié en partie.

Parmi les causes générales, on peut noter celles qui modifient le taux des échanges ou les entravent, l'absence d'un commerce assez important pour répartir les produits et égaliser les cours, surtout la difficulté des communications et des transports.

Les transactions auxquelles donne lieu le commerce du riz tel qu'il est habituellement pratiqué entre indigènes sont faibles et peu étendues. Par tempérament, le Hova, au lieu de tâcher d'étendre le chiffre de ses affaires, cherche à gagner le plus possible, par tous les moyens licites ou illicites, sur chacune de celles qu'il traite.

En outre, la libération des esclaves a privé les propriétaires de serviteurs qui, pour un salaire infime (par exemple, 0 fr. 40 d'Arivonimamo à Tananarive, soit un parcours de 48 kilomètres environ), transportaient autrefois le riz à un prix spécial inférieur de beaucoup à tous les autres prix de transport. Il y avait là des pratiques adaptées à la situation locale, dont l'efficacité pourra seule être suppléée par l'utilisation au moyen des transports par voitures, des routes récemment ouvertes et en voie d'achèvement : abstraction faite du commerce auquel se livrent les porteurs sur les routes de Tamatave et de Majunga, les transactions sont demeurées très localisées, et le riz n'est arrivé à des régions de production abondante qu'en passant par de nombreux intermédiaires.

D'autre part, la guerre et l'insurrection ont causé dans la population de l'Imerina des vides appréciables. Le nombre des gens de service, employés subalternes, miliciens, tirailleurs, ouvriers d'art, porteurs, et en 1898, surtout travailleurs sur les gisements aurifères, etc., a aussi, par suite d'une demande plus abondante, forcément augmenté au détriment des agriculteurs. Bref, on peut considérer que depuis quatre ans 30.000 ouvriers ont été enlevés directement ou indirectement, à l'agriculture, en Imerina seulement.

Telles sont les raisons d'ordre général auxquelles, ainsi que je l'indiquerai ci-après, les mesures prises remédieront progressivement.

Les causes accidentelles ressortiront de la comparaison préalable de la production et de la consommation. La superficie des rizières cultivées était, à la fin de l'année 1897, dans les sept cercles de l'Imerina, de 58.484 hectares ; la production moyenne à l'hectare peut être évaluée à 1.800 kilogrammes pour les très bonnes rizières et à 1.500 kilogrammes pour celles de moyenne valeur ; en adoptant ce dernier chiffre, on constate que la production annuelle de l'Imerina était d'environ 88.000 tonnes en 1898.

Le chiffre de la consommation par tête d'habitant semble pouvoir être fixé à 300 grammes par jour. Calculée d'après ce taux, la consommation annuelle de l'Imerina serait d'environ 81.000 tonnes, auxquelles il faut ajouter 1/20 ou 1/25 pour la semaille, soit au total 84.000 tonnes.

Ces chiffres, qui ne peuvent évidemment être qu'approximatifs, suffisent cependant à établir que la production, en 1898, ne dépassait que de très peu les besoins de la consommation et qu'une demande peu importante, demande qui s'est produite pour l'alimentation des troupes noires stationnées d'abord dans certains cercles de l'Imerina, puis dans les territoires militaires des confins ravitaillés par la production de l'Imerina, pouvait imprimer au cours du riz de sensibles variations.

La rareté de la monnaie divisionnaire et la dépréciation de la monnaie coupée ont constitué aussi, dans les transactions, une cause transitoire de gêne qui a eu une répercussion sur le cours du riz.

Enfin, il y a lieu de signaler les spéculations qui, sur un marché aussi restreint, n'ont pas manqué de se produire. On n'a pu constater que des accaparements aient été réellement effectués; mais les revendeurs indigènes ont essayé d'user de tous les procédés qui leur étaient jadis habituels pour hausser artificiellement le prix du riz. Ces procédés consistaient surtout dans la formation d'associations pour l'achat de la plus grande quantité possible du riz apporté sur un marché; un compère venait ensuite acheter quelques mesures au-dessus du cours établi, qui se trouvait instantanément haussé; les informations portent même que, confiants dans la hausse qui augmente jusqu'à la récolte, les revendeurs intéressés à une opération n'hésitaient pas, au besoin, à acquérir le riz des vendeurs, qui continuaient sur un marché à vendre au-dessous du cours que les premiers voulaient maintenir. Une manœuvre habituelle consistait aussi à attendre sur les chemins les cultivateurs qui se rendaient au marché et à acquérir leur riz avant que l'apport ait pu abaisser le cours. Il est inutile d'ajouter que ces manœuvres, aussitôt connues, ont pu être déjouées, que des

dispositions bienveillantes, telles que l'exemption temporaire des droits de place sur les marchés en faveur des cultivateurs et des mesures sévères de police, ont été prises pour
qu'elles soient restreintes le plus possible. Les envois considérables de monnaie divisionnaire provoqués par le département, dans le deuxième semestre de l'année 1898, ont atténué aussi la gêne causée dans les transactions par la pénurie
du numéraire. De plus, au fur et à mesure de la pacification des territoires nouvellement occupés en pays sakalave,
la production locale et le ravitaillement par la côte Ouest,
au moyen de chaloupes à vapeur qui pourront remonter la
Tsiribihina jusqu'au delà de Bemena, permettront de réduire, sinon de supprimer bientôt complètement la contribution alimentaire demandée à l'Imerina par ces régions.
Il est donc à présumer que les causes accidentelles de
hausse ne tarderont pas à disparaître.

En vue d'atténuer les causes normales de hausse, j'ai
déjà mentionné les instructions que j'avais données, en
1897 et 1898, relativement à l'extension des cultures ; l'examen du tableau ci-dessus fait ressortir les progrès sensibles réalisés dans ce sens, progrès qui ressortent d'ailleurs
nettement de ce fait que la hausse du riz a été, l'année
dernière, notablement moins accentuée qu'en 1897. Mais il
importe encore au plus haut point d'amener progressivement
les Malgaches à améliorer leurs procédés de culture par la
fumure, à économiser la main-d'œuvre et à suppléer à celle
qui fait défaut par l'emploi d'instruments aratoires plus perfectionnés que la primitive angady (sorte de bêche droite)
confectionnée avec du fer de fabrication indigène de mauvaise qualité. J'ai donc cherché à vulgariser parmi les Hovas
l'usage de la charrue : au commencement de novembre
1897, j'ai tenu dans ce but à faire procéder devant moi, en
l'entourant d'une certaine pompe, au premier essai de cet
instrument, dans une rizière de Tananarive, en présence
des autorités indigènes et d'une affluence considérable de

Malgaches. MM. les commandants des 1er et 4e territoires militaires se sont, à leur tour, efforcés d'encourager les indigènes à entrer dans cette voie ; dans la première de ces circonscriptions, le gouverneur principal du cercle de Tsiafahy a fait venir de France, en 1898, deux charrues, donnant ainsi l'exemple à ses administrés. M. le lieutenant-colonel Liautey a introduit lui-même dans le cercle d'Ankazobé vingt défonceuses, quarante charrues, vingt-deux herses dont l'essai a été effectué devant un grand concours d'indigènes ; ceux-ci, s'étant successivement initiés au maniement des nouveaux instruments, en ont ensuite demandé la cession qui leur a été faite par groupes de villages. Vingt indigènes de Maintirano, venus à Ankazobé avec M. le commandant Ditte, ont fait aussi leur apprentissage dans l'emploi de la charrue. Tous ces Malgaches n'ont pas tardé à apprécier que le travail exécuté dans une demi-heure de labourage à la charrue représentait celui de vingt bourjanes pendant deux heures. Il n'est pas douteux que ces résultats, en frappant leur esprit, n'amène bientôt les Hovas à adopter l'usage de cet instrument aratoire, surtout s'il se trouve à côté d'eux des colons pour leur donner l'exemple.

En vue d'éviter, dans l'intérêt du développement de l'agriculture indigène, toute déperdition de main-d'œuvre, j'ai, par une circulaire du 19 novembre 1898, prescrit aux administrateurs civils et militaires d'user de leur autorité pour que les Malgaches se livrent tous à la culture : j'ai même posé le principe de l'obligation, pour tout indigène, de cultiver. Cette mesure, loin d'être préjudiciable aux entreprises des colons, ne pourra que leur être très profitable, car, en retour des emplacements que les concessionnaires pourront accorder à leurs engagés et des quelques journées de liberté qu'ils leur donneront pour cultiver, ils obtiendront d'eux qu'ils s'attachent à l'exploitation où des travailleurs seront désormais retenus non seulement par le salaire, mais par l'amour de la propriété. Déjà des colons qui ont appliqué cette mesure se félicitent des résultats acquis.

L'organisation récente du personnel indigène dans les provinces autres que l'Imerina n'ayant pas permis d'y procéder à un recensement exact des terres cultivées par les indigènes, il n'est pas possible de donner sur l'extension des cultures en 1897 et 1898 des résultats aussi précis que ceux indiqués précédemment. Il est permis d'affirmer cependant que ces cultures ont été généralement en progrès continu au cours des années 1897 et 1898 dans les régions pacifiées.

Dans le Betsiléo, du jour où les indigènes, qui subissaient jadis de la part des Hovas l'oppression la plus dure, ont eu la certitude de ne plus être dépouillés du fruit de leur travail, ils se sont mis résolument à la culture; la superficie des terrains cultivés en rizières est actuellement de 15,000 hectares environ, alors que, d'après M. l'administrateur en chef Besson, elle atteignait seulement la moitié de ce chiffre au début de l'année 1896.

A la côte Est, les progrès ont été particulièrement sensibles dans les provinces de Vohémar, Fénérive, Andevorante, Vatomandry, Mahanoro, Farafangana, Fort-Dauphin.

Dans la première de ces circonscriptions, le district du nord, habité par des Sakalaves exclusivement adonnés à l'élevage, était en 1896 presque entièrement dépourvu de cultures vivrières et recourait, pour s'alimenter, aux districts betsimisarakas d'Antalaha et de Sunbavaha, dont la production excède la consommation. M. l'administrateur Faucon, tout en encourageant l'industrie de l'élevage, s'est attaché à diriger les indigènes vers le travail du sol : il y a quelque peu réussi, et avant qu'un cyclone fût venu, il y a quelques semaines à peine, ravager la région de Vohémar, il annonçait que, alors qu'en 1896 quelques super-

ficies de peu d'étendue étaient cultivées, on pouvait
compter, pour 1899, sur 5,000 hectares de rizières ; de telle
sorte que le district sakalave devait être en mesure de
suffire à sa consommation. Les excédents disponibles des
districts de Sambaavah et d'Antalaha pouvaient aussi être
exportés, de même que ceux de la province de Fénérive
qui, en 1897 et 1898, ont été expédiés tant dans le pays
Sihanaka (Ambatondrazaka) qu'à Tamatave, la population
indigène de cette dernière province, d'ailleurs très peu
nombreuse, étant quelque peu détournée des travaux agricoles par les salaires plus rémunérateurs qu'elle trouve
auprès des commerçants.

Il y a lieu de signaler aussi, en ce qui concerne les circonscriptions d'Andevorante, Vatomandry et Mahanoro,
une surabondance de production notable pour l'année
1899.

Dans la province de Farafangana, l'établissement de notre
autorité, en mettant les peuplades Antaimoros du littoral
à l'abri des incursions des indigènes montagnards (Tanalas), leur a permis d'accroître aussi leurs cultures.

La province de Fort-Dauphin qui, troublée en 1897, avait
besoin de recourir à l'extérieur pour s'approvisionner, a pu,
à la fin de 1898, suffire aux besoins de sa consommation, à
tel point que certains commerçants qui avaient voulu spé-
culer sur le riz se sont trouvés à la tête de stocks importants dont ils n'ont pu trouver qu'à grand'peine l'écoulement.

Dans le cercle de Tuléar, M. le capitaine Toquenne est
progressivement arrivé, au cours de l'année 1898, à amener
la reprise des cultures, de telle sorte que la crainte de la
famine, qu'il envisageait à la fin de 1897, a pu être définitivement écartée. Les régions des Baras-Imamonos et des
Tanosys donnent même un excédent de production qui est
utilisé pour l'alimentation des troupes noires.

Cultures potagères et industrielles. — En outre des cultures vivrières, je me suis attaché à provoquer le développement, par l'indigène, de celles qui sont susceptibles de former un appoint à ses ressources en augmentant le bien-être de la population européenne de la colonie. C'est ainsi que des distributions de graines potagères faites aux habitants du plateau central ont propagé avec rapidité l'industrie maraîchère; si bien qu'un grand nombre de marchés, principalement celui de Tananarive, sont maintenant approvisionnés, durant toute l'année, de la plupart des légumes d'Europe.

D'autre part, certaines cultures qui, à l'exemple de celle du caféier, du blé, sont, dans le haut pays, aléatoires pour un colon, d'autres, comme celle du mûrier, qui ne sauraient constituer à elles seules la base d'une exploitation, sont susceptibles d'être tentées par l'indigène dans les régions centrales avec avantage pour l'intérêt général, car elles peuvent, soit constituer pour la population malgache un article de vente, soit assurer le développement d'une industrie telle que la sériciculture, qui paraît trouver dans l'Imerina et le Betsiléo un milieu des plus favorables.

Au cours de mes tournées sur le plateau central et jusqu'à la côte pendant l'année 1897, je fus frappé par le nombre de caféiers qui se rencontraient aux abords des villages et par l'état d'abandon dans lequel ils se trouvaient. Par une circulaire du 21 août 1897, je prescrivis donc aux chefs de province de faire entretenir par les habitants des villages ces plantations, qui avaient été entreprises jadis sur les ordres des officiers hovas, et même d'en provoquer l'augmentation par les indigènes, à qui reviendrait désormais le produit des récoltes. Par une autre circulaire du 26 mai 1898, j'ai invité les administrateurs civils et militaires de l'Imerina et du Betsiléo à faire procéder, par chaque Malgache du sexe masculin âgé de 16 à 60 ans, à la plantation, chaque année, d'un caféier et d'un mûrier blanc. Ainsi on pourra arriver sans peine, au bout de cinq ou six ans, à avoir sur les divers points des régions centrales des produits qui, en accroissant les ressources des indigènes, augmenteront leur capacité de consommation de nos pro-duits ou faciliteront le développement d'une industrie qui paraît devoir être une source de richesses pour le pays.

Dans les régions côtières, j'ai particulièrement recommandé, au cours de ma dernière tournée, la plantation, des cocotiers sur les dunes du littoral.

J'ai également essayé de développer chez les indigènes d'Imerina la culture du blé. A cet effet je leur ai tout d'abord fait distribuer gratuitement des semences et, pour combattre leur apathie naturelle, j'ai exempté d'impôt foncier les terres qui seraient l'objet de ces essais. En outre, afin de donner l'exemple, les officiers des cercles ont directement procédé à la mise en culture de quelques emplacements. L'expérience a démontré que les semailles devaient être faites au commencement de février, dans des terrains choisis avec soin, abrités des vents, non humides et préalablement bien ameublis et fumés. Les résultats obtenus avec le blé de Noë, le blé de Bordeaux, le blé de Médéah, ont varié de 6 à 11 pour 1; ils démontrent qu'il serait hasardeux et prématuré encore de conseiller aux Européens la culture du blé, en raison surtout de la difficulté du choix des terrains; il y a intérêt à ce que les Malgaches s'y adonnent pour pourvoir, en partie tout au moins, aux besoins de la consommation des colons européens, car jusqu'à ce qu'un chemin de fer relie les régions centrales à la côte, le prix de revient de la farine y sera très élevé, rendant ainsi onéreux le coût de l'existence.

§ 3. — Élevage.

Antérieurement à notre occupation, Madagascar était réputé posséder, sur presque toute l'étendue du territoire, de nombreux troupeaux de bœufs qui devaient en consti-

tuer l'une des sources de richesses les plus appréciables.
Mais, dès la fin de l'année 1896, les commandants des cercles de l'Imerina me signalaient ce que cette appréciation,
résultant d'un examen superficiel, avait d'exagéré. Il est
incontestable aussi que l'une des conséquences les plus
fâcheuses de l'insurrection a été la diminution des troupeaux de bœufs, décimés par les rebelles dans une proportion telle que certains districts de l'île, autrefois riches en
bétail, s'en sont vus, au début de 1897, presque totalement
dépourvus. Or, les animaux de l'espèce bovine, qui peuvent
alimenter un commerce d'exportation des plus fructueux,
jouent un rôle considérable dans la plantation du riz, les
indigènes l'utilisant pour malaxer le sol lors de leurs
semailles et dans toute entreprise agricole, dans le haut
pays, en vue de la production du fumier qu'exigent les
terres de ces régions. Afin de parer à cette pénurie de troupeaux, j'ai, par un arrêté du 22 janvier 1897, défendu
d'abattre les vaches, les génisses et les brebis sans une autorisation spéciale, et, par un autre arrêté du 4 septembre
suivant, j'ai interdit l'exportation des vaches et des génisses.

J'ai prescrit de plus, aux administrateurs et commandants de cercles, par une circulaire du 30 août 1897, de
procéder à un recensement minutieux du bétail dans toutes
les régions soumises à notre autorité. Les résultats de
cette opération ont pleinement confirmé la première impression du début. Certaines personnes venues à Madagascar antérieurement à 1895 évaluaient le cheptel à six ou
huit millions de bœufs. Le recensement a fourni, à la fin
de l'année 1897, les résultats suivants pour les pays de l'Imerina, des Bezanozanos, des Sihanakas, du Betsiléo et de
quelques provinces côtières :

Anjorozobé	4.080 têtes.
Ankazobé	14.413 —
Tsiafahy	9.814 —

Tananarive	15.275 têtes.
Arivonimamo	51.584 —
Betafo	45.232 —
Miarinarivo	20.288 —
Ambatondrazaka	33.670 —
Moramanga	6.080 —
Betsiléo	123.201 —
Vohémar	70.000 —
Majunga	43.144 —
Analalava	24.000 —
Andevorante	5.871 —
Tamatave	4.040 —
Diégo-Suarez	20.000 —
Mananjary	5.000 —

Le total donne un chiffre de 500.692 têtes pour les régions les plus peuplées et les plus riches de la colonie, représentant le tiers environ du territoire : en admettant encore que la moitié du bétail ait échappé au recensement et que les autres régions de l'île non recensées ou insoumises possèdent autant de bétail proportionnellement à la superficie, bien que la population y soit, en certaines parties, très clairsemée, il semble qu'on sera encore au-dessus de la vérité en évaluant à 2.000.000 le nombre des animaux de l'espèce bovine existant à Madagascar. Aussi, après avoir pris, par une lettre insérée au *Journal officiel* du 4 mai 1898, l'avis des chambres consultatives, n'ai-je pas hésité à porter à 15 francs par tête, par arrêté du 15 septembre suivant, le droit de sortie sur les bœufs qu'en 1897, me basant sur des appréciations reconnues depuis inexactes mais alors unanimement admises, j'avais fixé seulement à 7 fr. 50, au moment de l'établissement du tarif des droits de sortie. Grâce à ces mesures et à la pacification, il est à présumer que le troupeau de Madagascar sera dans une brève période — de trois à cinq ans — reconstitué et même augmenté.

L'effet des premières dispositions prises s'est déjà fait sentir d'une façon très marquée dans certaines régions de l'Imerina où le Hova, intelligent et âpre au gain, n'a pas tardé à en comprendre l'intérêt. C'est ainsi qu'en juin 1898 le cheptel du cercle de Tsiafahy, qui comprenait seulement, en septembre 1897, 9.814 têtes, s'était augmenté de 1.639 veaux. Je ne tiens pas compte des bœufs achetés en nombre considérable par les habitants de ce cercle dans les régions sakalaves du Betsiriry, d'Ankavandra et même de Morondava, qui portaient en totalité le troupeau au chiffre de 14.707 têtes. Dans le cercle de Miarinarivo, l'augmentation a été encore plus sensible; on y comptait, en juin 1898, 16.456 veaux. Dans le Betsiléo, le dernier recensement, effectué en juin et juillet 1898, a donné le chiffre de 132.785 têtes de bétail.

Pour témoigner aux indigènes l'intérêt que j'attache au développement de l'élevage comme de l'agriculture et des industries qui s'y rattachent, un concours agricole a été organisé, le 5 juillet 1898, à Talata, dans le cercle d'Anjozorobé, et des récompenses ont été décernées aux principaux éleveurs et producteurs indigènes. Un concours analogue va avoir lieu à Tananarive dans la première quinzaine du mois d'avril prochain, concours en vue duquel j'ai prévu une somme de 13.500 francs.

§ 4. — Fonctionnement du service de l'agriculture.
Jardins d'essais. — Jumenteries et dépôts d'étalons.

FONCTIONNEMENT DU SERVICE DE L'AGRICULTURE. — Les indications qui ont été données sur les cultures entreprises ou à entreprendre par les Européens et sur celles pratiquées par les indigènes ont démontré la nécessité de procéder, pour le développement de l'agriculture, à des expériences ayant pour objet l'amélioration des procédés agricoles et l'introduction de cultures nouvelles.

Il importe d'éviter aux colons des expériences très coûteuses qui, touchant aux problèmes les plus difficiles de l'agronomie, nécessitent, chez ceux qui y procèdent, des connaissances techniques étendues. Seules, des sociétés disposant de capitaux considérables et l'administration peuvent aborder des essais de cette nature. J'indiquerai plus loin les mesures adoptées pour faciliter l'établissement à Madagascar de sociétés foncières disposant de capitaux et présentant des garanties sérieuses. En attendant que leur initiative ait pu se manifester, l'administration devait se préoccuper sans retard d'entreprendre les études auxquelles est subordonné le développement agricole de la colonie.

C'est dans ce but qu'une direction de l'agriculture avait été créée dès les débuts de l'organisation administrative de notre nouvelle possession. Toutefois, le titulaire de cette charge, M. Guimberteau, étant rentré en France en même temps que mon prédécesseur, je n'avais pas cru, pour raison d'économie, devoir le remplacer, et, par arrêté du 3 octobre 1896, j'avais simplement chargé M. Prudhomme, inspecteur de l'agriculture, des fonctions de chef de service sous ma direction immédiate. Ce dernier s'est acquitté de sa mission à ma pleine satisfaction, assumant d'abord seul la lourde charge d'un important service dont le développement a nécessité, successivement, les créations d'emplois de chefs jardiniers à Tananarive, où le titulaire de ce nouveau poste est arrivé à la fin du mois d'août 1897 pour seconder le chef de service dans la direction du jardin d'essais créé aux environs de la capitale, ensuite à Tamatave en décembre de la même année, à la suite de l'organisation d'un établissement semblable. L'expérience a démontré la nécessité de faire des cultures de la zone tropicale l'objet d'une étude des plus suivies et des plus attentives. J'ai donc décidé, tout récemment, la création de nouveaux jardins d'essais à Mananjary, Majunga et Fort-Dauphin et celle d'un poste de sous-inspecteur dont le titulaire a été demandé au département, pour donner aux établissements de la côte une direction active et compétente.

JARDINS D'ESSAIS. — *Tananarive*. — La station agronomique de Nahanisana, créée par arrêté du 12 février
1897, est située à une demi-heure au nord-ouest de Tananarive. Installée dans une ancienne propriété de l'ex-premier ministre Rainilaiarivony achetée par la colonie, elle
est reliée à la ville par une route rendue carrossable dès la
fin de l'année 1897 et comprend 20 hectares, dont 160 ares
de rizières. Le but de cet établissement est de servir à la
recherche des améliorations à apporter aux systèmes de
culture pratiqués dans le pays, d'introduire les plantes
pouvant intéresser les colons et les indigènes. Les méthodes d'élevage y sont également étudiées ; ses pépinières et
ses plantations doivent, au surplus, fournir aux personnes
qui en font la demande les graines et les boutures dont
elles ont besoin ; enfin, il est aussi destiné à former de
bons surveillants d'exploitations agricoles, des jardiniers
et des ouvriers de ferme indigènes.

Grâce à l'intérêt que diverses personnes, notamment
M. Cornu, professeur au Muséum d'histoire naturelle de
Paris, le gouverneur général de l'Algérie, le gouverneur de
la Réunion, les consuls de France à Maurice, à la Nouvelle-
Orléans, à Rio-de-Janeiro, au Caire, le résident général de
France en Tunisie, etc., ont manifesté, dès sa création, à
la station agronomique de Nahanisana, en lui envoyant des
semences, le service de l'agriculture a pu obtenir en 1897
de nouvelles variétés jusqu'alors inconnues dans l'île et
parmi lesquelles je citerai diverses essences de mûriers, de
pommiers, de poiriers, de pêchers qui seront surtout précieuses pour l'industrie du tannage des peaux, de figuiers, de
vignes, toute une collection d'eucalyptus et de filaos, le
Manihot Glaziowii, le cotonnier, de nombreuses plantes
fourragères, entre autres le cactus inerme, enfin des
essences forestières telles que le chêne pédonculé, le chêne-
liège. Les principaux efforts de M. Prudhomme ont porté
sur les plantes fourragères dont la culture présente, en Ime-

rina et dans le Betsiléo, une importance capitale, si l'on considère que les pâturages y font souvent défaut pendant la saison sèche et que l'élevage du bétail qui y prospère à l'abri de toute maladie peut y devenir une source de profits pour le colon et est, d'ailleurs, en vue de la production de la fumure, le complément indispensable de toute exploitation agricole. Je signalerai encore les intéressants essais de céréales qui ont été faits au cours de ces deux années et qui, s'ils n'ont abouti qu'à des résultats médiocres en ce qui concerne le blé et l'orge, ont donné pour le sarrasin et l'avoine d'aussi beaux rendements que dans la métropole.

Les pépinières installées à la station agronomique de Nahanisana ont fourni en 1897, tant aux colons qu'au service des travaux publics et aux cercles, 5.195 plans et boutures comprenant principalement des arbres d'abri contre le vent, des espèces fruitières et des essences d'ombre et d'avenue : les livraisons se sont élevées, pour 1898, au chiffre de 122.500.

Cet établissement agricole a été complété en mars 1897 par une bouverie-vacherie et une bergerie. J'avais pensé, au début de l'année dernière, à introduire, aux frais de la colonie, quelques reproducteurs sélectionnés. Le bœuf de Madagascar, en effet, s'il présente l'avantage d'être très résistant, est généralement de petite taille; quant au mouton dit à grosse queue, il est dépourvu de laine, en même temps que sa viande est de qualité très médiocre. Les moutons mérinos de Rambouillet, envoyés en 1896 par le département et dirigés sur Diégo-Suârez où ils dépérissaient, avaient été amenés en 1898 à Tananarive où, soit faute de bon fourrage, soit par suite de leur nature délicate, ils n'ont pas prospéré. J'avais donc l'intention de faire procéder à de nouveaux essais par l'introduction de nouveaux animaux de race choisie, lorsque des sociétés m'ont précisément demandé de vastes concessions en vue de se livrer à ces expériences. Il m'a paru que l'administration devait s'effacer devant l'initiative privée, et c'est dans ces conditions qu'ont été élaborés des contrats de concessions actuellement soumis à la sanction du département.

Fianarantsoa. — L'importance acquise par la ville de Fianarantsoa comme centre de colonisation agricole m'a amené à décider également la création d'un jardin d'essais à proximité de cette localité. Cette création a été entreprise à la fin de l'année 1897 par M. l'administrateur en chef Besson, qui a fait choix d'un terrain d'une superficie de 45 hectares, situé à 3 kilomètres environ du chef-lieu du Betsiléo. Des essais variés des cultures des pays tropicaux aussi bien que de celles des pays tempérés y ont été effectués dans le courant de l'année 1898 : ils permettront, en se poursuivant, de donner aux colons désireux de se fixer dans la région des indications pratiques de nature à leur éviter de coûteuses expériences.

Tamatave. — Les jardins d'essais de Nahanisana et de Fianarantsoa ne peuvent, en raison du climat des régions où ils sont situés, servir à l'étude des cultures riches, qui se font presque uniquement sur le littoral et dans les régions moyennes de l'île. Il était donc indispensable d'installer aux environs du principal point de débarquement des colons un jardin d'essais où le nouveau venu pût facilement se rendre compte des ressources agronomiques des régions côtières, des modes de cultures à employer, et où il fût en mesure de trouver des plants destinés à former la base de son exploitation.

C'est pour ces motifs que, par arrêté du 11 décembre 1897, a été créé le jardin d'essais de Tamatave, après que M. le chef du service de l'agriculture en eut choisi lui-même l'emplacement dans la vallée de l'Ivoloïna, à 17 kilomètres environ au sud de Tamatave, pendant la tournée que je l'avais invité à effectuer pour examiner la situation agricole des provinces de la côte Est.

Le court espace de temps qui s'est écoulé depuis la création de cet établissement n'a pu permettre, après l'achèvement des travaux d'installation, de défrichement et de desséchement, que l'installation de pépinières, et il ne saurait être question de noter déjà des résultats. Mais il est incontestable que le jardin d'essais de Tamatave rendra à l'agriculture, sur la côte Est, les meilleurs services.

Des considérations identiques à celles qui avaient décidé la création de la station agronomique de Tamatave, en outre l'importance acquise au cours des deux années écoulées par la ville de Majunga, m'ont conduit à prescrire également l'installation, qui s'effectue en ce moment, d'un jardin d'essais aux environs de cette ville. D'autre part, la possibilité donnée aux colons de se procurer sur place des plants prêts à être mis en terre est de nature à activer puissamment la mise en œuvre des exploitations agricoles et à constituer pour le futur planteur une économie précieuse de temps et d'argent. Aussi est-ce dans cette idée que j'ai encore décidé tout récemment la création de stations de cultures à Mananjary et Fort-Dauphin. Dans cette dernière localité, l'administration utilisera, à cet effet, le jardin d'essais commencé à Nampoa par M. Marchal, dont les expériences intéressantes m'ont paru devoir être continuées et développées. Ce colon s'étant offert à céder à l'administration sa propriété, d'une réelle valeur, contre la concession, dans le pays Antandroy, de 25.000 hectares de terres incultes où il projette d'effectuer des plantations de caoutchouc, j'ai considéré que l'acceptation de cette proposition constituerait à la fois une excellente affaire pour la colonie et un encouragement à donner à M. Marchal, qui est digne à tous égards du plus bienveillant intérêt.

En dehors des stations agronomiques et jardins d'essais que je viens de mentionner, les administrateurs et commandants de cercle se sont attachés à créer, dans un cadre modeste, de petites fermes-modèles en vue de vulgariser parmi les indigènes nos procédés agricoles, de les inciter à des cultures nouvelles et à l'amélioration de celles qui leur sont familières.

Chaque fois que les essais effectués ont relevé des résultats intéressants, faisant ainsi avancer la connaissance des facultés agronomiques de la colonie, il en a été rendu compte dans le *Journal officiel*, de manière à mettre les colons en mesure d'en faire leur profit. J'ai fait paraître également le plus souvent possible, dans cette feuille, des chroniques agricoles rédigées par le chef du service de l'agriculture, dans lesquelles ont été condensées des indications pratiques dictées par l'expérience et de nature à éviter aux nouveaux colons les tâtonnements et souvent les déboires inhérents à toute entreprise pour laquelle on est insuffisamment préparé.

JUMENTERIES ET DÉPÔTS D'ÉTALONS. — J'ai eu l'honneur de vous signaler plus haut l'intérêt qui s'attachait à l'amélioration de la race bovine et à la transformation de la race ovine; l'amélioration ou, plutôt, la création et la multiplication de la race chevaline ne s'imposent pas moins. On ne peut pas considérer comme constituant une race les quelques chevaux indigènes qu'on rencontre à Madagascar — en Imerina et dans le Betsiléo — au nombre de 800. Ces chevaux, descendants d'animaux importés pour la première fois de 1810 à 1820, vers la fin du règne d'Andrianampoinimerina, puis d'autres envoyés de Zanzibar, de Maurice et du Cap, de Bombay et de Surate, se sont acclimatés et ont fait souche dans la région des hauts plateaux. Cela prouve nettement que cette région est favorable à l'élevage du cheval. Cependant, aucune tentative dans ce sens n'ayant été faite, cet animal a constitué jusqu'à ce jour, pour les indigènes, une rareté, un objet de luxe, sans utilité pratique; mais l'ouverture de nombreuses voies de

communication, la difficulté et la cherté des transports par
bourjanes, les avantages qu'il y aurait, au point de vue de
l'économie et de la bonne exécution du service, à doter nos
administrateurs et nos officiers de montures de selle, enfin
la nécessité de fournir au corps d'occupation les animaux
de bât et de trait qui lui sont indispensables, ont ouvert à
l'industrie chevaline à Madagascar un important débouché.

Afin d'encourager cette industrie, j'avais créé au début
de l'année 1897, à Ampasika, près de Tananarive, une
jumenterie constituée par vingt-huit juments tarbaises et
quelques juments du Cap et du pays. Par un arrêté du
19 novembre 1897, j'ai organisé en outre à Tananarive un
dépôt fixe de quatre étalons ; j'ai également décidé que ces
animaux seraient mis à la disposition des éleveurs de l'I-
merina, qu'une indemnité de 100 francs pour frais d'installation serait allouée à tout propriétaire de cinq juments
de 3 ans et au delà aptes à la reproduction et qu'une prime
de 5 francs serait accordée à chaque éleveur qui présenterait une jument à la saillie des étalons de l'État, en même
temps qu'il lui serait délivré une carte de saillie. Le même
arrêté a prévu l'organisation de concours et l'allocation de
primes aux meilleurs produits.

L'expérience a démontré depuis qu'il y avait intérêt à
supprimer la jumenterie d'Ampasika, les juments tarbaises
n'ayant produit qu'un seul poulain. Il semble par suite
qu'il est préférable de s'en tenir aux juments du pays et
d'améliorer leur race en les faisant saillir par des animaux
de choix. J'ai en conséquence décidé tout récemment l'achat,
sur les crédits régulièrement inscrits au budget local, de
cinq animaux en Algérie, le type barbe étant, parmi ceux
de race française, celui qui paraît le mieux devoir s'acclimater et se multiplier à Madagascar.

En même temps que j'organisais la jumenterie d'Ampasika, j'envoyais à Fianarantsoa trois juments tarbaises afin

d'encourager ainsi par l'exemple l'élevage du cheval dans le Betsiléo; mais du jour où les colons se seront munis de juments et auront manifesté leur intention de se livrer à l'élevage, il y aura lieu de substituer à la jumenterie officielle un dépôt d'étalons analogue à celui de Tananarive.

CHAPITRE III

Commerce.

Mesures prises pour faciliter et développer les transactions. — Régime douanier. — Droits de sortie. — Patentes. — Taxes de consommation. — Licences. — Revue de la situation commerciale de la colonie. — Navigation.

---

§ 1er. — Mesures prises pour faciliter et développer les transactions.

A la conquête d'une colonie succède invariablement une période plus ou moins longue pendant laquelle le mouvement économique demeure suspendu.

Les transactions commerciales à Madagascar ont pu être d'autant plus atteintes que la perturbation naturellement amenée dans la situation du pays par notre prise de possession s'est trouvée aggravée par l'insurrection éclatant au moment où les populations des régions côtières, qui alimentaient du moins le commerce extérieur, s'étaient ressaisies et prenaient contact avec nous. La révolte, en se prolongeant en Imerina, avait chez ces peuplades une répercussion fâcheuse en provoquant parmi celles soumises antérieurement à l'autorité des Hovas des appréhensions sur la stabilité de notre occupation, en incitant les autres à donner libre cours à leurs pratiques de pillage.

Tous mes efforts se sont appliqués à atténuer les conséquences de ce malheureux état de choses et, en même temps, à assurer, dans le respect de la légalité, la suprématie du commerce français sur le marché de Madagascar.

A) Commerce extérieur. — Un des plus grands obstacles au développement de tout pays neuf résulte de l'ignorance dans laquelle sont généralement les commerçants et les industriels métropolitains des moyens d'écoulement de leurs produits dans la nouvelle possession.

J'ai déjà indiqué que, très préoccupé, dès le début, de remédier à cette situation en cherchant à faire connaître Madagascar, à vulgariser la connaissance des ressources et des produits de ce pays ainsi que de ceux qui peuvent y trouver un placement avantageux, je me suis mis en relations directes avec les colons — commerçants, industriels, agriculteurs — établis dans l'île ; j'ai créé dans les principaux centres de la colonie des chambres consultatives françaises appelées à me renseigner sur tous les faits d'ordre économique.

Dans le même ordre d'idées, je me suis mis en rapport, chaque fois que j'en ai eu l'occasion, avec certaines chambres de commerce de la métropole, profitant des demandes de renseignements qu'elles m'avaient adressées pour leur exposer les moyens qu'il conviendrait, à mon sens, d'employer en vue d'accroître les transactions entre les deux pays.

Afin de permettre aux commerçants et industriels français de faire connaître leurs produits dans la colonie, et pour que les nouveaux venus puissent se renseigner *de visu*, un musée commercial, installé dans une des salles de l'ancien palais de la reine, a été créé à Tananarive par arrêté du 3 mars 1897 ; un règlement fixant les conditions d'admission des divers produits dans cet établissement a prévu notamment que les objets d'un poids maximum de 50 kilogrammes envoyés de l'extérieur pouvaient être transportés aux frais de la colonie, à la condition qu'ils deviennent la propriété du musée après un an d'exposition. Néanmoins, la difficulté et la lenteur des communications ne m'ont pas permis de donner au musée commercial de Tananarive toute l'importance qu'il doit, à mon avis, comporter.

En vue de remédier à cet inconvénient et après m'être rendu compte, pendant mes tournées d'inspection des côtes, de l'importance acquise par les ports de Tamatave et de Majunga, j'ai décidé, à la fin de l'année 1898, l'organisation, dans chacune de ces villes, d'établissements analogues où seront centralisés les échantillons des marchandises d'importation écoulées principalement dans les provinces côtières et les produits d'exportation que peuvent fournir ces mêmes régions.

Enfin, j'ai fait mettre à l'étude, dès le début de l'année 1897, les mesures susceptibles d'apporter un tempérament aux rigueurs des règlements régissant le service des douanes : je veux parler de la création d'entrepôts réels et de magasins généraux.

Dès la fin de 1896, mon attention avait été appelée sur les difficultés que créait aux commerçants de Tamatave l'absence d'un entrepôt leur permettant de déposer en suspension des droits de douane et des taxes de consommation les marchandises qu'ils recevaient de l'extérieur. A cette époque, la compagnie coloniale de Madagascar se mettait en instance pour obtenir la concession de magasins généraux ; mais, en raison des lenteurs apportées à l'étude de cette affaire par le représentant de la compagnie et vu les besoins du commerce, qui devenaient plus pressants, je décidai la construction de magasins à usage d'entrepôt réel qui fit l'objet d'un arrêté du 30 avril 1898 sanctionné par décret du 27 juillet de la même année.

En septembre 1898, pendant mon séjour à Tamatave, le nouveau représentant de la compagnie coloniale reprit, en vue de la concession de magasins généraux, les pourparlers précédemment engagés tant avec la municipalité de Tamatave qu'avec l'administration locale, pourparlers qui ont abouti à un contrat soumis à la haute sanction du départe-

ment le 11 janvier 1899. Tel qu'il a pu fonctionner, l'entrepôt réel de Tamatave a rendu au commerce les meilleurs
services qui seront plus appréciables encore par une modification de perception des taxes actuellement à l'étude. Il
faut considérer, d'ailleurs, que cet établissement a pour
but non de procurer des recettes, mais de faciliter les transactions. Il a été particulièrement profitable aux planteurs
de la Réunion, qui ont pu ainsi écouler plus facilement
leurs rhums; ceux-ci se sont progressivement substitués
aux rhums de Maurice, qui jusqu'alors arrivaient en grande
quantité dans la colonie. Aussi les commerçants des principaux ports de la côte — Majunga, Tuléar, Fort-Dauphin,
Mananjary, Vatomandry — ont-ils été unanimes à me demander, au cours de ma dernière tournée d'inspection,
l'application de la même mesure. L'extension prise par
les affaires dans ces ports m'a paru légitimer pleinement
ces demandes, auxquelles j'ai décidé de donner satisfaction
en prescrivant la construction de magasins dans lesquels
certaines marchandises de consommation courante pourront être reçues en entrepôt réel.

Pour activer le commerce d'exportation, j'ai prescrit aux
chefs de province d'apporter dans la pratique des tempéraments à la réglementation forestière — trop rigoureuse
peut-être, ainsi que je l'indiquerai dans la suite — qui
interdit l'enlèvement sans autorisation de tous produits
des forêts. L'application stricte de cette disposition eût
tari la principale source du commerce d'exportation, ali-
menté par le caoutchouc, le rafia, la cire, le crin végétal, la
gomme copal, que récoltent les indigènes. J'ai donc recommandé aux chefs de province de laisser les Malgaches se
livrer à ce trafic tout en assurant le plus possible, par une
surveillance étroite et l'application de la responsabilité des
villages, la conservation des massifs forestiers et des essences précieuses.

Je tiens à signaler en outre, dans le même ordre d'idées,

une mesure qui tout d'abord a été accueillie avec quelque scepticisme, mais a donné dans son application d'excellents résultats : je veux parler de l'interdiction faite aux indigènes, par circulaire du 27 mars 1898, de détailler les bœufs et les porcs avec la peau y.adhérente. Depuis, les peaux de bœufs, dont le commerce avait été abandonné, ont provoqué la reprise d'un trafic important, ainsi que permet de le constater l'examen des statistiques commerciales qui suivent le présent rapport. Les soies de porc employées dans l'industrie métropolitaine pour la fabrication de brosses et de pinceaux et les peaux de bœufs peuvent être avantageusement utilisées par les commerçants pour leurs remises.

B) COMMERCE INTÉRIEUR. — Le développement des transactions est intimement lié à la facilité avec laquelle les relations peuvent s'établir entre commerçants et indigènes. Du jour où l'insurrection a été réprimée en Imerina, il y avait le plus grand intérêt à utiliser le Hova comme intermédiaire pour la vente des produits d'industrie européenne. J'ai prescrit, dans ce but, aux commandants de cercle et aux administrateurs, de rétablir tous les marchés détruits par l'insurrection et d'inciter les indigènes à les fréquenter. C'est ainsi que, dans le cercle de Tsiafahy, le nombre des marchés atteignait, à la fin de l'année 1897, le chiffre de 105, dont 51 grands et 54 petits ; on en compte actuellement 111, dont 57 grands et 54 petits. Des résultats analogues ont été obtenus dans les autres circonscriptions de l'Imerina ; de même, dans les provinces côtières où ces lieux de réunion étaient assez rares, j'ai prescrit aux administrateurs de pousser le plus possible à leur création. Certains chefs de province ont facilité le colportage, qui a donné les meilleurs résultats.

J'ai, en outre, par circulaire du 31 janvier 1898, recommandé à mes collaborateurs de rechercher les voies commerciales autrefois suivies de préférence par les marchands indigènes, les porteurs de marchandises, de manière à rétablir les courants d'échanges qui servaient jadis à l'écoulement des produits de certaines régions. La grande artère commerciale d'Imerimandroso à Fénérive, mettant en relation le pays sihanaka et la côte Est, par laquelle les produits de la riche plaine du lac Alaotra parvenaient anciennement à la côte, a été ainsi reconnue ; il en a été de même des routes de Tananarive à Mahanoro et de Tananarive à Vatomandry, d'Ambositra à Mananjary par Ambohimanga, qui sont aujourd'hui activement fréquentées.

A cette même occasion, et pour encourager les aptitudes commerciales des Hovas, j'ai par la même circulaire donné des instructions pour que les indigènes de l'Imerina puissent en toute liberté sortir de leur pays d'origine en vue de se livrer au commerce ou à l'industrie. C'est ainsi que, dans le courant de l'année 1898, un certain nombre de Hovas se sont établis comme commerçants dans bon nombre de localités de la côte, telles notamment que Mahanoro, Mananjary, Analalava, Fort-Dauphin. Lors de mon passage dans cette dernière localité, pendant ma dernière tournée, les Hovas me demandèrent même de faire venir leurs familles, autorisation que je m'empressai de leur accorder.

Enfin, dans les pays douteux j'ai fait établir des lignes de postes militaires destinés à protéger les grandes routes commerciales. Je citerai, parmi ces dernières, celle de Tuléar à Fianarantsoa par la vallée de l'Onilahy et Ihosy et celle de Fort-Dauphin à Betay et Fort-Dauphin Tsivory-Tamotamo qui se prolonge par la voie militaire Betroka-Fianarantsoa. L'occupation de ces deux dernières lignes a amené, en 1898, une reprise du commerce du caoutchouc que les indigènes antanosys de Fort-Dauphin ont pu aller récolter dans la région de la rive gauche du Mandraré.

Poids et mesures. — Au nombre des mesures destinées à faciliter les transactions je dois signaler encore une réforme importante réalisée au cours de l'année 1897. Je veux

parler de la substitution du système métrique aux poids
et mesures en usage jusqu'alors à Madagascar.

Les Malgaches n'avaient pas de poids proprement dits;
ils ne disposaient, pour faire des pesées de faible importance, que des poids monétaires correspondant à des subdivisions de l'ancienne piastre mexicaine (27 grammes); la
livre anglaise était l'unité de poids pour les marchandises
denses. Ils ne possédaient pas non plus de mesure de longueur nationale; ils employaient indifféremment celles
dont se servaient les étrangers, et l'article 79 des lois locales de 1881 spécifiait que le gouvernement en reconnaissait sept : le pied anglais, le yard, le mille, le mètre, le
kilomètre, la brasse ou refy (1.82) et le mamaki-tratra ou
demi-refy (0.91). Le mètre et le kilomètre étaient cependant fort rarement employés. Les mesures intermédiaires
de longueur et celles de distance n'étaient nullement déterminées. Quant aux mesures de capacité, elles se bornaient aux mesures à riz (vata) essentiellement variables
d'une contrée à l'autre : la « vata » contenait 19 litres environ.

Une semblable diversité de mesures était de nature à
entraver les transactions commerciales et à nuire au développement de l'influence française au point de vue économique. Aussi, par un arrêté du 4 mars 1897, ai-je interdit
l'emploi de poids et mesures autres que ceux établis par
les lois françaises, à savoir le kilogramme, le litre, le mètre
et leurs multiples et sous-multiples. Les transformations
des anciens poids et des anciennes mesures et la fabrication
de nouvelles unités ont été effectuées à l'école professionnelle ou dans les chefs-lieux des provinces à l'aide d'étalons
fournis par cet établissement.

Le système décimal français est aujourd'hui en usage
dans les régions définitivement soumises à notre autorité.

Monnaies. — Antérieurement à l'occupation, les transactions se faisaient, à Madagascar, soit par échange dans toutes les provinces côtières où l'autorité des Hovas n'était pas fermement assise, soit au moyen de la monnaie coupée. Depuis notre prise de possession définitive, et surtout depuis la fin de 1896, la substitution de nos pièces divisionnaires à la piastre fractionnée a été acceptée avec empressement par les Hovas et les Betsiléos; les autres peuplades de la côte, celle de la côte Est en particulier, n'ont pas tardé non plus à reconnaître les avantages de notre monnaie qui, en 1898, a même pénétré aisément chez les Sakalaves de la côte Ouest, chez les indigènes des provinces de Farafangana et de Fort-Dauphin. Mais notre monnaie divisionnaire, précisément parce qu'elle a été avantageusement appréciée par les indigènes, a amené promptement une dépréciation de l'argent coupé, occasionnant ainsi une crise qui est arrivée à l'état aigu dans les pays betsiléos et les provinces de la côte Est pendant l'année 1898.

Je ne reviendrai pas sur les considérations que j'ai, à diverses reprises, exposées au département relativement aux conséquences fâcheuses de cette crise, tant au point de vue commercial qu'au point de vue politique ; mais j'insisterai encore respectueusement pour qu'elle reçoive à brève échéance une solution qui tienne compte des légitimes intérêts en cause.

Mesures prises spécialement en faveur du commerce européen. — Taxes de séjour. — Il ne suffisait pas de faciliter aux commerçants européens le placement de leurs marchandises à Madagascar et d'encourager la récolte et l'exportation des produits indigènes; il importait aussi de garantir le commerce contre la concurrence des négociants asiatiques et africains, notamment les Hindous et les Chinois. Cette concurrence, dont souffraient en 1896 tous les commerçants européens établis à Madagascar — à l'exception des maisons allemandes de Nossi-Bé — parce que l'Hindou et le Chinois, vivant très économiquement, peuvent, par suite, se contenter d'un très faible gain et vendre à très bon compte, était particulièrement préjudiciable aux commerçants français, ainsi que l'exposait M. l'administrateur en chef François, qui, par un long séjour à Nossi-Bé, avait pu étudier et suivre de près les habitudes commerciales des Hindous ; nos commerçants n'avaient pu arriver à utiliser ces étrangers comme intermédiaires, parce que nous fabriquons en France trop cher et que nos industriels ne se prêtaient pas encore aux nécessités du commerce colonial ; aussi a-t-il paru indispensable de soumettre les Hindous et les Chinois, par un arrêté du 3 novembre 1896, à l'obligation d'un permis de séjour accordé contre payement d'une taxe annuelle comportant un droit fixe de 25 francs et un droit supplémentaire de 50 ou de 75 francs proportionnel à l'importance de leur commerce ou de leur industrie. Cette mesure avait en outre un but de police, car elle devait permettre d'exercer une surveillance sur les Hindous suspects à bon droit de se livrer sur la côte Ouest à la traite des esclaves et au commerce de la poudre et des armes.

Une expérience de quelques mois fit rapidement ressortir l'insuffisance de ces mesures pour enrayer l'envahissement dont la colonie était menacée. D'une enquête minutieuse que j'effectuai moi-même avec le concours de M. le directeur des finances et du contrôle, pendant ma tournée de 1897, il résulte, en effet, que le nombre des Hindous établis à la côte Nord-Ouest avait augmenté dans de notables proportions, tandis que les centres les plus importants de la côte Est voyaient s'ouvrir de nouveaux magasins tenus par ces Asiatiques et par des Chinois.

Sur les avis unanimes des chefs de province et des chambres consultatives, je dus apporter à la réglementation précitée les modifications que comportait la situation. En conséquence, par arrêté du 26 juillet 1897, j'ai décidé

que le droit proportionnel prévu par le texte du 3 novembre précédent serait porté à 1.000 francs pour les patentables des catégories hors classe et de 1re classe, à 400
francs pour ceux des 2e et 3e classes, à 200 francs pour
ceux de la 4e classe, et enfin à 100 francs pour ceux qui se
borneraient à acheter des produits sur place à des commerçants ou industriels français pour les revendre aux
consommateurs.

Je me suis attaché, toutefois, à tenir compte en cette circonstance des situations qui me paraissaient dignes d'intérêt : alors que la plupart des Hindous et des Chinois
viennent dans la colonie pour y gagner une somme déterminée et retourner ensuite dans leur pays d'origine, quelques-uns, établis depuis longtemps dans certains ports
de la côte Ouest, s'y sont fixés sans esprit de retour, y ont
fait souche, ayant accepté sans arrière-pensée notre autorité. A ceux-ci, très rares d'ailleurs, j'ai voulu tenir compte
de leur bon esprit en ne leur faisant point application des
nouveaux droits et maintenant à leur égard les dispositions de l'arrêté du 3 novembre 1896.

L'arrêté du 26 juillet 1897 a stipulé, en outre, que les
étrangers asiatiques doivent être groupés dans chaque province en congrégations responsables de l'exactitude des
déclarations faites par chacun de leurs membres pour
l'établissement de l'impôt, du payement de la taxe et des
amendes qui pourraient être prononcées contre l'un deux.
Enfin, les chefs de province demeurent libres d'assigner
sur leur territoire un point unique de débarquement aux
Asiatiques et Africains, qui ne peuvent, d'autre part, quitter la colonie qu'après avoir avisé de leur départ l'autorité
locale au moins quinze jours à l'avance. Cette dernière
disposition répond aux vœux de tous les commerçants
d'origine européenne qui commanditaient les Hindous ou
les Chinois : elle a pour but de prévenir des départs brus-
ques permettant d'échapper aux conséquences judiciaires

d'accidents volontaires tels que faillite ou banqueroute dont ces étrangers sont parfois coutumiers, afin de réaliser plus tôt le gain qu'ils se sont fixé pour leur retour dans leur pays.

L'ensemble de cette réglementation ne peut, en aucune façon, soulever les susceptibilités des nations dont relèvent les Asiatiques ou Africains qui y sont soumis; elle est beaucoup moins rigoureuse que celles adoptées par d'autres pays qui ont pris, à l'encontre des Hindous et des Chinois, des mesures draconiennes.

En outre de l'heureuse répercussion qu'elle a sur les finances de la colonie, à laquelle elle procure d'importantes recettes, elle a arrêté l'intensité du courant d'immigration de commerçants hindous et chinois sans toutefois provoquer l'exode en masse de ceux déjà installés.

Mesures prises pour favoriser le commerce français. — Il était de toute justice que le commerce français, qui avait eu particulièrement à souffrir du régime hova et de l'insurrection, fût, du jour où celle-ci fut réprimée, encouragé en raison directe des dommages qu'il avait subis.

Je me suis donc attaché à favoriser l'introduction et l'écoulement dans les populations indigènes des produits de l'industrie nationale : c'est ainsi, par exemple, que j'ai laissé aux chefs de province la latitude d'exempter pendant quelque temps du payement des droits de place tout colporteur indigène apportant pour la première fois sur le marché un produit français nouveau.

Au début de l'année 1898, les industriels français, décidés à lutter sur le marché de Madagascar contre le commerce des tissus étrangers ayant commencé à transformer leur outillage pour confectionner d'après les renseignements qui leur avaient été donnés par leurs agents et les collections que j'avais envoyées en avril à l'Union coloniale des tissus conformes aux goûts des indigènes, j'ai cru devoir encourager cette très louable initiative en donnant aux marques françaises la publicité du journal officiel malgache, le *Vaovao*. Cette mesure a fait l'objet d'une circulaire du 22 avril 1898, qui rappelait en même temps aux autorités françaises et indigènes que, tout en facilitant le commerce de nos compatriotes, elles ne devaient apporter aucune entrave à la vente et à la circulation des marchandises étrangères. Enfin, l'établissement du régime douanier et l'organisation du service des douanes sont venus assurer au commerce français la suprématie dans la colonie.

§ 2. — Régime douanier.

L'arrêté du 31 mars 1896, pris par M. le général Duchesne, maintenait le régime des traités intervenus entre le gouvernement hova et les puissances étrangères, notamment avec la France. Il s'ensuivit, qu'après la prise de possession de l'île, ce régime subsista, et qu'entre autres particularités les importations françaises continuèrent à être frappées, comme précédemment, et sans distinction avec les importations étrangères, d'un droit de 10 p. 100 *ad valorem*. Cette anomalie susbsista jusqu'au jour où fut prononcée l'annexion de l'île à la France par la loi du 6 août 1896. Un arrêté du 7 octobre 1896 limita alors le droit d'admission en franchise des produits français aux seuls ports occupés par le service des douanes.

Ce régime était insuffisamment protecteur, et, dès mon arrivée à Madagascar, j'exposai au département que je ne le considérais pas comme définitif et je faisais en même temps procéder à une étude approfondie des conditions de vente et de consommation de chaque espèce d'objets importés ou exportés, en vue d'arriver à une tarification donnant satisfaction aux divers intérêts en jeu, à ceux notamment de l'industrie nationale.

C'est dans ces conditions qu'intervint la loi du 16 avril 1897 plaçant Madagascar et ses dépendances sous le régime douanier institué par la loi du 11 avril 1892, qui porte application du tarif général des douanes pour les colonies et possessions françaises non comprises dans l'exception prévue par le paragraphe 2 de l'article 3 de ladite loi. Ce règlement fut complété par le décret du 28 juillet 1897 fixant les exemptions au tarif général des douanes en ce qui concerne les produits étrangers importés dans la colonie.

Un arrêté du 22 août 1897 fixait, dès la promulgation du décret précité, les ports où pouvaient être importées directement de l'extérieur les marchandises soumises aux droits. En raison des difficultés techniques d'application du tarif d'importation, ces ports étaient et sont encore ceux pourvus d'un receveur des douanes, savoir : Diégo-Suarez, Vohémar, Sainte-Marie, Tamatave, Vatomandry, Mananjary, Fort-Dauphin, Nossi-Vey (transféré ensuite à Tuléar), Majunga et Nossi-Bé.

Malgré l'application du nouveau régime douanier, les maisons étrangères manifestaient nettement leur intention de lutter énergiquement pour conserver le marché des tissus de la colonie qui, à la fin de l'année 1897, donnait lieu à un chiffre d'affaires de plus de huit millions. D'autre part, les commerçants français et la maison allemande O... et Cie, qui s'étaient décidés à s'adresser à la fabrication française, déclaraient que les droits de douane fixés par le décret du 28 juillet 1897 étaient insuffisants pour protéger efficacement les produits de cette fabrication, puisque les étrangers pouvaient non seulement fournir des tissus à meilleur compte que ceux provenant de l'industrie française, mais étaient fermement résolus à faire pendant quelques mois de notables sacrifices pour couler la concurrence.

M. le chef du service des douanes, qui confirmait pleinement ces appréciations, annonçait en outre l'arrivée prochaine à Madagascar de 2.000 balles de tissus étran-

gers et insistait sur l'urgente nécessité d'une surélévation
de droits destinée à empêcher l'introduction de ce stock
dans la colonie. C'est à la suite de ces faits qu'est intervenu
le décret du 31 mai 1898, majorant les droits de douane
en ce qui concerne les tissus inscrits au numéro 32 du
tableau annexé au décret du 28 juillet 1897. Le même texte
a prévu l'exonération complète des droits de douane pour
les sacs de jute, dont l'usage est indispensable à l'industrie locale des salines, et pour les animaux destinés à la
reproduction, afin de faciliter les entreprises d'élevage
dans la colonie.

Une nouvelle modification du tarif douanier s'impose
encore : c'est la réduction des droits imposés aux chevaux,
ânes et mulets. Elle a fait l'objet de propositions soumises
au département le 15 février 1899. Quant au tarif des droits
de sortie, il a été établi, conformément aux instructions
du département, par un arrêté du 19 septembre 1897, mo-
difiant sensiblement les droits de même nature qui avaient
été fixés par l'arrêté de M. le général Duchesne, en date
du 31 mai 1895.

Le tarif du 19 septembre 1897 a reçu trois modifications :
l'une exemptant de droits de sortie les produits provenant du traitement industriel du bétail; l'autre, faisant
bénéficier de la même faveur les rhums et alcools fabriqués dans la colonie ; la dernière, enfin, élevant les droits
de sortie pour les animaux de l'espèce bovine. Je ne crois
pas inutile d'entrer, au sujet de ces mesures spéciales,
dans quelques explications qui en démontreront l'opportunité, et éviteront, je l'espère, à l'administration locale
un reproche de défaut de fixité dans les réglementations
qu'elle élabore.

Sans doute, il y a le plus grand intérêt à éviter, dans le
régime fiscal de la colonie, des modifications trop fréquentes et par là même susceptibles d'entraver le développement des affaires; mais il semble que, dans un pays

nouveau comme l'est Madagascar, où les conditions économiques subissent à intervalles rapprochés des transformations profondes, il a été nécessaire de procéder par quelques expériences pour pouvoir déterminer définitivement, en ce qui concerne les points de détails, la réglementation répondant le mieux à la situation particulière du pays. Il a fallu aussi accommoder la législation aux faits nouveaux qui venaient à se révéler.

L'exonération des droits de sortie pour les produits provenant du traitement industriel du bétail et destinés aux approvisionnements de l'armée et de la marine a fait l'objet d'un arrêté du 1er décembre 1897, pris sur la demande d'une compagnie coloniale française. Cette société, qui avait acquis en 1896 d'importants établissements de fabrication de conserves de viande, a fait ressortir que cette mesure de faveur lui permettrait de soumissionner à des prix inférieurs à ceux qu'elle pouvait alors consentir. J'ai cru devoir, en donnant satisfaction à ce désir, manifester l'intérêt que j'attachais à cette entreprise, intérêt qu'elle mérite à tous égards, car sa réussite sera un facteur important de prospérité pour la colonie.

L'arrêté du 19 avril 1898, qui a également exempté des droits de sortie les rhums et alcools fabriqués dans la colonie, a eu encore pour objet d'encourager l'initiative des planteurs et de faciliter le développement d'une industrie locale.

Par contre, je me suis vu dans l'obligation de porter, par arrêté du 15 septembre 1898, de 7 fr. 50 à 15 francs par tête le droit perçu sur les animaux de la race bovine exportés de la colonie. J'ai déjà indiqué, en traitant de l'élevage à Madagascar, les considérations motivant cette mesure, qui, sans entraver d'ailleurs les opérations sérieuses, empêchera certainement les exportations que faisaient les Hindous et les Comoriens dans des conditions tellement défectueuses, sur de misérables boutres où les animaux entassés pêle-mêle, n'avaient ni à boire ni à manger, qu'elles avaient déjà donné, sur certains marchés de la côte orientale d'Afrique, une opinion désavantageuse du bœuf de Madagascar et n'avaient pas tardé à en provoquer la dépréciation. Sauf dans des cas tout particuliers de cette nature, je ne suis pas, en principe, partisan des droits de sortie; j'ajouterai même que, lorsqu'il s'agit de faits d'intérêt général comme la conservation du bétail de la colonie, l'organisation d'une surveillance exacte, l'application d'une réglementation fixant les conditions de l'exportation du bétail seraient vraisemblablement plus efficaces.

Le développement d'une colonie naissante a sa source dans l'exploitation de ses richesses naturelles et dans l'accroissement de l'agriculture, du commerce et de l'industrie. Or, le procédé le plus efficace pour encourager cette exploitation, provoquer cet accroissement, consiste évidemment à permettre au colon de faire figurer ses produits sur les divers marchés du monde à un prix tel, que le placement en puisse être assuré, et l'absence de droits de sortie apparaît alors comme un des meilleurs facteurs de ce résultat. Mais il faut compter avec la nécessité de procurer à la colonie les ressources financières sans lesquelles elle ne saurait que végéter, et l'impôt indirect, sous forme de droit de sortie, est certainement et incontestablement l'un des plus équitables auxquels il soit possible d'avoir recours. Dans ces conditions, l'exonération des droits de sortie, même en faveur seulement des produits exportés à destination de la métropole, serait de nature à compromettre l'équilibre du budget s'il n'était point décidé en même temps que les produits envoyés à l'étranger payeraient des taxes de sortie majorées en proportion du montant des dégrèvements dont bénéficieraient les autres.

Mais, dans cette hypothèse encore, le contrôle serait difficile, et ce traitement différentiel serait susceptible de provoquer des réclamations de la part des étrangers. La mesure la plus efficace pour diriger vers la métropole les produits de Madagascar, qui, à l'exemple du caoutchouc et de la vanille, prennent malheureusement encore la route de l'étranger, serait de supprimer les droits très élevés dont ces produits sont grevés à leur importation en France. J'ai déjà eu l'honneur d'exposer au département cette manière de voir, qui est conforme à celle de tous les colons, et j'insisterai encore respectueusement pour qu'une solution dans ce sens soit recherchée.

Organisation du service des douanes. — L'étude du régime douanier de la colonie m'amène naturellement à parler des conditions dans lesquelles en a été assurée l'application, c'est-à-dire de l'organisation du service des douanes.

Antérieurement à la dernière expédition, le service des douanes malgaches fonctionnait dans les conditions les plus défectueuses en se basant sur des traditions et des usages, et non sur des règlements écrits. Les fraudes considérables et les prélèvements non moins importants effectués par les agents hovas sur leurs recettes réduisaient dans de fortes proportions les sommes perçues par le gouvernement. Toutefois, le produit des douanes dans certains ports de l'île ayant été abandonné au Comptoir national d'escompte à partir de 1886, comme garantie de l'emprunt consenti par cet établissement financier au gouvernement malgache, les recettes augmentèrent grâce au contrôle exercé par les agents du comptoir. Avant 1895, les Hovas possédaient vingt-sept postes de douane ainsi répartis :

Sur la côte Est : Ambohimarina, Vohémar, Sambava, Antalaha, N'Gontsy, Anossibé, Maroantsetra, Vohijanahary, Soamianina, Fénérive, Mahambo, Foulpointe, Tamatave, Vatomandry, Mahanoro, Mahela, Mananjary, Vohipeno, Farafangana, Vagaindrano et Fort-Dauphin.

Sur la côte Ouest : Anorontsanga, Maivarano, Majunga, Andakabé (Morondava), Tuléar et Nossi-Vey.

Par arrêté du 31 mai 1895, le général Duchesne, en même temps qu'il maintenait le taux des droits de douanes nominalement fixé par les Hovas à 10 p. 100 *ad valorem,* prévoyait la création de postes de douanes dirigés par des agents français assermentés et placés sous les ordres du chef des services administratifs. Les sommes perçues devaient être versées : dans les ports affectés à la garantie de l'emprunt, entre les mains de l'agent du Comptoir d'escompte ; sur les autres points au Trésor ou au Comptoir d'escompte, mais seulement à titre de dépôt, sans qu'il fût préjugé en rien de leur destination définitive. En fait, l'arrêté du 31 mai 1895 ne reçut pas une application bien étendue ; la nouvelle organisation ne fut opérée qu'à Majunga, à Marovoay et à Tamatave.

A la suite de la prise de possession de l'île par la France, il était rationnel que l'organisation des douanes passât le plus tôt possible et complètement entre nos mains. Inscription était faite au budget de la colonie des crédits nécessaires pour couvrir l'annuité à payer au Comptoir d'escompte, que celui-ci recevait antérieurement sous forme de recettes douanières, et l'inspecteur des douanes, arrivé à Tamatave en février 1896, en même temps qu'un certain nombre d'agents métropolitains, pour organiser le service, procédait immédiatement au remplacement du personnel hova des postes de douane par un personnel français.

A la fin de l'année 1896, le service des douanes était assurée par douze postes français, savoir : Vohémar, Tamatave, Vatomandry, Mahanoro, Mananjary, Fort-Dauphin, Maroantsetra, Farafangana, Vangaindrano, sur la côte Est ; Majunga, Marovoay et Nossi-Vey sur la côte Ouest. Sur les autres points, les anciens postes de douane étaient provisoirement maintenus. Dans les trois dépendances, les recettes douanières étaient perçues d'après un tarif spécial, par les agents locaux.

Dès mon arrivée à Madagascar, je me rendis compte qu'en raison de l'état de notre établissement dans l'île les perceptions douanières devaient constituer au début le principal appoint du budget des recettes, et que les sacrifices pécuniaires qu'exigerait la création de nouveaux postes seraient à bref délai largement compensés par les recettes; il était d'ailleurs indispensable que notre autorité succédât immédiatement à celle des officiers de douane hovas, surtout chez les peuplades qui, délivrées du joug de la race conquérante, auraient pu abuser de leur indépendance pour piller les commerçants. Il y avait, enfin, urgence à mettre, sans plus attendre, un frein à la contrebande des armes et des munitions, qui se faisait impunément sur la côte Ouest et par certains ports du Sud et de la côte Est. Je me suis donc efforcé, dès le commencement de l'année 1897 de donner au service des douanes, jusque-là insuffisamment constitué, une organisation et une extension conformes à ces vues.

L'expérience a démontré que le douanier ne doit pas être seulement un agent fiscal; il est aussi appelé à protéger le commerce, à garantir la sécurité du traitant, à assurer la pacification dans les zones côtières. J'ai tenu à ce que ce double rôle, sur lequel j'ai particulièrement insisté dans mes instructions à M. le chef du service des douanes, fût strictement rempli par le personnel que le département a bien voulu m'envoyer et que je me suis empressé de répartir dès son arrivée entre les points où son absence se faisait le plus spécialement sentir.

Je prescrivais en même temps aux autorités territoriales, notamment par circulaire du 2 mai 1897, de mettre à sa disposition les embarcations, armes, munitions et médicaments qui lui étaient nécessaires. Chaque poste a été ainsi composé d'au moins deux agents européens secondés par six à douze auxiliaires indigènes. Conformément aux instructions ministérielles, j'ai complété dans la mesure du possible le personnel métropolitain avec des agents recrutés sur place, faisant appel, à cet effet, aux militaires du corps d'occupation libérés dans la colonie et désireux de s'y fixer ; la situation de ces auxiliaires a été réglée par arrêté du 29 mars 1897. Afin de ne pas exposer le Trésor à des pertes résultant de l'inexpérience de nouveaux préposés et d'éviter à l'administration des réclamations du commerce, M. le chef du service des douanes a posé en principe que ces agents devaient faire, en quelque sorte, un stage dans une recette pour s'y familiariser avec les textes et les usages en vigueur avant d'être dirigés sur un poste.

Au début du fonctionnement du service des douanes, le chef de ce service avait été appelé à résider à Tananarive. Il m'a semblé que, pendant la période d'organisation active, la place de ce fonctionnaire se trouvait au grand port de la colonie, où il serait mieux à même de se rendre compte des usages et des besoins du commerce et d'où il pourrait plus facilement se déplacer pour visiter les postes de la côte. M. l'inspecteur Huard s'est donc, sur ma demande, installé à Tamatave au commencement du mois de janvier 1897.

A l'expiration de la même année, le service des douanes était ainsi composé : un inspecteur chef de service, un premier commis de direction, un contrôleur de 1re classe, huit vérificateurs, six vérificateurs adjoints, quatre commis, dix-sept brigadiers, huit sous-brigadiers, soixante-dix préposés et vingt et un préposés auxiliaires. Ce personnel, à l'exclusion des agents attachés au cabinet du chef de service, était réparti entre dix bureaux ayant chacun à sa tête un vérificateur ou vérificateur adjoint faisant fonctions de receveur, savoir : Diégo-Suarez, Vohémar, Sainte-Marie, Tamatave, Vatomandry, Mananjary, Fort-Dauphin, sur la côte Est ; Nossi-Bé, Majunga et Nossi-Vey sur la côte Ouest, et vingt-deux postes commandés par des sous-officiers ou des préposés : Loky, Sambava, Antalaha, N'Gontsy, Maroantsetra, Manahara, Soanierana, Fénérive, Andevorante, Mahanoro, Farafangana, Benanoremana (Vangaindrano) sur la côte Est ; Ambatoharangana, Ambanoro (Nossi-Bé), Ampasimena, Andranosamonta, Nossi-Lava, Analalava, Maivarano, Ambenja, Marovoay, Soalala sur la côte Ouest. Dans les régions où l'insuffisance du personnel n'a pas permis, en 1897, de créer des postes dirigés par des agents du cadre, notamment sur la partie de la côte Ouest comprise entre le cap Saint-André et Tuléar, le service a été assuré, au fur et à mesure de l'occupation, par des sous-officiers et des soldats. C'est ainsi que des recettes douanières ont pu être effectuées à Morondava avant la fin de 1897 et à Maintirano et Ambohibé dès le commencement de 1898.

Au cours de cette dernière année, de nouveaux postes ont été occupés; d'autres ont été transférés en des points où, après étude de la côte, il a été reconnu que la surveillance serait plus efficacement assurée. Actuellement, le service des douanes est organisé de la façon suivante : un inspecteur chef de service, deux commis attachés à la direction, un vérificateur ou faisant fonctions de sous-inspecteur, un receveur principal, neuf receveurs, trois vérificateurs, six vérificateurs adjoints et un commis, douze brigadiers, onze sous-brigadiers, cinquante-deux préposés et trois matelots.

Aucune modification n'a été apportée, en 1898, dans l'organisation des bureaux de douanes, qui sont situés dans les mêmes localités que l'année dernière et dont le nombre n'a pas été augmenté; il y a seulement à signaler le transfert à Tuléar du bureau de douane de Nossi-Vey. Par contre, le nombre des postes de douane a été porté de vingt-deux à trente-deux. Ce sont, sur la côte Est : Sambava, Antalaha, N'Gontsy Maroantsetra, Manahara, Soanierana, Tintingue, Mahela, Andevorante, Mahanoro,

Farafangana, Benanoremana; sur la côte Ouest : Nossi-Andriana, Ambavatobé, Bedara, Ambanoro, Anorontsgana, Berangona, Analalava, Ambenja, Marovoay, Boïna, Soalala, Beravina, Maintirano, Benjavilo, Tsimanandrafozana, Ambohibé, Morondava, Manombo, Nossi-Vey, Saint-Augustin.

J'indiquerai enfin que, dans le but de faciliter les opérations en douane, un arrêté du 22 juillet 1898 a considérablement réduit le tarif des indemnités à allouer par les commerçants aux agents de ce service pour les vérifications à effectuer les jours fériés et en dehors des heures réglementaires. Ce tarif, qui avait été établi par arrêté de M. le général Duchesne, en date du 31 mai 1895, et prévoyait une allocation de 15 francs par heure à répartir entre le personnel appelé à prendre part aux opérations, est actuellement fixé ainsi qu'il suit, par heure et par agent :

De 5 heures du matin à 11 heures du matin, 2 francs;

De 11 heures du matin à 3 heures du soir, 4 francs ;

De 3 heures du soir à 6 heures du soir, 2 francs ;

De 6 heures du soir à minuit, 3 francs ;

De minuit à 5 heures du matin, 4 francs.

Je ne terminerai pas cet aperçu sur l'organisation du service des douanes dans la colonie sans rendre hommage à l'esprit de zèle et de dévouement apporté par son personnel dans l'accomplissement de sa mission. Grâce aux précieuses qualités qu'il n'a cessé de déployer, les revenus de la colonie ont augmenté dans une notable proportion, la traite des esclaves a disparu, la contrebande et le commerce des armes ou des munitions ont été considérablement réduits. M. l'inspecteur des douanes Huard, qui dirige ce service depuis plus de trois ans années avec une grande activité et une remarquable compétence, a droit aux plus vifs éloges.

Pour donner un exposé complet des conditions dans lesquelles est placé le commerce de la colonie, il est utile de compléter les renseignements ci-dessus par l'indication des autres impôts incombant à la généralité de ceux qui se livrent au commerce dans la colonie : patentes, taxes de consommation, licences.

Impôt des patentes. — Par un arrêté du 3 novembre 1896, dont les dispositions avaient déjà été étudiées par mon prédécesseur, il a été assujetti à la contribution des patentes tout individu exerçant un commerce, une industrie ou une profession, exception faite pour les fonctionnaires, les maîtres d'école, les fabricants travaillant seuls ou avec deux ouvriers au plus, les marchands établis sur les marchés, les agriculteurs et les concessionnaires de mines ; le taux de l'impôt était fixé de 5 francs à 1.000 francs, suivant le chiffre de la population et la catégorie de l'assujetti. Les marchands et fabricants d'objets de consommation, à l'exception des débitants, ainsi que les succursales, n'étaient soumis qu'au demi-droit.

Cet arrêté provoqua, dans le courant de l'année 1897, quelques réclamations, non pas sur le principe même de l'impôt, mais sur le classement des professions imposables ; une première satisfaction leur fut donnée, en ce qui concerne les compagnies d'assurances, dont un arrêté du 28 mai 1897 réduisit la patente de 1.000 francs à 400 francs par an, en raison du chiffre peu important de leurs affaires relativement à celui des autres professions imposées au taux de 1.000 francs. Les autres modifications à apporter à la réglementation des patentes ont fait l'objet d'un arrêté du 31 décembre 1898, après avoir été étudiées avec soin par M. le directeur du contrôle financier et par moi-même au cours de ma dernière tournée dans les provinces côtières.

Grâce à l'expérience acquise, il a été possible d'établir, par le nouveau texte, une répartition plus équitable des patentables ; on a prévu, notamment, pour les marchands en gros, des catégories qui répondent, logiquement, à la situation insulaire de Madagascar et à la nature spéciale du commerce de traite qui s'y fait principalement avec le plus d'activité ; de plus, les établissements de crédit dont les opérations comprennent, ici, le commerce de l'or, ont été assujettis, par analogie avec les dispositions édictées par le décret du 17 juillet 1896, à une patente hors classe de 1.800 francs ; l'arrêté du 31 décembre 1898 a créé, en outre, une patente de colporteur qui, en comblant une lacune de la législation antérieure, facilitera les transactions dans les provinces côtières, où les populations ne prendront qu'à la longue l'habitude de fréquenter les marchés ; très disséminées par groupes de quelques cases, elles attendent le commerçant au lieu d'aller au-devant de lui et, n'ayant que peu de besoins, ne sont incitées à l'achat que si l'on met sous leurs yeux l'objet susceptible d'exciter leur convoitise ou leur vanité.

Les établissements de Diégo-Suarez, Nossi-Bé et Sainte-Marie, dépendances de Madagascar, ont continué à être régis, en matière de patentes, pendant l'année 1897, par les textes édictés dans ces possessions avant leur rattachement à Madagascar. Toutefois, j'ai pu me rendre compte, en les visitant au cours de l'année 1897, qu'il n'y avait aucun motif de les maintenir, à ce point de vue, sous un régime distinct de celui de la grande île et de continuer à y assujettir le commerce à une taxation qui, telle qu'elle résultait des textes locaux, était plus élevée que celle en vigueur dans les autres circonscriptions de la colonie. La réglementation établie à Madagascar a donc été appliquée à Diégo-Suarez, à Nossi-Bé et à Sainte-Marie à partir du 1er janvier 1898, en vertu d'un arrêté du 11 novembre 1897, pris d'ailleurs conformément aux vœux émis par les chambres consultatives intéressées.

Enfin, il a paru indispensable de préciser les conditions d'application de l'article 27 du décret du 17 juillet 1896, prévoyant que le commerce de l'or, des métaux précieux et des pierres précieuses à l'état brut ne peut être fait

que moyennant le payement d'une patente annuelle de
1.800 francs. Des difficultés d'interprétation avaient été
soulevées, en ce qui concerne l'assujettissement à cet impôt
des commissionnaires en métaux précieux et pierres précieuses; d'autre part, il était équitable d'imposer une taxe
aux agents que les exploitants ou commerçants de ces
mêmes matières ont sur les divers points de la côte; un
arrêté du 28 octobre 1898, élaboré par une commission
composée d'un magistrat, de fonctionnaires et d'officiers
des services des mines et des travaux publics, sous la présidence de M. le directeur du contrôle financier, a mis fin
à toute controverse à ce sujet en spécifiant que la patente
de 1.800 francs doit être acquittée par tous ceux qui trafi-
quent de l'or, soit en qualité de commerçant, soit en qualité
de commissionnaire et en assujettissant chacun des patentables au versement du demi-droit pour l'ensemble de
ses agents.

Taxes de consommation. — Les taxes de consommation
perçues dans la colonie résultent d'abord d'un décret du
7 mars 1897 qui a ratifié, sur un point spécial, la loi locale
du 25 août 1896, frappant d'un droit de 120 francs par hectolitre les alcools de toute origine et de toute provenance
fabriqués ou importés de la colonie. Ces taxes s'appliquent,
en outre, aux vins, cidres et poirés, liqueurs, opiums,
poudre à feu, pétards et artifices, tabacs, tissus, huiles
minérales propres à l'éclairage, allumettes, cartes à
jouer.

Le décret du 7 mars 1897 a été modifié, à la date du
7 février 1898, en ce qui concerne la taxe de consommation
sur les vins. Conformément à la première réglementation,
les vins ordinaires étaient imposés à raison de 5 francs
l'hectolitre, ou 5 centimes la bouteille, suivant que leur
titrage était inférieur ou supérieur à 12 degrés. L'expérience ayant démontré que les vins de ce poids ne supportaient pas le transport de France à Madagascar, le départe-

ment a bien voulu provoquer le décret du 7 février 1898, réduisant la taxation imposée aux vins consommés à Madagascar en élevant à 14 degrés le titrage de ceux qui sont assujettis à l'impôt de 5 centimes par bouteille. Cette mesure, portant sur un produit de première nécessité, a été accueillie avec la plus grande satisfaction.

La perception des taxes de consommation est assurée dans les provices côtières par le service des douanes et dans celles de l'intérieur par les administrateurs civils et militaires.

Licences. — Au mois de novembre 1897, M. le colonel commandant le 3e territoire militaire et la place de Tananarive ainsi que plusieurs chefs de province appelèrent mon attention sur les progrès de l'alcoolisme dans la population indigène, à la suite de la création dans les principaux centres de nombreux débits de boissons. Il m'a paru qu'il était urgent pour la santé et le bon ordre publics de mettre un frein à ces abus, et, par un arrêté du 25 décembre 1897, dont le décret du 30 avril 1898 a sanctionné les dispositions pénales, j'ai assujetti le commerce de la vente au détail des boissons alcooliques à l'obtention d'une licence délivrée par les autorités locales, moyennant le versement d'une somme de 600 francs pour Tananarive, Tamatave, Hellville, Antsirane, Majunga, Fianarantsoa, et de 300 francs pour toutes les autres localités.

Le même texte a stipulé, en outre, que les débitants devaient gérer eux-mêmes leurs débits ou les faire gérer par des mandataires autorisés après enquête, mais qu'en aucun cas cette autorisation ne pouvait être accordée à des indigènes. Cette réglementation m'a semblé indispensable pour préserver la population malgache du mal dont elle était menacée; j'ai vu en outre, dans l'établissement du droit de licence, le moyen de procurer des ressources au budget local, en n'atteignant, en somme, qu'une catégorie peu intéressante de commerçants, ou du moins ceux dont les efforts servent le moins au développement de la colonisation.

Malgré les nombreuses réclamations dont j'ai été saisi, j'ai donc tenu à ce que la réglementation sur les licences reçût sa stricte application. La pratique a même démontré la nécessité de rendre plus rigoureuses encore les dispositions de l'arrêté du 25 décembre 1897 pour atteindre pleinement le but visé, tout en supprimant certaines exigences qui frappaient les commerçants sérieux. Lors de l'élaboration de ce texte et de son examen par le conseil d'administration de la colonie, il avait été admis que, seul, le commerce de la vente au détail des boissons alcooliques à consommer sur place serait assujetti à la licence; le commerce des mêmes boissons à emporter était sciemment laissé libre, et cela dans le but de ne pas nuire au commerce français en entravant l'écoulement, dans la colonie, de liqueurs et vins de marques françaises, et en restreignant ainsi l'important débouché offert à la viticulture et à l'industrie de la métropole; cette disposition libérale a ouvert la porte à des abus de la part de commerçants peu scrupuleux, qui ont pu se soustraire à la licence sans cesser cependant de détailler des alcools de mauvaise qualité, en ayant soin d'éviter que la consommation en fût faite dans leurs établissements.

C'est ainsi que, dans les localités de la côte surtout, on voyait les indigènes aller acheter quelques centilitres de mauvais rhum, d'absinthe frelatée ou d'eau-de-vie anisée, boisson réellement toxique, qu'ils buvaient dans la rue. Les textes en vigueur ne permettant pas de sévir contre les commerçants qui usaient de semblables manœuvres, j'ai dû établir une réglementation nouvelle pour combler cette lacune. L'arrêté qui a été pris, à cette occasion, le 19 février 1899, après avis des services compétents et du conseil d'administration, assujettit donc à la licence toute vente au détail, par quantités inférieures à un litre, de boissons autres que celles introduites dans la colonie en des bouteilles revêtues de cachets ou capsules portant une marque connue.

Revue de la situation commerciale de la colonie.

A) COMMERCE EXTÉRIEUR. — Le développement du commerce étant intimement lié à l'état de sécurité du pays, on s'explique aisément que la guerre, l'insurrection des populations de l'Imerina et les troubles survenus dans diverses régions de l'île aient eu une répercussion fâcheuse sur les transactions.

L'absence de renseignements précis sur la situation du commerce extérieur à l'époque qui a immédiatement précédé notre dernière campagne à Madagascar ne permet pas d'indiquer d'une façon bien affirmative si les événements qui ont amené notre prise de possession et la résistance qu'a rencontrée l'établissement de notre autorité ont eu seulement pour effet d'arrêter momentanément les opérations commerciales ou ont eu la conséquence plus grave de provoquer une diminution dans le mouvement des affaires.

On sait uniquement que, de 1891 à 1895 inclusivement, de très importantes transactions y avaient été effectuées sur le caoutchouc, principalement dans la région du sud de l'île comprise aujourd'hui dans les provinces de Farafangana et à Fort-Dauphin. Mais, dès la fin de 1896, le commerce extérieur reprenait une réelle activité qui n'a fait que s'accroître depuis dans une forte proportion. Si l'on se reporte aux derniers renseignements statistiques qui, sous le régime du protectorat, ont été donnés en 1890 par M. d'Anthoüard, chancelier de la résidence de France à Tananarive, dans un rapport publié au *Journal officiel* de la République française du 21 juin 1891, on peut vraisemblablement én conclure, par comparaison avec les documents analogues établis pour les années 1896-97 et 98, que la prise de possession de Madagascar par la France a été éminemment profitable aux affaires, à celles en particulier ayant pour objet le commerce d'importation. Le tableau suivant fait ressortir nettement pour l'ensemble cet heureux résultat:

Valeurs.

DÉSIGNATION.	1890		1896		1897		1898	
	Fr.	c.	Fr.	c.	Fr.	c.	Fr.	c.
Importations.......	5.597.259	11	13.987.931	11	18.358.918	»	21.641.000	»
Exportations.......	3.741.354	28	3.605.951	60	4.342.432	»	4.960.000	»
TOTAUX.......	9.338.613	39	17.593.882	71	22.701.350	»	26.601.000	»

Sans doute, en 1890, M. d'Anthoüard n'avait pas tous les moyens d'information nécessaires pour évaluer avec une exactitude absolue l'importance du commerce extérieur de Madagascar, et il faut tenir compte de ce que des produits tant à l'importation qu'à l'exportation ont pu échapper à ses investigations. Il convient cependant de considérer qu'en raison des pratiques du commerce les produits étaient centralisés dans les cinq grands ports de Vohémar, Tamatave, Vatomandry, Mananjary, Majunga, où le Comptoir national d'escompte de Paris assurait la perception des recettes douanières, en garantie de l'emprunt qu'il avait consenti au gouvernement malgache après l'expédition de 1884-1885. Mais en admettant même qu'un tiers des produits importés et exportés aient été soustraits au contrôle ainsi qu'aux évaluations de M. d'Anthoüard, on n'en constate pas moins qu'à l'expiration de l'année 1896 la situation commerciale de l'île accusait déjà un progrès sur les périodes antérieures.

Le fait qui semble démontrer le mieux, à ce point de

vue, la vitalité de la colonie et permettre d'envisager l'avenir sous d'heureux auspices, est l'accroissement constant et très notable du mouvement général du commerce au cours des trois années écoulées. En 1896, la valeur totale des marchandises importées et des produits exportés était de 17.593.882 fr. 71. Elle s'élevait, à la fin de 1897, à 22.701.350 fr., soit une augmentation de 5.107.467 fr. 29, pour atteindre, à la clôture de 1898, le chiffre de 26.601.000 fr., supérieur de 3.899.650 fr. à celui de 1897 et de 9.007.117 fr. 29 à celui de 1896. Ainsi, depuis deux ans à peine, le commerce total s'est accru de près des deux tiers.

Importations. — Il est vrai que dans ces valeurs le montant des importations entre pour la plus grosse part et que la présence du corps d'occupation a donné lieu à l'introduction de quantités considérables de marchandises, provoquant des transactions qui ne sauraient être prises intégralement comme base d'appréciation de la capacité commerciale du pays ; mais la valeur des produits qui trouvent presque exclusivement leur écoulement dans la population indigène a considérablement augmenté et d'autres marchandises ont dû aussi leur importation plus forte à l'arrivée de nouveaux colons.

Le tableau ci-après fixera les idées sur ce point :

Principales importations.

DÉSIGNATION des PRODUITS.	IMPORTATIONS GÉNÉRALES.				IMPORTATIONS DE LA FRANCE ET DES COLONIES FRANÇAISES.			
	1890	1896	1897	1898	1890	1896	1897	1898
Tissus divers............	2.725.779 31	7.020.000	8.035.433	8.513.521		1.830.333	3.558.361	6.246.000
Boissons alcooliques.....	486.817 11	1.535.690	1.402.842	2.701.669		810.426	969.713	1.979.000
Vins...................	107.322.38	431.980	1.018.724	1.429.434		395.502	995.922	1.411.000
Farines................		247.807	257.707	422.994		103.463	162.900	331.000
Tabacs, cigares, cigarettes	Les indications manquent.	141.093	178.464	127.910	Les indications manquent.	134.367	167.975	124.000
Sucre raffiné...........		39.333	114.543	247.035		3.841	88.886	245.000
Bougies................		25.824	93.209	97.931		24.180	78.773	97.000

Il fait ressortir nettement que le commerce d'importation des tissus, dont la valeur totale ne dépassait pas 3 millions en 1890, a pris une extension de plus en plus grande au fur et à mesure des progrès de l'organisation et de la pacification des régions les plus peuplées où lui ont été ainsi ouverts de nouveaux débouchés ; il met également en évidence la majoration acquise de 1896 à 1898 inclusivement par les importations des boissons, des vins, des farines, du sucre rafiné, majoration qui ne saurait être expliquée par une augmentation du corps d'occupation, dont l'effectif européen a plutôt diminué depuis 1896 ; elle résulte bien de l'accroissement de la colonie européenne et correspond en outre à la satisfaction de nouveaux besoins qui, à notre contact, se sont manifestés chez les indigènes, les Hovas en particulier.

Il y a lieu surtout de se féliciter, je crois, de la place que la France a su se faire pendant ces trois années sur le marché de Madagascar ; reléguée, antérieurement à l'occupation, à un rang bien secondaire parmi les nations dont le commerce était représenté dans l'île, elle est aujourd'hui arrivée au premier par étapes rapides.

Dans la somme de 13.987.931 fr. représentant la valeur totale des marchandises importées dans la colonie en 1896, la métropole et les possessions françaises figuraient pour 5.514.776 fr.. ; les importations de l'Angleterre étaient de 5.873.420 fr., y compris celles de Maurice pour une valeur de 1.340.031 fr ; celles de l'Allemagne s'élevaient à 538.919 fr., et la valeur des marchandises introduites par les États-Unis d'Amérique atteignait le chiffre de 724.048 francs.

Pour l'année 1897, sur un total de 18.558.918 fr., les importations des pays que je viens d'énumérer et qui détiennent presque en totalité le commerce d'importation à Madagascar ont été les suivantes :

Pour la France et les colonies françaises, 10.401.805 fr. 47, présentant une augmentation de 4.887.029 francs ;

Pour l'Angleterre et les colonies anglaises (non compris l'île Maurice), 5.217.273,26, présentant, sur l'année écoulée, une légère augmentation de 304.849 francs ;

Pour l'île Maurice, 970.996 fr. 45, présentant sur l'année écoulée une diminution de 369.034 francs ;

Pour l'Allemagne, 819.173 fr. 36, présentant sur l'année écoulée une augmentation de 280.254 francs ;

Pour les États-Unis, 159.176 fr. 66, présentant sur l'année écoulée une diminution de 564.871 francs.

Toutefois, ce dernier chiffre donnerait une impression erronée de l'importance réelle du commerce américain à Madagascar, si l'on ne tenait pas compte de ce fait que les tissus, qui constituaient presque exclusivement la base des opérations des maisons américaines dans l'île et représentant une valeur de 2.236.727 fr. 27, ont été importés par la voie de l'Angleterre.

Au surplus, le détail des importations effectuées à Madagascar en 1896 et en 1897 est donné par les états statistiques annexés au présent rapport. La lenteur des communications entre les divers ports de la côte n'a pas encore permis à M. le chef du service des douanes l'établissement complet des documents pour l'année 1898. Mais il est possible d'indiquer dès maintenant que dans la valeur totale des importations, soit 21.641.000 francs, les marchandises françaises entrent pour la somme de 16.168,000 francs, représentant par rapport au résultat de l'année précédente une augmentation de 5.766.194 francs, alors que les produits étrangers n'y figurent que pour la somme de 5.473.000 fr.. correspondant, par comparaison avec l'année 1897, à une diminution de 7.957.112 francs.

La valeur des marchandises introduites dans la colonie par l'Angleterre et ses possessions s'est notamment abaissée en 1898 à 2.395.000 francs, somme dans laquelle les tissus entrent seulement pour 740.000 francs. C'est aussi sur les tissus, auxquels il faut ajouter les articles énumérés plus haut, qu'a porté surtout l'augmentation des importations de la métropole et de nos colonies. Grâce à l'initiative manifestée par les industriels et les commerçants français et à l'application à Madagascar du régime douanier de protection édicté par la loi du 16 avril 1897, ainsi que par les décrets des 28 juillet de la même année et 31 mai 1898, les toiles de notre fabrication ont acquis la prépondérance dans l'île, bien que les Anglais et les Américains aient pu constituer, pendant le premier et même le second semestre de l'année 1897, un stock important de marchandises dans le but de provoquer une baisse qui, dans leur pensée, devait décourager nos industriels et nos commerçants. Il n'en a heureusement rien été; ce sont, au contraire, les maisons étrangères qui ont dû restreindre leurs opérations; même la puissante maison C... et Cie a liquidé dans le courant du deuxième semestre 1898 ses comptoirs de Fianarantsoa et de Tananarive.

Dans cette lutte économique, les négociants allemands ont fait preuve du meilleur esprit; admettant très bien que la France puisse, en toute légitimité, chercher à se réserver le marché de sa colonie au moyen de l'établissement de droits protecteurs et secondée par l'initiative privée, ils n'ont pas hésité à s'adresser à des industriels français pour la fabrication des tissus nécessaires à leur commerce, ils ont même été les premiers à prendre cette mesure avant que la loi du 16 avril et le décret du 28 juillet 1897 aient été mis en application. Cette attitude méritait d'être signalée; d'ailleurs, l'administration locale n'a cessé de rencontrer chez les nationaux allemands la plus parfaite correction, contrastant singulièrement avec les procédés des autres commerçants étrangers. Aussi, dans le court espace de trois années, malgré les nombreux obstacles qu'a rencontrés l'établissement de notre autorité à Madagascar, la France s'est assuré dans sa nouvelle possession un marché de plus de 16 millions par an; après dix-huit ans d'occupation, son marché en Indo-Chine ne dépasse pas encore 31 millions.

Quelque satisfaisants que soient les résultats obtenus, l'industrie et le commerce français ne devront pas considérer cependant que la victoire sur leurs concurrents étrangers leur soit définitivement acquise. Avec le maintien du tarif douanier actuel, les Américains ont nettement manifesté de nous combattre chez nous, en installant en France des fabriques de tissus. Les industriels de la métropole n'auront donc pas à négliger de perfectionner leur outillage, et il faudra aussi que nos commerçants se préoccupent de se tenir au courant des goûts des indigènes. L'importance du débouché qui leur est offert par Madagascar est bien de nature à motiver ces efforts; elle ne fera qu'augmenter au fur et à mesure que notre civilisation pénétrera plus intimement les populations malgaches. Je dois ajouter aussi que tout le stock des tissus français introduits à Madagascar, en Imerina particulièrement, pendant l'année 1898, n'est pas encore épuisé, que de nouvelles commandes ont été faites et qu'une réduction du tarif douanier aurait par conséquent la plus fâcheuse répercussion sur la situation des maisons françaises dans l'île et de certaines maisons étrangères qui ont demandé des tissus à notre industrie.

Exportations. — Les principales exportations de l'île ont toujours consisté en bœufs, peaux et en produits naturels, tels que bois, caoutchouc, cire, rafia. Du jour où les populations qui se livraient à la récolte de ces produits des forêts se sont soulevées contre notre autorité, soit qu'elles aient subi l'influence des Hovas, soit qu'elles aient obéi à un sentiment d'indépendance profondément ancré chez certaines peuplades, l'importance des exportations a sensiblement diminué. M. d'Anthoüard donnait pour la valeur totale des produits exportés en 1890 le chiffre de 3.741.354 fr. Elle n'était plus que de 3.605.951 francs à la fin de 1896.

Mais pour 1897, malgré l'état dans lequel étaient encore

quelques provinces de l'île, les plus favorisées au point de vue de la production du caoutchouc, du rafia, de la cire, etc., le total des exportations s'élevait déjà à 4.342.432 francs ; il était par conséquent en augmentation de 736.481 francs sur celui de l'année précédente.

En 1898, le montant des exportations a atteint le chiffre de 4.960.000 francs, supérieur de 617,568 francs aux résultats de 1897 et de 1,354.049 francs à ceux de 1896. Ainsi, de même que pour les importations, le mouvement commercial provoqué par les exportations est allé en progressant constamment. Le tableau qui suit permet de se rendre compte de ce fait et d'établir en même temps la comparaison avec les résultats obtenus en 1890.

Principales exportations.

DÉSIGNATION DES PRODUITS.	EXPORTATIONS GÉNÉRALES							
	1890		1896		1897		1898	
	QUANTITÉS.	VALEUR.	QUANTITÉS.	VALEUR.	QUANTITÉS.	VALEUR.	QUANTITÉS.	VALEUR.
		fr.		fr.		fr.		fr.
Bœufs vivants.........	3.391 têtes.	160.550 »	10.169 têtes.	407.190 »	12.456 têtes.	547.335 »	14.268 têtes.	653.604 »
Bois...............	Indications manquent.		»	76.262 27	»	77.581 »	941.625 kilogr.	130.460 »
Caoutchouc...........	168.373 kilogr.	1.011.339 97	403.770^k,63	1.325.329 53	334.393 kilogr.	1.101.200 »	308.329 —	1.282.178 »
Cire...............	144.918 —	235.224 50	191.066 05	306.364 »	200.464 —	502.881 60	167.600 —	382.728 »
Conserves de viande...	»	»	16.115 kilogr.	3.753 »	140.345 —	49.851 »	766.761 —	264.717 »
Or.................	Indications manquent.		»	112.206 85	»	28.306 »	330^k,107	396.137 »
Peaux...............	114.820 pièces.	604.572 60	100.000 pièces.	508.913 »	78.000 pièces.	430.308 90	65.223 pièces.	a 637.425 »
Rafia...............	421.240 kilogr.	14.062 20	1.584.558^k,70	684.273 20	1.062.207 kil.	593.344 »	1.207.258 kil.	561.200 »
Vanille.............	30 —	1.320 »	1.050 kilogr.	59.093 »	3.783 kilogr.	171.965 »	3.724 —	113.495 »

(a) L'augmentation de la valeur par rapport à l'année 1897 résulte de ce que le nombre des grandes peaux exportées a augmenté dans une forte proportion.

DÉSIGNATION	EXPORTATIONS EN FRANCE ET AUX COLONIES FRANÇAISES					
DES PRODUITS.	1896		1897		1898	
	QUANTITÉS.	VALEUR.	QUANTITÉS.	VALEUR.	QUANTITÉS.	VALEUR.
		fr.		fr.		fr.
Bœufs vivants.........	5.422 têtes.	216.900 »	5.264 têtes.	222.720 »	3.447 têtes.	159.760 »
Bois	»	27.745 »	»	22.270 »	469.813 kilogr.	50.268 »
Caoutchouc	50.000 kilogr.	163.862 78	79.795 kilogr.	262.273 50	99.457 —	470.241 »
Cire	22.635 —	36.280 »	45.736 —	114.801 55	67.447 —	140.739 »
Conserves de viande...	12.003 —	2.805 »	114.707 —	40.604 »	766.601 —	264.657 »
Or..................	»	89.750 85	»	167.389 »	202 —	344.410 »
Peaux	11.938 pièces.	60.754 »	(a) 10.900 pièces.	107.496 70	27.548 pièces.	283.726 »
Rafia	725.000 kilogr.	310.259 70	475.322 kilogr.	238.280 »	510.458 kilogr.	243.478 »
Vanille	876 —	49.205 »	1.009 —	42.076 »	1.300 —	36.785 »

(a) Grandes peaux.

On remarque que le caoutchouc, qui, à cette époque, constituait le principal article d'exportation et dont la quantité s'était accrue jusqu'en 1895 dans de fortes proportions, a depuis considérablement diminué, alors que son prix s'est augmenté, conséquence d'autant plus naturelle de sa rareté. Ceci trouve aisément son explication non pas tant dans l'état de trouble des régions de production que dans la destruction rapide, par les procédés d'exploitation abusive des indigènes, des essences productives. Dans la province de Fort-Dauphin, par exemple, où le commerce d'exportation du caoutchouc se faisait avec le plus d'activité, les quantités expédiées à l'extérieur étaient en 1891 de 20.000 kilogrammes et atteignaient en 1892 et 1893 400.000 kilogrammes. Elles ne s'élevaient plus en 1895 qu'à 200.000 kilogrammes, après avoir passé par 27.000 kilogrammes seulement en 1894.

Dès 1897, les peuplements de caoutchouc dans la région comprise entre Fort-Dauphin et la rive gauche du Mandraré étaient considérablement amoindris sinon complètement dévastés. Les sauvages peuplades antandroys interdisaient aux indigènes de la côte l'accès du pays situé sur la rive droite du même fleuve. Ce n'est donc qu'avec la pacification et une surveillance rigoureuse des procédés d'extraction que l'exploitation du caoutchouc dans le Sud reprendra son activité première et s'accroîtra. Déjà on peut signaler pour le deuxième semestre 1898 une reprise notable.

Si l'on doit, de ce chef, enregistrer une diminution des transactions, on constate, par ailleurs, de très sensibles augmentations ; celle qui s'est produite sur l'exportation des peaux de bœufs résulte, en partie, des instructions que j'ai déjà mentionnées au cours du rapport, prescrivant aux chefs de province de veiller avec le plus grand soin à ce que les indigènes s'abstiennent désormais de dépecer les bœufs avec la peau adhérente à la chair. Il faut noter aussi le nombre croissant des bœufs exportés en 1896, 1897 et 1898.

L'importance acquise par l'exportation de produits de la culture (vanille) et de produits industriels (conserves de viande) est un résultat plus appréciable encore.

Il est permis de présumer que dans un avenir prochain, à la faveur des progrès de l'organisation et de la pacification de la colonie, de nouvelles régions riches en produits naturels, tels que les pays sakalaves de l'ouest, du sud et du sud-ouest, seront ouvertes au commerce ; des entreprises d'élevage et des établissements industriels se créeront pour accentuer encore ce mouvement d'exportation.

Dans la valeur totale des transactions effectuées sur les produits exportés de Madagascar en 1896, le commerce de la France et des colonies françaises entrait pour une somme de 1.056.768 fr. 60, y compris 276.747 francs correspondant aux exportations destinées à la Réunion. L'Angleterre avec ses possessions et l'Allemagne, principaux pays exportateurs, étaient respectivement représentés par les sommes de 1.860.433 francs (y compris 313.090 francs pour l'île Maurice) et de 642.046 francs.

En 1897, le total des exportations à destination de la métropole et des colonies s'est élevé au chiffre de 1 million 516.555 francs (dont 276.747 francs pour la Réunion) correspondant à une augmentation de 459.787 francs sur l'année écoulée.

La valeur des produits exportés en Angleterre et dans les possessions anglaises s'est élevée à 1.384.922 francs, correspondant à une diminution de 475.511 francs, bien que les exportations pour Maurice aient passé de 313.090 francs à 316.554 francs, soit une augmentation partielle de 3.464 francs.

Les exportations à destination de l'Allemagne ont atteint, en totalité, le chiffre de 1.152.520 fr. 60, correspondant à une augmentation de 510.474 francs.

En 1898, le commerce français a réalisé de nouveaux progrès, puisque la valeur totale des produits exportés dans la métropole et les colonies est passée de 1 million 516.555 francs à 2.262.000 francs, représentant une augmentation de 745.445 francs sur celle de l'année précédente, la majoration survenue dans le prix de certains produits étant d'ailleurs compensée par la baisse qui s'est produite sur la valeur de certains autres.

Situation des principaux ports. — Les indications que je viens de donner et qui font ressortir l'augmentation, dans une notable proportion, du montant des importations et des exportations, sont le meilleur témoignage de l'activité commerciale de la colonie depuis l'année 1896. Cette situation satisfaisante est due au progrès de la pacification, à l'accroissement de la population européenne et, aussi, au développement de certains besoins dans quelques fractions de la population indigène, enfin aux facilités données, dans toute la mesure des faibles moyens dont disposait l'administration locale, à la pénétration dans l'intérieur de l'île, qui a permis la création de nouveaux centres d'échange. Elle s'est traduite dans les régions côtières par l'importance croissante de certaines localités, importance qui ressort du tableau ci-après :

Importations et exportations

PORTS	1890			1896	
	Importations.	Exportations.	Total.	Importations.	Exportations.
	fr.	fr.	fr.	fr.	fr.
Vohémar...............	17.849 »	272.610 »	290.459 »	68.425 31	497.122 »
Tamatave..............	4.121.069 21	2.353.948 77	6.475.017 98	8.039.707 52	1.081.373 »
Vatomandry............	280.058 40	145.656 21	425.714 61	495.151 »	287.131 »
Mananjary.............	769.058 10	468.464 90	1.237.523 »	823.669 78	342.528 »
Fort-Dauphin..........	Indications manquent.			337.076 54	323.192 »
Majunga...............	409.224 40	500.674 40	909.898 80	3.221.131 77	158.658 »
Diégo-Suarez..........	Indications manquent.			Indications manque	

L'amélioration qui s'est manifestée dans la situation de Vatomandry et de Majunga attire particulièrement l'attention. L'accroissement des exportations faites depuis 1896 dénote surtout que ces deux ports sont dans une voie de progrès très marqué. L'importance de Majunga ne pourra d'ailleurs que grandir avec l'occupation définitive des régions de l'ouest.

Envisagée dans son ensemble, la situation de Tamatave est également satisfaisante, puisque le chiffre du commerce est passé, de 9.121.083 francs en 1896, à 12.399.482 francs en 1898, soit une augmentation de 3.278.399 francs.

Je ne cacherai pas cependant que la diminution notable des exportations a porté quelque atteinte à la prospérité de ce port : elle résulte de l'état de trouble qui a régné dans certaines régions ayant Tamatave pour débouché, régions dont les habitants, d'abord insurgés, puis, après la répression de la rébellion, occupés uniquement à la reconstitution de leurs cultures, n'ont pu apporter à la côte les produits qui alimentent l'exportation; elle est due aussi pour 1898 à l'épidémie qui a sévi à Tamatave à la fin de l'année. D'autres ports secondaires tels que Farafangana et même Morondava ont vu également leur commerce s'accroître en 1898.

Il faut ajouter que, depuis 1896, nombre de maisons

des principaux ports.

Total.	1897			1898		
	Importations.	Exportations.	Total.	Importations.	Exportations	Total.
fr.	fr.	fr.	fr.	fr.	fr.	fr.
565.548 21	47.653 »	442.565 »	490.218 »	93.086 »	598.961 »	692.047 »
9.121.080 54	10.899.083 »	954.322 »	11.853.405 »	11.634.857 »	764.625 »	12.399.482 »
782.282 »	828.982 »	346.533 »	1.175.515 »	1.200.158 »	377.994 »	1.578.152 »
1.166.198 22	635.840 »	265.436 »	921.276 »	1.472.462 »	276.593 »	1.749.055 »
680.268 70	173.179 »	185.276 »	358.455 »	221.833 »	140.542 »	362.375 »
3.379.790 16	2.486.458 »	491.606 »	2.978.064 »	3.683.152 »	959.988 »	4.643.140 »
	1.767.931 »	246.291 »	2.014.222 »	1.977.917 »	564.897 »	2.542.814 »

françaises, ayant leur établissement principal à Tamatave ou à Majunga, ont créé des succursales dans plusieurs ports moins importants où, auparavant, les étrangers avaient en quelque sorte le monopole des transactions. C'est ainsi qu'à Vohémar, Maroantsétra, Fénérive, Mahambo, Vatomandry, Mananjary, Farafangana, des comptoirs français viennent d'être ouverts.

Sur la côte Ouest, à Morondava quelques commerçants français se sont heureusement substitués en partie aux traitants hindous qui détenaient le commerce dans la région.

Cette activité ne s'est malheureusement pas manifestée dans toutes les provinces côtières, et tandis que nous la voyons se révéler surtout à Majunga et sur la côte Est jusqu'à Farafangana, nous savons qu'une diminution s'est fait sentir dans les transactions opérées par les ports de Fort-Dauphin, Diégo-Suarez, Nossi-Bé et Tuléar.

Les causes du ralentissement des affaires dans ces différents ports sont spéciales à chacun d'eux. Elles ont été exposées plus haut, en ce qui concerne Fort-Dauphin. A Diégo-Suarez, c'est le départ d'une partie de la population qui, vivant de son trafic avec la garnison, a abandonné la ville lorsque les troupes qui y étaient stationnées ont été réduites des quatre cinquièmes ; l'importance prise en 1897 par Vohémar au détriment de Diégo-Suarez comme lieu d'embarquement des bœufs à destination de Maurice et de la Réunion avait également porté un coup funeste au commerce de ce port; enfin, la fermeture momentanée des usines de fabrication de conserves de viande d'Antongobato avait obligé un assez grand nombre d'ouvriers à quitter la dépendance.

Je m'empresse d'ajouter qu'une heureuse modification à cet état de choses s'est dessinée en 1898; quelques expéditions de bœufs ont été faites à destination de la côte orientale d'Afrique, et une compagnie française, après avoir acquis les usines d'Antongobato, a donné une nouvelle extension à l'industrie de la fabrication des conserves. Les exportations de Diégo-Suarez ont, par suite, été très notablement augmentées, ce qui démontre l'influence bienfaisante que peut avoir sur la prospérité d'une région le fonctionnement d'une grande entreprise de colonisation.

Nossi-Bé a vu aussi un certain nombre de ses colons l'abandonner pour se fixer dans la grande île, mais le négoce de cette dépendance a été surtout atteint par la dépréciation de la canne à sucre et la ruine de l'industrie sucrière qui en est résultée et qu'atténuera, je l'espère, l'activité déployée par les colons dans la création de nouvelles exploitations d'un rendement moins aléatoire.

Quant à Tuléar, la diminution des transactions de ce port a été la conséquence de l'insécurité dans laquelle sont demeurées les régions qui l'avoisinent et de la suppression du commerce des armes et des munitions.

B) COMMERCE INTÉRIEUR. — Au fur et à mesure que la sécurité se rétablissait et que notre autorité, en s'affermissant, rayonnait d'une part de la côte vers l'intérieur, d'autre part des centres tels que Tananarive et Fianarantsoa vers la périphérie, les produits reçus de la côte se répandaient par les voies ainsi ouvertes, et en même temps que le nombre des Européens dans les principales localités s'accroissait — il s'est élevé, à Tananarive, par exemple, de 50 personnes en octobre 1896, à 450 en fin 1898, non compris les fonctionnaires et les troupes — de nouveaux comptoirs se créaient dans les régions éloignées du littoral.

Au commencement de 1896, les transactions étaient en quelque sorte centralisées à Tananarive pour l'Imerina et à Fianarantsoa pour le Betsiléo; dès la fin de la même année, on les voit tout d'abord prendre une importance plus grande dans cette dernière province où, n'ayant rien à craindre des troubles qui désolent d'autres parties de l'île, s'installent à Fianarantsoa plusieurs maisons de commerce.

En 1897, Ambositra commence à devenir un centre commercial important, et plusieurs maisons françaises y installent des comptoirs qui viennent disputer à la maison anglaise établie dans le pays depuis dix ans le marché de cette partie du Betsiléo.

Des établissements commerciaux se fondent, dès août 1896, dans le cercle de Betafo, et en décembre 1897 dans le Betsiriry récemment occupé et dans le cercle d'Ankazobé; en même temps des agents hovas parcouraient le cercle annexe d'Ankavandra en liant des relations commerciales avec les Sakalaves. Dans la capitale de l'île, une dizaine de maisons françaises ou étrangères créent en 1897 et 1898 d'importants établissements.

Quelque rapide que soit cette énumération, elle permet d'apprécier l'extension acquise, en peu de temps, par le commerce dans l'intérieur de l'île et montre qu'à un accroissement de l'activité commerciale de la colonie a correspondu une augmentation du nombre des commerçants.

On doit malheureusement reconnaître aussi qu'à l'exception des maisons importantes qui ont développé le champ de leurs opérations, les commerçants disposant de moindres ressources, au lieu d'installer des comptoirs d'échange dans le pays même de production, incitant ainsi les indi-

gènes à l'extraction de richesses naturelles, se sont bornés
à s'établir à Tamatave, Tananarive, Majunga, Mananjary,
Vatomandry, où ils ont ouvert des magasins contenant, à
peu près identiquement les mêmes articles ; s'adressant à
la même population, ils n'ont pas manqué de provoquer
une concurrence suivie de déboires inévitables.

Je ne veux pas seulement faire allusion ici aux lamenta-
tions de quelques anciens négociants de l'île qui ont vu
d'un fort mauvais œil le partage d'un marché important
dont ils retiraient des bénéfices considérables en usant
parfois de procédés peu compatibles avec les principes
d'honnêteté et de civilisation ; il est certain que ceux-là
regrettent l'ancien régime et crient au marasme des affaires.
Mais les facultés commerciales d'un pays sont en raison
directe de ses productions agricoles et industrielles et de
la capacité de consommation de ses habitants. Or, ces productions, en ce qui concerne les exploitations créées par
les colons, ne sauraient du jour au lendemain augmenter
dans une proportion considérable, et trois ou quatre
années se passeront encore avant que les plantations de
Madagascar donnent des résultats très appréciables. Quant
à l'industrie, j'ai longuement exposé sa situation : il semble notamment que l'industrie des mines d'or doive, pour
prospérer, entrer dans une voie différente de celle actuellement suivie par la généralité des exploitants : cette
transformation ne pourra se faire que progressivement.
Le développement des autres entreprises industrielles est
lié à la création des voies de communication, à celle, surtout, d'un chemin de fer reliant à la côte les régions centrales. Je me suis efforcé de prendre toutes les mesures
susceptibles d'augmenter la capacité de consommation de
la population malgache, en encourageant et facilitant le
plus possible l'extension des cultures et la récolte des produits naturels ; les résultats, quelque appréciables qu'ils
soient, ne peuvent cependant avoir pour effet d'amener

immédiatement une modification très sensible dans la situation économique du pays. Dans ces conditions, je crains, en ce qui concerne Majunga, Tamatave, Tananarive et même Mananjary et Vatomandry, que l'équilibre nécessaire qui doit exister entre le nombre des commerçants d'une part, l'intensité de la production et la capacité de consommation d'autre part, ne soit déjà atteint, et je ne conseillerai point, par suite, à de nouveaux commerçants de s'établir, de quelque temps encore, dans ces centres.

Les nouveaux venus auront intérêt à s'installer dans des localités où ils n'auront pas à craindre une concurrence exagérée et où ils seront à proximité des régions où se récoltent les produits naturels; mais, pour les motifs qui précèdent, leur nombre devra être limité pendant deux ou trois ans et il faudra, d'ailleurs, qu'ils possèdent des capitaux; l'entrave au succès de beaucoup de commerçants français venus dans la colonie est l'absence d'un fonds de roulement suffisant pour leur permettre de donner aux indigènes, intermédiaires indispensables, le large crédit sans lequel ces derniers ne font pas d'opérations commerciales.

§ 5. — Navigation.

A) RÉGLEMENTATION. — La navigation est demeurée libre pour tous les pavillons dans les eaux de Madagascar. Après une enquête minutieuse effectuée auprès des chambres consultatives et des armateurs de la colonie, j'avais, il est vrai, par un arrêté du 14 septembre 1898, réservé aux seuls navires français le privilège du cabotage et du bornage dans les parages de la colonie; mais les circonstances m'ont amené depuis à revenir sur cette mesure. L'arrêté du 14 septembre 1898 a donc été abrogé par un autre en date du 21 décembre de la même année.

Un règlement local du 22 août 1897 a rendu applicables

à Madagascar les formalités de la francisation des navires, de la délivrance des congés et des passeports, ainsi que les taxes qui en sont la conséquence, telles qu'elles sont fixées par la législation métropolitaine, notamment par les lois des 27 vendémiaire an II, 6 mai 1841 et 9 juin 1845, et par les décrets, ordonnances et décisions ministérielles rendus en exécution de ces lois.

Ce texte, venant s'ajouter à un arrêté que j'avais pris, le 22 août précédent, pour déléguer aux officiers du commissariat colonial la signature des permis de navigation délivrés dans l'un des ports de Tamatave, Diégo-Suarez et Majunga, dans les conditions indiquées par la circulaire du ministre de la marine, en date du 25 novembre 1885, est de nature à faciliter le développement de la navigation sous pavillon français dans les eaux de la colonie.

Pour assurer le recrutement des équipages, j'ai cherché à encourager les indigènes des régions côtières à se livrer à la profession maritime. Une circulaire du 31 janvier 1899 a appelé, à cet effet, l'attention des chefs de province sur les immunités dont jouissent les gens de mer, en spécifiant que les marins indigènes régulièrement inscrits sur rôle d'équipage sont exempts de l'impôt personnel et des prestations.

A la requête d'armateurs et de capitaines de navires, j'ai fixé, d'autre part, dans un arrêté du 29 septembre 1898, les conditions dans lesquelles les maîtres au cabotage de la métropole peuvent être admis à commander des navires armés au grand cabotage dans la colonie.

Quant aux taxes sanitaires maritimes, elles ont été déterminées par les arrêtés des 23 novembre 1897 et 10 juillet 1898, pris en exécution du décret du 31 mars 1897, portant règlement de la police sanitaire maritime dans les colonies et pays de protectorat, et promulgués à Madagascar et dans les îles qui en dépendent le 1er juillet suivant.

Je mentionnerai enfin, comme réglementation se ratta-
chant à la navigation, un arrêté du 22 août 1897, fixant le
fonctionnement des commissions de surveillance des bâtiments à vapeur français voyageant dans les parages de la
colonie. Ce texte a institué à Tamatave, Diégo-Suarez et
Majunga une commission permanente de surveillance des
bâtiments à vapeur ayant les attributions fixées par le
décret du 1er février 1893; il a prévu que les administrateurs ont tous les pouvoirs dévolus aux préfets par ledit
décret et délivrent, par suite, les permis de navigation
spéciaux aux bâtiments à vapeur prévus par cet acte.

B) MOUVEMENT DE LA NAVIGATION. — Le service des
douanes, qui s'organisait à peine en 1896, n'a pu établir
pour cette année le contrôle des navires qui ont fréquenté
alors les ports de la colonie.

Pour 1897 et 1898, le tableau ci-après résume le mouvement de la navigation :

| NATIONALITÉS. | ÉTAT DES NAVIRES ENTRÉS DANS LES PORTS DE MADAGASCAR. | | | |
| | Nombre. | | Tonnage. | |
	1897.	1898.	1897.	1898.
Français..................	2.069	3.497	604.194	734.068
Anglais...................	1.477	2.186	169.249	78.053
Allemands.................	99	111	42.127	39.305
Indiens	157	112	6.461	4.295
Autres pavillons..........	159	155	5.500	23.641
TOTAUX..........	3.961	6.061	827.531	879.362

En 1897, les divers navires qui ont fréquenté les ports
de la colonie y ont débarqué 24.069 passagers et en ont
embarqué 20.869, soit une augmentation de 3.200 personnes de la population venue de l'extérieur.

En 1898, le nombre des passagers débarqués a atteint le

chiffre de 23.703 et celui des passagers embarqués s'est élevé seulement à 20.466, soit encore une augmentation de 3.237 de la population immigrée.

Les vapeurs ayant fréquenté les ports de la colonie en 1897 appartenaient principalement aux trois grandes compagnies françaises qui assuraient régulièrement les relations de la métropole avec Madagascar, c'est-à-dire les Messageries maritimes, les Chargeurs-Réunis et la Compagnie havraise péninsulaire.

Les deux premières de ces compagnies reliaient, en outre, la colonie à la côte orientale d'Afrique, l'une par la ligne annexe de Diégo-Suarez à Mozambique, Beïra et Lourenço-Marquez, l'autre par ses paquebots de la grande ligne passant par la côte occidentale d'Afrique, touchant à Majunga et à Tamatave et desservant Beïra, Lourenço-Marquez et Cape-Town.

A la fin de 1897, la Compagnie havraise péninsulaire a établi un service mensuel sur la côte Est pour les ports de Diégo-Suarez, Tamatave, Andevorante, Vatomandry, Mananjary, Farafangana, Mahanoro et Fort-Dauphin, et la Compagnie des Chargeurs-Réunis a supprimé l'escale de Majunga pour la remplacer par celles d'Andevorante, Vatomandry, Mananjary et Fort-Dauphin sur la côte Est.

Les mêmes ports continuaient cependant à être desservis mensuellement par les paquebots de la ligne anglaise « Castle Line » et, à la côte Ouest, Nossi-Bé et Majunga étaient reliés tous les deux mois à la côte orientale d'Afrique par les navires de la compagnie allemande « Deutsch Ost Afrika Linie ». Enfin, le service postal était assuré, uniquement pour le littoral occidental, par le vapeur *Mpanjaka,* de la ligne annexe des Messageries maritimes, qui mettait en relations les ports de Nossi-Bé, Majunga, Maintirano, Morondava et Nossi-Vey.

En 1898, la « Castle Line » a cessé ses opérations, et les paquebots de la « Deutsch Ost Afrika Linie » n'ont plus visité que rarement les ports de la côte Ouest. D'autre part, la Compagnie havraise péninsulaire ayant renoncé à continuer son service sur la côte Est, son paquebot *Tafna* a été remplacé, à partir du 15 novembre, par la *Ville de-Riposto,* de la Société française de commerce et de navigation.

Ce dernier navire s'est perdu récemment, mais la Société s'est décidée à mettre prochainement en service un nouveau paquebot.

Actuellement, les ports de Madagascar sont, par suite, reliés entre eux uniquement par des bâtiments français. Toutefois, ainsi que je l'ai déjà exposé au département par une lettre du 26 septembre 1898, les services maritimes existants ne répondent plus aux besoins tant de l'administration que du commerce, et il devient indispensable que des communications régulières s'établissent entre les points du littoral Ouest devenus aujourd'hui des centres administratifs et commerciaux, de même qu'entre les ports de la côte Est, dont l'importance va croissant.

J'appellerai donc ici respectueusement votre attention, Monsieur le Ministre, sur les propositions détaillées que j'ai eu l'honneur de vous soumettre à l'occasion du renouvellement du service de navigation de la côte Ouest dès l'expiration, en juillet prochain, du contrat qui en a confié jusqu'à ce jour l'exécution à la Compagnie des Messageries maritimes, et en vue de l'organisation d'un autre service postal mettant les principaux postes de la côte Est en relation entre eux et avec Tuléar.

J'avais également exprimé le désir que le département engageât des pourparlers pour que la Compagnie des Messageries maritimes ajoute à l'itinéraire de son navire *Gironde,* qui assure le service annexe entre Diégo-Suarez et la côte occidentale d'Afrique, l'escale de Majunga, où auraient dû être ainsi déposés le courrier et les passagers venant de France par le paquebot direct touchant à Diégo-

Suarez; mais, conformément aux indications que vous avez bien voulu me donner depuis, cette question sera étudiée sur place avec l'inspecteur de la Compagnie, dont vous m'avez annoncé l'arrivée prochaine à Madagascar.

———————

CHAPITRE IV

Industrie.

Ressources industrielles. — Mesures prises pour favoriser
l'industrie indigène.

---

§ 1ᵉʳ. — Généralités.

L'industrie était autrefois insignifiante dans les régions
côtières de l'île, dont les habitants, en rapport depuis
longtemps avec les étrangers, recevaient de ceux-ci les
ustensiles de ménage et les quelques instruments nécessaires à leur subsistance ; la fertilité du sol et la présence
de richesses naturelles d'une exploitation facile assuraient
d'ailleurs à ces populations peu travailleuses les ressources
indispensables à la satisfaction de leurs besoins très simples sans qu'elles fussent obligées de recourir à la transformation des matières premières en vue d'un accroissement
de bien-être ; aussi leur activité industrielle était-elle limitée à la confection de quelques rabanes pour l'habillement
et à la fabrication du toaka (jus de canne distillé) ou simplement de la betsabetsa (jus de canne fermenté) dont elles
faisaient grand usage. Encore l'introduction, en quantité
considérable, de mauvais rhum de Maurice avait-elle, dans
ces dernières années, provoqué l'abandon d'un grand nombre de moulins servant à l'écrasement de la canne, dont
les plantations avaient également diminué.

Au contraire, dans le haut pays, l'aridité de la plus
grande partie du sol, les aptitudes particulières et la civilisation plus avancée de la race conquérante avaient provoqué la naissance de diverses industries ; c'est ainsi, par

Rap. d'ensemble.   26

exemple, que les Hovas fabriquaient du savon, des rabanes fines, des tissus de coton et de soie, des instruments en corne, de la poterie, et que, à l'instigation de quelques bons conseillers tels que Jean Laborde, ils étaient parvenus à un certain degré de perfectionnement dans l'industrie métallurgique et dans celle du bâtiment.

Ainsi que je l'ai exposé dans un rapport inséré au *Journal officiel* de la République française du 15 novembre 1897, Madagascar offre de nombreuses ressources pour la création d'entreprises industrielles; en dehors de l'exploitation des gisements aurifères, la sériciculture, la métallurgie, la fabrication des briques, la fabrication du sel, l'exploitation des bois, y trouveront un milieu favorable et des matières premières abondantes, mais ces industries exigent, pour leur mise en œuvre, du temps et des moyens de transport faciles et peu onéreux ; la courte période qui s'est écoulée depuis la pacification des régions où des essais industriels avaient été commencés par la population indigène et l'organisation administrative économique du pays ne permettent donc pas de donner aujourd'hui des résultats ; il convient seulement d'exposer ici les mesures qui ont été prises par l'administration et les efforts accomplis par l'initiative individuelle pour le développement industriel de la colonie ; ces indications trouveront naturellement leur place dans l'exposé du développement de la colonisation pendant les deux années écoulées.

§ 2. — Mesures prises pour favoriser l'industrie indigène.

Toutefois, en attendant que la création d'entreprises industrielles par les colons donne un appoint à la vitalité économique de Madagascar, j'ai tenu essentiellement à encourager les Hovas à reprendre et à perfectionner celles qui avaient été déjà introduites dans le pays.

L'école professionnelle créée à Tananarive le 17 décembre 1896, les ateliers manuels organisés notamment à Manjakandriana, à Ankazobé et dans la province du Betsiléo, à Fianarantsoa, pour former des contremaîtres destinés à faciliter les entreprises industrielles des colons en leur fournissant une main-d'œuvre expérimentée, ont eu aussi pour but de provoquer une émulation bienfaisante chez les Malgaches, de les initier aux méthodes perfectionnées et de les pousser ainsi à améliorer leurs procédés industriels. J'indiquerai, dans la suite du présent rapport, les détails de l'organisation et du fonctionnement de l'école professionnelle.

J'ai, d'autre part, recommandé aux chefs de province de favoriser, par tous les moyens en leur pouvoir, l'extension des industries indigènes. Au cours de mes tournées, j'ai personnellement incité, dans des kabarys, les populations des anciens centres industriels à se livrer avec activité à leurs anciens travaux, tels que la fabrication des rabanes, à multiplier les ruches dans les régions forestières, à apporter un plus grand soin à l'extraction de la cire et du caoutchouc ; je me suis efforcé de leur faire comprendre les avantages qui résulteraient pour elles de l'exportation plus grande de ces produits, s'ils étaient de meilleure qualité.

C'est ainsi que dans certaines régions, notamment à Fihaonana, la fabrication des rabanes a fait l'objet d'une reprise sensible au cours de l'année 1898 ; dans le cercle d'Anjozorobé, les indigènes se sont adonnés avec activité à l'industrie du tannage des peaux ; pour encourager cette industrie, j'ai décidé de réserver aux Malgaches la partie de forêt qui leur fournit les écorces employées au tannage et de leur attribuer les terrains sur lesquels ils ont installé leurs établissements.

J'ai en outre prescrit au gouverneur principal de l'Imerina, à la date du 14 mai 1898, de réunir une commission formée de notables indigènes pour étudier l'état des industries malgaches et les moyens de les développer.

L'industrie séricicole était autrefois assez active dans les régions centrales; l'Imerina et le Betsiléo produisent chaque année une grande quantité de cocons; il en est de même encore du pays bara et des régions de la côte Nord-Ouest, en particulier de la province de Majunga, où les Hovas allaient jadis acheter les cocons qu'ils employaient ensuite en Imerina à la fabrication des lambas et des dentelles.

Ces étoffes sont encore confectionnées, comme jadis, dans divers centres disséminés autour de Tananarive, tels qu'Ambohimalaza (1er territoire militaire), et les femmes adonnées à ce genre de travail sont arrivées à une certaine perfection. On raconte, à ce propos, qu'aux environs d'Ambohidrabiby, un colon français avait, il y a quelques années, fait fabriquer d'après des dessins de Valenciennes une pièce de dentelle de soie très soignée qui ne mesurait pas moins de 100 mètres de longueur sur 40 centimètres de largeur.

Quelle que soit la véracité de cette tradition, il est certain que la sériciculture est une source d'importantes richesses pour la colonie, en raison de la facilité d'élevage du ver à soie et de l'abondance de sa production; il donne, en effet, de quatre à six éducations par an, alors que les sériciculteurs de la métropole n'en obtiennent qu'une, au prix de beaucoup de soins; mais il serait indispensable d'améliorer les procédés d'élevage ainsi que la race elle-même, qui, mal nourrie et mal soignée, a résisté mais s'est abâtardie; d'introduire ici nos procédés industriels de filage et de tissage en perfectionnant l'outillage; il serait d'ailleurs facile de développer l'habileté pratique des dentellières et des tisseuses, dont le recrutement serait aisé.

Il existe diverses variétés de vers à soie à Madagascar, on les classe en deux groupes : « le landybé », qui se contente des feuilles de certains végétaux, tels que l'ambre-vade, le tapia, le pignon d'Inde, et vit en plein air; le « landykely » ou ver à soie de Chine, d'importation récente, qui se nourrit de feuilles de mûrier et est élevé en chambre. C'est cette dernière espèce qui donne les meilleurs produits et dont il y a lieu de poursuivre la multiplication, mais à laquelle les indigènes préfèrent l'autre espèce, dont l'élevage est beaucoup plus facile.

J'ai déjà indiqué les instructions que j'ai adressées en vue de la plantation de mûriers afin de préparer à nos futurs sériciculteurs les premiers éléments de réussite de leurs entreprises. C'est ainsi que de nombreux plants ont été mis en terre, dans les divers cercles de l'Imerina, pendant l'année 1898; ces plantations n'ont exigé que peu de peine, le mûrier réussissant admirablement dans les régions centrales; en outre, une mûraie destinée à fournir des plants et des boutures, concurremment avec le jardin d'essais, a été créée par les soins du service des forêts à proximité de Tananarive.

Il était, d'autre part, indispensable d'étudier la valeur du ver à soie indigène, la possibilité de l'améliorer par sélection ou par croisement avec des produits étrangers. Ces études ont été poursuivies en 1898 par l'école professionnelle; ce même établissement a été complété par un atelier de filature, grâce à l'envoi par le département d'un contremaître particulièrement expert dans cette partie. Quelques indigènes des deux sexes ont pu ainsi commencer à s'initier dans cette industrie.

Il n'en était pas moins essentiel de chercher à vulgariser parmi les indigènes nos procédés d'élevage des vers et de récolte de la soie; l'école professionnelle s'est encore adonnée à cette tâche, mais n'a pu le faire avec toute l'extension désirable, en raison de ses nombreux ateliers de professions manuelles, d'un intérêt plus immédiat.

Or, un colon de Tananarive, M. S..., qui compte un très long séjour à Madagascar et qui s'est déjà livré dans le pays à de très intéressantes expériences de sériciculture, m'a offert spontanément son concours pour vulgariser parmi les Malgaches nos procédés perfectionnés, demandant seulement à l'administration non une subvention, mais la fourniture, à titre remboursable dans un délai déterminé, des locaux et du matériel.

Je considère comme un principe d'une application essentielle dans une colonie nouvelle d'encourager en toute occasion l'initiative privée, alors surtout qu'elle se manifeste, non uniquement pour la satisfaction d'un intérêt personnel, mais en vue de l'intérêt général.

Je pense aussi que rien ne doit être négligé lorsqu'il s'agit d'un colon français qui veut faire preuve d'activité, sauf à exercer un contrôle minutieux sur ses actes, sur ses relations avec les indigènes, afin qu'elles soient conformes à l'équité et à l'humanité, et à ne renoncer aux encouragements que lorsqu'il n'est plus possible de prévenir des abus.

J'ai donc accepté les propositions qui m'ont été soumises et que j'ai consacrées par un contrat spécifiant les engagements de M. S... et de l'administration. Le seul écueil de cette entreprise réside dans les relations du colon avec l'indigène; mais si des difficultés trop graves surgissaient à cet égard, il n'en résulterait en définitive aucune charge pour l'administration qui, rompant le contrat, serait garantie de ses avances par une hypothèque sur les propriétés de M. S...

En cas de réussite, il sera possible d'organiser, chaque année, avec les jeunes gens qui auront suivi l'enseignement pratique de l'établissement, des magnaneries dans les diverses provinces de l'Imerina. Ces indigènes seront en outre des auxiliaires utiles pour les colons qui voudraient tenter de l'industrie séricicole.

Les indigènes des régions côtières, malgré leur naturel très apathique, montrent de réelles aptitudes pour tous les travaux qui touchent à la profession maritime. J'ai voulu encore essayer d'utiliser ces aptitudes en chargeant, par arrêté du 23 juillet 1898, un créole constructeur maritime à Belo, côte ouest, d'instruire annuellement dans ses chantiers un certain nombre de Malgaches.

CHAPITRE V

Routes. — Chemins de fer. — Canal des Pangalanes.

---

§ 1ᵉʳ. — Généralités.

On peut dire que notre nouvelle colonie se présente, au point de vue de l'établissement des voies de communication à grand rendement, dans des conditions tout à fait défavorables.

D'une manière générale, l'île peut être divisée en trois grandes régions naturelles :

La région côtière, où les communications par mer, bien qu'économiques, sont assez précaires, à cause du petit nombre de bons ports ou de mouillages sûrs qui s'y trouvent et où la circulation sur la terre ferme est gênée par les embouchures de larges fleuves et rivières qu'il faut passer dans de mauvaises pirogues ;

La région intermédiaire, entre la côte et le haut pays, région très accidentée, où la construction des routes exige des terrassements considérables, des ouvrages d'art bien conditionnés pour résister aux crues extrêmement rapides des rivières, et des travaux de protection très soignés pour mettre la chaussée à l'abri des dégâts causés par des pluies torrentielles. La population y est très clairsemée ; il est impossible d'y trouver une main-d'œuvre suffisante. Plus encore que les difficultés du terrain, la rareté de la main-d'œuvre est un obstacle à l'exécution des grands travaux publics ;

La région centrale, que l'on appelle souvent, à tort, la région des plateaux. Les mouvements de terrains, d'une altitude moyenne de 13 à 1.400 mètres, y sont plus arrondis que dans la région intermédiaire ; c'est néanmoins une région très mamelonnée, coupée de ravins et de vallons secondaires, aux pentes assez raides.

Mais ce qui constitue, au point de vue que nous envisageons pour le moment, sa supériorité sur les deux autres régions, c'est la densité relativement considérable des populations qui l'habitent. Ces populations sont divisées en deux groupements principaux : les Hovas et les Betsiléos, séparés par une zone de terrain peu habitée de 80 kilom. de profondeur environ (entre Ambositra et Ambatolampy).

Les Hovas, comme les Betsiléos, sans fournir un travail comparable à celui des ouvriers d'Europe (1), ont pourtant un rendement supérieur à celui des indigènes de la côte, et ils ont accepté d'assez bonne grâce le principe de la prestation annuelle de trente jours. Il y a en Imerina (cercles de Tsiafahy, Anjozorobé, Betafo, partie de Miarinarivo, Ankazobé, Tananarive, Arivonimamo) environ 170.000 et dans le Betsiléo 60.000 hommes auxquels sont applicables les arrêtés sur les prestations. Sur ce nombre total de 230.000, on peut admettre que 40.000 se rachètent : il reste encore plus de 5 millions de journées. Presque toute cette main-d'œuvre est employée dans la région centrale ; nous verrons plus loin les difficultés que j'ai rencontrées pour pousser les travailleurs dans la région intermédiaire.

§ 2. — Voies de pénétration de la côte vers l'intérieur (Imerina).

La région côtière et une partie de la région intermédiaire sont, à proprement parler, les seules qui se prêtent aux cultures tropicales et à la grande colonisation.

---

(1) Un terrassier malgache a un rendement environ six fois moins fort qu'un terrassier belge ou italien.

La région centrale, au climat tempéré, se prête à l'élevage et à la petite colonisation ; l'Européen y vit sans s'anémier et peut même s'y livrer au travail manuel en prenant certaines précautions. Mais, sans même envisager le cas de l'Imerina devenant colonie de peuplement, il faut considérer que la population autochtone s'élève à près d'un million d'habitants, que cette population a des besoins, qu'il est possible, par une politique habile et une administration prévoyante, de développer encore ces besoins ; en conséquence, qu'il est indispensable de faciliter l'arrivée des produits d'Europe. Déjà la valeur des marchandises importées en Imerina a atteint près de 6 millions de francs en 1898, et le tonnage des transports entre la côte et Tananarive s'élève à 5.000 tonnes environ (y compris les transports de l'administration). Ces chiffres augmenteront dans une proportion considérable le jour où des moyens de transport plus économiques et à grand rendement auront remplacé le portage à dos d'homme.

Depuis notre installation à Tananarive, le prix du transport de la tonne de marchandises a oscillé entre 750 et 1.300 francs, et il en coûte à un colon qui monte à Tananarive environ 500 francs pour son transport personnel et celui des bagages indispensables. A ces conditions, bien peu de nos compatriotes peuvent tenter le voyage (1) et, pourtant, la présence de nombre d'entre eux serait nécessaire, non seulement pour développer la petite colonisation, mais aussi pour remplir certaines fonctions : contremaîtres, chefs maçons, chefs menuisiers, etc.

D'autre part, nous ne pouvons pas, actuellement, faire monter en Imerina les matières premières qui manquent dans le pays, telles que la chaux et le ciment, ou des ma-

---

(1) Pour donner une idée de la cherté de la vie résultant de la cherté des transports à Tananarive, il nous suffira de dire que le kilogramme de pain y coûte 1 fr. 80.

chines telles que des dynamos pour utiliser la force des cours d'eau, etc.

Bref, l'industrie, l'art de la construction et la colonisation resteront à l'état embryonnaire tant que nous ne perfectionnerons pas les moyens de transport.

Enfin, la capitale de l'île doit être reliée à la mer par de bonnes voies de communication. Si nous avons maintenu le siège du gouvernement de la colonie à Tananarive, c'est — sans faire intervenir la question de plus ou moins de salubrité de cette ville — pour deux raisons : la première, c'est que la pacification de l'Imerina vient d'être récemment terminée, et qu'il est indispensable de surveiller de très près les Hovas pendant quelques années encore ; la seconde, c'est que la race hova est la plus nombreuse (1), la plus industrieuse, la plus intelligente et aussi la plus prolifique de l'île, et que c'est sur elle que nous devons compter pour mettre en valeur les régions côtières dont les habitants sont paresseux et apathiques; il nous faut donc, par tous les moyens possibles, tenter l'exode d'une partie de la population hova vers les côtes, sans jamais, bien entendu, lui rendre la prépondérance politique qu'elle y avait jadis. Or, cet exode sera grandement facilité le jour où les communications auront été rendues plus rapides et le jour où le Hova, qui a l'amour de son pays, saura qu'il peut y revenir facilement et qu'il y peut faire transporter ses restes pour qu'ils puissent prendre place au tombeau de famille.

Pour toutes ces raisons, il est indispensable de créer de bonnes voies de communications entre les côtes et la capitale. Ce n'est point d'ailleurs chose aisée. Avant notre arrivée à Madagascar il n'y avait, en fait de routes, que des

---

(1) Population hova............................... 1.000.000
Betsiléo.. 250.000
Toutes les autres peuplades réunies............... 1.500.000 (?)

pistes pour bourjanes. La plus connue était celle d'Andevorante à Tananarive que suivaient tous les Européens
montant en Emyrne. Elle a été trop souvent décrite pour
qu'il soit nécessaire d'insister ici sur les difficultés qu'elle
présentait.

Nous avons donc dû créer des routes de toutes pièces;
pour cela, il y avait deux conditions à remplir : choisir
sur la côte comme point de départ un port aussi bon que
possible et chercher entre ce port et la capitale le tracé se
prêtant le mieux à la construction soit d'une route carrossable, soit d'un chemin de fer.

Comme point de départ, le choix n'existe pas ; Tamatave, sur la côte Est, et Majunga, sur la côte Ouest, remplissent seuls les conditions voulues. Les autres ports,
Fort-Dauphin et Tuléar, sont de bons points de départ pour
accéder à certaines régions se prêtant à la colonisation,
mais ils sont trop excentriques par rapport à l'Imerina.
Outre les routes de Tamatave-Tananarive et Majunga-
Tananarive, dont l'importance économique ressort des
considérations ci-dessus, la route de Diégo à Tananarive a
une importance militaire de premier ordre, puisqu'elle
fera communiquer l'Imerina avec notre grand port de
guerre de l'océan Indien.

La recherche d'un bon tracé est chose délicate. Les rivières qui prennent leur source dans la région centrale se
jettent dans la mer après un parcours des plus mouve-
mentés : rapides nombreux, rives aux pentes raides, tom-
bant quelquefois à pic sur la rivière, marécages, etc. Une
route suivant ces vallées serait donc difficile à construire.
D'autre part, pour celles de ces rivières qui sont navigables sur une partie de leur parcours, le régime des eaux
en saison sèche est très différent de celui de la saison des
pluies, ce qui complique la navigation.

Ces considérations préliminaires une fois posées, et elles
étaient nécessaires pour donner une idée de la difficulté du

problème à résoudre, nous allons examiner les travaux en cours ou projetés.

A) Route de Tamatave a Tananarive. — La question du chemin de fer sera examinée plus loin : je me bornerai pour le moment à celle de la route.

Les reconnaissances faites dès la fin de 1895 et en 1896 par le colonel Marmier et le commandant Goudard mirent en lumière un fait qui est de la plus haute importance pour les communications entre la côte Est et l'Imerina : la vallée de la Vohitra-Sahantandra permet d'accéder de la mer à la vallée du Mangoro (altitude, 800 mètres) et, ainsi, d'éviter le franchissement des diverses chaînes de hauteurs qui s'étagent parallèlement à la côte jusqu'à cette vallée.

Une fois dans la vallée du Mangoro, il s'agit d'arriver à la vallée de l'Ikopa : le colonel Marmier préconisa la vallée de la Sahanjanjony-Andranobé qui perce les massifs de l'Angavo et du Fody et qui communique par le col de Tanifotsy avec l'Hiadana, affluent de l'Ikopa. Le problème était donc résolu au point de vue théorique : la solution fut même améliorée plus tard par le lieutenant-colonel Roques, qui substitua pour le tracé de la route, à la vallée de la Sahanjanjony-Andranobé, beaucoup trop excentrique par rapport à la direction générale à suivre, celle du Manambolo-Mandraka. Cette variante n'avait tout d'abord pas été adoptée à cause des difficultés d'exécution, mais ces difficultés sont peu de chose en comparaison de l'allongement de 30 kilomètres qui eût résulté du passage par la vallée de la Sahanjanjony.

Les reconnaissances effectuées ayant montré que la construction d'une route dans la vallée de la Sahantandry serait longue et exigerait des travaux de routage considérables, il ne parut pas possible d'entreprendre de prime abord cette construction, car le but à atteindre le plus rapidement possible était de faciliter aux piétons, aux animaux de selle et de bât la montée de Tamatave en Imerina. Dès le commencement de 1896, en effet, le commandant supérieur des troupes avait résolu d'abandonner la ligne de communication et le ravitaillement par Majunga : le matériel de la flottille de la Betsiboka était à peu près hors de service, les convois militaires sur la route avaient été interrompus depuis la fin de l'expédition ; la plus grande partie de la région traversée par la route était déserte et ne permettait pas de cantonner ni de nourrir les passagers.

Au contraire, un courant commercial avait existé de tout temps entre Tamatave et Tananarive ; les bourjanes étaient habitués à circuler sur le sentier réunissant ces deux villes ; il y avait des villages tout le long du chemin et on y trouvait des ressources en vivres et en logement. L'autorité militaire résolut donc de faire monter par cette voie la relève attendue en mai et juin 1896. Mais il fallait se hâter d'améliorer l'affreux chemin des bourjanes ; les troupiers européens auraient éprouvé, à le suivre à pied, des fatigues énormes.

Le chemin de Tamatave à Tananarive suit d'abord la mer jusqu'à Andevorante, puis, de là, il pique droit à l'ouest, escaladant toutes les crêtes dont la direction générale est nord-sud.

Entre Tamatave et Andevorante, aucune difficulté que celle du passage de quelques rivières. Le chemin suit une dune boisée que sépare de la mer une ligne de lagunes interrompue par des seuils nommés « pangalanes ». La solution définitive des communications entre Tamatave et Andevorante consiste dans le creusement de ces pangalanes pour faire communiquer les lagunes entre elles et avoir ainsi une ligne de navigation parallèle à la côte. Nous reparlerons ultérieurement de la question du « canal des Pangalanes ».

La solution provisoire consiste à élargir le chemin pour

e rendre praticable aux voitures et à construire des ponts sur les embouchures des lagunes. L'embouchure de l'Ivondro (rivière à 10 kilomètres au sud de Tamatave) étant trop large pour qu'il fût commode de la franchir sur un pont, on se contenta d'organiser le passage d'abord au moyen de pirogues, puis, par la suite, avec un canot à vapeur remorquant des chalands.

Le chemin de terre de Tamatave à Andevorante n'est d'ailleurs suivi, en principe, que par les voyageurs et les convois d'argent. Les marchandises sont transportées par mer à Andevorante.

D'Andevorante on suit la voie d'eau (Iaroka) jusqu'à Mahatsara, terminus de la navigation (9 kilomètres d'Andevorante); la route de terre commence en ce point.

Ainsi que nous l'avons dit plus haut, avant d'entreprendre la construction d'une route carrossable, le premier but à atteindre était d'aménager un chemin praticable aux Européens marchant à pied et aux animaux de selle et de bât. C'est à quoi le service du génie consacra d'abord tous ses efforts. Le tracé adopté serrera d'aussi près que possible celui du sentier des bourjanes. Quels que fussent les inconvénients qui devaient résulter de cette manière de faire, puisque ce tracé était peu rationnel et passait par-dessus certains mouvements de terrain qu'il aurait dû contourner, elle fut adoptée afin de ne pas s'éloigner des villages qui jalonnaient le sentier des bourjanes et où nos troupes trouvaient le logement et les vivres.

On s'aperçut bien vite que la main-d'œuvre que l'on pouvait recruter sur place ne suffirait jamais pour achever le chemin muletier dans les limites de temps voulues; les autorités hovas montraient d'ailleurs de la mauvaise volonté à nous la fournir. Il fallut alors s'adresser à notre colonie d'Indo-Chine, et un premier convoi de 500 coolies chinois débarqua à Tamatave en 1896.

Lorsque j'arrivai dans la colonie, des résultats remar-

quables avaient déjà été obtenus ; la relève avait pu être
faite dans des conditions satisfaisantes. Néanmoins, étant
donné le peu de temps écoulé depuis la date où les travaux
avaient été entrepris, il y avait encore beaucoup à faire
avant que le chemin fût rendu bon muletier sur tout son
développement, principalement dans la traversée des forêts. Le climat du versant oriental de l'île est très humide ;
la saison sèche n'y dure que pendant trois mois environ,
de septembre à novembre : si les grandes pluies ne tombent que de janvier à avril, il pleut souvent pendant les
mois de mai à septembre : en somme, c'est un climat
tout différent de celui de l'Imerina et du versant occidental. Il fallait donc empierrer la route dans les mauvais
passages et, en particulier, en forêt ; autrement, elle aurait
été rendue impraticable par le passage des mulets.

Je fus frappé de l'épuisement de ces animaux, fatigués
par le dur service qu'ils faisaient et décimés par la morve.
Aussi je pensai qu'il était nécessaire de hâter l'époque à
laquelle il serait possible de substituer aux mulets de bât
le transport par voiture. C'est dans cet ordre d'idées que je
donnai les ordres suivants au service du génie : améliorer
le chemin muletier, l'empierrer et l'élargir dans toutes les
parties où il n'était encore qu'à l'état d'ébauchage ; dé-
boiser une large bande de terrain de chaque côté de la
route dans la traversée des forêts pour sécher la chaussée ;
dans les régions les moins accidentées, construire une
route accessible aux voitures légères telles que les voitures
Lefebvre ou les voitures à bœufs, en restant aussi près que
possible du chemin muletier.

La construction d'une route carrossable à grande puissance se trouvait ainsi momentanément ajournée ; mais,
dans mon esprit, il fallait d'abord à tout prix faciliter le
ravitaillement du corps d'occupation alors concentré en
Imerina, et je pensai y arriver en organisant sur la route
un système mixte de transports : voitures sur certains

tronçons, mulets de bât sur d'autres, enfin, bourjanes là où le chemin muletier n'était pas encore terminé.

Les travaux de la route furent continués suivant ce programme ; grâce à l'effort considérable qui fut déployé pendant l'hivernage 1896-97 pour activer le ravitaillement, les approvisionnements du magasin des subsistances étaient devenus suffisants au mois de mai 1897. Les convois militaires furent donc supprimés et le programme de construction de la route fut modifié ; les efforts devaient être concentrés sur deux chantiers, l'un partant du bas, l'autre partant de l'Imerina et s'avançant l'un au-devant de l'autre.

En même temps, le tracé par la Sahantandra était définitivement abandonné ; il parut préférable de chercher un tracé ayant pour direction générale le tracé muletier et de réserver la vallée de la Sahantandra au chemin de fer. Les caractéristiques adoptées pour le tracé de la route et son profil en travers furent les suivantes : pente maximum, 0,08 par mètre ; rayon minimum de courbes, 10 mètres ; largeur de la chaussée, fossés non compris, 5 mètres, avec un empierrement de 3 mètres.

L'avancement des travaux dans le chantier du bas s'est ressenti un peu des modifications de programme qui avaient dû être successivement adoptées sous la pression des circonstances et de la difficulté de recrutement de la main-d'œuvre.

Les coolies chinois envoyés dans la colonie, outre qu'ils coûtaient très cher, n'étaient pas recrutés d'une manière parfaite et résistaient mal au climat ; il y avait parmi eux une grande proportion d'indisponibles. Le dernier convoi a été rapatrié au commencement de 1898. Ils sont remplacés depuis lors par des Betsimisarakas et surtout par des Antaimoros provenant de la région comprise entre Farafangana et Mananjary. Ce sont des gens paisibles, s'expatriant chaque année pendant quelques mois pour économiser un peu d'argent avec lequel ils achètent des bœufs. Mais leur rendement comme travailleurs n'est pas très élevé, et ils sont capricieux, venant et s'en allant quand il leur plaît.

Dans le haut, la main-d'œuvre a été facile à trouver tant que la route ne sortit pas des limites de l'Imerina ; mais, à partir d'Ankeramadinika, il a fallu prendre des dispositions spéciales pour utiliser la main-d'œuvre hova ur le tronçon d'Ankeramadinika au Mangoro par les gorges de la Mandraka, dont le tracé fut reconnu pendant l'hivernage 1897-1898 et dont les travaux commencèrent en mai 1898. Ils sont exécutés par des prestataires de l'Imerina, et des précautions minutieuses ont été prises pour réduire au minimum les inconvénients inhérents aux grandes agglomérations de travailleurs lorsque ceux-ci sont employés loin de leurs villages dans des pays peu peuplés et assez peu salubres. Les prestataires sont recrutés et restent groupés par village ou par quartier ; ils peuvent amener avec eux leur famille.

Chaque groupe est accompagné et commandé, pendant la durée de la prestation, par un des gouverneurs du village. La durée de la prestation est réduite à quinze jours, non compris les voyages d'aller et retour ; cette disposition diminue évidemment le rendement des travailleurs, qui ont à peine le temps de s'habituer au genre de travail dont ils sont chargés ; mais elle a été adoptée dans un but politique pour mettre en confiance des gens qui ont une véritable crainte des dangers imaginaires qui les attendent quand ils sont ainsi transplantés en dehors de l'Imerina. Chaque prestataire reçoit une ration de 700 grammes de riz et une solde de 25 centimes. Les soins médicaux leur sont assurés par un médecin militaire et deux médecins indigènes, et ils logent dans onze camps répartis le long de la route.

Grâce à ces mesures, sur un chiffre total de 40.385 indigènes ayant travaillé de mai à décembre 1898, et représentant, à quinze jours par homme, 605.775 journées de travail, le chiffre de la mortalité n'a été que de 53, y compris les morts accidentelles. Une partie des travaux a été donnée à l'entreprise, afin de faire contribuer la construction de la route au développement économique de la colonie ; le tronçon le plus difficile est fait en régie. Ce sont les difficultés de ce tronçon qui auraient pu faire croire pendant longtemps que la construction d'une route carrossable dans la vallée de la Mandranka était chose impraticable : de fait, la route est, sur 200 mètres environ de longueur, taillée entièrement dans le roc.

Résultats obtenus au 31 *décembre* 1898. — La route en construction peut être divisée en quatre sections :

1° Section de Mahatsara au col d'Amboasary : 104 kilomètres ;

2° Section du col d'Amboasary au Mangoro : 48 kilomètres ;

3° Section du Mangoro à Ankeramadinika : 41 kilomètres ;

4° Section d'Ankeramadinika à Tananarive : 51 kilom.

Soit une longueur totale de 244 kilomètres.

Dans la 1re section la route est terminée et empierrée sur une longueur de 54 kilomètres à partir de Mahatsara.

Dans la 2e section les voitures peuvent rouler entre Analamazaotra et Andankana sur le Mangoro : néanmoins, il reste encore beaucoup à faire pour amener la route à son état définitif.

La 3e section est en cours d'achèvement et sera terminée vers le mois d'août ou de septembre prochain.

Enfin, la 4e section est terminée et empierrée.

B) Route de Tananarive a Majunga. — Majunga est le débouché de l'Imerina sur la côte Ouest. Il était nécessaire de relier ce port à Tananarive par une bonne voie de communication ; bien que les importations destinées à l'Ime-

rina se fassent par Tamatave, qui en est le port le plus
rapproché, il faut néanmoins faciliter les relations entre la
côte Ouest et Tananarive non seulement au point de vue
commercial, mais aussi au point de vue militaire, car le
centre de gravité du corps d'occupation s'est peu à peu, en
raison de la résistance que nous avons rencontrée chez les
Sakalaves, transporté vers l'ouest.

A la fin de 1896, l'insurrection avait coupé les communications de Tananarive à Majunga. Ce n'est que dans les
premiers mois de 1897 qu'elles furent rouvertes. On s'occupa aussitôt de la construction de la route et de la ligne
télégraphique.

Le corps expéditionnaire de 1895 avait, au prix de difficultés inouïes, construit de Majunga à Andriba une route
sur laquelle circulèrent des convois de voitures Lefebvre,
mais qui présentait des rampes et des tournants inadmis-
sibles pour une route définitive. Elle n'avait d'ailleurs été
construite entre Majunga et Mevatanana (Suberbieville)
que parce que les canonnières et les chalands n'avaient pu
être montés à temps.

La distance de Majunga à Mevatanana par la Betsiboka
est de 238 kilomètres. Cette rivière a trois sections de
régime différent :

De Majunga à Amboanio ou à Ankaladina. — Section
maritime accessible aux bâtiments de mer : il est prudent
de ne pas faire dépasser Amboanio aux embarcations fluviales, car la baie de Bombetoka est souvent clapoteuse;

D'Amboanio à Marololo. — Section fluviale praticable en
toute saison aux embarcations calant 70 à 80 centimètres;

De Marololo à Mevatanana (25 kilomètres). — Section
praticable à ces embarcations seulement pendant la période
des hautes eaux ; pendant la saison sèche, il faut ou prendre la route de terre ou se servir de pirogues ou de canots
à vapeur à fond plat.

Ce simple exposé suffit pour permettre de se rendre

compte que les relations entre Majunga et Tananarive ne seront commodes que du jour où un service fluvial approprié sera organisé sur la Betsiboka.

Entre Mevatanana et Tananarive (340 kilomètres), le terrain présente, pour la construction d'une route, plus de facilités que le versant oriental de l'île. Les mouvements de terrain sont plus arrondis et il n'y a pas de larges forêts à traverser; mais, surtout, les lignes de crêtes, au lieu de se présenter normalement à la direction générale suivie par la route, lui sont presque parallèles. C'est ainsi que le capitaine Mauriès, chargé au mois d'avril 1897 d'étudier le tracé de la route entre Andriba et Ankazobé, put lui faire suivre la ligne de partage des eaux entre la Betsiboka et l'Ikopa, qui est constituée par une crête étroite dont les dénivellations, dans le sens de la longueur, sont relativement peu accentuées.

Enfin, alors que sur le versant oriental les pluies durent pendant la plus grande partie de l'année, sur le versant occidental les saisons sèche et pluvieuse sont nettement tranchées, et la saison sèche dure d'avril à novembre, pendant près de huit mois. Cette circonstance permet de faire rouler des voitures durant les deux tiers de l'année sur une route non empierrée. Par contre, pendant les quatre mois de pluies, les rivières sont grossies par des crues rapides qui nécessitent un soin particulier pour la construction des ponts.

En résumé, l'établissement d'une route de fortune non empierrée se présentait de ce côté dans des conditions particulièrement favorables, et il y avait intérêt à l'entreprendre le plus tôt possible, afin de faire monter en Imerina le matériel roulant laissé par la colonne expéditionnaire sur la route de Marololo à Andriba.

Le recrutement de la main-d'œuvre présenta autant de difficultés que sur l'autre versant ; on eut recours, pour la partie de la route qui traverse des régions désertes (entre

Ankazobé et Mevatanana), à des prestataires du cercle d'Arivonimano et à des travailleurs volontaires : Comoriens, Sakalaves, Betsiléos. Pour le tronçon entre Ankazobé et Tananarive, la main-d'œuvre fut facile à trouver, d'autant plus que ce tronçon est en territoire militaire et que les travaux sont sous la direction du commandant de territoire : il y a donc unité d'action et, par suite, surveillance efficace des indigènes qui doivent la prestation.

Résultats obtenus au 31 décembre 1898. — 1º Section de Mevatanana à Andriba (113 kilomètres). Dans cette section, la route du corps expéditionnaire avait d'abord été conservée provisoirement ; quelles qu'en fussent les défectuosités, on pouvait à la rigueur y faire rouler des voitures. Un nouveau tracé a été étudié en 1898, et les travaux ont même été commencés à partir d'Andriba sur 40 kilomètres de longueur. Il y a encore un gros effort à donner pour terminer cette section et pour construire sur les rivières des ponts définitifs.

2º Section d'Andriba à Ankazobé (124 kilomètres). — C'est dans cette section que se trouve la longue crête à l'altitude de 1.500 à 1.600 mètres, dont il a été parlé plus haut et qui a beaucoup facilité la construction de la route. Il a suffi de débroussailler une piste sur la plus grande partie de cette crête, pour la rendre carrossable pendant la saison sèche. Entre Andriba et la rivière Mamokomita, le terrain présente d'assez grosses difficultés et le passage de cette rivière exigera un ouvrage d'art très soigné.

3º Section d'Ankazobé à Tananarive (103 kilomètres). — Cette section est accessible aux voitures pendant la saison sèche ; quelques rectifications y seront faites en 1899.

Malgré tout, la construction de la route à peu près terminée entre Tananarive et Andriba a exigé d'énormes efforts de la part de tous ceux qui s'y sont employés depuis deux ans avec un zèle remarquable. Il est juste de citer notamment le lieutenant-colonel Lyautey, commandant le

4e territoire militaire, le capitaine Mauriès, de l'artillerie de marine, et le garde Rebuffat, de la même arme. C'est grâce à ces officiers et à leurs collaborateurs que la route de Mevatanana à Tananarive a pu être ouverte aux voitures en 1898, et surtout pendant la période (hivernage 1898-99) où l'épidémie de peste de Tamatave nous força à faire monter personnel et matériel par la voie de Majunga.

§ 3. — Routes en territoires militaires.

Pendant que les routes de Tamatave et de Majunga se construisaient, les commandants de cercle en Imerina portaient leurs efforts sur l'amélioration des mauvais sentiers frayés par les bourjanes. Ces améliorations suivirent immédiatement la réoccupation progressive de l'Imerina par nos troupes, qui faisaient la tache d'huile tout autour de Tananarive. Il importait en effet de remplacer les sentiers existants par des chemins commodes pour diminuer les fatigues de nos troupes et faciliter le ravitaillement. Des travaux furent donc entrepris simultanément dans tous les cercles et le choix des chemins à aménager fut laissé à l'initiative des commandants de cercle, seuls juges de leur ordre d'urgence. On fit des chemins de fortune avec des ponts provisoires; il fallait aller vite : le but à atteindre consistait alors simplement à faciliter la circulation des hommes et des animaux. Tel fut le programme réalisé en 1897.

Puis, la pacification étant achevée et la réorganisation du pays en bonne voie, il devenait possible et il était nécessaire d'adopter un plan d'ensemble et d'améliorer suivant ce plan l'œuvre de 1897, en remplaçant les ponts provisoires par des ponts définitifs, en rendant carrossables les routes dont l'importance nécessitait cette transformation, et en se contentant de chemins muletiers pour les communications d'intérêt secondaire ou local. En résumé, il s'est produit pour les routes en Imerina exactement la série des transformations qui ont marqué la construction de la route d'étapes, parce qu'il fallait des résultats immédiats variant avec les nécessités du moment; les mêmes causes ont produit les mêmes effets.

La circulaire du 16 mai 1898, reproduite ci-dessous, a fixé ce programme, dont l'exécution, commencée en 1898, sera poursuivie pendant les années suivantes :

« Les indications que vous m'avez fournies en exécution de la circulaire 37, me permettent de vous donner des ordres fermes pour les travaux de routes à entreprendre au cours de la présente année.

» Je tiens, tout d'abord, à insister sur ce point que les travaux exécutés en 1898 devront être des travaux définitifs. Les efforts considérables qui ont été déployés en 1897 dans les territoires et cercles militaires ont eu pour résultat de remplacer presque partout les mauvaises pistes malgaches par de larges routes qui, grâce à leur tracé judicieux, ont épargné les fatigues de nos soldats et ont grandement facilité le ravitaillement des différents postes. Mais, en général, le temps a manqué, d'une part, pour faire les études qui auraient été nécessaires pour déterminer des tracés de routes praticables aux voitures sans fatigues excessives pour les animaux de trait, d'autre part, pour entreprendre sur les routes construites certains travaux sans lesquels la chaussée ne résiste pas à des pluies prolongées et à un roulage important; enfin, il a fallu se contenter de ponts provisoires qui, comme on devait s'y attendre, ont, en grand nombre, été emportés par les crues de l'hivernage.

» Le moment est venu, maintenant, de parfaire le travail de l'an passé, en rectifiant les parties de routes dont l'expérience a fait reconnaître le tracé défectueux, en entreprenant les travaux de protection de la chaussée, enfin en apportant tous vos soins à l'exécution de ponts aussi solides que possible.

» Le tableau ci-annexé donne, en premier lieu, l'énumération des routes qui devront être complètement terminées à la fin de la présente campagne. Les crédits mis à ma disposition par le ministre pour la construction des routes en territoires militaires ont été répartis entre ces différentes routes : ils devront y être appliqués en entier et n'en seront distraits sous aucun prétexte pour être reportés sur d'autres travaux. Au moyen de ces crédits, et avec les prestataires dont vous disposez, vous amènerez à l'état définitif les routes dont il s'agit, c'est-à-dire que les ponts provisoires seront remplacés par des ponts solides, que les caniveaux seront empierrés, que l'écoulement des eaux sera parfaitement assuré, enfin que l'empierrement de la chaussée sera effectué autant que possible sur toute la longueur de la route, ou du moins partout où la nature du sol et l'importance du roulage le rendront indispensable.

» Les routes classées en première urgence, catégorie *b* ne peuvent être dotées cette année d'aucun crédit ; néanmoins, sur quelques-unes, vous pourrez, si les ressources en prestataires vous le permettent, employer sans rétribution à certains travaux urgents les travailleurs dans le voisinage des localités qu'ils habitent.

» Enfin, les routes classées en deuxième urgence seront ajournées ; elles ne figurent sur le tableau ci-annexé qu'à titre d'indication et pour arrêter dès maintenant, dans ses grandes lignes, le programme d'ensemble des travaux de route dont l'exécution sera réalisée par la suite au fur et à mesure que les ressources du budget et de la main-d'œuvre indigène le permettront.

» Je vous serai reconnaissant de m'adresser, à partir du 1er juillet, un rapport établi le 1er de chaque mois et relatif aux travaux de routes exécutés dans vos territoires ou cercles pendant le mois précédent. Ce rapport fera ressor-

Constructions des routes en territoires militaires.

NUMÉRO.	DÉSIGNATION DE LA ROUTE.	LARGEUR. m.	GENRE DE ROUTE. C. carrossable, M. muletière.	CERCLES TRAVERSÉS.	LOCALITÉS TRAVERSÉES et PRINCIPAUX OUVRAGES D'ART.	CRÉDIT ALLOUÉ. fr. c.	NOMBRE APPROXIMATIF de journées de prestataires.
				A. — Première urgence. (a)			
1	Tananarive à Tamatave.....	5	C.	Pour mémoire........	Pour mémoire.		
				Cercle de Tananarive..	Isotry, Andohatapenaha, Andriantany, Ambohidratrimo..	15.000	55.000
2	Tananarive à Majunga......	5	C.	Cercle d'Ankazobé.....	Ampanotokana, Fihaonana, pont sur l'Andranobe, Ankazobé, pont sur le Manankazo, Manerinerina....................	80.000	325.000
				Cercle-annexe d'Andriba...............	Pour mémoire..............	»	»
				Cercle de Tananarive..	Marché de Sabotsy............	20.000	80.000
3	Tananarive à Fianarantsoa..	5	C.	Cercle de Tsiafahy.....	La route laisse Tsiafahy à 1.500 mètres à l'ouest, Amboasary sur l'Andromba.............	25.000	100.000
				Cercle de Betafo.......	Ambatolampy, Antanifotsy.....	20.000	90.000
				Province du Betsiléo..	Ambositra..................	15.000	60.000
				Cercle de Tananarive..	Anjanahary, pont sur la Mamba, marché de Sabotsy..........	20.000	80.000
4	Tananarive vers Mandritsara, par Anjozorobé et Ambatondrazaka (1)......	5	C.	Cercle d'Anjozorobé...	Ambatomainty, pont sur la Mananara, Anjozorobé.........	13.500	60.000
				Cercle d'Ambatondrazaka..............	Mandanivatsy, Antanimenakely, Ambatondrazaka, Imerimandroso, bac sur la Maningory, Ampatakamaroreny........	11.000	37.000
5	Tananarive à Ankavandra (2)	5	C.	Cercle de Tananarive..	Bac sur l'Ikopa à Nossi-Zato, pont sur la Sisaony, Fenoarivo, pont sur l'Andromba..	20.000	60.000
				Cercle d'Arivonimamo et de Miarinarivo...	Pont sur la Katsaoka, marché de Sabotsy, Mangabé, pont sur l'Ombifotsy, Arivonimamo. Pont sur l'Onibé, pont sur l'Irihitra, pont sur la Kalariana, etc....................	Pour mémoire.	
6	Tananarive à Vohilena (3)..	5	C.	Cercle d'Anjozorobé...	Ambatofisoarana.............	5.000	23.000
7	Soavinimerina à Ambohidrabiby (4).................	5	C.	Cercle d'Ankazobé.....	Pont sur la Mananara, Vohilena.	4.000	20.000
				Cercles de Tananarive et d'Anjozorobé.....	Vallée de la Moriandro........ Imerimandroso, Ambohimanga.	4.000 Pour mémoire.	20.000
8	Nandihizana à Manankasina (5).................	5	C.	Cercle d'Ankazobé.....	Plateau de Manankasina........	5.000	25.000
9	Ambatondrazaka à Tamatave (6).................	3	M.	Cercle d'Ambatondrazaka.............	Tracé à déterminer...........	5.000	25.000
10	Fianarantsoa à Ihosy (7)....	5	C.	Province du Betsiléo..	....	10.000	50.000
				A reporter.....................		272.500	1.109.000

(1) Avec bifurcation sur Ambohitrabiby.
(2) Sera construite ultérieurement.
(3) Emprunte la route n° 4 jusqu'à quelques kilomètres au nord-est d'Ambohitrabiby, ne sera amenée cette année qu'à deux mètres de large.
(4) Sera construite ultérieurement dans la traversée de ces cercles.
(5) A prolonger : 1° sur Vohilena et 2° sur Ankazobé.
(6) Le programme pour 1898 comporte la reconnaissance du tracé et l'exécution de quelques aménagements urgents.
(7) Avec embranchement sur Ambohimandroso.

NUMÉROS.	DÉSIGNATION DE LA ROUTE.	LARGEUR.	GENRE DE ROUTE C. carrossable, M. muletière.	CERCLES TRAVERSÉS.	LOCALITÉS TRAVERSÉES et PRINCIPAUX OUVRAGES D'ART.	CRÉDIT ALLOUÉ.	NOMBRE APPROXIMATIF de journées de prestataires.
		m.				fr. c.	
					Report.........................	272.500	1.109.000
	Cercle de Moramanga. Entretien des chemins......	»		.....		3.000	15.000
	Cercle de Miarinarivo. Entretien des chemins......	»		.....		3.000	15.000
					Totaux (1).....................	278.500	1.139.000

(b)

NUMÉROS.	DÉSIGNATION DE LA ROUTE.	LARGEUR.	GENRE DE ROUTE	CERCLES TRAVERSÉS.	LOCALITÉS TRAVERSÉES et PRINCIPAUX OUVRAGES D'ART.	CRÉDIT ALLOUÉ.	NOMBRE APPROXIMATIF
11	Tananarive à Mahanoro.....	5	C.	Cercle de Tsiafahy..... / Cercle de Moramanga..	Antelomito, Ambonibazaka .... / »	» / »	» / »
12	Tananarive au Betsiriry.....	3	M.	Cercles de Tananarive, d'Arivonimamo, de Betafo, et cercle-annexe du Betsiriry ...	Ramainandro, Inanatonana, Analaidirano, Miandrivazo...	»	»
13	Moramanga à Ambatondrazaka..................	5	C.	Cercles de Moramanga et d'Ambatondrazaka	Ambohidray, Antanimenakely..	»	»
14	Nanizaoa à Ambatomena...	3	M.	Cercle de Tananarive.. / Cercle d'Anjozorobé...	Ilafy, Fieferana.............. / »	» / »	» / »
15	Ambatolampy à Tsinjoarivo.	5	C.	Cercle de Betafo......	Vallée de l'Onive............	»	»
16	Tsinjoarivo à Mahanoro	3	M.	Cercle de Tsiafahy.....	Vallée de l'Onive............	»	»
17	Ankazobé à l'Ikopa.........	3	M.	Cercle d'Ankazobé.....	Antotokasy, Iasy, gué de Tafaïna sur l'Ikopa	»	»
18	Vohilena à Anjozorobé......	3	M.	Cercle d'Ankazobé..... / Cercle d'Anjozorobé...	Maniholahy .... / »	» / »	» / »
19	Antsirabé à Betafo..........	5	C.	Cercle de Betafo.......	»	»	»

B. — Deuxième urgence.

NUMÉROS.	DÉSIGNATION DE LA ROUTE.	LARGEUR.	GENRE DE ROUTE	CERCLES TRAVERSÉS.	LOCALITÉS TRAVERSÉES et PRINCIPAUX OUVRAGES D'ART.	CRÉDIT ALLOUÉ.	NOMBRE APPROXIMATIF
20	Tsinjoarivo à Antsirabé.....	5	C.	Cercle de Tsiafahy..... / Cercle de Betafo......	Morarano, Ambatomena..... / »	» / »	» / »
21	Betafo à Arivonimamo......	5	C.	Cercle de Betafo...... / Cercle d'Arivonimamo.	Amboanana, Manalalondo. .... / »	» / »	» / »
22	Arivonimamo à Soavinandriana	3	M.	Cercle d'Arivonimamo. / Cercle de Miarinarivo..	» / »	» / »	» / »
23	Vohilena à Ambatondrazaka.	3	M.	Cercle d'Ankazobé..... / Cercle d'Ambatondrazaka...	Ankazomena, Fiazaramaso..... / Soalazaïna................	» / »	» / »
24	Moramanga à Beparasy.....	5	C.	Cercle de Moramanga..	Ambodimanga................	»	»
25	Betafo à Inanatonana......	3	M.	Cercle de Betafo.......	»	»	»
26	Betafo à Soavinandriana....	3	M.	Cercle de Betafo...... / Cercle de Miarinarivo..	» / »	» / »	» / »
27	Soavinandriana à Miarinarivo	3	M.	Cercle de Miarinarivo..	Par l'ouest du lac Itasy.....	»	»
28	Miarinarivo à Fenoarivo du Valalafotsy............	3	M.	Cercle de Miarinarivo..	Mahatsinjo, Mangarivo........	»	»
29	Arivonimamo à Ambatolampy	5	C.	Cercle d'Arivonimamo. / Cercle de Betafo......	» / »	» / »	» / »
30	Arivonimamo à Babay......	3	M.	Cercle d'Arivonimamo. / Cercle d'Ankazobé....	Betafo, Ambohibelona......... / »	» / »	» / »
31	Manerinerina à Antsatrana..	3	M.	Cercle d'Ankazobé.....	Tsinjorano....................	»	»
32	Ankeramadinika à Tsinjoarivo	3	M.	Cercle de Tsiafahy....	»	»	»
33	Ambohimalaza à Tsiafahy..	3	M.	Cercle de Tsiafahy....	Talasora....................	»	»

(1) Une somme de 20.000 francs a été réservée sur le crédit de 300.000 francs, voté par le Parlement pour la construction des routes en territoires militaires; elle servira à acheter les outils et matériaux nécessaires aux travaux, qui seront fournis en nature aux commandants de cercle.

tir, pour chacune des routes dont la construction vous est
confiée, l'état d'avancement des travaux, les sommes dépensées et le nombre des journées de prestataires employés. »

La main-d'œuvre se trouve facilement en Imerina. Elle
est dirigée par le cadre des compagnies tenant garnison
dans les cercles. Grâce aux arrêtés sur la prestation et
grâce surtout à la forte hiérarchie administrative des cercles, dont les commandants centralisent tous les pouvoirs
civils et militaires, des résultats considérables ont été
obtenus à peu de frais.

Les routes sur lesquelles se portent principalement les
efforts sont : la route de Tananarive à Fianarantsoa, destinée à relier les deux régions les plus habitées de l'île; elle
sera plus tard poussée jusqu'à Fort-Dauphin; la route de
Tananarive à Mandritsara par Anjozorobé et Ambatondrazaka, qui sera prolongée ultérieurement vers Diégo-Suarez;
la route de Tananarive à Arivonimamo, qui sera prolongée,
d'une part vers Miarinarivo et Ankavandra, d'autre part
vers Ramainandro, Inanatonana et le Betsiriry.

Ces routes sont, avec les routes de Tamatave et de Majunga, les grandes voies de communication d'intérêt général vers lesquelles s'embrancheront, par la suite, des chemins d'intérêt local.

Voies de pénétration de la côte vers le Betsiléo. — L'importance économique du Betsiléo, bien que moins considérable que celle de l'Imerina, exige impérieusement sa
liaison avec la mer par une bonne route.

Actuellement, les communications se font par le sentier
de bourjanes partant de Mananjary. Une première difficulté se présente : Mananjary, qui a une grande importance
commerciale comme port de transit du Betsiléo et de la
région d'Ambositra, ne possède qu'une rade foraine, souvent houleuse; le débarquement des voyageurs et des
marchandises se fait au moyen de chalands pontés.

Les autres rades voisines de Mananjary ne sont pas

meilleures. Une société a établi un projet de route à péage et, éventuellement, de chemin de fer, entre l'embouchure du Faraony et Fianarantsoa et Ambositra, avec création d'un port artificiel à l'embouchure du Faraony.

L'accord n'a pas encore pu se faire entre la société et l'administration de la colonie, parce que celle-là subordonne l'exécution de son entreprise à la garantie par l'État d'un rendement kilométrique de six mille francs pour les transports administratifs, jusqu'à un trafic total de 1.500 tonnes par an, ce qui équivaut à une redevance annuelle de près de deux millions de francs pour l'ensemble de la ligne Faraony-Fianarantsoa-Ambositra.

Or, les besoins très réduits des services de la colonie dans les circonscriptions qui seraient desservies par la voie projetée ne peuvent donner lieu à des transports de cette importance, de sorte qu'il n'est pas possible d'accorder la garantie demandée. Il faut considérer cependant qu'une affaire de cette nature ne doit pas être basée sur le seul appui financier de l'administration. Sa réalisation répond à un besoin économique puissant. Le trafic entre la côte et Fianarantsoa s'augmente dans des proportions considérables; le commerce de la région betsiléo se développe tous les jours et s'accroîtra encore dès qu'il jouira de la plénitude de ses moyens.

La situation actuelle est même assez critique : les bourjanes de profession ne peuvent plus suffire aux besoins et ont augmenté leurs prétentions. Pour éviter une crise, j'ai dû mettre, pendant un certain temps, des prestataires du Betsiléo à la disposition des commerçants; puis j'ai été amené à supprimer cette mesure de faveur, en raison de la lourde charge qu'elle imposait aux populations, du mécontentement que son maintien aurait pu provoquer, enfin du préjudice qu'elle aurait causé à l'agriculture. Actuellement, les commerçants du Betsiléo ne peuvent donc plus qu'à grand'peine et à grands frais effectuer leurs approvi-

sionnements. Il est, par suite, désirable que le projet de
route à péage aboutisse à bref délai. La garantie demandée
par la société, et que la colonie ne peut absolument pas
lui accorder, pourrait être remplacée par des compensations territoriales, et c'est sur cette base qu'il convient de
traiter une affaire dont la solution ne saurait être retardée
plus longtemps dans l'intérêt du développement du
Betsiléo.

§ 4. — Canal des Pangalanes.

La création du canal des Pangalanes, de Tamatave à Andevorante, avec prolongement éventuel au nord de Tamatave et au sud d'Andevorante, est de première urgence
pour faciliter les communications côtières. On sait que
Tamatave est le seul port de la côte Est. Les relations de
Tamatave avec les autres villes de la côte se font au moyen
de voiliers, exposés à attendre parfois plusieurs jours sur
rade que l'état de la « barre » permette les communications
avec la terre.

Or, il existe le long de cette côte une dune littorale qui
sépare la mer d'une ligne de lagunes servant de déversoirs
aux fleuves du versant oriental et communiquant avec
l'Océan par des embouchures exposées à se déplacer ou à
s'ensabler. Les marées étant très peu sensibles sur le versant oriental, le niveau d'eau des lagunes varie peu.

Les lagunes sont séparées les unes des autres par des
seuils que l'on nomme « pangalanes ». En perçant ces pangalanes et en draguant dans les lagunes un chenal de quelques mètres de largeur, on obtiendra un canal qui constituera une ligne de navigation intérieure précieuse non
seulement pour les relations de port à port, mais aussi pour
assurer des débouchés indispensables aux concessions
échelonnées le long de la côte.

La construction et l'exploitation de la voie navigable

entre Tamatave et Andevorante ont été concédées à la compagnie française de Madagascar, qui a la faculté de requérir l'extension de ladite concession aux voies navigables à établir au nord et au sud, en prolongement de celle de Tamatave à Andevorante.

Cette dernière tire une importance particulière de ce fait qu'elle constitue la première section de la route de Tamatave à Tananarive.

Elle remplace pour les voyageurs la route de terre, et, pour les marchandises, la voie de mer toujours aléatoire.

La voie navigable ne commence qu'à Ivondro (10 kilomètres au sud de Tamatave); elle est remplacée entre ces deux points par un chemin de fer à voie de 1 mètre qui vient d'être ouvert à l'exploitation.

Sur le parcours Ivondro-Andevorante, il y a trois pangalanes : Tanifosy, Ampanotomaizina et Andevakamerana.

Le creusement du pangalane de Tanifosy avait été entrepris par le service des travaux publics avant qu'un traité fût conclu avec la compagnie française. Il a été arrêté au niveau du plan d'eau : il ne reste plus qu'à draguer jusqu'au plafond du canal (1 mètre). Une drague va y être incessamment mise en service.

Le creusement du pangalane d'Ampanotomaizina a été commencé.

Enfin, rien n'a encore été fait au pangalane d'Andevakamerana qui sépare la ligne de lagunes du Ranomainty, affluent de l'Iaroka, et qui est le plus long des trois (2 kil. 500). Le canal doit être achevé pour le 1er juillet 1900; jusqu'à cette date, un service provisoire de transports sera organisé qui permettra d'aller de Tamatave à Mahatsara, en une quinzaine d'heures, au moyen de vedettes à vapeur sur les lagunes et d'un transbordement aux trois pangalanes.

§ 5. — Chemin de fer de Tananarive à la mer.

La construction d'une bonne route carrossable de Tananarive à la mer ne doit être considérée que comme une solution provisoire du problème des transports parce qu'elle n'abaissera pas suffisamment leur prix.

L'expérience des deux années qui viennent de s'écouler le prouve d'une manière péremptoire. Il n'existe, en effet, malheureusement pas à Madagascar une race d'animaux de trait, et les espérances que l'on avait pu fonder sur l'emploi des bœufs porteurs ou des bœufs de trait ne se sont point réalisées. Il faut donc importer à grands frais de l'extérieur des chevaux et des mulets. Il faut ensuite les nourrir; or, entre les côtes et les régions du centre, existe une zone qui n'est pas, à vrai dire, un désert, mais dans laquelle le paddy ne se trouve pas en quantité suffisante pour la nourriture des animaux, qu'il faut par suite nourrir dans cette zone au moyen de paddy tiré soit de l'Imerina, soit de la côte, ce qui diminue notablement leur rendement utile.

Il ne faut donc pas se dissimuler que, dans ces conditions, le prix du transport de la tonne de marchandises, qui est actuellement de 750 francs entre la côte Est et l'Imerina, ne sera pas beaucoup abaissé par l'emploi des charrettes. Néanmoins, il est nécessaire de construire des routes, parce que le rendement du transport, qui ne suffit pas actuellement aux besoins du commerce et de l'industrie, sera augmenté dans des proportions notables, et parce que de nombreux indigènes se trouveront rendus à l'agriculture.

Les difficultés rencontrées pour la traction animale ont donné à penser qu'il serait plus facile et plus économique d'employer la traction mécanique, et un marché a été passé avec une société qui se propose d'introduire dans la colonie des automobiles.

Mais il est nécessaire de répéter que ce sont là des solutions provisoires; elles permettront d'attendre la construction du chemin de fer, instrument de vitesse et de puissance, seul capable d'un rendement suffisant et économique.

Les premières études relatives au tracé du chemin de fer de Tananarive à la côte Est furent faites en 1896 par le colonel Marmier et le commandant Goudard, qui, après une reconnaissance rapide, arrivèrent à cette conclusion que le tracé était possible en empruntant d'abord la vallée de la Sahantandra pour arriver à la plaine du Mangoro, puis celle de la Sahanjanjony pour monter en Imerina.

Une mission d'officiers du génie, sous la direction du commandant Roques, débarqua dans la colonie, le 7 mars 1897, et fit l'étude détaillée du projet de chemin de fer de Tamatave à Tananarive.

Le tracé adopté, levé au 1/5.000ᵉ, fut le suivant :

Après avoir franchi l'Ivondro, le tracé gagne la voie orientale du lac Nossi-Vé, remonte le Manambolo, passe dans la vallée du Ranofotsy, franchit le Rongorango, puis la Vohitra à Aniverano et, à partir de ce point, suit la rive droite de la Vohitra-Sahantandra. Le point de franchissement de la Vohitra a été choisi à Aniverano parce que ce point est en tout temps accessible aux embarcations venues d'Andevorante. Cette considération est très importante : elle permettra d'ajourner la construction du chemin de fer d'Aniverano à Tamatave en utilisant provisoirement le canal des Pangalanes.

Le tracé passe de la vallée de la Sahantandra dans celle du Mangoro par le col de Tangaïna, pique au nord-ouest, franchit le Mangoro, remonte la Sahanjanjony et son affluent l'Isafotra (Andranobé), puis passe par le col de Tanifotsy dans les vallées tributaires de l'Ikopa et atteint Tananarive. Depuis Tamatave jusqu'à l'Isafotra, sauf sur 3 kilotres à l'entrée de la grande forêt où la pente nette atteint 30 millimètres, y compris la résistance due aux courbes, les déclivités ont pu être tenues au-dessous de la limite normale de 25 millimètres indiquée par les instructions ministérielles ; mais, dans la vallée de l'Isafotra, il a fallu se résigner à faire usage, sur une faible longueur il est vrai, de la limite exceptionnelle de 35 millimètres autorisée par ces mêmes instructions (y compris la résistance des courbes).

Le développement total de la voie ferrée sera de 371 kilomètres ; de Tamatave à Tananarive la distance entre Aniverano (terminus navigable de la Vohitra) et Tananarive est de 285 kilomètres.

Ce projet a été adopté par le comité des travaux publics des colonies, présidé par M. l'inspecteur général Bricka.

Une convention a été passée, le 14 mars 1898, entre le ministre des colonies et une société pour la construction du chemin de fer de Tananarive à la mer, avec prolongement éventuel vers Tamatave.

La condition essentielle du traité consiste dans la garantie, par l'État et la colonie, d'un minimum de transports effectués pour leur compte et représentant une somme totale de 2.800.000 francs par an pendant quinze ans. En outre, la colonie accorde à la société la propriété de 100.000 hectares de terre pour la section de Tananarive à la mer et de 200.000 hectares pour le cas où la compagnie construirait immédiatement le prolongement du chemin de fer jusqu'à Tamatave. La compagnie a envoyé, en 1898, dans la colonie, une mission d'ingénieurs dirigée par MM. Guibert et Dufour et chargée d'examiner le projet sur place.

Leurs conclusions ont confirmé celles de la mission militaire dirigée l'année précédente par le commandant Roques.

Chemin de fer entre Tananarive et le terminus de la ligne d'eau Ikopa-Betsiboka. — Avant de quitter la colonie, MM. Guibert et Dufour ont voulu se rendre compte des conditions dans lesquelles pourrait avoir lieu la construction du chemin de fer de Tananarive au terminus de la ligne d'eau Ikopa-Betsiboka.

Une première étude sur la carte indique que l'on peut emprunter soit la vallée de l'Ikopa, soit celle de la Betsiboka, pour tracer cette voie ferrée.

Une troisième solution s'impose à l'examen, c'est celle qui consisterait à tenir la voie ferrée sur la ligne de partage entre l'Ikopa et la Betsiboka.

MM. Guibert et Dufour ont examiné les trois solutions. Après un mois d'explorations, ils ont reconnu :

1° Que les terrains de la Betsiboka sont d'une très mauvaise tenue et parsemés d'érosions pluviales en pleine activité. Les terrassements y seraient d'une exécution délicate, la plate-forme difficile à entretenir. Pour ces motifs, le tracé par la vallée de la Betsiboka leur a paru inacceptable ;

2° Que les terrains de la ligne de partage entre l'Ikopa et la Betsiboka ne se prêtent nullement à l'établissement d'une voie ferrée. Les formes du terrain sont, en effet, très douces aux environs de cette ligne, mais sur une très faible bande, d'ailleurs sinueuse à l'excès, présentant des dénivellations incessantes, dont quelques-unes dépassent plusieurs centaines de mètres, et bordée par des ravins profonds à flancs escarpés.

Il a été possible d'établir sur cette bande une route à déclivités de 7 centimètres par mètre et à courbes de 10 mètres de rayon. Mais un chemin de fer, même avec des rayons réduits à 50 mètres et des déclivités de 25 millimètres par mètre, ne pourrait l'utiliser. Il se trouverait constamment en dehors de cet étroit ruban, circulerait sur les pentes raides qui le limitent et aurait à traverser, par des viaducs élevés, les nombreux ravins qui en festonnent les bords ;

3° Que la vallée de l'Ikopa pourrait être utilisée pour la voie ferrée, mais qu'elle ne présente pas à cet égard plus de facilités que la Vohira-Sahantandra. Les cubes des térrassements et roctages à exécuter, le nombre et la nature des ouvrages d'art seraient d'une importance comparable à celle des travaux du même genre qu'exigera le chemin de fer projeté dans celte dernière vallée.

La dépense par kilomètre courant serait, par suite, la même dans les deux cas. Mais le tracé de Tananarive à Mevatanana aurait au moins 400 kilomètres, tandis que celui de Tananarive à Aniverano n'aura que 285 kilomètres.

Ces conclusions sont exactement celles qui avaient été présentées en 1897 par le lieutenant-colonel Roques après la reconnaissance rapide qu'il fit de la vallée de l'Ikopa.

Le chemin de fer de Tananarive à Mevatanana serait prolongé par un service fluvial sur la Betsiboka. Comme je l'ai déjà dit plus haut, la voie fluviale présente trois sections bien distinctes :

1° De Mevatanana à Marololo, 25 kilomètres. Il est difficile d'organiser sur cette section, pendant les trois derniers mois de la saison sèche, un service de bateaux à vapeur ; les eaux sont trop basses. Il serait donc utile de mettre à Marololo le terminus de la voie ferrée ;

2° De Marololo jusqu'à Amboanio. Il est facile d'y organiser un service fluvial à vapeur fonctionnant en toute saison ;

3° D'Amboanio à Majunga. Il n'est pas prudent de traverser la baie de Bombetoka, souvent très clapoteuse, avec des bateaux de rivière. Il faudrait donc employer des bateaux de mer.

L'organisation du service fluvial sur la Betsiboka (213 kilomètres de Majunga à Marololo) est donc parfaitement possible, mais ne se présente pas dans des conditions absolument simples.

Pour toutes ces raisons, j'estime que c'est la côte orientale qui doit être choisie comme origine de la voie ferrée destinée à desservir l'Imerina. Les études faites depuis trois ans par des ingénieurs différents ont démontré que le chemin de fer de Tananarive à Tamatave peut être construit dans des conditions acceptables : mon opinion est qu'il doit être construit le premier. Il ne s'agit pas, pour le moment, d'entreprendre la construction de la ligne entière. La section de Tananarive à Aniverano continuée par le canal des Pangalanes suffira au début.

Il est grand temps de sortir de la période de tâtonnements et d'études pour entrer dans la phase de l'exécution, et il est désirable qu'une solution intervienne le plus tôt possible relativement au projet de loi demandant l'approbation de la convention passée par le département avec la compagnie coloniale de Madagascar.

Enfin, si la construction dans un délai rapproché du chemin de fer de Tananarive à Aniverano est nécessaire pour la mise en valeur de l'Imerina, il faudra entreprendre sous peu l'étude d'une voie ferrée destinée à relier Tananarive à Diégo-Suarez, voie ferrée qui présente un intérêt stratégique de premier ordre. Puisque la France consent actuellement des sacrifices pécuniaires considérables pour organiser à Diégo-Suarez un solide point d'appui de sa flotte de l'océan Indien, il serait fâcheux de ne pas assurer d'une manière définitive les communications de la capitale de Madagascar avec ce port de guerre, qui serait son seul débouché sur la côte en cas de guerre extérieure.

CHAPITRE VI

Colonisation.

Colonisation agricole : réglementation et organisation, lots de colonisation, concessions, essais de colonisation bourbonnaise, colonisation
militaire. Grande colonisation. — Colonisation industrielle : mines,
forêts, distilleries, autres industries ; mesures prises pour développer la colonisation industrielle, écoles et ateliers professionnels.
— Conditions du développement de la colonisation dans les diverses
régions.

---

§ 1er. — Généralités.

Antérieurement à l'occupation, la colonie européenne ou
d'origine européenne était presque uniquement composée
de commerçants ; elle ne comptait, comme on l'a vu précédemment, que peu d'agriculteurs ; les tentatives industrielles qui avaient été faites n'avaient pas réussi.

Cette situation provenait, soit de l'insécurité dans laquelle se trouvaient les étrangers, les Français en particulier, dans certaines régions, soit des entraves que leur
suscitait le gouvernement hova, arbitraire et tracassier.
Celui-ci, désireux de s'élever au niveau des nations civilisées, se voyait dans l'obligation, pour atteindre ce but,
d'attirer à lui les Européens ; mais, par un sentiment complexe de jalousie et de crainte, il redoutait, en même
temps, l'extension de leur influence.

D'une part, il refusait de leur aliéner le sol autrement
qu'à titre précaire et révocable suivant le bon plaisir de la
reine, c'est-à-dire de quelques notabilités indigènes, qui se
vendaient au plus offrant ; d'autre part, il leur accordait de

vastes concessions, mais leur imposait, comme contre-
partie, des obligations qui, sauf dans des cas tout spéciaux
mettant en jeu les propres intérêts du gouvernement hova
ou des ministres, plaçaient les concessionnaires dans sa
dépendance complète et subordonnaient au bon vouloir
d'une autorité souvent fantaisiste la réussite d'entreprises
basées sur des avantages séduisants seulement en apparence.

Aussi les Européens, ou plutôt nos compatriotes, venus
à Madagascar confiants dans les traités passés avec le gouvernement malgache, ne tardèrent-ils pas à reconnaître
que c'eût été courir à une dangereuse aventure que d'exposer leurs capitaux dans des entreprises de longue haleine
dont le fruit était loin de leur être assuré ; ils préféraient
donc s'adonner au négoce, dont les bénéfices, quelquefois
considérables en raison de la valeur des produits naturels
tels que l'or, la cire, le caoutchouc, troqués par les indigènes contre des marchandises de pacotille, étaient immédiats.

Le nombre et l'étendue des plantations créées dans l'île
avant sa prise de possession par la France étaient, par
suite, des plus réduits ; à part la caféerie installée aux environs de Tananarive, elles se bornaient à quelques rares
vanilleries éparses sur le littoral de la côte Est, dont les
produits ne donnaient lieu qu'à un chiffre d'exportation
insignifiant ; quelques Bourbonnais et Mauriciens avaient
également procédé, sur de petites étendues, à des essais de
plantation de caféiers de diverses espèces, essais qui n'a-
vaient pas été développés, mais qui avaient permis de se
rendre compte quelque peu de l'avenir auquel paraît être
appelée la culture du café Liberia dans les provinces de la
côte Est ; seule, la canne à sucre faisait l'objet d'exploitations relativement importantes, notamment près de Vatomandry et de Tamatave où avaient été installées des distilleries dont les produits étaient uniquement écoulés sur

place, principalement dans les populations indigènes. Les cultures entreprises à Sainte-Marie, à Diégo-Suarez et à Nossi-Bé ne donnaient lieu qu'à un trafic assez restreint, à s'en rapporter aux statistiques douanières de ces dépendances pendant les dernières années écoulées.

Pourtant, ce sont incontestablement les exploitations agricoles et industrielles qui assurent surtout le développement d'un pays tel que Madagascar et lui procurent les éléments d'une richesse durable ; ce sont elles qui alimentent le commerce, alors que, par suite des procédés abusifs de récolte des indigènes, les produits naturels commencent à devenir plus rares. Tel était le cas à Madagascar pendant les deux ou trois dernières années qui ont précédé la conquête, de telle sorte que la plupart des Européens établis dans le pays désiraient vivement s'employer à des entreprises agricoles et industrielles, tout en s'adonnant aux affaires commerciales.

Il importait à la fois de mettre les colons sérieux, qui avaient souffert du régime arbitraire auquel nous succédions, en mesure d'exercer leur activité et de faciliter aux bonnes volontés qui se manifesteraient les moyens de tirer parti des ressources agricoles et industrielles offertes, comme on l'a vu, par notre nouvelle conquête, aux gens d'initiative courageuse et persévérante.

J'ai déjà exposé au début de ce rapport les dispositions que je pris lors de mon arrivée à Madagascar en vue de contrôler les richesses naturelles de la colonie, d'en faciliter la connaissance aux personnes désireuses de venir s'y établir, de favoriser, en un mot, par tous les moyens en mon pouvoir, son développement économique.

Je retracerai ici les mesures adoptées spécialement pour permettre l'attribution aux particuliers des terrains de colonisation et l'exploitation des ressources industrielles.

§ 2. — Colonisation agricole.

A. RÉGLEMENTATION ET ORGANISATION. — Mon prédécesseur avait déjà reconnu la nécessité urgente de déterminer
des conditions libérales d'attribution des terres domaniales ;
lors de mon arrivée dans la colonie, les concessions étaient
donc régies par la loi locale du 9 mars 1896 ; ce texte disposait notamment que les aliénations devaient être opérées
par le directeur des domaines et approuvées par le gouverneur général, qu'elles seraient consenties au prix de
5 francs par hectare dans les régions de l'Ouest et du Nord et
de 10 francs par hectare sur la côte Est et dans le haut pays ;
que les concessions gratuites étaient réservées aux personnes justifiant du dépôt, dans une banque, de 5.000 francs
et qu'elles ne pouvaient excéder une superficie de 50 hectares ; enfin, qu'aucune terre domaniale ne pourrait être
louée ou vendue avant d'avoir été immatriculée.

Certaines de ces dispositions me semblèrent de nature à
entraver l'essor de la colonisation ; elles fixaient, pour
le prix des terres, un taux relativement élevé, si l'on
considère que le sol n'a une réelle valeur que par les
facilités d'exploitation qu'il présente ; d'autre part, la loi locale du 9 mars 1896 prévoyait l'immatriculation préalable
à la délivrance des titres de concession, c'est-à-dire l'attribution immédiate du sol en toute propriété, sans condition
de mise en valeur. Cette clause offrait, à mon avis, un double inconvénient : elle subordonnait l'occupation et la mise
en exploitation du sol à l'accomplissement de formalités
comportant une instance judiciaire et exigeant des délais
relativement longs, pendant lesquels le colon, réduit à
l'inaction, perdait un temps précieux et entamait ses ressources ; elle ne garantissait, en aucune façon, la mise en
valeur des terrains concédés, condition essentielle de la

colonisation, et pouvait par conséquent se prêter, dans une certaine mesure, à la spéculation ; il était stipulé, il est vrai, que, seules, les personnes disposant d'un capital de 5.000 fr. pouvaient obtenir une concession gratuite ; mais ce capital ou était insuffisant pour la généralité des cas des exploitations agricoles à Madagascar, ou constituait un sérieux obstacle pour les colons qui, énergiques, sobres et persévérants, auraient voulu tenter ici la fortune ; or, ce n'était pas la possession d'un petit avoir qui aurait pu donner à l'immigrant ces qualités morales indispensables. Celles-ci devaient se manifester par l'action, c'est-à-dire par les travaux effectués sur la concession.

C'est ainsi que je fus amené à prendre l'arrêté du 2 novembre 1896, abrogeant la loi locale du 9 mars précédent et spécifiant que des titres de concession provisoires pouvaient être délivrés par les chefs de province, afin d'éviter aux colons toute attente infructueuse. Cet arrêté a imposé aux concessionnaires l'obligation, sous peine de déchéance, de mettre en valeur leurs terrains dans un délai de trois années à dater de la délivrance du titre.

Il est vrai que le titre provisoire de concession n'était accordé que sous toutes réserves des droits des tiers et qu'au début quelques personnes craignaient, dans ces conditions, des revendications contre lesquelles elles auraient été désarmées ; mais, sauf dans un cas où le concessionnaire eut, d'ailleurs, gain de cause devant les tribunaux, ces revendications ne se produisirent pas. En effet, par application d'une loi locale, prise également à la date du 9 mars 1896 et maintenue en vigueur, les indigènes ne peuvent, à juste titre, prétendre qu'à la propriété des terrains cultivés par leurs soins, leur situation étant, en cela, grandement améliorée, puisque, antérieurement à l'occupation, ils ne pouvaient, en aucune façon, devenir propriétaires définitifs, le sol demeurant toujours la propriété de la reine.

Cependant, lors de la mise en application de l'arrêté du

2 novembre 1896, des colons de l'Imerina, désireux d'obtenir les concessions de certains terrains, s'étaient heurtés à des réclamations d'indigènes; ces terrains étaient pourtant incultes, inoccupés et, à ce titre, avaient bien le caractère de propriété domaniale. Mais les enquêtes auxquelles il fut alors procédé permirent de constater qu'ils dépendaient de tompomenakely, véritables seigneurs féodaux appartenant à la famille royale ou descendants d'anciens rois de l'Imerina, qui exerçaient autrefois une suzeraineté sur de grands espaces, sans se préoccuper, du reste, de les mettre en valeur. Le maintien de cette institution, qui immobilisait le sol entre les mains de quelques-uns, était une entrave sérieuse à l'expansion de la colonisation; par arrêté du 17 avril 1897, j'en ai prononcé la suppression, usant, en cela, d'un droit qui appartenait aux anciens souverains de l'Imerina; mais j'ai prévu, en même temps, que des concessions de terre pourraient être accordées à ceux des tompomenakely qui auraient rendu des services à la France.

D'autre part, il était prescrit aux administrateurs de procéder, au reçu de chaque demande, à une enquête ayant pour objet de faire ressortir la disponibilité des terrains et de provoquer les réclamations des colons titulaires de baux emphytéotiques; en outre, pour éviter des empiétements, il était prescrit que les terrains demandés en concession devaient être bornés avec soin; ces recommandations ont fait l'objet de ma circulaire du 12 mars 1897.

Dans ces conditions, le colon nanti d'un titre provisoire pouvait commencer sans crainte sa première installation.

En facilitant au colon l'obtention du sol, j'ai tenu toutefois à multiplier les garanties qui lui étaient données contre les revendications, à hâter encore son établissement en toute sécurité, à lui faciliter le choix des terrains et à lui éviter des recherches parfois longues et dispendieuses.

Après une enquête minutieuse, j'ai décidé d'appliquer à Madagascar une méthode déjà employée avec succès au

Canada, en Australie et en Nouvelle-Zélande ; elle consiste à déterminer, comme périmètres de colonisation, certains territoires judicieusement choisis, fertiles, autant que possible salubres, situés près des centres habités ou des grandes voies de communication et d'une étendue variable de 100 hectares jusqu'à plusieurs milliers d'hectares. La circulaire du 21 avril 1897, que j'ai déjà mentionnée et qui invitait les chefs de province à faire de leur circonscription l'objet d'une étude attentive au point de vue économique, leur prescrivait également de choisir ces périmètres de colonisation, qui devaient ensuite être divisés en lots immatriculés, un titre de propriété étant établi au nom de l'État pour chaque lot. Lorsqu'une concession est demandée, un titre provisoire est donc délivré à l'intéressé, qui est garanti par l'immatriculation contre toute revendication ; les conditions requises pour la mise en valeur une fois remplies, il suffit, pour donner au concessionnaire la propriété définitive, d'inscrire une mention de transfert du titre immatriculé, pour produire, sans autres formalités, le dessaisissement de la propriété à son profit.

Les bureaux de renseignements économiques dirigés, autant que possible, par des agents du service topographique et dont la création a été prescrite par la même circulaire, en condensant toutes les indications réunies sur la province, avaient, en outre, pour mission de tenir à la disposition du public des questionnaires contenant des renseignements aussi détaillés et aussi précis que possible sur les ressources et les conditions climatériques, les moyens d'accès, la nature du sol, les mœurs des indigènes de la région dans laquelle est situé le périmètre de colonisation.

Après acceptation par le gouverneur général des projets de lotissement qui lui sont soumis, la procédure d'immatriculation est entamée par les soins du service des domaines et de la conservation foncière.

Dans les provinces côtières, le personnel restreint dont disposaient les administrateurs ne leur permettait pas de procéder immédiatement à la reconnaissance de périmètres de colonisation ; mais, dans les régions du centre érigées en territoires militaires, j'ai tenu à utiliser sans retard la présence de nos officiers et sous-officiers pour ces travaux et je leur ai adressé, dans ce sens, des instructions par circulaire du 20 juillet 1897.

Afin de permettre la décentralisation indispensable à la prompte solution des questions étudiées, j'ai décidé, par une autre circulaire du 16 novembre 1897, que l'île de Madagascar serait partagée, pour le service de la colonisation, en trois subdivisions principales correspondant aux trois grandes régions géographiques de la colonie : 1° l'Imerina et le Betsiléo ; 2° la côte Est ; 3° la côte Ouest. A la tête du service technique, dans chacune de ces régions, est placé à Tananarive, Tamatave et Majunga, un vérificateur du service topographique, chargé de veiller à la bonne exécution, par les géomètres de toute la subdivision, des règlements et des circulaires sur la colonisation, de diriger et de vérifier leurs travaux techniques, et de s'assurer que chacun d'eux s'acquitte avec zèle et intelligence des fonctions qui lui sont confiées.

Dans les territoires militaires et les cercles où il n'existe pas encore d'agents du service topographique, les travaux sont exécutés par des officiers et des sous-officiers.

Pour la détermination des périmètres de colonisation, il importait que la reconnaissance et le levé des plans de terrain fussent exécutés dans les conditions de prix les plus économiques pour les colons.

Une expérience faite à la fin de l'année 1897, pour la reconnaissance et le levé d'un périmètre de colonisation de 4.358 hectares 74 ares 57 centiares dans la vallée de la Mananara (cercle d'Anjozorobé), démontra que la manière la plus rapide et la plus économique de procéder à ces opérations était de les faire effectuer, pendant la belle saison, par des brigades volantes du service topographique. La circulaire précitée du 16 novembre 1897 organisa donc trois brigades correspondant aux trois subdivisions territoriales que j'ai indiquées.

Les travaux accomplis dans la vallée de la Mananara permirent aussi de déterminer le prix de remboursement des frais d'arpentage qui furent fixés, par un arrêté du 3 décembre 1897, à un taux moins élevé que dans toute autre colonie.

Notamment ces frais s'élevaient, en 1893, pour la Tunisie, à une moyenne de 2 fr. 21 par hectare, et de 2 fr. 78 pour les Etats-Unis. L'arrêté précité les fixait à 2 francs par hectare jusqu'à 100 hectares; au-dessus de cette superficie le tarif décroissait au fur et à mesure que la contenance était plus considérable.

Enfin, pour compléter ces différentes dispositions, un arrêté du 4 novembre 1897 avait exempté de tous droits les détenteurs de concessions gratuites en ce qui concerne l'établissement, par le service de la conservation foncière, des titres de propriété.

La mise en pratique de cette organisation a permis, en 1898, de reconnaître les améliorations à y apporter encore. La mesure consistant à déterminer des périmètres de colonisation avait été, dès le début, très favorablement accueillie par les colons; mais, au cours de ma dernière tournée d'inspection des côtes, certains m'avaient exprimé le désir de pouvoir choisir eux-mêmes, dans les périmètres, les lots devant constituer leur concession comme ils les jugeraient le plus profitables à leurs intérêts, et de manière à avoir les terrains les mieux appropriés à telle ou telle exploitation qu'ils avaient en vue. Mais il est arrivé souvent que ceux-ci, au lieu de choisir dans le périmètre de la concession telle qu'elle avait été allotie, préféraient augmenter ou réduire la superficie; dans d'autres cas, tout le périmètre de colonisation était demandé par un seul colon ; de telle sorte que l'allotissement préalablement effectué était superflu, mettant à la charge du concessionnaire des dépenses devenues inutiles. Il a donc été reconnu qu'il était plus simple et plus économique de procéder à la délimitation et à l'immatriculation globale du périmètre, sauf ensuite à prélever des lots, suivant les demandes des colons. D'autres dispositions favorables également à la colonisation ont été adoptées ; elles touchent à l'organisation du service topographique, dont il sera parlé dans la suite de ce rapport.

Je signalerai, en outre, que les concessions accordées et les lots de colonisation reconnus et immatriculés doivent être repérés, dans chaque province, sur une carte d'ensemble, afin de faciliter au colon le choix des terrains qu'il désirerait exploiter.

Il a paru, enfin, indispensable de mettre la réglementation concernant les concessions de terre en harmonie avec les dispositions diverses prises au cours de l'année 1897, relativement à la colonisation. D'autre part, certaines personnes habitant la France pensèrent qu'à la faveur de l'arrêté du 2 novembre 1896 elles pourraient, sans se déplacer, obtenir une concession à Madagascar. D'autres, établies dans la colonie, ont spéculé sur la bonne foi de nouveaux arrivants pour leur vendre des concessions sur lesquelles rien n'avait été encore fait ; ces ventes étaient évidemment nulles, mais, malgré le recours en dol qu'elles ouvraient à l'acquéreur, elles n'en présentaient pas moins de graves inconvénients. A ces divers points de vue, j'ai cru devoir fixer les idées, et, tout en maintenant au même taux le prix des terres, bien que les travaux de reconnaissance de périmètres de colonisation, la création de routes, l'établissement de la sécurité en eussent augmenté la valeur, il m'a semblé nécessaire de préciser les conditions de mise en valeur, de telle sorte que l'administration puisse être en mesure de se rendre compte à brève échéance des véritables intentions du concessionnaire et de lui retirer la concession à défaut, dans un délai rapproché, d'une installation personnelle et d'un commencement d'exploitation.

Dès le début de l'année 1898, j'avais mis à l'étude un projet de modification, dans ce sens, de l'arrêté du 2 novembre 1896 ; un premier projet fut soumis le 28 avril au département, qui voulut bien l'approuver par dépêche du 24 juin dernier. Mais je reconnus, au cours de ma tournée d'inspection des côtes, que cette très importante question demandait encore un nouvel examen qui a abouti tout récemment à l'arrêté du 10 février 1899, tenant compte de tous les faits nouveaux qui sont venus compléter mon expérience. Cette réglementation a été suivie d'une circulaire explicative destinée à mettre les administrateurs, les agents des divers services et les colons au courant des formalités à remplir en matière d'attribution de concession.

Pour permettre d'apprécier les résultats pratiques de l'organisation actuelle, je ne crois pas inutile de résumer dans un exemple toutes les formalités à remplir par un colon, depuis le jour de son débarquement à Madagascar jusqu'au moment où lui sera remis le titre définitif, immatriculé, de la concession qu'il aura choisie.

M. X..., arrivant de France dans l'intention de se fixer à Madagascar comme planteur, fait escale à Diégo ; il se rend au bureau de colonisation et y trouve un vérificateur qui lui met sous les yeux la carte générale de la colonie, sur laquelle sont repérés toutes les concessions accordées et tous les lots de colonisation offerts aux immigrants et encore disponibles. Le chef du bureau de colonisation fournit au colon des renseignements généraux sur chacune des provinces, et le nouvel arrivant peut fixer son choix, d'après ses connaissances spéciales en culture, les capitaux dont il dispose, ou tels ou tels motifs particuliers. Le colon continue alors sa route sur Tamatave ou Majunga, suivant qu'il a opté pour la côte Est ou Ouest.

En supposant que M. X... ait débarqué à Tamatave, il trouvera au bureau de colonisation de cette ville les renseignements particuliers sur chacune des provinces de la côte Est et du haut pays, et alors, s'il juge par exemple que la province de Mananjary lui offre des chances particulières de succès, on lui indiquera aussi les moyens de s'y rendre et le prix des transports.

Arrivé à Mananjary, M. X... sera adressé par l'administrateur de la province au chef de bureau de la colonisation, qui le mettra tout de suite au courant du mouvement de la colonisation dans la région, des résultats obtenus et des essais à tenter. Le colon aura alors à faire un choix entre les terres domaniales mises à sa disposition et devra se décider entre un lot de colonisation déjà immatriculé ou une concession qu'il choisira lui-même et dont il fixera les limites comme il le jugera convenable.

1er cas : *Lot de colonisation.* — M. X..., après avoir visité les lots, désigne celui qui lui convient et en fait la demande au chef de la province, qui lui délivre aussitôt un titre provisoire d'occupation. Si le lot choisi est de 100 hectares, le colon aura à payer immédiatement 100 francs et pourra aussitôt commencer son exploitation.

Le jour où la propriété sera mise en valeur, M. X... obtiendra le titre définitif en demandant au chef de la province de faire constater l'importance des travaux exécutés. Si la commission estime que la prise de possession a été réelle, le gouverneur général décidera que le titre définitif doit être délivré; le transfert du titre immatriculé sera fait aussitôt au nom de M. X... qui, après payement de la somme de 100 francs restant due au service topographique, sera mis en possession définitive de sa concession.

2e cas : *Concession choisie par le colon.* — M. X..., préférant choisir et limiter lui-même sa concession, adresse une demande au chef de la province, indiquant la situation et les limites des terres dont il demande la concession.

Le chef du bureau de colonisation fait aussitôt le bornage et le croquis de la concession et, au retour, l'affichage de la demande est fait dans les formes prescrites.

Après un délai de huit jours, le chef de la province examine, s'il y a lieu, les oppositions ou les revendications qui ont été adressées au bureau de colonisation et, lorsque rien ne s'opposera à la délivrance du titre provisoire, il fera préparer aussitôt le titre d'occupation provisoire. Ce titre est remis à M. X..., après payement de la somme de 50 francs, en supposant la concession de 100 hectares.

Lorsque le colon aura mis la propriété en valeur et dans le délai maximum de trois ans, il pourra obtenir le titre définitif, en faisant constater l'importance de son exploitation. Si le gouverneur général décide que la demande de M. X... doit être accueillie, le bureau de colonisation adresse au sous-conservateur de la propriété foncière tous les documents permettant l'établissement de la réquisition d'immatriculation : la procédure suit son cours ordinaire, et, si l'immatriculation est prononcée, le colon obtient le titre immatriculé, transféré à son nom, après payement de la somme de 100 francs, restant due au service topographique (pour la concession de 100 hectares).

Les colons pourront ainsi obtenir, dans le plus bref délai, les titres provisoires leur permettant de s'établir sur les terres qu'ils auront choisies et pourront recevoir, dans les trois ans qui suivront leur installation, le titre immatriculé qui les mettra en possession définitive du sol.

Je signalerai, en terminant cet aperçu du régime des concessions, un détail qui a son importance. J'ai indiqué plus haut qu'il est fait réserve, avec soin, aux indigènes, des terrains nécessaires à leurs cultures ; tout en encourageant le plus possible la colonisation européenne, il est

essentiel, en effet, pour le développement économique de
la colonie, de pousser activement les Malgaches à se livrer
à la culture et de leur donner, par suite, toutes les garanties désirables. Or, certains colons étaient décidés à considérer comme incultes et susceptibles, par conséquent, de
leur être concédés, les terrains destinés aux semis de
rizières; j'ai tenu à éviter toute équivoque à ce sujet en
faisant connaître aux chefs de province, par une circulaire
du 17 janvier 1899, que ces terrains doivent être conservés
aux indigènes, à qui ils sont absolument indispensables
pour leurs cultures.

B. — CONCESSIONS ACCORDÉES ET PÉRIMÈTRES DE COLONISATION
DÉTERMINÉS. — Grâce à l'ensemble des dispositions que je
viens de retracer, de nombreux périmètres de colonisation
ont été reconnus et délimités, et il a pu être donné satisfaction à de nombreuses demandes de concessions.

Les tableaux ci-après indiquent le nombre et la superficie
des périmètres de colonisation reconnus et délimités, ainsi
que des concessions accordées dans les diverses circonscriptions de l'île.

Périmètres de colonisation (année 1897).

DÉSIGNATION des PROVINCES.	PÉRIMÈTRES			
	RECONNUS.	DÉLIMITÉS.		
	Superficie.	Nombre de lots.	Superficie.	
Imerina (1).....	242.963 hect. 74 ares 57 c.	29	4.388 hect. 74 ares 57 c.	
Tamatave	5.400 » »	45	5.400 » »	
Majunga	14.500 (2) » »	8	4.000 » »	
TOTAUX...	262.863 hect. 74 ares 57 c.	82	13.788 hect. 74 ares 57 c.	

(1) Cercle d'Anjozorobé.
(2) 10.500 hectares demandés par une compagnie coloniale.

Périmètres de colonisation (année 1898).

DÉSIGNATION des PROVINCES.	PÉRIMÈTRES			
	RECONNUS.		DÉLIMITÉS.	
	Nombre.	Superficie.	Nombre de lots.	Superficie.
Imerina (1) Anjozorobé.....	»	»	11	1.526 h. 79
Ambatondra-zaka.........	»	»	5	611 30
Ankazobé.......	»	»	20 73	3.569 16 10.746 h. 26 a. »
Tsiafahy........	»	»	11	1.712 44
Betafo.........	»	»	5	2.615 75
Arivonimamo..	»	»	2	710 82
Bet (Ambositra...	1	15.000 h. » »	»	»
sileo (Fianarantsoa.	6	900 — » »	»	»
Diégo-Suarez......	6	10.081 — » »	»	»
Vohémar (2).......	»	» » »	»	»
Vatomandry.......	2	10.000 — » »	6	6.487 »
Mahanoro.........	3	2.074 — » »	8	2.074 »
Mananjary........	3	5.423 — » »	44	5.423 »
Farafangana.......	7	9.700 — » »	»	»
Fort-Dauphin......	6	1.469 — » »	»	»
Nossi-Bé (Grande Terre)..........	3	3.872 — 66 45	16	3.872 66 45
Majunga.........	1	11.000 — » »	»	»
TOTAUX.....	38	69.519 h. 66 a. 45 c.	147	28.002 h. 92 a. 45 c.

(1) Reconnus en 1897.
(2) Il a été procédé, au début de 1899. à la reconnaissance par le service topographique de périmètres de colonisation dans les riches districts d'Antalaha et de Sambava. Les résultats ne sont pas encore parvenus au gouvernement général.

Concessions accordées (novembre 1896 à février 1899).

PROVINCES.	ANNÉES			
	1896-1897.		1898.	
	Nombre	Superficie.	Nombre	Superficie.
Tananarive..................	15	1.641 hectares	74	6.870 hectares.
Cercles de l'Imerina et Betsiléo...	13	6.153 —	27	1.760 —
Tamatave..................	93	2.830 —	29	2.810 —
Autres provinces de la côte Est...	53	110.500 —	141	17.103 —
Majunga.....................	24	17.412 —	29	18.910 —
Autres provinces de la côte Ouest.	21	10.291 —	50	10.707 —
TOTAUX.........	219	148.827 hectares	350	58.160 hectares.

C. — Développement acquis par la colonisation agricole.
— Il ne saurait être question de donner dès maintenant les
résultats obtenus par les colons. La colonisation est une
œuvre de temps, et son développement ne se manifeste
sous un aspect très sensible qu'après une période relativement longue.

Les faits acquis depuis trois années permettent toutefois
de formuler une appréciation sur l'avenir de la colonisation agricole, tant d'après les efforts des colons établis
antérieurement à l'occupation et de ceux qui y sont arrivés
depuis, que d'après le mouvement d'intérêt qui s'est manifesté et qui a provoqué et paraît devoir provoquer, aussi
bien en France que dans certaines colonies voisines, telles
que le Transvaal, l'arrivée à Madagascar de colons et de
capitaux.

Dans cet ordre d'idées, il convient de signaler, tout
d'abord, l'activité manifestée par certains colons pour la
mise en culture de terrains qu'ils détenaient en vertu de
baux emphytéotiques consentis par l'ancien gouvernement
malgache, et que les coutumes arbitraires pratiquées par
ce dernier n'avaient pas permis de mettre en valeur. Du
jour où la prise de possession de Madagascar par la France
leur a donné les garanties d'avenir sans lesquelles il ne
peut être d'entreprises sérieuses, ils ont nettement affirmé
leur volonté de se mettre à l'œuvre.

D'autre part, certains colons arrivés à Madagascar
depuis le commencement de 1896 y ont déjà créé d'importantes plantations qui permettent d'augurer heureusement
de l'avenir.

C'est sur la partie de la côte Est comprise entre Tamatave et Fort-Dauphin que semblent s'être plus particulièrement portés, tout d'abord, l'effort de la colonisation et
les convoitises des colons.

Au mois de décembre 1897, M. l'administrateur en chef
François, me rendant compte d'une longue tournée qu'il

venait d'effectuer dans ces régions, me disait quel specta-
cle réconfortant offrait à l'œil du visiteur la vue des plantations échelonnées sur les cours d'eau qui arrosent le littoral, principalement le long du Mangoro et du Mananjary.
Il m'exprimait notamment l'heureuse impression qu'il
avait retirée de l'exploitation agricole de MM. N... et C...,
colons français arrivés dans la province de Mananjary,
l'un en mai 1896, l'autre en mars 1897.

Le cas de M. N... est à citer. Ce colon, après avoir réalisé quelques économies dans un commerce de boulange-
rie qu'il pratiquait à Paris, avait résolu de s'enrôler parmi
les colons de notre nouvelle concession. Il arrive à Madagascar, visite quelques régions de la côte, puis, comprenant
que son métier de boulanger ne l'a pas initié aux connaissances qui lui sont désormais nécessaires, il va à la Réunion faire son apprentissage, se familiariser avec les nouvelles cultures qu'il désire entreprendre. Instruit par un
séjour de plusieurs mois, il revient à Madagascar en compagnie de sa femme, achète à un indigène quelques hectares de terre sur les bords du Mananjary et se met résolument à l'œuvre. A la fin de 1897, M. N... avait déjà, au
prix, il est vrai, d'un travail assidu, créé une installation
complète, et se trouvait à la tête d'une belle plantation de
caféiers et de vanilliers.

M. C..., appartenant à une riche famille de Marseille, n'a
pas hésité à se mettre personnellement à l'œuvre, dirigeant
lui-même les travaux de son installation et de sa plantation, qui donne aujourd'hui de belles espérances.

Je pourrais citer d'autres exemples, car j'ai pu constater, lors de ma dernière tournée, la faveur dont jouissait,
parmi les colons, cette partie de la côte Est et la confiance
dont ceux-ci étaient animés.

Dans les autres régions de la côte, le mouvement de colonisation s'est dessiné plus lentement. Toutefois, à la fin de
l'année 1897, une concession de plus de 4.000 hectares a

été accordée à M. B..., représentant la maison L..., de Bordeaux, dans la province de Majunga ; une autre concession de 11.600 hectares a été accordée dans la plaine de Marovoay à M. G..., négociant à Majunga. La reconnaissance . des lots de colonisation effectuée à la fin de la même année a révélé que cette province contenait dans la basse vallée de la Betsiboka de très fertiles terrains ; aussi, en 1898, les demandes se sont-elles produites plus nombreuses, et, parmi les concessions, je citerai : celle de 10.500 hectares obtenue par M. F... (plaine d'Ankaboka). Malheureusement, M. F... s'est entouré d'un personnel qui paraît trop nombreux, et il est à craindre que ce luxe de personnel, en grevant de frais considérables les débuts de l'entreprise, n'en compromette le succès ; et celle de 1.913 hectares accordée en juillet de la même année à une compagnie qui paraît disposer d'importants capitaux.

Enfin, de vastes concessions mesurant en totalité 12.000 hectares environ ont été délivrées dans la province de Diégo-Suarez à M. F..., qui se propose de se livrer principalement à des entreprises d'élevage.

En Imerina, l'insurrection n'a pas permis, en 1897, la création d'exploitations agricoles auxquelles, en l'absence de voies de communication, le pays ne paraît se prêter que dans une faible mesure pour alimenter d'importants capitaux. Mais, à la fin de la même année et au cours de 1898, des commerçants, des industriels, entrepreneurs de travaux ou exploitants de mines, ont commencé à s'adonner à l'agriculture dans les divers cercles.

Dans la province d'Ambositra, une compagnie a obtenu, en 1897, la régularisation d'un bail emphytéotique portant sur une superficie de 10.000 hectares : elle a créé dans cette propriété une entreprise d'élevage.

J'ai déjà signalé que, séduits par la réputation de douceur du climat et de fertilité du sol, des colons s'étaient portés dans le Betsiléo pour s'y livrer à la culture des plan-

tes tropicales. Le mouvement de colonisation s'est manifesté activement dans cette province, et bien que deux
colons, MM. B... et L..., aient renoncé à y poursuivre la
culture du café, pour aller créer une exploitation similaire
dans la province du Farafangana, d'autres ne cessent pas
de compter sur d'heureux résultats. L'administrateur en
chef de cette province est lui-même convaincu que la culture du caféier, entreprise dans des terrains choisis avec
soin, peut donner par ses produits, d'une qualité très supérieure, des résultats avantageux.

D) Essai officiel de colonisation bourbonnaise. — D'autre
part, de nombreux créoles de la Réunion m'ont saisi, au
cours des deux années écoulées, de demandes de concessions; la plupart sollicitaient en même temps des subsides
de premier établissement, et parmi eux M. B..., dont le
projet de colonisation a été recommandé à ma bienveillante attention par le département. Les essais de colonisation officielle auxquels il a été procédé dans certaines de
nos colonies et à Diégo-Suarez étaient de nature à conseiller en cette matière la plus grande prudence; on pouvait
espérer toutefois que, tentés à nouveau avec un élément
fait aux pays tropicaux et ayant la connaissance des cultures à y pratiquer, ils pourraient donner des résultats
satisfaisants; lorsqu'il s'agit du succès de la colonisation,
aucune expérience ne me paraît devoir être négligée, à la
condition qu'elle ne soit pas tentée de façon à engager
gravement les intérêts financiers de la colonie; telles paraissaient être aussi les intentions du département, lorsqu'il
appela mon attention sur les propositions présentées par
M. B... Par un arrêté du 28 avril 1897, j'ai donc ouvert au
budget local un crédit de 20.000 francs pour pourvoir aux
frais de passage de dix familles créoles de Saint-Denis à
Mananjary, à leur établissement et à leur nourriture en
attendant les premières récoltes.

Installés au mois de juin suivant sur les bords du Mananjary, à Morafeno, sur un emplacement choisi par leur
directeur, M. B..., ces familles trouvèrent auprès de l'autorité locale, M. l'administrateur Compérat, le concours le
plus empressé ; des cases confortables avaient été préparées à leur intention ; les semences indispensables leur
furent délivrées et une somme de 50 centimes par jour fut
distribuée à chaque homme et à chaque femme et de 25
centimes à chaque enfant. Mais, au mois de décembre 1897,
M. l'administrateur en chef François, que j'avais prié d'aller
visiter la colonie bourbonnaise, me faisait connaître qu'aucun travail sérieux n'avait été encore entrepris ; lors de
mon passage à Mananjary, les colons de Morafeno m'ont
demandé leur rapatriement, que je leur ai accordé. Seul,
M. B..., faisant preuve de persévérance, est resté sur sa
concession, dont il a commencé la mise en valeur.

E) Projets de colonisation présentés a l'administration
locale. — La tentative n'a donc pas été heureuse, mais
elle a eu l'avantage de démontrer que les projets de colonisation qui m'avaient été soumis par plusieurs personnes,
et notamment par MM. Dumeste, Foulonneau, Max Morel,
par le vice-consul de France à Rosario, ce dernier propo-
sant l'envoi à Madagascar d'un certain nombre de nos
nationaux établis dans la République Argentine, projet
basé sur l'avance faite par l'administration de capitaux
considérables, n'étaient pas susceptibles d'être accueillis
par la colonie. Je n'entends point par là, cependant, condamner en termes absolus la colonisation officielle, sur
laquelle il appartient au Gouvernement de se prononcer,
relativement aux projets qui lui ont été soumis concernant
Madagascar, surtout si la métropole est disposée à faire les
frais de cette colonisation.

Mais je dois indiquer que la région qui, par sa salubrité,
se prête le mieux à l'établissement des colons sans res-

sources ou de gens peu fortunés étant le plateau central, de pareilles entreprises ne devront pas être tentées tant que cette contrée n'aura pas été reliée à la côte par des voies de communication permettant un transport facile et peu onéreux des immigrants sur les terres qui leur seraient attribuées et l'écoulement à peu de frais, dans les centres habités ou à l'extérieur, des produits des exploitations.

F) COLONISATION MILITAIRE. — J'ajoute qu'une exception m'a paru devoir être apportée à ce principe, en ce qui concerne les militaires du corps d'occupation. J'ai même cru qu'il y avait le plus grand intérêt, non seulement en vue du développement économique de l'Imerina et du Betsiléo, mais au point de vue de la sécurité et de la défense du pays, à utiliser, pour commencer le peuplement des régions centrales, avec prudence, méthode, et proportionnellement aux ressources que peut offrir le pays dans l'état actuel, cet élément qui est sur place et que ne désillusionneront pas les obstacles auxquels il pourra se heurter.

Les militaires du corps d'occupation n'ont pas en effet à se familiariser avec le milieu avant de rien entreprendre.

Habitués au climat, ils n'en redouteront pas les atteintes, mais sauront observer les règles d'hygiène indispensables. L'agriculteur français, qui a rarement perdu de vue le clocher de son village, l'ouvrier des villes lui-même, bien que son esprit soit plus éveillé, sont tentés de considérer que les facilités de l'existence, le bien-être, doivent être le prix immédiat de leur expatriement et non d'efforts persévérants secondés par beaucoup d'initiative et d'énergie; en outre, souvent craintifs ou imprudents, sous un climat nouveau, ils peuvent être surpris, découragés bientôt par les difficultés qui surgissent inopinément dans un pays où il faut tout créer. Tel ne saurait être le cas pour les anciens militaires du corps d'occupation. Placés souvent en face de nécessités imprévues auxquelles ils doivent parer avec de faibles moyens, les difficultés inhérentes, en ce moment, à la création d'une exploitation agricole ne les surprendront pas; ils sont accoutumés à faire preuve d'ingéniosité.

Beaucoup d'entre eux ont acquis, au contact de la population indigène, la connaissance de la langue, des mœurs et des coutumes locales, autant d'avantages précieux sur le colon nouveau venu. Appelé en de nombreuses circonstances à exercer son initiative, le militaire libérable, déjà préparé dans les postes où il servait à la création de pépinières, d'ateliers professionnels, à des essais de culture, à la construction de routes, se transformera vite en colon. Pris dans l'élite, son installation dans le pays répondra à une double nécessité : elle affirmera aux yeux de tous notre prise de possession définitive, absolue; elle constituera un noyau solide de colons énergiques qui, de soldats qu'ils étaient naguère, seront des défenseurs tout prêts en vue d'éventualités qu'il est toujours prudent d'entrevoir et pourront, d'ailleurs, être appelés à assurer le maintien de la sécurité; enfin, ces colons constitueront des centres de groupement et serviront d'exemples et de guides aux nouveaux venus, lorsque la colonie étant munie de l'outillage économique destiné à aplanir les obstacles qui s'opposent maintenant à l'installation de nombreux agriculteurs sur les hauts plateaux, le moment sera arrivé de faire appel à ceux de nos compatriotes qui, disposant de quelques ressources, pourront se livrer à la petite colonisation.

Ces considérations m'ont amené à inviter, par une circulaire du 5 juin 1898, les chefs de corps et les commandants de cercles à encourager le plus possible l'installation, sur des lots de colonisation, de militaires accomplissant leur dernière année de service. Un premier essai a été tenté dans ce sens dans le cercle d'Anjozorobé, où a été créée, à fin de 1897, à Analabé, une colonie militaire composée du sergent L.. et des soldats S... et A..., de l'infanterie de marine;

au début de l'année 1898, un lot de colonisation a été attribué à l'adjudant P... dans le cercle d'Ambatondrazaka, et M. le lieutenant-colonel commandant le 4e territoire militaire a, à son tour, installé dans le cercle d'Ankazobé quatre soldats libérables. En dernier lieu, des terrains ont été remis, dans le cercle de Tsiafahy, à quatre soldats.

Tous ont activement travaillé ; les premiers installés ont obtenu des résultats appréciables qui m'ont engagé à généraliser la mesure et à fixer dans le détail, par une circulaire du 22 janvier 1899, les conditions de son application.

J'ai ainsi décidé en principe que des titres provisoires de concessions seront accordés et que des avances, en nature autant que possible, seront faites à des militaires libérables du corps d'occupation dont le nombre sera fixé annuellement suivant les ressources du budget local et qui seront choisis parmi les plus méritants. En retour des avantages qui leur seront consentis, ces soldats colons devront s'engager à concourir, pendant trois années à dater de leur libération, au maintien de la sécurité du pays ; ils formeront en quelque sorte, avec leurs ouvriers indigènes. des corps de partisans qui permettront de restreindre peu à peu l'occupation militaire des régions centrales.

G) IMPORTANTES EXPLOITATIONS PROJETÉES. — GRANDES CONCESSIONS. — J'ai exposé plus haut que la vulgarisation des productions multiples et diverses que Madagascar est susceptible de fournir avait attiré sur notre nouvelle colonie l'intérêt de beaucoup de personnes, tant à l'étranger que dans la métropole. Cet intérêt s'est traduit par de très nombreuses demandes de renseignements, par des témoignages de sollicitude pour les choses de Madagascar qui m'ont été donnés de divers côtés, par l'envoi de missions d'études, enfin par l'arrivée de colons disposant de capitaux et par la constitution de sociétés financières formées en vue de l'exploitation des ressources de la colonie.

C'est ainsi qu'un syndicat de capitalistes français a manifesté, en 1897, l'intention de fonder à Madagascar une vaste exploitation agricole en vue de laquelle une concession de 50.000 hectares de terre dans la province de Farafangana m'a été demandée en juillet de la même année. J'accordai en principe cette concession qui devait être prise à titre de location au prix de 25 centimes par hectare et par an, conformément à la réglementation en vigueur. La société envoya immédiatement dans la colonie un mandataire, M. C..., chargé de procéder aux premières installations et à la mise en exploitation.

Je pus constater, pendant ma dernière tournée à la côte, l'activité de M. C... qui n'avait pas hésité à s'installer sur la concession, loin de tout centre européen, avec une nombreuse famille. Cette initiative m'a paru devoir être encouragée et m'a décidé à donner à cette association certaines facilités de payement, considérant qu'en matière de colonisation ce serait se placer à un point de vue faux que d'envisager uniquement l'intérêt fiscal, sans tenir compte des faits accidentels qui peuvent venir entraver momentanément la pleine réalisation des projets d'un colon.

J'ai déjà eu l'occasion de citer, au cours de ce rapport, les noms d'industriels et de sociétés de colonisation qui, disposant de capitaux, sont en voie de créer à Madagascar d'importantes exploitations agricoles, après avoir fait choix de concessions variant de 5.000 à 10.000 hectares. J'ai été saisi depuis de nouvelles demandes de concessions en vue de l'élevage du bétail, de la culture de plantes tropicales et de l'exploitation d'essences à caoutchouc.

Enfin, plusieurs de nos compatriotes, se trouvant en mesure de grouper d'importants capitaux, ont sollicité l'attribution de vastes superficies dans les régions du centre, du nord-ouest et du sud de l'île, pour l'exécution d'entreprises dont la réalisation m'a paru devoir être des plus profitables à l'intérêt général de la colonisation.

Dans un pays nouveau, en particulier dans certaines
parties de Madagascar où l'acceptation de notre autorité
par les indigènes est de fraîche date, où le sol, pour se
prêter à la petite et à la moyenne colonisation, doit faire
l'objet de gros travaux d'appropriation que les ressources
restreintes du budget local ne permettent pas d'aborder, la
création d'exploitations qui, en ayant pour but l'exécution
progressive de cette œuvre de préparation de la colonisation intensive, peuvent concourir puissamment au développement de la richesse générale, est subordonnée, en
raison des obstacles à surmonter, à beaucoup d'études,
d'efforts persévérants et de capitaux considérables, intel-
ligemment répartis.

De plus, l'introduction de plantes étrangères pour la
vulgarisation de cultures nouvelles, la propagation et la
multiplication de certaines précieuses essences indigènes,
celles qui produisent le caoutchouc par exemple, impliquent
de fortes dépenses soit par les expériences qu'elles nécessitent, soit par la longue période d'attente qu'elles suppo-
sent avant l'époque du rendement. Il en est de même de
l'élevage des animaux de trait, de l'amélioration de la race
bovine et surtout de la race ovine qui, telle qu'elle est ici,
ne donne qu'une viande médiocre, ne fournit pas de laine,
alors que ce dernier produit a fait la richesse de l'Australie.

Ces expériences ne sont donc pas susceptibles d'être
tentées utilement par des colons disposant de sommes
moyennes. Seuls, de puissants capitalistes ou des sociétés
peuvent les entreprendre, à la condition, toutefois, de disposer de superficies assez vastes pour être à même d'équili-
brer, par la diversité des travaux, en même temps que par la
diminution des frais généraux, les dépenses considérables
à engager. Mais, au fur et à mesure que des résultats seront
acquis, ces grandes entreprises de colonisation attireront des commerçants, des agriculteurs, des industriels

moins fortunés, qui n'auront qu'à profiter de l'influence acquise sur les populations indigènes, des essais effectués, des travaux accomplis en vue de l'appropriation du sol aux cultures. Il en a été ainsi en Australie, dans les États du nord de l'Amérique, au Canada. J'ai pensé que le système qui, dans ces pays, a provoqué un essor remarquable de la colonisation, pouvait être appliqué avec succès dans certaines régions et pour certaines entreprises à Madagascar, à la condition que les demandeurs présentent des garanties sérieuses, que la réalisation des projets établis en vue d'un intérêt général et la mise en valeur des territoires sollicités en concession soient assurées par des clauses formelles, que les coutumes et les droits d'usage des indigènes soient sauvegardés conformément à l'équité.

C'est dans ces conditions que j'ai cru devoir accueillir des demandes de concession formulées par différents colons ou diverses sociétés, soit pour l'élevage du mouton à laine ou des animaux de race bovine, soit pour la recherche et l'exploitation de gisements miniers, soit pour l'installation d'usines de fabrication de conserves de viande. Ces entreprises faciliteront l'essor de la colonie en y attirant des capitaux considérables.

Toutes ces concessions ont fait l'objet de contrats spéciaux qui sont actuellement soumis à votre haute approbation.

§ 3. — Colonisation industrielle.

I. — INDUSTRIE MINIÈRE.

Il semble que, depuis l'origine de notre occupation, le but principal de ceux qui sont venus dans l'île pour contribuer à sa mise en valeur par la création d'entreprises industrielles ait surtout consisté dans l'exploitation des mines d'or.

Réglementation. — Cette tendance n'avait pas échappé à

mon prédécesseur, qui s'était empressé de faire réglementer par une loi locale, sanctionnée elle-même par un décret du 17 juillet 1896, les conditions de recherches et d'exploitation des mines de métaux précieux et de pierres précieuses. Un autre décret, en date du 20 juillet 1897, a institué un régime analogue pour l'exploitation des mines de métaux communs, sauf en ce qui concerne l'attribution des concessions.

L'application du premier de ces textes a bientôt fait ressortir la nécessité d'y apporter quelques modifications, afin de pouvoir faciliter plus efficacement le développement normal de l'industrie minière. Il conviendrait notamment d'autoriser l'établissement par procuration des signaux de recherches, de réduire la distance de 25 kilomètres qui, aux termes du décret du 17 juillet 1896, doit séparer les signaux, de transformer le mode de taxation actuel des exploitations aurifères par une diminution de la taxe à la surface et une majoration de la taxe *ad valorem*, — toutes mesures à l'avantage des concessionnaires ou titulaires de lots aurifères ; — mais, par contre, de supprimer la faculté accordée aux prospecteurs de renouveler indéfiniment un permis de recherches, de telle sorte qu'un gisement peut être inutilement immobilisé sans limite de durée, et de leur imposer l'obligation d'exploiter dans un délai déterminé. De plus, il paraît utile de réserver à l'administration de la colonie le pouvoir de fermer, dans certains cas, des régions aux recherches des prospecteurs et d'autoriser des fonctionnaires à effectuer pour son compte des prospections et à réserver des gisements aussi bien de métaux précieux que de métaux communs, en vue d'une mise en adjudication. Un projet de décret dans ce sens a été soumis au département par dépêche du 28 novembre 1898.

En attendant que la nouvelle réglementation soit intervenue, j'ai pris diverses mesures destinées à favoriser l'industrie minière. Aux termes du décret du 17 juillet 1896,

l'exploitation des métaux précieux et des pierres précieuses ne peut se faire que dans les périmètres ouverts à l'exploitation publique, et les exploitants doivent acquitter des
redevances dont le montant varie avec la catégorie dans
laquelle le service des mines a classé le gisement minier.
Or, en l'état de début de l'organisation de la colonie, les
régions où l'action administrative peut se faire assez étroitement sentir pour que des périmètres miniers puissent
être institués sont encore limitées; d'autre part, il serait
impossible de s'opposer à l'extraction de l'or dans les territoires où notre autorité n'est pas suffisamment assise et
de poursuivre les délinquants. Il a donc semblé opportun
d'adopter un régime provisoire permettant à la colonie de
réaliser des recettes sur l'or extrait en dehors des prescriptions légales et sauvegardant les intérêts des colons qui
exploitent régulièrement dans les périmètres ouverts. Tel
a été le texte d'une décision du 3 mai 1897, qui a institué un
droit de 10 p. 100 *ad valorem* sur l'or provenant des régions
où les dispositions du décret du 17 juillet 1896 ne sauraient
être appliquées. Afin d'éviter toute fraude, cette décision
a créé un certificat d'origine délivré dans le premier centre
administratif traversé par le métal précieux extrait de ces
contrées : ce certificat ne peut être accordé dans un rayon
de 20 kilomètres à partir du rivage de la mer, sur toutes
les côtes de l'île.

Cette mesure dont le département avait reconnu l'utilité
était sollicitée par de nombreux colons; elle m'avait été
proposée par la commission instituée en vertu d'une décision du 17 mars 1897, sous la présidence de M. le directeur
du contrôle, en vue d'étudier les dispositions à adopter au
sujet du commerce et de la circulation de l'or dans la colonie. Elle a été complétée en 1898 par trois arrêtés : les
deux premiers, pris à la date du 9 février, ont fixé, d'une
part, les conditions de l'établissement du laisser-passer qui
doit accompagner l'or provenant d'exploitations autori-

sées ; d'autre part, le mode de payement et de perception
du droit de 10 p. 100 *ad valorem* est imposé au métal précieux provenant des régions qui ne peuvent être ouvertes à
l'exploitation publique ; le dernier, du 25 mars, a déterminé la nature et le libellé des registres que doivent tenir
les exploitants et les commerçants d'or.

Afin de faciliter aux prospecteurs l'accomplissement des
formalités requises par la réglementation actuelle dans les
régions centrales dont la réputation de richesse minière a
provoqué les recherches du plus grand nombre, j'ai, par
un arrêté du 22 novembre 1898, autorisé les commandants
des secteurs autonomes à délivrer des permis de recherches
et à recevoir les déclarations de pose de signaux. Dans le
même but, une circulaire du 2 décembre de la même année
a résumé les devoirs et les attributions des chefs de provinces au point de vue de l'application des décrets des
17 juillet 1896 et 20 juillet 1897.

Pour laisser enfin aux seuls prospecteurs européens ou
d'origine européenne le bénéfice des richesses minières de
la colonie, j'ai décidé, conformément d'ailleurs aux instructions du département, par un arrêté du 21 janvier 1897,
que les Asiatiques et les Africains ne sauraient être admis
à la recherche et à l'exploitation des gisements miniers. La
même restriction a été appliquée à l'égard des indigènes,
dans l'espérance que des études attentives faites par les
prospecteurs révéleraient des mines à forte teneur et que
les exploitants substitueraient au procédé primitif de la
batée, usité jadis par les indigènes, des méthodes industrielles perfectionnées comme en Australie et au Transvaal.
L'étude des exploitations entreprises depuis deux ans et
demi montrera si les faits ont répondu à cette espérance.

Je signalerai, en terminant cet exposé des dispositions
d'ordre réglementaire prises au sujet des richesses minières de la colonie, qu'afin de permettre au service des mines
l'établissement d'une carte géologique j'ai, par une circu-

laire du 21 avril 1897, invité les chefs de province à lui envoyer tous les échantillons de riches alluvions : serpentins, micas, fossiles, qu'ils rencontreraient dans leurs tournées ou qu'ils pourraient se procurer. Je les ai également priés, par une autre circulaire du 3 mai suivant, d'adresser au Muséum d'histoire naturelle ou à l'École des mines à Paris ainsi qu'au musée commercial de Tananarive des spécimens de ces minéraux, les collections constituées dans ce dernier établissement pouvant être examinées avec intérêt par les prospecteurs de passage dans la capitale.

Fonctionnement du service des mines. — Les diverses réglementations analysées plus haut ont été appliquées à la diligence du service des mines, dirigé successivement par MM. les capitaines du génie Guyon et Mouneyres, et composé de trois contrôleurs, résidant l'un à Fianarantsoa et les deux autres à Tananarive; comme je l'ai déjà indiqué, les chefs de province et les commandants de districts autonomes ont été investis de certaines attributions minières, suivant le principe de décentralisation que je me suis efforcé de mettre en pratique pour hâter le plus possible l'expédition des affaires.

Le séjour dans la colonie, de mars à octobre 1897, de M. l'inspecteur des travaux publics de La Vallette, dont j'ai pu apprécier la haute compétence et la largeur de vues, m'a été pour l'étude des questions minières du plus précieux secours. Ce fonctionnaire a, par des commentaires très clairs et très précis, remédié provisoirement aux défectuosités de la législation en vigueur et a prévenu, autant que possible, des interprétations erronées auxquelles auraient pu donner lieu, de la part du public, les prescriptions nécessairement concises d'un texte réglementaire ; il a en même temps tracé dans un sens très pratique aux agents du service des mines la voie qu'ils avaient à suivre pour résoudre les difficultés que peut soulever la distribution des richesses du sous-sol. Grâce à ses instructions un certain nombre d'affaires délicates ont reçu une heureuse solution. Le projet de décret qui vous a été soumis a notamment pour objet de sanctionner certains principes posés par M. de La Vallette, à la suite de son examen des conditions particulières à l'exploitation des mines à Madagascar.

Situation de l'industrie minière. Recherches. — Au point de vue des richesses minières, notre nouvelle colonie n'a peut-être pas jusqu'ici répondu aux espérances qu'on avait fondées sur elle, si l'on s'était attendu à y trouver de riches mines d'or ou de pierres précieuses, dont la présence aurait pu être expliquée par le voisinage du Transvaal. Les recherches effectuées depuis l'occupation n'ont amené la découverte de l'or que dans les alluvions, la plupart modernes ; aucun filon n'a été encore signalé ; on n'a découvert non plus aucun gisement argentifère ; des pierres précieuses comprenant surtout de la pierre de lune, du quartz améthyste, de la topaze d'Espagne, des grenats, des saphirs, des rubis, des corindons, de l'aigue-marine, de l'amazonite, des tourmalines, ont été rencontrées, mais en très petite quantité, dans le Bouéni, la région de Betafo, le pays des Baras et la province de Farafangana ; de beaux échantillons de cristal ont été extraits dans le district de Mahanoro et dans la province de Vohémar. On sait, d'autre part, que l'ancien gouvernement malgache avait tenté l'exploitation de gisements de cuivre à Ambatofangehana (Vakinankaratra), et que le fer existe en abondance dans les diverses régions de l'île. M. le garde d'artillerie Villiaume, que j'ai chargé en 1898 d'une mission géologique, a relevé la présence de vastes étendues, dans les régions sakalaves de l'Ouest, de riches gisements de cuivre ; il a signalé des minerais de nickel à forte teneur dans le Betsiléo, du plomb et du manganèse dans l'ouest de l'île, du charbon de terre dans l'Ankaratra ; ce combustible se trouve aussi dans toute la presqu'île de Bevato-Bé, mais sa valeur industrielle et l'exploitabilité de la couche ont été l'objet des appréciations les plus diverses ; il sera donc indispensable qu'une étude approfondie de ces gisements soit entreprise ; enfin, le zinc a été rencontré à Betafo et le cinabre dans l'Ouest sakalave.

L'énumération qui précède paraît démontrer que Madagascar pourra se prêter à la création d'importantes entreprises minières portant sur l'exploitation des métaux autres que l'or, lorsque des voies de communication permettront à peu de frais le transport des minerais. Jusqu'à ce jour, c'est l'or qui a presque exclusivement excité les convoitises des prospecteurs.

Recherches aurifères. — Dès les premiers moments qui ont suivi l'apparition du décret réglementant la recherche et l'exploitation de ce métal précieux, les demandes de permis de prospection et les déclarations ont été assez nombreuses.

C'est ainsi qu'au 1er octobre 1896, il avait été délivré 235 permis de recherches aurifères. Le nombre total des déclarations de pose de signaux parvenues au service des mines à cette même date atteignait le chiffre de 138, dont 119 ont dû être annulées ultérieurement pour diverses causes d'irrégularité. La plupart de ces annulations ont été prononcées à la suite du travail de vérification de M. l'inspecteur des travaux publics de La Vallette, chargé de l'organisation du service des mines.

Au 31 décembre 1897, sur 172 déclarations de pose de signaux faites au cours de l'année, 146 avaient été acceptées et 26 refusées par le service des mines ; sur 273 permis de recherches, 237 restaient définitivement inutilisés par leurs détenteurs.

En 1898, il a été délivré 448 permis de recherches aurifères, dont 84 à titre de renouvellement de déclarations déjà acceptées et 364 pour servir à des recherches nouvelles. 227 déclarations de pose de signaux sont parvenues au service des mines qui en a refusé 48 comme irrégulières, soient qu'elles aient été faites sans permis, soit qu'elles n'aient pas donné toutes les indications nécessaires ou aient porté sur des terrains déjà réservés, et en a accepté 152; 22 déclarations restaient à l'étude au 31 décembre 1898. La situation à cette date au point de vue des recherches aurifères se traduisait en définitive par l'existence de 223 signaux acceptés, 22 déclarations à l'étude, 185 permis de recherches valables entre les mains des propriétaires et non encore utilisés. Enfin, au 1er février 1899, le service des mines comptait 241 déclarations acceptées, 27 à l'étude et 172 permis de recherches disponibles.

Recherche de mines de métaux communs. — Pour les mines autres que celles de métaux précieux et de pierres précieuses, une seule déclaration avait été acceptée au 1er octobre 1896, mais elle a été ultérieurement annulée.

Au 31 décembre 1897, on comptait 8 déclarations de bornage, 1 déclaration à l'étude qui a été agréée en 1898, et 11 permis de recherches restés ensuite inutilisés.

Des 9 déclarations reconnues valables, 3 ont donné lieu à l'attribution de concessions et 2 ont été annulées pour défaut de renouvellement de permis périmés.

Dans le courant de l'année 1898, il a été délivré 29 permis de recherches, dont 5 à titre de renouvellement de déclarations acceptées et 24 pour servir à de nouvelles recherches; 8 de ces dernières ont servi à valider de nouvelles déclarations sur lesquelles 6 ont été acceptées. En résumé, la situation au 31 décembre 1898 comportait : 10 déclarations acceptées, 2 déclarations à l'étude et 16 permis de prospection valables entre les mains des prospecteurs. Depuis cette époque jusqu'au 1er février 1899 le nombre des permis a été porté à 17.

Exploitation. Mines d'or. — Au 1er octobre 1896, aucune exploitation aurifère n'avait été entreprise. Seules à Madagascar, la « Compagnie coloniale et des mines d'or de Suberbieville » et la société anglaise « Harrisson Smith et Cᵉ » procédaient à l'extraction du métal précieux, sur des territoires qui leur avaient été concédés par l'ancien gouvernement malgache.

Il existait, au 31 décembre 1897, six périmètres miniers ouverts à l'exploitation publique ; 4 exploitants détenaient des permis d'exploitation pour un total de 25 lots mesurant chacun une superficie de 25 hectares. Des titres provisoires avaient été accordés pour 6 concessions représentant une surface totale de 11.900 hectares. — Une société avait obtenu un titre définitif de concession portant sur une surface de 1.499 hectares. — Enfin deux demandes d'exploitation pour 4 lots de 25 hectares restaient en instance à la même date.

En 1898, 30 nouveaux périmètres miniers ont été ouverts à l'exploitation publique. Vingt et un explorateurs ont, à la suite de pose de signaux, entrepris 26 exploitations représentant un total de 154 lots de 25 hectares en périmètres ouverts ; 14 exploitants ont organisé 19 exploitations pour 70 lots de 25 hectares, soit en totalité, pour 31 exploitants différents, 45 exploitations comprenant 224 lots. Mais des abandons totaux ou partiels se sont produits, soit en raison de l'épuisement des gisements, soit à cause des difficultés de recrutement de la main-d'œuvre. En outre des mutations et des fusions de groupes de lots sont venues modifier l'assiette des exploitations.

En résumé, au 31 décembre 1898, vingt et un exploitants différents dirigeaient quarante et une exploitations comprenant au total cent quatre-vingt-treize lots de 25 hectares ; trois sociétés distinctes détenaient cinq titres définitifs de concessions pour une superficie totale de 8.557 hectares ; deux demandes de transformation de groupes de lots en concessions, portant sur des surfaces de 734 hectares et 625 hectares, restaient seulement en instance.

En dernier lieu, la situation se traduisait au 1er février 1899 par quarante-cinq exploitations représentant un total de deux cent neuf lots de 25 hectares, au nom de vingt-trois exploitants, par cinq concessions définitives et deux demandes de concessions nouvelles par transformation de groupes de lots.

Mines autres que celles de métaux précieux. — Aucune exploitation de mines autres que celles de métaux précieux n'avait encore été entreprise à la fin de l'année 1897. En 1898, il a été accordé à un seul exploitant trois concessions pour des mines de fer sur une superficie totale de 249 hectares.

Résultats. — J'indiquerai tout de suite que l'unique exploitation de mines de fer entreprise par un colon de Tananarive, M. B..., n'a pas donné les résultats qu'on était en droit d'attendre, non que les gisements fussent pauvres — le minerai y est au contraire très riche, très abondant, et d'une extraction facile, — mais parce qu'aucune installation industrielle n'a été effectuée. M. B..., dont je me suis efforcé d'encourager le plus possible l'initiative, pensant qu'elle serait pour les indigènes un précieux exemple, s'est uniquement borné à employer pour l'extraction et la préparation du minerai des procédés jadis usités par les Malgaches. Comme, pour favoriser son entreprise, j'avais, au début, assuré dans ses termes les plus stricts l'application du décret du 20 juillet 1897, en arrêtant les exploitations que pratiquaient les indigènes, M. B... a profité de cette circonstance non pour améliorer ses méthodes, mais uniquement pour détenir le monopole de la vente du fer sur les marchés de Tananarive et de l'Imerina. Après avoir vainement cherché à provoquer de sa part le perfectionnement de ses installations, j'ai dû, en raison de la pénurie et du renchérissement exagéré d'un produit de première nécessité, autoriser la reprise des exploitations indigènes, moyennant une redevance de 10 francs par an et par fourneau. Il est incontestable cependant qu'avec la proximité de la forêt, la disposition aisée des forces naturelles, par l'installation des nombreuses chutes d'eau qui avoisinent les gisements et vu la faible distance (40 kilomètres environ) qui sépare ceux-ci de Tananarive, où les produits peuvent être transportés par une route en grande partie carrossable, une exploitation de minerai de fer entreprise rationnellement par un colon procurerait des bénéfices satisfaisants.

Pour se faire une idée exacte du rendement en métal précieux des gisements aurifères en exploitation à Madagascar, il faut tout d'abord écarter la considération du nombre de lots exploités dans l'année ou dans une entreprise comportant plusieurs lots. Ceux-ci ne sont pas tous exploités simultanément et, d'autre part, les exploitations ont été commencées puis abandonnées parfois à des dates très diverses. L'or est d'ailleurs disséminé dans des alluvions de teneurs très différentes. On ne saurait donc *a priori* formuler d'après le nombre de lots exploités une appréciation sur la prospérité de l'industrie aurifère dans la colonie. Et il faut se borner à tirer des conclusions de constatations faites.

Ces constatations démontrent en premier lieu, et il faut bien le reconnaître, que la révélation par les prospecteurs des richesses aurifères de Madagascar n'a fait, depuis notre prise de possession, que de faibles progrès ; presque tous les gisements exploités actuellement l'avaient déjà été par les indigènes, souvent même plusieurs fois, et c'est grâce seulement à l'enrichissement progressif amené par chaque saison des pluies que l'on peut encore y revenir. Il semble, de plus, que la préoccupation de certains exploitants ait été surtout d'acquérir beaucoup de lots d'exploitation, quelle que pût être la valeur de ces lots.

Au début cependant, ils avaient formulé d'attrayantes promesses pour obtenir l'application aux indigènes de l'interdiction de rechercher et d'exploiter les gisements aurifères. — Ils devaient mettre rationnellement en valeur les richesses minières de la colonie, qu'eussent gaspillées les procédés primitifs usités par les Malgaches. Ces projets n'ont pas été, pour la plupart, suivis de réalisation et les sociétés minières aux puissants capitaux comme les exploitants disposant de moindres ressources ont presque exclusivement adopté la batée pour extraire l'or des alluvions.

Dans ces conditions, la production étant évidemment d'autant plus importante que le nombre des laveurs est plus considérable, l'emploi de ce procédé devait logiquement provoquer une demande de main-d'œuvre de plus en plus forte, étant donné surtout, comme je l'ai indiqué, que les lots et concessions obtenus par les prospecteurs avaient été déjà exploités pour le compte de l'ancien gouvernement malgache. C'est ce qui n'a pas manqué de se produire et les entreprises minières ont instamment demandé l'intervention de l'administration pour recruter les travailleurs qu'elles estimaient nécessaires à leurs exploitations et dont le nombre était évalué, par centaines, jusqu'au chiffre de 6.000; le mode de rétribution des travailleurs consistant, en général, non en un salaire fixe, mais dans l'achat à raison de dix à treize fois le poids en argent de l'or récolté.

La quantité considérable d'indigènes ainsi employés au lavage à la batée des alluvions, les faibles résultats obtenus par les exploitants, les plaintes des commerçants de la côte me révélant la diminution très sensible de production du métal précieux (395,638 fr. en 1898) relativement à celle qu'exportait Madagascar antérieurement à la dernière guerre, m'avaient conduit à me demander s'il n'y aurait pas intérêt à autoriser les indigènes, sous certaines conditions étroites qui auraient fait l'objet d'une étude approfondie, à se livrer à l'exploitation des gisements aurifères.

Les chambres consultatives des provinces côtières avaient fait remarquer, en effet, que l'or, devenu le monopole de quelques exploitants, était autrefois très utile aux commerçants dans leurs échanges commerciaux, et que depuis longtemps les fournisseurs d'Europe étaient habitués à se faire couvrir de leurs livraisons par des remises en poudre d'or.

On ajoutait aussi que l'indigène, peu prévoyant et ignorant l'économie, serait rapidement amené, au contact des Européens, à employer le produit de ses récoltes d'or à l'acquisition d'objets destinés à accroître son bien-être, que peu à peu les besoins augmenteraient au grand avantage de notre commerce; qu'enfin, les finances de la colonie trouveraient, dans la levée de l'interdit frappant le Malgache, un élément appréciable de recettes nouvelles, grâce à une production plus abondante.

Ces observations me parurent comporter un sérieux examen et, par une lettre publiée au *Journal officiel* du 10 août 1898, je crus devoir consulter à cet effet toutes les chambres consultatives de la colonie. Mais les principaux intéressés m'exposèrent alors que j'avais été mal renseigné, que leurs entreprises étaient très prospères et promettaient à la colonie un revenu considérable tout en étant des auxiliaires précieux de pacification, grâce au travail rémunérateur qu'elles fournissaient à des populations rendues misérables tant par la guerre que par l'insurrection, et réduites à vivre de rapines si elles ne trouvaient à s'employer sur les chantiers des Européens.

J'ai donc maintenu le *statu quo*.

Mais bien qu'il soit avéré que l'indigène aime le travail de l'or, fréquemment pratiqué jadis à la faveur de la complicité intéressée des officiers hovas, malgré l'interdiction dont il avait été frappé par l'ancien gouvernement malgache et des peines sévères prévues contre les délinquants, on n'a pas tardé à constater que les Malgaches ne s'engageaient au service des exploitants que contraints et forcés, croyant, comme le leur faisaient entendre certains employeurs, travailler pour le compte du gouvernement. Malgré cette contrainte, beaucoup désertaient les chantiers. Il était permis de déduire de ces faits que les salaires obtenus par les ouvriers étaient insuffisants. Les enquêtes effectuées par les chefs de province et par le service des mines semblent confirmer pleinement cette hypothèse.

Le rendement journalier d'une batée varie de 0 gr., 14 à 1 gramme, mais il faut couvrir les frais généraux qui sont considérables, de telle sorte que le rendement net est d'autant moins faible que le salaire de l'indigène est plus réduit ; ce salaire a rarement atteint 30 centimes par jour ; il s'est abaissé parfois, souvent peut-être, à 8 centimes. Aussi, pour mettre fin à cet état de choses qui, en se perpétuant, aurait pu avoir les plus fâcheuses conséquences sur la situation politique du pays, me suis-je vu récemment obligé de supprimer l'intervention directe de l'administration dans le recrutement de la main-d'œuvre des exploitations aurifères ; j'ai dû également décider qu'il ne serait donné satisfaction aux nombreuses demandes de détaxes qui m'étaient adressées, en raison de la pénurie des travailleurs ne permettant pas l'exploitation, que s'il était fait abandon des lots pour lesquels les dégrèvements étaient sollicités.

Je dois également ajouter que les quelques exploitants comme MM. G..., D..., H..., qui, faisant preuve d'une très louable initiative, ont installé des sluices en vue du lavage industriel des alluvions aurifères, n'ont pas obtenu de meilleurs résultats. Quelques rares colons, exploitant uniquement pour leur compte, et parmi eux M. S..., qui par un long séjour possède une grande connaissance du pays, réalisent des bénéfices avantageux.

De l'exposé qui précède et qu'il était de mon devoir de vous faire en toute franchise, il paraît ressortir qu'en l'état actuel des recherches faites et des connaissances acquises, les exploitations aurifères à Madagascar entreprises par des sociétés au capital en actions considérable, ayant à leur tête un personnel européen payé naturellement en raison de ses connaissances et des fatigues auxquelles il est exposé, courent de graves risques d'insuccès; conduites par des particuliers, n'ayant pas de frais généraux, elles peuvent, au contraire, devenir très rémunératrices. Il reste d'ailleurs de vastes régions à explorer; la plus grande partie des pays de l'Ouest et du Sud n'ont pas encore été visités, et c'est là que peuvent être reportés les efforts et les espérances.

Sources thermales. — La nature volcanique du sol de Madagascar explique la présence des nombreuses sources thermales que l'on y rencontre.

La plus importante de ces sources, celle d'Antsirabé, a été concédée, à la fin de l'année 1896, à M. J.-D..., à qui un délai expirant le 13 décembre 1900 a été accordé, pour la mise en exploitation. Les eaux d'Antsirabé se rapprochent beaucoup, par leur composition, de celles du bassin de Vichy, et particulièrement de la source Grande-Grille. Elles sont donc très efficaces dans le traitement curatif de certaines maladies et ont l'avantage de se trouver dans une des régions les plus saines de Madagascar, ce qui contribuera sans doute à la réussite de l'établissement thermal projeté.

Par une circulaire du 27 mars 1898, j'ai prié les chefs de province de ne pas négliger de me donner des indications détaillées sur les sources existant dans les régions placées sous leur commandement et de m'en envoyer des échantillons.

A la suite de ces instructions, M. le commandant du cercle de Betafo a signalé la présence à Ramainandro d'eaux minérales dont la concession vient d'être accordée en principe à un pharmacien de Tananarive, M. D...

De l'analyse effectuée par ce praticien, il résulte que les eaux de Ramainandro se rangent parmi les bicarbonatées calciques mixtes et sont, par conséquent, analogues à celles de Contrexéville, Saint-Amand et Saint-Galmier.

II. — INDUSTRIE FORESTIÈRE

A) RESSOURCES FORESTIÈRES ET ASPECT DES FORÊTS DE MADAGASCAR. — Les reconnaissances effectuées à ce jour par les agents du service des forêts permettent d'évaluer à 10 ou 12 millions d'hectares la superficie approximative des massifs forestiers de la colonie, sous cette réserve que l'exploration de vastes régions encore à peu près inconnues dans l'Ouest et surtout dans le Sud amènera peut-être la découverte de nouvelles surfaces boisées. Les forêts que nous connaissons actuellement ont une physionomie différente, suivant la région dans laquelle elles sont situées, et peuvent, à cet égard, être rangées en trois catégories : celles de la zone côtière, celles des régions moyennes jusqu'à 700 ou 800 mètres d'altitude, enfin celles des régions comprises entre 800 et 1.300 mètres d'altitude. On retrouve en effet, dans les forêts du sud de l'île, à peu près les mêmes éléments que dans celles de l'extrême nord. A Madagascar, les essences forestières n'ont donc pas une station déterminée quant à la latitude, fait intéressant à signaler, car il n'a pas son correspondant en France ni même peut-être en Europe.

Forêts côtières. — Les forêts situées dans le voisinage de la mer revêtent à peu près toutes, sur la côte Est du moins, un caractère uniforme avec cette nuance que les bois précieux sont beaucoup plus nombreux dans le Nord que dans le Sud de l'île. La plupart d'entre elles sont peu étendues. Les vides qui les séparent sont évidemment dus au déboisement, à moins qu'ils ne soient représentés par des lagunes et des marécages. Leur caractéristique consiste dans la présence de végétaux supérieurs qu'on ne trouve que là. Tels sont, par exemple : le copalier, que les indigènes désignent sous le nom de nandrorofo ; le hintsina ou hazelia bijuga, le terminalia catappa ou badamier, le varongy, le voapaka, le nato, le nanto, le fantsikahitra, le fototra, le filao, deux variétés de ficus, et, parmi les essences particulièrement propres à l'ébénisterie, des ébènes, des palissandres, des bois de rose, une variété d'acajou appelée mahibo dans l'Ouest. Comme essences secondaires, on trouve un arbre à caoutchouc, le barabanja, appelé quelquefois hazondrano, des lianes à caoutchouc du genre vahéa, landolphia ou hancornia, des arbres à fruits comestibles comme le voantaka et le citronnier : puis des pandanus, des palmiers, etc. Les forêts du littoral sont d'autant plus précieuses qu'elles contiennent des essences qui ne pourraient se développer ailleurs et forment, en outre, un rideau de protection contre les vents qui soufflent du large et dont les effets seraient fâcheux pour les cultures voisines.

Forêts des régions moyennes. — Les forêts des régions de moyenne altitude qui, dans certaines parties, le voisinage de la baie d'Antongil, par exemple, s'épanouissent presque jusqu'à la côte, sont de beaucoup, quant à l'étendue, quant à la richesse de leurs peuplements, les plus importantes de l'île.

A une même altitude, les forêts du nord-ouest de l'île ressemblent sensiblement à celles de la côte Est ; toutefois, à partir du 16e parallèle, les massifs de la côte Ouest diffèrent sensiblement, dans leur aspect et leur composition, de ceux du versant Est. Alors que sur celui-ci, la dominante, dans la flore générale, est formée par la famille des filices, elle appartient aux légumineuses sur le versant Ouest. De là, un aspect très différent dans la physionomie générale des forêts ; sur la côte Est, les arbres feuillus qui les composent sont presque tous à feuilles persistantes ; sur la côte Ouest, au contraire, de nombreux végétaux sont à feuilles caduques.

M. le chef du service des forêts évalue à 1.200 le nombre
des divers végétaux arborescents qui peuplent la zone
moyenne. Plus de 800 dépassent 8 mètres de hauteur et
s'élèvent parfois jusqu'à 30 ou 40 mètres. Parmi les essences les plus remarquables par leurs dimensions et au
point de vue économique (ébénisterie et construction), il
faut citer dans les familles botaniques ci-après :

1° Rubiacées. — Le tambaribarisa, le sohisy ou sondin-
dranto, le fantsikahitra ;

2° Saxifragées. — Le lalona, le hazomena ;

3° Légumineuses. — Le voamboana et plusieurs autres
spécimens du même genre, qui ne sont que des palissandres ; le harahara, un des bois les plus durs de l'île avec des
teintes remarquables : le volomborona ;

4° Malvacées. — Le baobab ou bontono, le varo ;

5° Guttifères. — Le ramy, un des spécimens les plus
remarquables de la famille, le foraha et le vintanina ;

6° Chlœnacées. — Le fotona et l'anjananjana ;

7° Taccacées. — Le torolo ;

8° Conifères. — Le hatrata, seul représentant de celle famille à Madagascar ;

9° Urticacées. — Le fanidy et trois ficus ;

10° Euphorbiacées. — Le tapia, le voapaka ;

11° Protéacées. — Le vivaona ;

12° Monimiacées. — Les diverses variétés d'ambora,
dont plusieurs rappellent le santal ;

13° Zoganiacées. — Le lambinana et le valanirana ;

14° Ebénacées. — Trois ou quatre variétés de diospyrus
(ébène noir, vert, panaché) que les indigènes appellent
hazomainty ;

15° Rhizopharées. — Le hazomamy ;

16° Liliacées. — Le vanana, le hazondrano ;

17° Sapotacées. — Le nato, le nanto ;

18° Lauracées. — Le varongy (2 ou 3 espèces) :

19° Composées. — Le merana ; .

20° Myrtacées. — Le rotra ;

21° Térébinthacées. — Le mahibo ou acajou à pomme ;

22° Melastomacées. — Le bongo ;

23° Bignoniacées. — Le hitsikitsika.

Forêts des régions élevées. — Les forêts des régions comprises entre 750 et 1.300 mètres d'altitude paraissent représenter le quart de la superficie boisée de l'île, soit environ 3 millions d'hectares. Dans les parties contiguës aux forêts de la 2e zone, les peuplements se ressentent de ce voisinage et leur composition en espèces est sensiblement la même ; mais au fur et à mesure que l'on s'élève, la flore se modifie peu à peu, sans transition brusque. Les bois d'ébénisterie n'y sont guère représentés que par des palissandres ou quelques autres espèces sur lesquelles l'opinion du commerce n'est pas encore faite. On n'y rencontre plus soit l'acajou, soit l'ébène, soit le bois de rose. Ces essences de choix ne dépassent guère 600 mètres d'altitude, leur station favorite étant vers 300 ou 400 mètres, bien qu'on en trouve de remarquables et nombreux spécimens là où la forêt s'est perpétuée jusque dans le voisinage de la mer, aussi bien sur la côte Est que sur la côte Ouest, notamment dans le nord de l'île.

Assises, en général, sur un terrain peu profond et très mouvementé, les forêts de la zone supérieure sont d'un parcours très difficile. De plus, leurs peuplements ne présentent presque jamais cet état de propreté qu'on rencontre dans beaucoup de forêts des régions inférieures et qui rappellent certaines forêts d'Europe, où les lianes sont inconnues. Ici, au contraire, c'est le plus souvent au milieu d'un fouillis inextricable que l'on avance ; lianes de toutes espèces, plantes buissonnantes, bambous sarmenteux et nombre d'autres végétaux en sous-étage rendent la pénétration des plus laborieuses. Aussi le service technique a-t-il dû, faute de moyens et vu l'utilité plus grande que présentait, en vue des exploitations, la reconnaissance des forêts des autres régions, se borner à ne faire des massifs de la zone supérieure qu'un inventaire sommaire. Des ressources importantes ont pu, cependant, y être signalées. Parmi les bois utilisables, il faut citer notamment : le lalona, le hazomainty, quelques voamboana ; une variété de nato, le harahara, l'hazovola, l'ambora, le voanana, le vivoana, le varongy, le famelona, réputé pour son élasticité, le hazondrano, qui possède à peu près les mêmes qualités que le précédent ; le mokarano, le paka, le fanidy, le valarinana.

Les reconnaissances qui n'ont pu être faites que sommairement, en raison du nombre restreint des agents techniques de la colonie, dont les ressources du budget local ne m'ont pas permis, au début, d'augmenter l'effectif, démontrent cependant que Madagascar possède de très appréciables richesses forestières.

Il a été aisé de se rendre compte que ces richesses ont été, depuis une époque relativement récente, considérablement diminuées, à la suite des abus d'exploitation commis tant par les indigènes que par les étrangers de diverses nationalités qui avaient obtenu de l'ancien gouvernement malgache des concessions forestières couvrant de vastes superficies et sacrifiaient à l'appât d'un gain immédiat l'avenir des peuplements.

Dès mon arrivée à Madagascar, je me suis efforcé de mettre un terme à cet état de choses par l'organisation d'un service de surveillance et par l'élaboration d'une réglementation sur l'exploitation des forêts.

B) ORGANISATION ET FONCTIONNEMENT DU SERVICE DES FORÊTS. — En raison de l'étendue des forêts de la colonie et eu égard aux lourdes charges incombant déjà au budget local du fait des dépenses de première nécessité résultant de l'organisation politique et administrative du pays, on ne pouvait songer à organiser à Madagascar un service des forêts chargé, à la fois, de la reconnaissance et de la surveillance des massifs boisés. A mon avis, le rôle de ce service devait et doit encore se borner à diriger l'action des chefs de province et à assurer, ainsi, par leur intermédiaire, la conservation et la mise en valeur des richesses forestières. Les attributions du service des forêts étant ainsi réduites, je n'avais pas cru devoir, au début de l'année 1897, provoquer le remplacement de M. l'inspecteur adjoint Cornet, chef de la mission envoyée à Madagascar en 1896. Par un arrêté du 6 février, j'avais donc confié les fonctions de chef de service à M. Girod-Genet à qui étaient adjoints M. le garde général Chapotte et deux gardes.

En 1898, les ressources de la colonie s'étant sensiblement accrues, il a été possible d'augmenter quelque peu le personnel, qui est actuellement composé de : M. Girod-Genet, promu inspecteur adjoint, chef du service ; de deux gardes généraux en résidence, l'un à Majunga, l'autre à Tananarive, d'où il sera prochainement envoyé dans une région forestière de la côte ; d'un brigadier et de deux gardes à Tananarive. Le budget de l'exercice courant prévoit, en outre, un troisième emploi de garde général et deux emplois de gardes dont les titulaires ont été demandés au département. Enfin, dans le but de faciliter la surveillance et la conservation des massifs boisés et pour fournir aussi des chefs de chantier destinés aux exploitations à entreprendre par les colons, j'ai décidé récemment la création, dans la limite des crédits régulièrement prévus au budget, d'une école de gardes indigènes actuellement en voie d'organisation.

D'autre part, diverses circulaires ont tracé aux chefs de province le rôle qu'ils ont à remplir au point de vue forestier et appelé leur attention sur les moyens à employer pour la sauvegarde et le repeuplement des forêts : à la date du 20 janvier 1897, j'ai tout d'abord prescrit aux administrateurs civils et militaires de veiller à ce que les étendues boisées soient exclues des superficies domaniales qui pourraient être concédées par application de l'arrêté du 2 novembre 1897. J'ai confirmé ces instructions le 1er avril suivant, en insistant sur la nécessité de n'autoriser la mise en culture des sous-bois qu'autant qu'ils ne contiennent aucune essence pouvant être utilisée par le commerce et l'industrie.

J'ai également signalé aux chefs de province les effets désastreux des feux de brousse allumés aux abords des forêts par les Malgaches pour s'éviter la peine de défricher, et les dégâts causés au repeuplement par le passage des bestiaux dans les massifs boisés. Je les ai invités à rendre les autorités indigènes responsables des abus qu'elles laisseraient commettre. Pour que, à cet égard, la surveillance soit facilitée, sans interdire cependant aux Malgaches le séjour dans la forêt, mesure qui dans certaines régions eût pu avoir, au point de vue politique, de fâcheuses conséquences, j'ai conseillé aux administrateurs de n'autoriser les indigènes à s'établir dans les massifs forestiers que par grosses agglomérations.

Ces diverses dispositions ont déjà eu de bons résultats : dans le Betsiléo en particulier, la forêt est, sur certains points, en voie de reconstitution depuis une année.

C) REBOISEMENT. — Il ne suffirait pas d'empêcher la destruction des forêts existantes pour assurer à la colonie une source de richesses appelée à contribuer grandement à son développement économique, car il existe, dans les régions centrales surtout, de vastes superficies où l'absence de toute végétation ligneuse est des plus préjudiciables non seulement à l'agriculture, si l'on considère le rôle bienfaisant que jouent les forêts à ce point de vue, mais encore à l'industrie et même au bien-être des colons, par les difficultés qu'éprouvent ceux-ci à se procurer le bois de construction et de chauffage. Il importait donc d'entreprendre le boisement de l'Imerina et du Betsiléo. Par une décision du 15 avril 1897, j'ai décidé, à cet effet, la création de pépinières à Tananarive et dans les provinces des régions centrales.

La pépinière de Tananarive, installée à côté de la station agronomique de Nahanisana, a eu surtout pour but de servir de champ d'expériences au service des forêts en vue de la détermination des essences à introduire ou à propager pour obtenir des boisements rapides. Elle compte actuellement 1.211.650 plants de végétaux arborescents divers, parmi lesquels il y a lieu de signaler particulièrement le mélia azédarach, qui paraît être l'arbre par excellence pour la constitution rapide de massifs boisés, des variétés de filaos (casuarina tenuissima et casuarina equisetifolia), l'acacia Lebbeck ou bois noir, l'acacia heterophylla, qui a donné d'excellents résultats, divers eucalyptus (robusta, rostrata et botryoïdes), le manihot glazovii, le sycomore, le pin de Norvège, le châtaignier, le chêne-liège, le chêne rouvre, le niaouli. Les pépinières des provinces, qui ont été l'objet de soins assidus de la part des administrateurs civils et militaires, ont produit en 1897 et 1898 quatre millions environ de jeunes plants, dont un grand nombre a été distribué aux indigènes et aux colons ; celles de Tsinjoarivo, Anjozorobé et Behenjy dans le 1er territoire militaire, de Fenoarivo et d'Ambohidratrimo, dans le 3e territoire, d'Ankazobé, de Fiaonana et d'Ampanotokana, dans le 4e territoire, méritent une mention particulière par l'active et intelligente impulsion qu'ont su donner aux travaux les autorités locales.

Un arrêté du 13 septembre 1897 a créé, en outre, aux environs de Tananarive, quatre périmètres de boisement d'une superficie de 537 hectares, où 400.000 jeunes plants ont déjà été mis en place. Les nombreuses réserves de jeunes arbres constituées dans les diverses pépinières permettront, en 1899, de donner à ces travaux de boisement une grande extension.

D) RÉGLEMENTATION. — Après une enquête minutieuse,

qui a motivé un échange de correspondances avec le département, le droit d'exploitation des produits des forêts a été réglementé dans la colonie par un arrêté du 3 juillet 1897. Ce texte détermine les conditions dans lesquelles les concessions forestières peuvent être accordées, toujours temporairement, car on ne pouvait songer à accorder le droit d'exploiter sous la forme adoptée en France, c'est à-dire par coupes annuelles et après désignation des bois à abattre ou à réserver, ce mode de procéder exigeant une organisation administrative forestière incompatible avec les ressources du budget. L'arrêté du 3 juillet 1897 règle, de plus, le mode d'exploitation et établit un système de redevance basé sur le payement par les concessionnaires d'une somme de 10 centimes par hectare et par an pour les concessions d'une superficie égale ou inférieure à 20.000 hectares; au-dessus de cette surface, le taux est augmenté de 5 centimes par hectare et par an pour chaque lot ou fraction de lot de 20.000 hectares, dans les concessions d'un seul tenant seulement.

Afin de hâter la solution des demandes de concession dont la centralisation et l'étude préalable à Tananarive par le chef du service des forêts ont entraîné de fâcheux retards, le même texte prévoit la délivrance par les chefs de province de permis d'exploiter provisoires, dont la transformation en permis définitifs, stipulant les conditions spéciales d'exploitation, est faite par le gouverneur général sur la proposition du chef du service des forêts.

Par une application trop étroite de l'arrêté du 3 juillet 1897, quelques chefs de province avaient interdit aux indigènes la récolte des sous-produits forestiers tels que caoutchouc, cire, gomme, rafia, etc., qui constituent un élément important du commerce d'exportation. Dès que j'ai eu connaissance de cette interprétation trop stricte de la réglementation en vigueur, j'ai prescrit de laisser les indigènes libres de procéder à leurs exploitations et même de les y encourager tout en prenant les mesures nécessaires pour que les sources de ces richesses ne soient pas taries par une récolte abusive. Il n'y aura lieu de restreindre cette tolérance que du jour où des exploitations auront été entreprises par des Européens. J'ai spécifié autant qu'il convenait d'autoriser les colons et les indigènes à prélever dans les forêts les bois nécessaires aux usages domestiques et à la construction de leurs habitations, moyennant le payement, dans ce dernier cas, de redevances minimes à fixer d'après la qualité, la quantité et la grosseur du bois. Pour éviter des abus, j'ai ajouté que les prélèvements de bois ne devaient être faits que dans les parties de forêts déterminées par les chefs de province, les chefs de village étant d'ailleurs rendus responsables des fraudes qui viendraient à se commettre. Ces instructions ont été condensées dans une circulaire du 10 juillet 1898.

L'expérience a fait ressortir que certaines dispositions techniques de l'arrêté du 3 juillet 1897, quoique rationnelles, étaient susceptibles d'entraver quelque peu, au début, la création d'entreprises forestières. M. l'inspecteur adjoint Girod-Genet, dont j'ai appelé l'attention sur ce point, étudie en ce moment les mesures à prendre pour adoucir temporairement dans la pratique les exigences de la réglementation actuelle.

E) EXPLOITATIONS EN VOIE DE CRÉATION OU PROJETÉES. — L'absence de voies de communication dans les zones boisées de l'île constitue un gros obstacle à la mise en valeur des forêts. Toutefois, les ressources qu'offre à ce point de vue Madagascar ont excité l'initiative de quelques colons. En 1897, MM. B... et C... ont obtenu des permis d'exploiter provisoires pour des massifs forestiers de 9.000 hectares et de 700 hectares respectivement situés dans la forêt d'Anke-ramadinika (40 kilomètres est de Tananarive) et dans les environs de Sabotsy (plaine du Mangoro). De vastes concessions mesurant chacune 100.000 hectares environ ont été accordées en principe pour l'exploitation rationnelle du caoutchouc à MM. M... et G.., dans le Nord-Ouest de l'île.

Au cours de l'année 1898, des titres de concession ont été délivrés à MM. B... pour 1.050 hectares dans la province de Majunga; B... C... pour 1.000 hectares dans le district d'Andevorante; R... et O... B... respectivement pour 110 et 780 hectares dans la forêt à l'est de Tananarive. De vastes superficies forestières, choisies dans le Nord-Ouest de l'île, ont été attribuées en principe aux sociétés qui se proposent de grandes entreprises de colonisation et dont les projets ont donné lieu à la passation de contrats soumis à la haute sanction du département.

Enfin, j'ai admis en principe diverses demandes formulées par des particuliers. Toutes ces demandes recevront sous peu une solution.

Il est permis de supposer que dans la zone côtière comprise entre Fénérive et le cap Masoala, qui offre quelques mouillages d'assez bonne tenue et où les forêts descendent parfois jusque sur le bord de la mer, dans les régions du Nord-Ouest où les rivières navigables par boutres facilitent la pénétration sur des parcours de 40 à 60 kilomètres à partir de la côte, les exploitations donneront des rendements rémunérateurs.

Pour terminer, je ne crois pas inutile de donner ci-après les valeurs approximatives des principaux produits forestiers dans les diverses régions de l'île.

1º A Tananarive :

Le mètre cube de bois de construction : de 1er choix, environ 120 francs à 130 francs; de 2e choix environ 105 francs à 110 francs;

Le mètre cube de vieux bois, environ 90 francs à 100 francs.

Les 100 kilogrammes de charbon de fabrication indigène (selon la qualité), environ 10 francs à 14 francs;

Les 100 kilogrammes de charbon de fabrication française, environ 28 francs ;

2° Sur la côte, rendus dans les ports secondaires tels que Vohémar, N'Gontsy, etc. :

La tonne de bois de rose, en billes, environ 25 francs ;

La tonne de bois d'ébène, en billes, environ 30 francs ;

La tonne de bois de palissandre, en billes, environ 14 francs ;

La tonne de bois d'acajou, en billes, environ 14 francs ;

Le mètre carré de planches, environ 90 centimes ;

Le mètre courant de madriers de divers équarrissages, en moyenne 8 fr. 50.

(Le prix minimum étant de 3 fr. 50 et le maximum 13 fr. 50.)

Le millier de bardeaux, 20 francs ;

Le kilogramme de caoutchouc, 3 fr. 50 à 4 fr. 50 ;

Le kilogramme de cire animale, 1 fr. 75 ;

Le kilogramme de gomme copal, 1 fr. 40 ;

Le kilogramme de fibres de rafia, 35 centimes.

Ces prix sont majorés dans les grands ports tels que Diégo-Suarez, Tamatave, Majunga, etc. : 1° de la valeur du fret et des prix d'embarquement et de débarquement, qui sont, en moyenne, de 30 à 40 francs par tonne ; 2° du bénéfice du traitant, qui varie évidemment selon les localités et les conditions du marché.

III. — FABRICATION DE L'ALCOOL

A) Réglementation. — Sous l'ancien gouvernement hova, des lois très sévères interdisaient la fabrication et la circulation de l'alcool dans un certain périmètre autour de Tananarive, et l'ivresse était punie de peines rigoureuses.

En vue d'empêcher le développement de l'alcoolisme chez des populations qui ont une tendance marquée à l'ivrognerie, mon prédécesseur avait maintenu la législation malgache et fait établir, en outre, par une loi locale du 26 août 1896, une taxe de 120 francs par hectolitre d'alcool pur, fabriqué ou introduit dans la colonie; toutefois, comme il y avait intérêt à voir des colons se livrer à la fabrication du tafia ou du rhum, la même loi prévoyait que des autorisations de distiller pourraient être accordées dans les circonscriptions pourvues d'une résidence ou d'un bureau de douanes françaises; elle stipulait aussi que le monopole de la fabrication de l'alcool pourrait être concédé par voie d'adjudication à un seul industriel. Comme complément de cette réglementation et après avoir pris l'avis de M. le directeur du contrôle et des commandants de territoire, j'ai édité, à la date du 22 juillet 1896, un règlement provisoire sur la fabrication et la circulation de l'alcool en Imerina, règlement qui a institué un régime de laissez-passer, après avoir défini les conditions dans lesquelles l'autorisation de distiller pouvait être accordée, ainsi que les obligations du bouilleur et la comptabilité de ses opérations. Je n'ai pas cru devoir étendre ces dispositions aux deux provinces entières, où la surveillance des distilleries et la perception de la taxe de consommation ont été assurées par le service des douanes. La loi locale du 25 août 1896 ayant omis de prévoir des pénalités contre les contrevenants, certains délits constatés en 1897 pour fabrication clandestine dans plusieurs centres de l'Imerina avaient échappé à la répression, d'autres n'avaient pu être punis que grâce à une interprétation large, faite par la cour d'appel, du décret du 7 mars 1897 établissant les taxes de consommation à percevoir dans la colonie.

En attendant qu'un projet de réglementation nouvelle, à l'étude, ait pu aboutir, j'avais, à l'expiration de cette même année, tenté de mettre en adjudication le monopole de la fabrication de l'alcool pour le 3e territoire militaire, les cercles de Tsiafahy, Miarinarivo, Betafo, Anjozorobé et Ankazobé, non compris la ville de Tananarive et quelques

secteurs peu importants situés en dehors de l'Imerina.
Faite sur le prix de base de 20.000 francs et malgré la publicité qui lui avait été donnée, cette mise en adjudication
resta sans résultat. La revision de la loi locale du 25 août
1896 devenait donc absolument indispensable. Après une
étude approfondie, un projet de décret a été récemment
élaboré dans ce sens ; il sera soumis prochainement à l'appréciation du département. La réglementation proposée a
été étudiée en prenant pour objectif, d'une part, d'assurer
la perception de la taxe de consommation sur l'alcool sans
grever le budget de dépenses ; d'autre part, de faciliter la
création et le fonctionnement des entreprises sérieuses ;
elle prévoit notamment, dans ce double but, que, sous le
contrôle de l'agent chargé du service des contributions
indirectes, les chefs de province accorderont les autorisations de distiller, assureront la surveillance des établissements, et que l'abonnement pourra être substitué à l'exercice pour la perception des taxes de consommation.

Afin de prévenir les difficultés juridiques qu'avait soulevées l'application de la loi locale du 25 août 1896 et du décret du 7 mars 1897, elle stipule, en termes précis, les
pénalités dont seront passibles les contrevenants ; elle
maintient enfin le principe de l'interdiction dont sont
frappés les indigènes en matière de fabrication de boissons alcooliques.

A Nossi-Bé, un régime spécial a été institué, en 1897,
pour venir en aide aux planteurs déjà très éprouvés par la
ruine de l'industrie sucrière ; par un arrêté du 18 juin,
pris au cours de ma première tournée dans les circonscriptions côtières, j'ai créé à Hell-ville un dépôt central
des alcools où ces derniers sont admis en suspension du
droit de consommation. Cet arrêté stipule, en outre, qu'en
dehors de la période de distillation les cols de cygne des
alambics doivent être réunis au dépôt, d'où ils sont reti-
rés, avant chaque opération, sur une déclaration écrite

du bouilleur, indiquant le temps présumé de ladite opération et portant engagement de se soumettre au contrôle et à la visite des agents de l'administration. Toutefois, les bouilleurs conservent, selon le droit commun, la faculté de payer la taxe de consommation au fur et à mesure de la fabrication, sans faire passer leurs produits par le dépôt central, mais à la condition d'en faire la demande préalable et de s'engager à acquitter les prix de déplacement des agents chargés de procéder sur place à la constatation de la production et de son degré alcoolique.

B) Fabrication. — L'industrie de la fabrication de l'alcool n'a pris quelque importance que dans les régions côtières; peu de colons cependant paraissent vouloir s'y adonner, et à Nossi-Bé même, où elle avait été jadis florissante, les planteurs possédant des distilleries, ceux mêmes qui avaient créé les établissements les plus importants, sont décidés à l'abandonner pour se livrer à la culture des plantes tropicales. Les seules distilleries réalisant une production notable sont aux environs de Tamatave et dans la circonscription de Vatomandry. L'alcool et le rhum fabriqués trouvent leur écoulement sur place.

IV. — AUTRES INDUSTRIES

En dehors des entreprises dont je viens de rendre compte, quelques colons se sont livrés, aux environs de Tananarive, à la fabrication de la chaux, des briques et des tuiles. Des briqueteries ont été installées aux environs de Majunga et à Marolola. La compagnie qui a acquis au commencement de l'année 1897 les usines de fabrication de conserves de viande créées à Antongobato (Diégo-Suarez) a donné une vive impulsion au fonctionnement de cet établissement dont la production s'est élevée à 766.761 kilogrammes en 1898, alors qu'elle était seulement de 140.345 kilogrammes en 1897.

Je ne dois pas passer non plus sous silence le dévelop-

pement accusé par les salines de Diégo-Suarez qui ont récolté en 1898 environ 5.000 tonnes de sel, alors que précédemment la production n'avait guère dépassé 4.000 tonnes :
une première expédition de 550 tonnes a été faite à destination de Calcutta et, par l'extension donnée à son industrie,
une des sociétés compte obtenir, en 1899, une production
de 15.000 à 16.000 tonnes. Enfin, la construction de boutres,
goëlettes, chalands pontés, a pris, en particulier à Mahanoro, sur la côte Est, et à Belo, sur la côte Ouest, une activité nouvelle en rapport avec l'accroissement des besoins
du commerce local.

V. — MESURES PRISES POUR DÉVELOPPER LA COLONISATION INDUSTRIELLE A L'ÉCOLE PROFESSIONNELLE

Les mesures par lesquelles l'administration peut aider
au développement de l'industrie consistent essentiellement
dans les facilités données à la recherche des richesses naturelles du sol, dans l'application des réglementations
libérales permettant leur exploitation dans des conditions
aussi favorables que possible, en sauvegardant en même
temps les droits acquis, dans l'adoption de mesures aidant
au recrutement de la main-d'œuvre, dans l'ouverture des
voies de communication nécessaires à l'extraction, à la
fabrication et au transport des produits, enfin dans l'établissement d'une législation douanière donnant à ces produits la faculté de pouvoir lutter avec avantage contre leurs
similaires sur les marchés du monde.

J'ai déjà mentionné, au cours du présent rapport, les
efforts déployés par l'administration locale en vue de satisfaire dans la mesure du possible à ces diverses conditions.
Mes instructions aux chefs de province leur ont recommandé d'une façon spéciale d'aider, de tous les moyens en
leur pouvoir, les missions d'ingénieurs et de prospecteurs
voyageant dans leurs territoires; j'ai tenu à apporter
dans l'élaboration des réglementations ayant trait à l'in-

dustrie l'esprit le plus large, sans perdre toutefois de vue, dans l'intérêt public, l'utilité de la conservation de certaines richesses naturelles et la nécessité de n'admettre à leur exploitation que les entreprises sérieuses; j'ai réglementé la main-d'œuvre dans les territoires où notre autorité est bien assise; j'ai poussé, dans les limites des moyens financiers de la colonie, à la création d'un réseau de voies carrossables reliant les différents centres de l'intérieur entre eux et aux principaux ports; enfin, je n'ai établi de droits de sortie que contraint par l'obligation d'assurer précisément à la colonie, par la réalisation de recettes nouvelles, l'outillage économique indispensable à son développement.

Il m'a paru, cependant, que mon rôle ne devait pas se borner là et que je pouvais encore aider à l'établissement futur de nos compatriotes, en faisant former par des contremaîtres français une pléiade d'ouvriers indigènes de divers métiers. C'est le but que je me suis proposé en créant une école professionnelle à Tananarive.

J'avais eu la pensée d'organiser des établissements analogues à Tamatave, Majunga et Nossi-Bé, et cette idée a même reçu un commencement d'exécution. Mais cette courte expérience a suffi à démontrer qu'il serait difficile de trouver dans les populations de la côte des indigènes ayant les aptitudes nécessaires; que les ouvriers créoles suffisaient, pour le moment, à tous les besoins et qu'en vue de l'avenir il y avait intérêt à reporter tous les efforts sur l'école professionnelle de Tananarive, dont les apprentis pourront, plus tard, se répartir tant dans les exploitations de l'intérieur que dans celles des régions côtières.

L'école professionnelle de Tananarive a été instituée par un arrêté du 17 décembre 1896, qui a été modifié dans quelques détails par un autre arrêté du 30 décembre 1897.

Placée d'abord sous la direction du chef du service des bâtiments civils, elle a été rattachée, en 1898, à l'administration des travaux publics. Les élèves sont recrutés parm

les Malgaches qui en font la demande ; le régime de l'école
est l'externat. Après six mois de présence, les apprentis subissent un examen de capacité à la suite duquel ils reçoivent une allocation journalière variant de 10 à 25 centimes,
suivant leur classement, la durée de l'enseignement étant
de deux ans ; les élèves de seconde année qui ont satisfait à
l'examen prévu touchent un salaire quotidien allant de 25
à 60 centimes, suivant leur classement.

L'enseignement théorique professé par des fonctionnaires habitant la capitale est donné aux élèves pendant
deux heures par jour et comporte des éléments d'arithmétique, de géométrie, de géologie, de physique et de dessin,
de comptabilité commerciale et des notions sur l'industrie
du vêtement, celles du cuir et de la construction. L'instruction pratique est assurée par des contremaîtres européens
dont le nombre, fixé à six en 1897, a été porté à sept en
1898, et par un contremaître indigène, ancien élève de
l'école des arts et métiers d'Aix ; les ateliers, au nombre de
huit, sont ainsi répartis :

1º Forge, serrurerie ; 2º ajustage ; 3º ferblanterie, 4º menuiserie, charpente, ébénisterie ; 5º tissage, avec les industries annexes (sériciculture, filature, teinture) ; 6º tannerie,
corroierie, maroquinerie ; 7º poterie ; 8º horlogerie, bi-
jouterie.

Ces différents ateliers étaient fréquentés, en 1897, par
150 élèves appartenant à toutes les classes de la société malgache ; en juin 1898, l'école comptait 180 élèves ; à la rentrée des cours, non seulement l'effectif était au complet,
mais le directeur a dû refuser, faute de place, plus de 40
jeunes gens ; c'est dire la faveur dont cette institution jouit
auprès des Hovas. Les résultats obtenus n'ont pas été moins
satisfaisants. En outre des apprentis qu'elle a formés,
l'école professionnelle a suppléé à l'absence d'ateliers privés
en fabriquant des meubles, de la quincaillerie, des instruments de travail, qui ont été des plus appréciés par les ser-

vices publics et les particuliers auxquels ils ont été cédés ;
grâce à la supériorité du tannage effectué au moyen de
l'écorce de pêcher, que l'on peut se procurer assez facilement aux environs de Tananarive, elle a également pu préparer des cuirs qui rivalisent avec ceux venant de la métropole et qui sont employés par les cordonniers militaires des
troupes stationnées à Tananarive.

En dehors de cette école professionnelle, ceux des soldats
du corps d'occupation qui sont ouvriers de profession ont
été autant que possible répartis dans les principaux centres
administratifs de l'Imerina et à Fianarantsoa, où des
ateliers, dans lesquels un certain nombre d'indigènes ont
reçu un enseignement pratique, ont été ouverts sous leur
direction.

VI. — CONDITIONS DU DÉVELOPPEMENT DE LA COLONISATION DANS LES DIVERSES RÉGIONS

De la connaissance des ressources agricoles et industrielles ainsi que des caractères divers qu'offre Madagascar,
des indications recueillies sur les efforts déjà employés par
des colons et sur les mouvements des capitaux qui semblent
disposés à se porter vers notre jeune colonie, il est possible, semble-t-il, de dégager aujourd'hui quelques utiles
conclusions sur les conditions dans lesquelles l'initiative
privée trouvera sûrement à s'exercer avec fruit.

Les régions centrales ne paraissent pas convenir à de
grandes exploitations agricoles susceptibles de rémunérer
des capitaux considérables, car, en raison de la nature du
sol et des conditions atmosphériques, les cultures riches
ne semblent pas devoir y réussir ; cette appréciation est,
d'ailleurs, confirmée par les résultats infructueux des essais
qui ont été tentés.

Par contre, le climat s'y prête particulièrement à l'établissement des Européens, qui peuvent s'y livrer aux travaux

manuels sans avoir trop à redouter la fièvre et l'anémie, maux ordinaires des pays tropicaux et des régions côtières de Madagascar. On peut, d'ores et déjà, citer l'exemple de colons qui, aux environs de Tananarive, ont défriché eux-mêmes leurs concessions et qui, par le jardinage, par la transformation de marais en rizières, par l'élevage du bétail, en retirent dès maintenant des produits rémunérateurs relativement aux faibles capitaux engagés.

L'Imerina et le Betsiléo seraient donc très favorables à la colonisation de peuplement s'il n'y manquait, en ce moment, d'éléments essentiels : la fertilité du sol sur certains points et des débouchés pour les productions.

Le peuplement entier des hauts plateaux doit, par suite, être reporté à l'époque où des voies de communication permettront, d'une part, le transport des éléments fertilisants : chaux, phosphates, qui se trouvent abondamment localisés sur certains points alors que d'autres points en sont presque totalement dépourvus ; d'autre part, l'écoulement des produits des exploitations vers les principaux centres et surtout à l'extérieur.

La création de voies de communication est donc le premier facteur de la colonisation de ces régions, aussi bien au point de vue industriel qu'au point de vue agricole. D'autre part, l'exploitation des gisements aurifères ne paraît, en l'état actuel de nos connaissances, devoir procurer des bénéfices satisfaisants qu'à la condition d'être entreprise par des particuliers réduisant le plus possible les frais généraux.

Les régions qui, par leur salubrité, permettent à l'Européen une dépense active de forces physiques sont l'exception à Madagascar relativement à la vaste superficie de l'île. Dans la plus grande partie du territoire, le colon est exposé aux atteintes fréquentes de la fièvre et de l'anémie, après un séjour relativement court. Une observation faite dans la plupart des pays tropicaux est, d'ailleurs, que la

fertilité naturelle est souvent en raison directe de l'insalubrité du climat.

Dans ces régions, la colonisation ne peut se faire à peu
de frais : alors que dans l'Imerina et le Betsiléo le climat
permettra au colon de mettre lui-même, si besoin est, la
main à la pioche ou à la charrue, d'où économie de personnel, il s'oppose, dans les régions côtières, à ce que l'Européen ait un rôle autre que celui de directeur ou de surveillant de l'exploitation.

Pour pouvoir exercer cette direction ou cette surveillance avec la continuité que nécessitent la création et la
bonne marche de toute entreprise, mais surtout de celles
qui sont basées sur les cultures riches exigeant des soins
minutieux et constants, le colon a tout d'abord à se préoccuper de sauvegarder son bien le plus précieux, sa santé;
il est donc tenu à des précautions hygiéniques qui seraient
superflues sur les hauts plateaux ; après un certain temps
de séjour, il doit, en outre, aller se retremper dans un
climat sain; comme il ne dispose que d'une main-d'œuvre
imparfaite, il lui faut encore s'entourer d'un personnel
plus nombreux de contremaîtres et d'ouvriers. Sans doute,
les cultures auxquelles se prêtent, dans des conditions
très favorables, les régions côtières, peuvent, par leurs
riches produits, procurer des gains considérables, mais
elles comportent quelques aléas et surtout, avant d'entrer
en production, une période d'attente pendant laquelle le
colon doit vivre sur ses ressources propres et non sur les
revenus de son exploitation. Pour toutes ces raisons, il
doit disposer d'un capital dont l'importance variera avec
celle de son exploitation, avec les charges de famille du
planteur, etc., mais qui ne saurait être inférieur à un
chiffre relativement élevé.

Le colon qui ne possédera que des ressources moyennes
devra donc, semble-t-il, s'établir dans des conditions telles
qu'il puisse affecter directement son capital au but immé-

diat de son entreprise, c'est-à-dire à l'exploitation du sol, déduction faite de ce qui sera nécessaire à son installation et à son entretien. Il sera, en outre, essentiel qu'il ne dissémine pas ses efforts en voulant mettre en valeur une superficie trop grande par rapport au chiffre de ses ressources.

Il y a évidemment, entre l'étendue de la concession et les dépenses que comportera son exploitation une relation étroite que la pratique permet aisément de déterminer au bout de peu de temps, d'après la nature des cultures à entreprendre et le coût de la main-d'œuvre.

On peut considérer que, pour les cultures riches, il faut en moyenne cinq ouvriers par hectare. Il est donc indispensable que les terrains sur lesquels s'établira le colon réunissent à la fois ces deux conditions : fertilité naturelle et minimum de travaux préparatoires pour être susceptibles de recevoir les cultures. Les opérations de gros défrichement, celles de desséchement, de drainage, etc., contribueraient largement à l'utilité générale, mais ne feraient qu'absorber inutilement les capitaux restreints du colon, puisque celui-ci peut faire choix des terres les meilleures, les plus avantageusement situées, où, par conséquent, ces gros et dispendieux travaux ne s'imposeront pas. Il faut, en outre, que le pays soit entièrement pacifié, la population indigène douce et maniable.

Lorsque ces conditions sont réunies, c'est la moyenne colonisation qui peut contribuer le plus efficacement à la richesse du pays, car le colon qui n'a à exercer son activité que sur un champ restreint peut donner à son exploitation une direction toute personnelle, en suivre avec le plus grand soin les diverses phases, sans surmenage, sans préoccupations multiples et, par conséquent, sans qu'il en résulte pour lui un affaiblissement de qualités physiques et intellectuelles.

Les basses et moyennes vallées des cours d'eau qui descendent sur le versant oriental, particulièrement dans les circonscriptions de Sambavaha et d'Antalaha, de Vatomandry et de Mahanoro, de Mananjary, de Farafangana, les environs de Fort-Dauphin, paraissent particulièrement convenir à cette colonisation.

Enfin, en dehors des territoires où l'établissement de notre influence se heurte à la résistance ouverte des populations et où les entreprises de colonisation seraient, par conséquent, prématurées, la colonie comprend encore des étendues considérables où l'acceptation de notre autorité par les indigènes étant de fraîche date, le colon qui ne dispose que de ressources moyennes n'aurait, d'abord, aucun intérêt à s'installer et ne pourrait, d'ailleurs, trouver dans le pays les éléments nécessaires pour réussir.

Les peuplades qui les habitent sont méfiantes et réfractaires au travail. Pourtant, la reconnaissance de ces régions, les études dont elles ont fait l'objet au point de vue économique, lorsque les préoccupations militaires sont devenues moins intenses, ont révélé des richesses naturelles et une fertilité dont il serait regrettable de ne pas chercher à tirer profit.

Leur mise en valeur pourra être effectuée au moyen de la grande colonisation.

Par une circulaire du 22 janvier 1898, j'ai cru utile d'exposer ces idées aux chefs de province, en leur indiquant, en même temps, les principes qui m'avaient guidé dans l'attribution à des sociétés, sous réserve de la haute approbation du département, de vastes superficies de terrains de culture, de pâturages et de forêts.

CHAPITRE VII

Domaines et régime foncier. — Topographie.

Organisation et fonctionnement du service des domaines. — Régime
de la propriété foncière à Madagascar. — Timbre et successions vacantes. — Organisation et fonctionnement du service topographique.
— Travaux du service topographique.

---

§ 1ᵉʳ. — Généralités.

La détermination des garanties destinées à assurer
contre les revendications des tiers la sécurité de la propriété foncière est une condition essentielle du développement économique de tout pays, de l'essor de la colonisation. Elle s'imposait à Madagascar d'autant plus impérieusement que les lois du royaume malgache maintenaient,
en droit, dans un état de précarité complète la possession
immobilière. Telle a été la tâche à laquelle se sont assidû-
ment appliqués le service des domaines et le service topographique.

§ 2. — Domaines et régime foncier.

I. — Organisation et fonctionnement du service

L'importance que devaient revêtir à Madagascar les
questions de propriété avait provoqué, dès le début de
notre occupation, la création d'un service des domaines
dont l'organisation et le fonctionnement ont été assurés
jusqu'ici par M. l'inspecteur des domaines Bartholomé, à
qui ont été adjoints successivement un commis principal

et quatre receveurs, les derniers résidant respectivement à Tananarive, Tamatave, Majunga et Mananjary. La création à Fianarantsoa d'un nouvel emploi de même nature sera réalisée dans le courant de l'année 1899.

Grâce à la compétence et au dévouement de ce personnel, le régime foncier adopté pour la grande île a pu déjà recevoir une pleine application qui a justifié son opportunité. Les réformes effectuées dans le but d'asseoir définitivement la propriété dans notre nouvelle possession, ainsi que les résultats obtenus, témoignent, du reste, du zèle éclairé que le chef du service des domaines a apporté à l'exécution de sa tâche.

Un arrêté du 29 juillet 1896 a nommé M. Bartholomé conservateur de la propriété foncière. Dans un but de décentralisation et pour rendre plus rapides et plus faciles les transmissions de propriété, j'ai créé, le 4 novembre 1897, des sous-conservations à Tamatave, Majunga, Diégo-Suarez et Nossi-Bé. Toutefois, pour un motif d'économie, j'ai décidé que le service de ces deux dernières sous-conservations serait, jusqu'à nouvel ordre, assuré par des agents administratifs attachés aux bureaux des administrations de province où elles sont situées.

II. — Régime de la propriété foncière a Madagascar

A) LA PROPRIÉTÉ A MADAGASCAR AVANT LA CONQUÊTE

Lors de la conquête, le régime de la propriété à Madagascar pouvait se résumer ainsi :

La reine détenait le domaine éminent sur tout le territoire.

« La terre est à moi, dit Andrianampoinimérina, et je la partage comme il me plaît...

» Ainsi, je vous le déclare, l'Imerina et le royaume sont

à moi, mais je les partagerai entre vous, car je n'ai pas assez d'argent ni de troupeaux de bœufs; mais je vous attribuerai des terrains pour vous entretenir, parce que la terre et le royaume sont à moi. » (Kabary d'Andrianampoinimérina, subdivisant l'Imerina par cents et par mille pour la perception de l'impôt.)

Ce domaine éminent a été conservé presque intact par l'autorité royale, malgré les tentatives d'individualisation et l'abandon graduel de la propriété collective. Un désir du souverain suffisait pour enlever au possesseur précaire le fruit de son travail et les efforts combinés de plusieurs générations.

L'évolution de la civilisation à la suite de la conquête avait cependant modifié cet état de choses dans une certaine mesure.

Cinq facteurs importants ont présidé à cette évolution :

1º Le besoin qu'éprouvait le souverain, tout en conservant un patrimoine personnel, d'assurer à sa descendance une suprématie sur le peuple et des moyens de vivre selon son rang ;

2º La nécessité, pour le roi conquérant, de faire accepter son autorité par son nouveau vassal, au moyen de l'abandon d'une partie de ses droits sur les territoires conquis.

Ces considérations ont amené progressivement la division des terres en terres lavavola, terres menabé, vodivona ;

3º L'avènement au pouvoir de la caste hova et son désir d'amoindrir à son profit et la puissance royale et l'influence des Andriana. Le régime des terres dites lohombitany a été la conséquence de la suprématie hova.

4º L'attachement passionné du Malgache à sa terre et l'effort tenté au milieu de la collectivité pour s'affranchir du joug des Fokon'olona.

Ces faits ont engendré l'appropriation du sol, puis la faculté, passivement reconnue aux détenteurs de maisons, de vendre leurs immeubles, même en dehors de leur caste ;

5° La faveur des rois constituant des propriétés exemptes d'impôts au profit de sujets ayant bien mérité et accordant aux guerriers les terres prises sur l'ennemi.

L'organisation des terres dites petit lohombitany et tendry-loka a été le résultat du désir qu'éprouvait le souverain de s'attacher son sujet et d'assurer une prime au soldat conquérant.

La spécialisation de la propriété en est découlée peu à peu.

Il convient de passer en revue l'une et l'autre de ces formes de la propriété, en s'efforçant de dégager de leur enchaînement progressif le régime en vigueur lors de la conquête.

« *Terres foana ou lavavola.* — Les grandes forêts et les terres non occupées (foana, terrain désert inoccupé), porte l'article 91 de la proclamation du 29 mars 1891, appartiennent au gouvernement; personne ne peut les donner à bail ou les vendre sans la permission du gouvernement; les contrevenants sont passibles de vingt ans de fers. »

Ce domaine échappe donc à la circulation, c'est une sorte de domaine public inaliénable; le souverain le démembre parfois pour en constituer un vodivona, mais son essence même, c'est l'inaliénabilité. Une sorte d'appropriation par la culture en est cependant permise aux indigènes.

« Je défends, dit Andrianampoinimérina, qu'on y plante des arbres, qu'on y fasse de la culture annuelle. Celui qui en prendra plus qu'il ne peut cultiver, je le punirai. »

Terres menabé. — Les terres menabé forment le patrimoine, le fief du souverain (l'avaradrano et le voromahery).

L'impôt sur les rizières (isampangady) et la taxe d'abatage sur les bestiaux (vodyhena) reviennent en totalité au souverain sur toute l'étendue de ce territoire.

Vodivona (fiefs). — Les premiers vodivona ont été constitués au profit des descendants d'Andriamasinavalona. Andrianampoinimérina leur donna une organisation définitive et en établit de nouveaux au profit des descendants des rois vaincus (notamment dans le Betsiléo).

Le tompomenakely (le maître du menakely) a droit à une fraction de l'impôt, le surplus revenant au souverain ; il est responsable du recouvrement de cet impôt. Le menakely est attaché au sol, non comme le serf à la glèbe, puisqu'il peut quitter le vodivona ; mais s'il s'établit dans un autre vodivona, sa possession précaire ne saurait lui survivre ; ses biens, qu'il ne peut vendre, sont transmis à un autre menakely. Sous cette restriction, les biens du menakely peuvent passer à ses enfants ; s'il meurt sans héritiers ou sans avoir testé, ses biens tombent en déshérence (matynomba). Le tompomenakely en recueille une portion (la moitié ou le tiers), l'autre portion fait retour au souverain.

Le vodivona se transmet soit par héritage aux descendants directs, soit même selon la volonté du testateur ratifiée par le souverain, mais, dans cette hypothèse, la dévolution ne peut s'opérer qu'en faveur d'un membre de l'une des trois premières castes.

Lohombitany. — Le lohombitany naquit de l'influence des Hovas, et surtout de la toute-puissance de Rainilaïarivony. Dans le but d'accroître sa puissance et de marcher de pair avec la famille royale, le premier ministre s'adjugea pour lui et les siens d'immenses territoires, sur lesquels le bénéficiaire jouissait de tous les droits dévolus à un tompomenakely.

Le vodivona et le lohombitany avaient entre eux de grandes affinités ; mais l'un formait l'objet des prérogatives des trois premières castes, l'autre au contraire dérivait de la toute-puissance d'un Hova ; il était le résultat d'usurpations que la force avait consacrées.

Constitution de la propriété collective sous Andrianampoi-nimérina. Acheminement vers la propriété individuelle. — La nécessité de faire rentrer les impôts a déterminé l'organisation de la propriété collective, sous réserve toutefois du domaine éminent au profit du souverain.

« Je vais faire, dit Andrianampoinimérina, la division de la terre en la distribuant proportionnellement par lots, afin que vous fassiez mon service; ainsi, je veux que vous ayez part égale, ô mon peuple...; je vous donnerai les vallées et les marais, parce que c'est moi le seigneur de la terre, mais je vous les donnerai afin que vous fassiez mon service et pour vous entretenir. »

A la suite du kabary du roi, la terre fut partagée avec des formes solennelles entre les fokon'olona; dès lors commença l'appropriation par le travail, qui donna naissance à une sorte de propriété individuelle, quoique fort précaire.

En effet, on ne peut vendre une rizière portant hitra, c'est-à-dire soumise à l'impôt. Cependant, dans la pratique, la rizière passe aux héritiers du tenancier.

Le droit de la collectivité subsiste implicitement, le fokon'olona peut procéder à un nouveau partage de son territoire, si le nombre de ses membres s'est augmenté, car chaque habitant a droit à sa part du bien commun. Il est juste d'ajouter que, dans la pratique, ce fait ne se produit pas, les membres communistes ayant tout intérêt à ne pas voir décroître leur part. C'est le collectivisme théorique, professé surtout par celui qui est exclu du partage.

Peu à peu, l'individu qui avait cultivé une terre et bâti une maison s'habitua à les considérer comme siennes.

La prohibition de vendre les terres, qui s'appliquait particulièrement aux hetra, tomba en désuétude.

L'article 85 de la loi de 1881, ainsi conçu : « Les terres malgaches ne peuvent être vendues ni hypothéquées aux étrangers ni à qui que ce soit, excepté entre sujets malgaches », consacra donc un fait acquis depuis long-temps.

L'acheminement vers la propriété individuelle avait eu lieu sans effort, dans une marche progressive qui suivait le développement de la civilisation et l'accroissement des besoins de l'individu.

La constitution des petits lobombitany et des tendryloka, en faveur des sujets que le souverain voulait récompenser, contribua, dans une large mesure, à l'évolution.

Le propriétaire de ces terres échappant tout à la fois à l'impôt et à la sujétion du fokon'olona, il était fondé à envisager sa possession comme définitive, puisqu'il avait le droit de vendre sa propriété à qui bon lui semblait.

Une restriction importante au droit de propriété subsistait encore : le domaine éminent du roi; mais ce droit souverain s'amoindrissait de jour en jour ; quelques générations l'eussent fait disparaître.

Toutefois, la reine s'efforçait de le maintenir pour lutter contre l'envahissement de l'étranger. Les ambassadeurs hovas déclarèrent s'en prévaloir dans leur note du 22 novembre 1882 au gouvernement français (Livre jaune de 1883). Ils n'hésitent pas, en effet, à assimiler Madagascar aux «États d'Orient », où la propriété n'est accordée, même aux sujets de la couronne, que sous forme de délégation indéfinie de la possession de la terre, en vertu de la tradition qui rend le souverain maître du sol.

B) La propriété privée a Madagascar après la conquête. Application du régime de l'immatriculation. — Il importe, si l'on veut se rendre exactement compte de la situation des Européens à Madagascar lors de la conquête, d'examiner brièvement les diverses formes de transmission de la propriété en usage dans le peuple malgache à notre arrivée.

De cette étude découleront les déductions qui ont conduit à l'établissement du régime foncier actuel.

Différentes formes usitées pour l'aliénation et la location des propriétés entre indigènes. — *La vente (varo-maty), le contrat à réméré (fehivava), le bail (hofa).* — La loi de 1881 régularisa les conditions des ventes qui, malgré les anciennes défenses, avait fini par devenir nombreuses ; cette loi est la véritable reconnaissance de la propriété individuelle.

Les Malgaches pouvaient donc vendre ou donner en gage leurs immeubles, mais la sanction du droit éminent de la reine sur toute la terre se retrouve dans l'obligation imposée aux contractants, sous peine de nullité, de déclarer la vente au gouvernement.

Les intéressés se présentaient devant le gouverneur, qui rédigeait, en présence de témoins, les conventions des parties. Une sorte de régime hypothécaire avait été organisé : il consistait dans l'inscription des créances qui grevaient les immeubles en marge de l'acte constitutif de propriété. Lors du remboursement de la créance, une nouvelle mention mise en marge du registre suffisait pour radier l'inscription.

La forme la plus usitée du contrat de prêt consiste dans une sorte de vente à réméré (fehivava), offrant également des analogies avec l'antichrèse.

L'emprunteur cède ses terres ou sa maison en gage, et si, après un délai fixé, le prêteur n'est pas remboursé, l'immeuble devient sa propriété définitive. Cette forme de contrat doit sa naissance à la défense qui était faite, aux détenteurs de rizières frappées de hetra, de vendre leur propriété.

L'amodiation était fort usitée, mais la crainte de l'étranger l'avait fait entourer de clauses draconiennes. A peine de nullité, porte l'article 81 de la loi de 1881, les actes donnant à bail des terres devront être soumis aux autorités pour être certifiés, recevoir le sceau et être copiés dans les livres du gouvernement.

Situation des Européens à Madagascar au point de vue de la

propriété. Les traités de 1865-1885. *Les baux emphytéotiques.*
Les grandes concessions. — Dans leurs luttes contre l'étranger, les dynasties malgaches ont toujours considéré que
la meilleure arme contre l'envahisseur était l'entrave mise
au droit de posséder. Cet argument n'était pas sans valeur,
car l'absence de sécurité en ce qui concerne ses droits de
propriété rebute généralement l'arrivant ou, tout au moins,
l'empêche de se livrer à de grands travaux de colonisation.
Quoi qu'il en soit, le gouvernement britannique était
parvenu, grâce à la ténacité qui le caractérise, à obtenir,
dans le traité du 27 juin 1865, une quasi reconnaissance
du droit de propriété qui nous était concédé également
en 1868.

Toutefois, le texte prêtait à équivoque et le mauvais vouloir du gouvernement hova paralysa toujours les résultats
qu'on était en droit d'espérer.

Enfin, à la suite des difficultés issues de la liquidation de
la succession de Jean Laborde, l'article 85 de la loi de 1881
trancha la question d'une manière décisive en défendant
aux Malgaches de vendre ou d'hypothéquer leurs terres aux
étrangers; la peine des travaux forcés à perpétuité sanc-
tionnait cette prohibition.

Baux emphytéotiques. — La guerre de 1883-1885 ne suffit
pas pour conquérir aux Français le droit de posséder
à Madagascar; le traité conclu à l'issue de la campagne
réglementa simplement la forme des baux.

« Les citoyens français, porte ce traité, auront la
faculté de louer, pour une durée indéterminée, par bail
emphytéotique, renouvelable au gré des parties, les terres,
maisons, magasins et toutes les autres propriétés immobilières;... les baux seront passés par acte authentique
devant le résident et les magistrats du pays, et leur stricte
exécution garantie par le gouvernement. »

Les baux étaient, il est vrai, renouvelables au gré des
parties, mais, dans la pratique, l'étranger se heurtait au

mauvais vouloir du gouvernement, et son droit de location restait fort précaire.

Sur la côte Est, et notamment à Tamatave, les baux empruntent presque tous la même forme. La location est consentie moyennant une somme déterminée, pour une période de vingt ou vingt-cinq années. Cette période est renouvelable, mais, à l'issue du bail, toutes les constructions reviennent au propriétaire sans aucune indemnité.

Ces clauses, interprétées par un peuple sans scrupules, laissaient l'étranger dans un état d'insécurité absolue. Quoi qu'il fît, sa possession restait soumise à de graves aléas provenant de la rapacité et du mauvais vouloir des gouverneurs.

Grandes concessions. — L'influence que certains Européens surent prendre auprès du premier ministre détermina l'octroi de quelques grandes concessions.

Ces concessions étaient accordées presque toutes dans la même forme.

Le preneur devait verser un cautionnement en garantie de ses engagements, il servait à la reine une part des bénéfices provenant de son exploitation ; le premier ministre en recueillait une autre part.

A l'expiration du premier délai fixé, le preneur avait la faculté de demander le renouvellement de la concession. Lorsque le concessionnaire abandonnait une exploitation, tous les bâtiments, outils ou machines revenaient au gouvernement malgache.

Les clauses de ces contrats ne présentaient aucune cohésion ; elles étaient formulées d'une façon vague et indéterminée, laissant place à l'arbitraire du premier ministre, qui pouvait annuler la concession pour des motifs parfois futiles.

On comprend aisément, dans ces conditions, l'hésitation qu'éprouvaient les capitalistes à lancer des affaires à Madagascar.

Mais, à vrai dire, si l'octroi des concessions était, pour le premier ministre, un moyen de battre monnaie, certains concessionnaires y voyaient, d'autre part, des ressources précieuses.

Ceux qui étaient besogneux cherchaient à vendre leur contrat pour une somme quelconque, si minime fût-elle ; certains autres conservaient leur titre en portefeuille, attendant des temps meilleurs ; dans leur esprit, c'était toujours une lettre de change tirée sur la future indemnité de guerre.

L'histoire de notre expansion coloniale est pleine de ces exemples ; au jour de la conquête, on se trouve toujours en présence de droits hypothétiques soigneusement dissimulés jusque-là, et qui surgissent à point nommé pour justifier des demandes d'indemnités fabuleuses.

Cette théorie s'est justifiée pleinement à Madagascar. Les demandes d'indemnités s'y sont élevées au chiffre énorme de 60 millions de francs ; on y a même vu certain personnage, tristement célèbre, demander des indemnités pour les troubles qu'apportait à de problématiques exploitations une guerre dont il avait été l'instigateur et le principal agent d'exécution.

Loi du 9 mars 1896 sur la propriété foncière. — On a pu se rendre compte des entraves considérables apportées par les Hovas à l'établissement des Européens dans l'île. Le gouvernement devait donc, avant toute autre préoccupation, assurer la condition de ses nationaux au point de vue de la propriété.

Deux problèmes étaient à résoudre à Madagascar :

1º Constituer et transformer la propriété foncière indigène de façon à la livrer à la circulation et à la faire rentrer dans notre système économique ;

2º Développer le crédit foncier par un accroissement de sécurité et la simplification des procédés servant à constituer et à réaliser le gage (Dain, *le système Torrens et son application*).

On s'est efforcé, dans la loi du 9 mars 1896 sur la propriété foncière, d'obtenir ce résultat : 1° par une reconnaissance, en faveur des indigènes, de la propriété des terrains sur lesquels ils avaient bâti ou qu'ils avaient eu l'habitude de cultiver; 2° par l'établissement d'un système basé sur l'act Torrens qui a fait ses preuves en Australie, dans la Nouvelle-Galles du Sud, et enfin en Tunisie.

Dans le système de l'act Torrens, le propriétaire qui veut placer son immeuble sous ce régime doit faire procéder à un bornage préalable, dresser un plan et adresser, avec titre à l'appui, une demande en immatriculation au registrar general.

Ce fonctionnaire, auquel incombe principalement le soin d'appliquer la loi, est investi des attributions les plus étendues : il statue en premier ressort sur les demandes en immatriculation, les admet ou les rejette, sauf le droit réservé aux parties de se pourvoir contre sa décision; après vérification des droits réclamés sur l'immeuble qui sont portés à la connaissance du public par la voie de la publicité, il rédige les titres de propriété et les inscrit sur les registres fonciers dont la conservation et la tenue lui sont confiées.

Une copie de ces lettres est remise aux intéressés avec un plan de l'immeuble. A partir de ce moment l'immeuble est immatriculé, la purge de la propriété est définitivement accompli; nul ne peut se prévaloir d'un droit réel qui ne serait pas inscrit sur le titre et le registre.

Les avantages de ce système sont considérables; ils consistent surtout dans :

1° La sécurité du crédit assurée par une large publicité hypothécaire et la suppression des hypothèques occultes; le gage offert au prêteur est inaliénable; la valeur et l'étendue en sont exactement déterminées;

2º La mobilisation de la propriété.

Aucune opération n'est valable si elle n'est mentionnée, à la fois, sur les registres du conservateur et sur le titre qui se trouve entre les mains du propriétaire; mais comme la transmission s'opère au moyen d'une simple mention de transfert, la propriété circule sans aucun obstacle, sans qu'il soit nécessaire de recourir à la transcription ou à la purge des hypothèques;

3º La possibilité d'emprunter sur titre.

Il suffit, en effet, de remettre son titre au banquier pour que celui-ci avance une somme d'argent remboursable à brève échéance. La sécurité du banquier est absolue, puisque aucune inscription ne peut être prise par des tiers sur l'immeuble, sans que cette inscription figure, à la fois, sur les registres du conservateur et sur le titre qui reste entre ses mains.

L'emprunteur, de son côté, n'est soumis à aucune formalité et n'est pas contraint de livrer au public le secret d'une gêne momentanée; lors du remboursement, le prêteur remet à l'emprunteur son titre et il ne reste aucune trace d'une opération qui, rendue publique, pouvait entamer le crédit de ce dernier.

Une pratique de dix années ayant démontré en Tunisie l'excellence de ce système, le département prescrivit de l'introduire à Madagascar avec les modifications que comportait l'état du pays.

L'arrêté du 10 septembre 1896, promulgué au *Journal officiel* de la colonie à la date du 4 octobre 1896, mit le système en vigueur, mais en le laissant facultatif (sauf en ce qui concerne les terres données en concession), afin de laisser à l'initiative privée le soin de se prononcer en sa faveur.

Sur ces entrefaites, la nouvelle de l'annexion de Madagascar parvint dans la colonie; dans ces conditions, on crut devoir modifier une loi qui avait été conçue pour un pays de protectorat et non pour une colonie française.

Le décret du 16 juillet 1897 fixe ces modifications qui se résument ainsi : le tribunal mixte, composé de magistrats français et indigènes, est remplacé par le tribunal de première instance ou le juge à compétence étendue qui, statuant au fond et dans la forme ordinaire, prononce l'admission en tout ou en partie de l'immatriculation.

L'obligation de faire immatriculer est imposée :

1° Dans tous les cas de vente, location ou concession de terrains domaniaux ;

2° Dans tous les cas où des Européens ou assimilés se rendront acquéreurs de biens appartenant à des indigènes.

Mais, à vrai dire, l'obligation imposée dans ces derniers cas reste lettre morte puisqu'elle est dépourvue de sanction ; l'immatriculation est donc laissée, comme précédemment, à l'initiative des intéressés, sauf en matière de concessions. Le nombre des créances privilégiées grevant les immeubles en dehors de toute inscription a été augmenté.

Cette modification accroît la sécurité des créanciers privilégiés, mais elle diminue dans les mêmes proportions le gage des créanciers hypothécaires. La pratique montrera, il faut l'espérer, qu'on n'a pas porté atteinte au principe de spécialisation de l'hypothèque qui doit dominer tout système basé sur « l'act Torrens ».

Enfin, la procédure en matière de saisie immobilière a été simplifiée par l'adoption, en ce qui concerne les immeubles immatriculés, d'une procédure analogue à celle instituée par la loi du 26 février 1852 pour l'expropriation et la vente des immeubles hypothéqués au profit des sociétés de crédit foncier.

On pourra se rendre compte, au cours de ce travail, des résultats obtenus par l'application du système foncier à Madagascar.

C) Constitution du domaine privé de la colonie. Les confiscations. L'ancien domaine royal. — Le domaine privé de la colonie a été constitué principalement avec les immeubles confisqués aux rebelles et avec les propriétés formant l'apanage de l'ancienne dynastie malgache.

La loi malgache de 1881 punit de la peine capitale et de la confiscation des biens les rebelles et leurs complices.

Il devient nécessaire, dans un but politique, d'appliquer ces dispositions. La recherche des biens ayant appartenu aux rebelles a donné lieu à de longues et pénibles enquêtes au cours desquelles on eut à lutter contre la mauvaise foi des indigènes intéressés à dissimuler leurs biens. Quoi qu'il en soit, on est arrivé à reconstituer, pour la majeure partie, les droits de propriété des condamnés, et la plupart des services publics ont trouvé à s'installer dans des bâtiments provenant des confiscations.

D'autre part, on n'a pas négligé les propriétés rurales disséminées dans l'île et provenant de la même origine.

La circulaire du 30 avril 1897 prescrit aux commandants de cercle d'accueillir et de provoquer les demandes de location ou de vente relatives aux rizières. L'application de ces prescriptions a procuré au budget local une somme de revenus importants. Des motifs politiques ont cependant fait attribuer à titre de don quelques-uns de ces immeubles à des veuves ou à des enfants d'indigènes qui ont reçu la mort en défendant la cause française.

L'arrêté du 28 février 1897 attribua enfin au domaine tous les biens meubles et immeubles de la reine. Les propriétés bâties formaient un patrimoine important qui a été utilisé pour les besoins de la colonie. Les immeubles ruraux ont été loués ou vendus dans les mêmes conditions que ceux confisqués aux rebelles.

Consistance et tableau des propriétés de l'Etat. — Le travail de classification et de reconnaissance des immeubles dépendant du domaine privé de la colonie se poursuit avec activité. La plupart des immeubles urbains ont fait l'objet d'une procédure en immatriculation, et les titres de propriété, établis au nom de la colonie, sont classés dans les archives du service.

Les autres immeubles font l'objet d'un procès-verbal de reconnaissance et d'un plan; un dossier spécial est constitué pour chacun d'eux et le public peut consulter sur place ces documents, quand il désire se rendre acquéreur de terrains domaniaux.

Enfin, les divers bureaux de l'île ont reçu des instructions dans le but de créer les sommiers de consistance des propriétés de l'État : l'un, des propriétés affectées à un service public, présente, article par article, les biens affectés à chaque service, avec indication de la nature, de la contenance et de la situation de chaque propriété, de sa valeur approximative en capital, de la date de l'affectation, de la désignation de l'acte qui l'a autorisée et de l'usage auquel la propriété est destinée; — l'autre, des propriétés non affectées, offre tous les renseignements nécessaires sur la situation, la nature, la contenance, la valeur approximative et la date de la prise de possession.

En réunissant ces documents, l'administration sera en mesure de suivre le sort de tous les immeubles domaniaux et d'assurer leur conservation.

D) Constitution du domaine municipal. — La constitution de municipalités à Diégo-Suarez, Nossi-Bé, Tamatave, Majunga, Tananarive et Fianarantsoa a provoqué la création d'un domaine municipal dans ces localités. La colonie leur a attribué les immeubles occupés par les services et les terrains vacants compris dans le périmètre urbain. Cette dotation assurera des ressources aux communes, elle leur donne l'autonomie nécessaire à toute bonne organisation municipale.

Organisation du domaine municipal à Majunga. — L'organisation du domaine à Majunga fut particulièrement difficile.

Avant la campagne de 1895, Majunga n'était qu'une

bourgade de faible importance. Les Français s'y comptaient, et quant aux Hovas, éloignés par une crainte invétérée du séjour à la côte, ils n'y étaient guère plus nombreux. Le gouverneur avait même choisi Mevatanana comme résidence. Les seuls habitants méritant d'être comptés au point de vue spécial qui nous occupe étaient les Indiens. Parmi eux, d'ailleurs, s'en trouvaient un certain nombre qui, nés dans le pays, étaient considérés comme de véritables Malgaches, et quelques-uns même étaient inscrits sur les contrôles de la vice-résidence de France.

Aussi, jusqu'à ce jour encore, tout ou presque tout ce qui, comme propriété immobilière, présente une réelle valeur est-il entre les mains d'Indiens aborigènes ou immigrés.

Leur établissement et leur prise de possession avaient eu pour base des cessions plus ou moins régulières faites par des indigènes. Mais, à la suite de la promulgation du code malgache d'une part, de l'installation du consul anglais à Majunga en second lieu, et enfin des traités de 1890 entre les puissances européennes, ils songèrent (ou l'on songea pour eux) à faire reconnaître leurs droits dans la forme prévue par la législation locale, et tous ceux qui n'étaient point originaires de Madagascar furent pourvus, par les soins du gouvernement hova, de baux emphytéotiques.

Cependant, au moment où la campagne fut décidée, un mouvement considérable se produisit, amenant à Majunga une foule de commerçants, traitants et ouvriers de toutes nationalités, des Français, des créoles et métis de la Réunion en grand nombre, des Grecs, des Syriens; il fallut songer à l'installation de tous.

D'autre part, les quelques Hovas résidant à Majunga avaient, dès avant le commencement des hostilités, repris la route de l'Imerina, cédant, à qui voulaient leur en donner

quelques sous, tous les terrains dont ils se disaient propriétaires.

Successivement l'autorité militaire qui, vu l'état de siège,
avait l'administration de la ville, confisqua les biens des
fuyards, cédés par eux à des tiers (arrêté du 25 mars 1895),
fit louer ces mêmes biens à leurs prétendus acquéreurs, fixa
les conditions d'occupation des terrains disponibles pour
la durée de la guerre (arrêtés des 21 janvier, 14 février et
25 mai 1895). Mais comme, d'une part, l'autorité militaire
tenait à laisser à l'autorité civile qui devait lui succéder le
soin de l'organisation définitive ; comme, d'autre part, il
fallait aussi prévoir l'éventualité d'un échec, toutes les dispositions des documents énumérés plus haut étaient faites
sous les plus amples réserves. C'est ainsi qu'en particulier
l'arrêté du 25 mai 1895 n'accordait aux bénéficiaires d'autorisation d'occupation qu'un droit d'usufruit temporaire,
personnel, limité à la durée de la guerre, incessible et
intransmissible même par voie de succession.

Après la fin des hostilités et l'installation du protectorat
français à Madagascar, un premier essai de régularisation
des titres délivrés au cours de la campagne fut tenté par
l'administration civile.

En conformité d'instructions provoquées par lui et contenues dans divers documents, et notamment dans une
lettre de mon prédécesseur en date du 9 mai 1896, M. le
résident Mizon prenait un arrêté et accordait à divers
colons la conversion en concession définitive des autorisations d'occupation provisoire consenties pendant la campagne. Et, toujours en vertu des mêmes textes et instructions,
il délivrait en même temps de nouvelles concessions. Les
titres remis aux colons dans ces différents cas devaient
eux-mêmes être remplacés par des certificats de propriété
délivrés par le directeur de l'agriculture et du domaine.

En somme, la propriété était on ne peut plus vaguement
et diversement assise : baux emphytéotiques, autorisations

provisoires d'occupation, concessions soumises à l'approbation de l'administration supérieure ; aucun des actes de l'espèce n'autorisait les titulaires à revendiquer la pleine et absolue propriété de la parcelle de terrain qu'ils détenaient.

Il fallut remédier à cette situation. Depuis août 1896, Madagascar était devenue colonie française, les lois françaises y prenaient pied et l'arrêté du 10 septembre 1896 (converti ultérieurement en décret, 17 juillet 1897) y avait institué un régime foncier en harmonie avec le nouveau régime politique.

Un moyen pratique d'arriver à cette régularisation semblait d'ailleurs s'imposer de lui-même : l'immatriculation, base du régime foncier de la colonie, devait assurer aux propriétaires des droits désormais incontestables ; mais encore, pour acquérir l'immatriculation, fallait-il justifier du droit que l'on prétendait posséder.

La loi du 9 mars 1896 sur la propriété foncière avait prévu le cas en ce qui concerne les Malgaches. Par le fait de l'occupation ininterrompue pendant un laps de temps appréciable ou de l'utilisation par la construction ou la culture, le droit de propriété naissait au profit de l'indigène ; mais, en dehors de ces cas, il n'en était aucun autre qui fût prévu. Et, cependant, il y avait intérêt à arriver à une régularisation générale. Le seconde loi du 9 mars 1896, abrogée et remplacée par l'arrêté du 2 novembre suivant, n'avait guère réglementé que les concessions rurales, mais l'article 9 (qui se trouve reproduit sous le même numéro dans la loi et l'arrêté) autorisait la mise en vigueur d'une réglementation toute spéciale et même absolument différente pour les terrains vacants ayant une valeur exceptionnelle par suite de leur situation dans un lieu habité ou pour toute autre raison.

C'est cette réglementation spéciale qu'il s'agissait de créer.

Dans ce but, fut mis à l'étude un projet d'arrêté ayant pour objet tant la régularisation des anciens titres que la délivrance de nouvelles concessions.

Pour ce dernier point, le système de l'adjudication devait servir de base, et il y avait lieu de procéder en même temps à l'élaboration d'un cahier des charges et conditions des adjudications de l'espèce.

L'arrêté fut inséré au *Journal officiel* de la colonie du 6 novembre 1897.

Sous sa nouvelle forme, il réglementait le mode de conversion d'autorisations provisoires délivrées pendant la campagne (art. 1er) et prescrivait la mise en vente, au fur et à mesure des besoins de la colonisation, des terrains disponibles du domaine communal (art. 2 et 3).

Le délai pour la conversion des autorisations provisoires était d'un an à dater du 30 octobre 1897. Or, à raison des mesures prises pour provoquer cette régularisation, l'application du texte a été presque générale. Et grâce, en outre, à une mesure de bienveillance prise par l'administration municipale, les bénéficiaires de ces autorisations qui n'en ont point encore demandé la conversion ont été invités à le faire sans délai et leurs demandes sont encore actuellement acceptées et instruites.

L'administration, dans un but de large tolérance et en vue d'assurer de sérieux avantages aux colons de la première heure, a, dans beaucoup de cas, passé outre à certaines irrégularités constatées et, par des mesures de pure faveur, consenti à reconnaître des droits contestables et à les sanctionner.

De ce fait, de nombreux actes, à titre de transaction amiable, ont été préparés pour le compte de la commune de Majunga. Le tableau ci-après présente la situation comparée aux dates de mai 1897 et février 1899.

A titre de renseignement complémentaire, il y a lieu d'ajouter que le montant des sommes versées pour parfaire le prix de 1 fr. 10 par mètre carré exigible a produit la somme totale de 8.005 fr. 52.

Ces résultats, si l'on considère la préparation des actes de cession définitive, la rédaction et l'envoi des avis invitant les détenteurs d'autorisations provisoires à en demander la conversion, la liquidation et le recouvrement des sommes exigibles, attestent l'impulsion qui a été donnée à cette partie du service.

En ce qui concerne les mises en adjudication des terrains communaux, il n'a pas été apporté moins de diligence et de soin à l'exécution de l'arrêté du 30 octobre.

Le cahier des charges qui fut rédigé à cet effet, et qui reçut mon approbation, poursuivait un double but : obtenir un prix d'adjudication en rapport avec la valeur du terrain au jour de la vente et éviter la mise aux enchères de lots dont l'adjudication n'eût pas été assurée, ce qui aurait naturellement amené une dépréciation des terrains. A cet effet, les différentes dispositions de ce cahier des charges peuvent se résumer comme suit : chaque lot de terrain communal délimité au préalable, tracé sur le terrain et mis à prix, n'est vendu que sur demande contenant engagement de la part du signataire de rester adjudicataire à la mise à prix à défaut d'enchères.

La publicité est faite en suite de cette demande, et l'adjudication a lieu dans un délai variant de quinze jours à deux mois. Ces dispositions sont d'ailleurs la reproduction ou mieux l'adaptation des règlements en vigueur au Tonkin et qui, dans la création des villes de Hanoï et de Haïphong, si prospères à l'heure actuelle, ont contribué aux résultats magnifiques que l'on connaît.

A Majunga, et toutes proportions gardées, les résultats ont été aussi beaux. Pendant la période de transition qui avait précédé la promulgation des règlements actuels, l'on avait dû surseoir à toute délivrance de concession.

Aussi, dès la mise en œuvre du nouveau système, les

Situation comparée des occupations de terrains urbains à Majunga de mai 1897 au 1er février 1899.

NUMÉROS D'ORDRE.	NATURE DES DROITS D'OCCUPATION.	MAI 1897. OCCUPATIONS DE TERRAINS URBAINS				FÉVRIER 1899. OCCUPATIONS DE TERRAINS URBAINS			
		con-statées.	suscepti-bles de régulari-sation.	suscepti-bles de régulari-sation sous condition.	à annuler.	régu-larisées.	en instance d'imma-tricu-lation.	imma-triculées.	restant à régulari-ser.
1	Occupations anté-rieures à la campagne..... { Par des Français.	7	7	»	»	»	7	»	»
	Par des étrangers	66	56	»	10	»	36	17	13
2	Terrains sous séquestre..........	13	»	»	13	»	7	3	3
3	Autorisations provisoires d'occupation.. { Français.........	112	34	11	67	4	49	23	36
	Etrangers........	39	24	2	13	1	26	6	6
4	Titres provisoi-res de pro-priété......... { Français........	29	17	12	»	»	12	13	4
	Etrangers........	4	4	»	»	»	3	1	»

demandes affluèrent-elles, et les premières séances d'adjudication qui ont eu lieu ont donné des résultats vraiment inattendus.

Ces résultats sont consignés dans le tableau ci-après :

DATES.	LOTS.	MISES A PRIX.	PRIX DE VENTE.
17 juillet	3	1.759ᶠ45	1.989ᶠ45
25 septembre.................	43	2.914 55	25.560 »
2 octobre	36	6.465 92	16.915 »
16 octobre	27	2.178 03	5.072 60
Totaux..............	109	13.317ᶠ93	49.537ᶠ05

Actuellement, et pour éviter les difficultés, l'administration municipale a décidé de surseoir à toutes ventes jusqu'à la publication d'un budget communal dont le produit des adjudications viendra accroître les ressources.

En somme, le système organisé pour la ville de Majunga par l'arrêté du 30 octobre 1897 fonctionne désormais d'une façon régulière et donne des résultats très satisfaisants.

Son application à la ville de Marovoay, qui se trouve dans des conditions analogues, est actuellement à l'étude.

Organisation du domaine municipal à Tamatave. — La situation n'était pas moins précaire à Tamatave. Dès que les troupes eurent occupé la ville, au moment de l'expédition, un grand nombre d'habitants cherchèrent à se créer des droits sur les terrains : de toutes parts on vit surgir des enclos, des palissades et des piquets numérotés portant la désignation du pseudo-propriétaire. Toute la pointe Tanio fut ainsi accaparée dans ces conditions.

Quand on voulut installer les services publics et déplacer la ville, il ne restait plus de terrains disponibles.

Pour remédier à la situation, il convenait d'obliger les auteurs de ces accaparements à se faire connaître et à produire leurs titres. Dans ce but, l'immatriculation de tous les terrains vacants fut poursuivie par le service des domaines. Cette initiative assurait à l'administration la posture la plus avantageuse devant les tribunaux, puisqu'elle se présentait à la barre en qualité de propriétaire et que les opposants étaient tenus de rapporter la preuve de leurs dires et les motifs de leur opposition.

L'effet cherché ne tarda pas à se produire : la plupart des opposants, voyant leur cause mauvaise, se désistèrent ou entrèrent dans la voie des transactions. Tous les terrains compris entre l'ancienne ville et la pointe Tanio firent ainsi retour au domaine municipal. Un certain nombre de terrains furent mis en adjudication ; le produit des ventes s'est élevé à 34.000 francs.

Ce chiffre est faible comparativement à la plus-value que ces emplacements peuvent acquérir dans la suite. Mais il faut observer que les capitaux sont hésitants sur la côte et que la pénurie de main-d'œuvre rend difficiles les constructions.

Depuis l'apparition de la peste à Tamatave, on s'est efforcé d'accélérer le travail de reconnaissance et de reprise des terrains dans le centre de la ville, afin de permettre l'établissement des voies nouvelles et l'élargissement des rues. Le moyen le plus rapide consistait à faire prononcer l'expropriation de tous les terrains nécessaires pour les travaux. C'est le système qui a été adopté. Grâce à ce procédé, les travaux peuvent être commencés immédiatement : les intéressés auront à justifier de leur droit de propriété le jour où ils demanderont à toucher les indemnités d'expropriation.

En résumé, tout fait prévoir que, dans un délai de quelques mois, les droits de la ville seront définitivement assis, et on peut évaluer à plusieurs centaines de mille francs la valeur des terrains qui ont fait retour au domaine municipal. Un seul emplacement, celui qui a été abandonné à la pointe Tanio par un notable commerçant de la ville, était évalué à 100.000 francs par son détenteur.

Organisation du domaine municipal à Diégo Suarez. — La majeure partie des terrains est affectée aux services militaires ou est frappée de servitude dans le cirque d'Antsirane, en vue de la construction des bassins de radoub. Les concessions urbaines avaient été accordées à titre provisoire antérieurement à l'occupation de la grande île, en vertu d'arrêtés locaux des 16, 25 mars et 16 novembre 1887; mais la plupart des titres provisoires n'avaient donné lieu à aucune régularisation. Il a paru avantageux, à tous égards, de provoquer le règlement de ces affaires, et la voie de l'immatriculation était le moyen le plus pratique à offrir aux intéressés pour les mettre en possession d'un titre définitif et inattaquable.

La procédure d'immatriculation permettait en outre de reviser les contenances et de ramener à leurs limites primitives les superficies accordées en concession, qu'une surveillance administrative essentiellement paternelle avait laissé croître d'année en année. Ce travail de revision est en cours d'exécution et sera terminé vers le mois de novembre 1899. A cette époque, l'assiette de la propriété sera définitivement assise et le cadastre constitué.

E) CONSTITUTION DU DOMAINE PUBLIC. — Un décret du 16 juillet 1897 a classé dans le domaine public :

1° Tous les cours d'eau ainsi que la zone de passage qui devra être réservée sur leurs bords;

2° Le rivage de la mer, ainsi que la zone des pas géométriques;

3° Les voies de communication par terre, les ports, les rades, les sémaphores, les ouvrages d'éclairage ou de balisage ainsi que leurs dépendances;

4° Les lacs, étangs, lagunes, canaux, sources, puits, digues, ayant un caractère d'utilité générale, avec leurs dépendances;

5° Tous les terrains des fortifications, des places de guerre ou des postes militaires, et généralement toutes les portions du territoire qui ne sont pas susceptibles d'être propriétés privées.

Ce décret, en autorisant l'aliénation des portions du domaine public qui seraient reconnues sans utilité pour l'État, s'est heureusement inspiré des principes qui tendent à prévaloir en matière de domaine public maritime.

Il n'est pas sans intérêt de rappeler que, dans certaines colonies, le domaine public maritime est inaliénable. Cette prohibition, ancien vestige d'une situation résultant de l'établissement des pas du roi, n'a plus de raison d'être dans les colonies nouvelles, car la réserve des pas du roi avait été instituée dans le seul but d'assurer, au moyen de plantations épineuses, la défense du littoral contre l'envahisseur.

La colonisation ne peut donc que bénéficier de cette mesure libérale, qui laisse un champ plus vaste à notre expansion.

Les villes de Tamatave et de Majunga, construites en partie dans la zone des pas géométriques, pourront, grâce à ces facilités, recevoir l'extension que leur qualité de ports maritimes les met en droit d'espérer.

Le décret du 5 juillet 1898 a complété les dispositions de celui du 16 juillet 1897; il permet d'assurer de justes et préalables indemnités aux colons qui avaient acquis antérieurement à l'occupation française des droits sur le domaine public. Son application s'exerce particulièrement en ce qui concerne les riverains de la mer à Tamatave.

Les travaux relatifs à la délimitation du rivage de la mer ont été commencés notamment à Tamatave, à Majunga et à Manajary. Ils se poursuivront au fur et à mesure des besoins de la colonie et des nécessités du moment.

Réserves faites en vue des travaux d'utilité publique. — Il était indispensable, tout en donnant aux concessionnaires des titres de propriété définitive, de faire certaines réserves qui assurassent à la colonie les terrains nécessaires pour les ouvrages d'utilité publique.

Dans quelques colonies, on a omis de faire ces réserves, de telle sorte que le gouvernement, après avoir cédé à un prix dérisoire des terrains de colonisation, se voit contraint de les racheter à un prix très élevé pour exécuter ses travaux.

Pour parer à cet inconvénient, on a inséré dans les titres d'occupation provisoire de concessions accordées à titre onéreux ou gratuit la clause suivante :

« L'Etat se réserve pendant dix ans, à partir du jour de la prise de possession le droit de faire ouvrir sur la parcelle objet du présent acte, sans autre indemnité que le remboursement du prix à raison de 5 francs ou 2 francs par hectare, et à la seule condition de ne pas toucher aux cultures, arbres et aux constructions, les routes, chemins de fer ou canaux dont l'établissement serait décidé par mesure d'utilité publique, dans l'intérêt de la viabilité générale de la contrée.

» En cas d'expropriation, pendant ce même délai, de parties complantées ou construites, la valeur représentative du sol ne sera pas comptée, dans le total de l'indemnité due, à plus de 5 ou 2 francs par hectare. »

Cette clause ne saurait préjudicier aux intérêts des colons qui trouvent dans l'établissement des routes une large compensation à leur dépossession, et, d'autre part, elle évite à la colonie les dépenses parfois considérables qu'entraîne l'expropriation de terrains au sujet desquels les intéressés ont toujours des prétentions exagérées.

F) RÉGULARISATION DES BAUX EMPHYTÉOTIQUES CONSENTIS PAR LE GOUVERNEMENT MALGACHE ANTÉRIEUREMENT A LA CONQUÊTE. SITUATION DES EUROPÉENS NANTIS DE BAUX EMPHYTÉOTIQUES CONSENTIS PAR DES INDIGÈNES. — L'ancien gouvernement malgache et de nombreux indigènes avaient consenti aux étrangers installés dans la Grande Ile des baux à long terme. Il convenait de rechercher : 1º les moyens que le gouvernement français, substitué au gouvernement malgache, devait employer pour assurer à ses locataires une propriété définitive ; 2º les mesures qu'il convenait de prendre pour défendre les colons détenteurs d'immeubles, en vertu de baux consentis par des indigènes, contre les exigences de ces derniers.

Baux emphytéotiques consentis par le gouvernement malgache. — Les baux emphytéotiques consentis par le gouvernement malgache revêtaient les caractères d'une quasi propriété, puisqu'ils étaient à long terme et étaient renouvelés indéfiniment. Mais pour obtenir le renouvellement, l'intéressé se voyait obligé de se soumettre aux tracasseries de gouverneurs prévaricateurs. En résumé, le bail emphytéotique laissait au locataire le droit de céder et d'hypothéquer ses immeubles, mais sous la menace incessante des exigences d'un gouvernement sans scrupules.

Par le fait de la conquête, l'État français a été substitué aux droits et charges de l'État malgache ; il aurait donc pu, en droit, exiger l'accomplissement strict des conventions passées par ce dernier avec les particuliers ; mais, dans la pratique, l'exercice de ce droit conduirait à des résultats fâcheux qui nuiraient à l'essor de la colonisation.

En effet, les baux consentis par le gouvernement malgache portent, à part de rares exceptions, qu'au terme de la location les constructions reviendront à la reine de Madagascar, sans aucune indemnité.

Ainsi, un Européen qui s'est installé à Madagascar antérieurement à la conquête, qui a loué pour vingt-cinq ans un terrain à un prix sensiblement égal à celui qu'on aurait exigé pour une vente définitive, se voit sous la menace d'une reprise de la propriété qu'il a créée.

La colonie aurait trouvé dans cette situation le moyen de se procurer, à l'échéance des baux, des immeubles importants; mais refuser au locataire la reconnaissance d'un droit de propriété sur des terrains qu'il a mis en valeur au moyen de constructions parfois importantes aurait été un déni de justice qui laisserait supposer que les colons n'ont pas trouvé par le fait de la conquête un régime plus libéral que celui des Hovas.

Baux emphytéotiques consentis par des indigènes à des étrangers. — La situation des Européens qui étaient détenteurs d'immeubles en vertu de baux consentis par des indigènes n'était pas moins précaire. En effet, dans l'esprit d'un certain nombre de Malgaches, les baux emphytéotiques étaient une forme d'aliénation définitive.

Dès qu'ils avaient loué à long terme, ils considéraient que la propriété de la terre ne leur appartenait plus et ne prenaient aucun soin pour conserver leur droit de bailleur.

Ce fait, constaté surtout dans la basse caste, se produisait encore quand les terres de l'État étaient louées à leur nom par des gouverneurs infidèles.

Ces derniers, quand ils avaient quitté leurs postes, s'inquiétaient peu des suites d'une opération qui consistait seulement pour eux à toucher une somme d'argent.

D'une façon générale, le Malgache se préoccupe peu des combinaisons qui peuvent assurer à sa famille un profit éloigné.

Il en résultait que, pour un grand nombre de propriétés, l'Européen qui voulait user du droit, que lui confère l'article 16 du décret sur la propriété foncière, de requérir l'immatriculation d'un immeuble en sa qualité de locataire, ne pouvait arriver à faire inscrire son droit, car il lui était impossible de désigner après plusieurs années les ayants droit du bailleur primitif, qui parfois avait disparu sans laisser d'héritiers.

Cet état de choses, s'il était perpétué, aurait porté une atteinte sérieuse au régime de la propriété à Madagascar

Sans accepter une thèse soutenue par quelques-uns et

qui revient à dire que du fait de la conquête les détenteurs d'immeubles par baux emphytéotiques sont devenus propriétaires, il était indispensable de prendre des mesures qui permissent aux intéressés d'asseoir leurs droits.

Une commission constituée par arrêté du 11 janvier 1898 se préoccupa de rechercher les moyens les plus pratiques pour arriver à une solution de ces diverses questions.

Elle résuma ses propositions dans un projet d'arrêté qui fut transformé en décret le 9 juillet 1898.

Aux termes de ce texte, les détenteurs d'immeubles en vertu de baux emphytéotiques consentis par le gouvernement malgache ont la faculté de demander la transformation de leurs baux en vente définitive en ce qui concerne les immeubles mis en valeur.

Une commission évalue la somme qui représente la compensation que la colonie est en droit d'attendre en échange de l'abandon de ses droits de propriété.

Après versement de cette somme, les intéressés peuvent se faire délivrer un titre de propriété immatriculée.

Toutefois, dans le but de favoriser nos nationaux, tout Français qui justifie d'une mise en valeur de son immeuble peut obtenir la concession définitive de cet immeuble sans autre dépense que les frais de contribution des plans et du titre de propriété.

Les détenteurs d'immeubles en vertu de baux emphytéotiques consentis soit par des indigènes ne pouvant justifier de leurs droits de propriété, soit par des indigènes qui ont disparu sans laisser d'héritiers au degré successible d'après les coutumes malgaches ou en laissant des héritiers inconnus, ont la faculté de se faire délivrer également des titres de propriété définitive.

Dans ce but, ils adressent une demande à l'administration, qui, après avoir établi que les biens sont, d'après la coutume malgache, tombés en déshérence, en accorde la concession définitive à l'intéressé, soit à titre onéreux, soit à titre gratuit, selon que le demandeur est un étranger ou un citoyen français.

L'application de ces diverses mesures permettra :

1º De régulariser la situation d'un grand nombre d'Européens et de les faire bénéficier, dans l'intérêt de la colonisation, de mesures libérales ;

2º D'asseoir les droits de propriété de la colonie et de lui créer une source de produits qui peuvent être évalués environ à 100.000 francs ;

3º De faire rentrer dans le domaine de la colonie les immeubles usurpés et loués d'une manière illicite.

L'exécution des prescriptions du décret n'a soulevé jusqu'à ce jour aucune difficulté. Dans la région où les baux emphytéotiques existaient, notamment à Tamatave, Majunga et Mananjary, les intéressés ont demandé soit *proprio motu*, soit après avis du service des domaines, à faire régulariser leurs droits, et le conseil d'administration de la colonie a été appelé à émettre son avis au sujet de trente affaires de cette espèce.

Les régularisations s'effectueront peu à peu, et tout fait prévoir que dans le délai d'une année toutes les questions relatives aux baux emphytéotiques seront liquidées.

G) — L'IMMATRICULATION. PROGRÈS ACCOMPLIS DEPUIS LE 1er NOVEMBRE 1896. STATISTIQUES. SITUATION COMPARÉE AVEC LA TUNISIE. — Depuis l'introduction dans la colonie du régime foncier basé sur l'*Act Torrens*, les progrès de l'immatriculation ont été sans cesse en augmentant : les tableaux ci-joints permettent de se rendre compte du développement normal du système foncier.

Statistique de l'immatriculation à Madagascar.

Statistique faisant connaître les résultats obtenus en matière d'immatriculation, du 1er octobre au 1er février 1899.

TABLEAU N° 1

OBJET DES RÉQUISITIONS D'IMMATRICULATION.	NOMBRE des RÉQUISITIONS.	CONTENANCE APPROXIMATIVE des propriétés.			VALEUR VÉNALE des propriétés.
		Hecta-res.	Ares.	Con-tiares.	
Immatriculations demandées en vue de concessions.....	332	52.918	68	13	631.908f
Immatriculations de proprié-tés appartenant à l'Etat ...	57	60	90	26	4.358.500
Immatricu-lations de propriétés appartenant aux .... /Français.......	462	19.231	40	60	3.111.165
Européens au-tres que les Français.....	204	1.884	15	12	1.955.100
Malgaches......	724	2.225	40	22	6.120.215
Asiatiques	98	5	90	56	621.450
Totaux.......	1.877	76.323	343	189	16.798.338

TABLEAU N° 2

SUITE DONNÉE AUX DEMANDES EN IMMATRICULATION.	NOMBRE.
Réquisitions déposées.................................	1.877
Réquisitions rejetées ou abandonnées	26
Immatriculations en instance.........................	1.186
Immatriculations effectuées dont les titres ont été dé-livrés aux parties.................................	665

TABLEAU N° 3

TRIMESTRES.	NOMBRE des requisitions en immatriculation par trimestre.
4° de 1896......................................	66
1er de 1897......................................	72
2° de 1897......................................	108
3° de 1897......................................	90
4° de 1897......................................	156
1er de 1898......................................	228
2° de 1898......................................	299
3° de 1898......................................	346
4° de 1898......................................	388
Janvier 1899......................................	122
TOTAL......................	1.875

Si l'on observe que l'immatriculation est facultative, hormis en cas de concession, on peut en déduire que le nouveau régime s'est définitivement implanté dans la colonie en l'espace de deux ans.

Il est loisible de faire à ce sujet des rapprochements intéressants. Il résulte, en effet, du tableau ci-après extrait du rapport sur le fonctionnement du service topographique en Tunisie, du 21 avril 1886 au 30 juin 1893, que le nombre de réquisitions déposées pendant cette période fut de 708. A Madagascar, le chiffre de 1.850 a été dépassé en deux années.

Or, en Tunisie, les frais d'immatriculation sont supportés par l'État dans la proportion des deux tiers. Cette contribution aux frais impose une charge fort lourde au budget local, mais semble de nature à favoriser au plus haut point le développement du système foncier.

A Madagascar, au contraire, les frais sont supportés entièrement par le requérant, qui devrait hésiter encore plus qu'en Tunisie à demander la formalité, en prévision des frais qu'elle lui occasionnera ; et, cependant, on verra par la comparaison des divers tableaux que les résultats obtenus sont tout à l'avantage de Madagascar.

Statistique de l'immatriculation en Tunisie.

Récapitulation au 30 juin 1893 (période du 21 avril 1886 au 30 juin 1893).

DÉSIGNATION.	NOMBRE.	CONTENANCE.	VALEUR VÉNALE.
		hect. a. c.	fr. c.
Réquisitions déposées..........	708	229.197 40 18	18.893.878 98
Immatriculations rejetées ou abandonnées	10	3.335 » »	132.740 »
Immatriculations en instance...	457	164.185 08 16	11.849.575 48
Immatriculations effectuées.....	241	61.677 32 02	6.911.543 50
Titres nouveaux par lotissement	112	»	»
Nombre total des titres........	353	61.677 32 02	6.911.543 50

Il est juste, pour expliquer cette différence, de dire que les frais ont été réduits dans la colonie au strict minimum, et que, d'autre part, les créateurs du régime foncier en Tunisie, dont le mérite et la haute valeur ne sauraient en rien être entamés par des rapprochements, ont eu à lutter contre une civilisation dont l'un des caractères les plus saisissants est de s'opposer d'une façon absolue à toute nouveauté.

III. — TIMBRE. SUCCESSIONS VACANTES.

A) Suppression des droits de chancellerie a Madagascar et des droits d'enregistrement a Diégo-Suarez et

Nossi-Bé. (Arrêté du 31 décembre 1897.) — Un arrêté du 31 décembre 1897 a supprimé les droits de chancellerie, les droits d'enregistrement et de timbre qui avaient été perçus jusqu'à ce jour dans la colonie. Ces droits furent remplacés par des taxes qui sont acquittées au moyen de timbres mobiles sur les actes ou pièces qui sont frappés de l'impôt.

Cet arrêté a eu pour but de faire cesser une situation anormale. A Diégo-Suarez et Nossi-Bé, où les droits d'enregistrement étaient établis, l'intéressé payait par exemple 3 francs pour une procuration; à Tamatave et à Majunga, la taxe de chancellerie était de 15 francs.

Il résultait de cet état de choses des réclamations incessantes et une source de mécontentement.

Il devint donc indispensable de créer dans l'île un système tenant compte de la nécessité de réduire le plus possible les dépenses du personnel, n'exigeant pas de connaissances techniques et permettant de se passer du concours d'agents spéciaux. On s'arrêta à un mode de perception qui a donné dans d'autres pays de bons résultats, car il diminue, dans une notable proportion, les frais de recouvrement; il évite enfin aux contribuables les déplacements coûteux.

Le système a été adopté facilement et, avec une surveillance judicieuse, on arrivera à en assurer l'application rationnelle dans toute la colonie. Il n'a pas été permis de faire ressortir les résultats financiers obtenus en 1898, puisque les timbres destinés à acquitter les droits ont été fournis par le service des postes, mais cette constatation se fera les années suivantes, dès que le service aura été approvisionné des timbres qu'il a demandé au département au mois de janvier 1898.

On peut, d'ores et déjà, prévoir que les sommes encaissées de ce chef en 1899 s'élèveront à un chiffre minimum de 50.000 francs.

B) Successions vacantes et en déshérence. — L'éloignement de nos possessions d'outre-mer, les difficultés et les
lenteurs des communications font que les personnes domi-
ciliées dans la métropole restent très longtemps dans
l'ignorance des successions qui leur échoient aux colonies.
La nécessité d'assurer la conservation des biens vacants et
leur transmission intégrale aux véritables ayants droit a fait
que, dès l'origine, on a été amené à établir un régime spécial profondément distinct de celui institué dans la métropole. Ces considérations avaient leur portée à Madagascar
plus que partout ailleurs; aussi, un arrêté du 3 mai 1897
promulgua-t-il dans la colonie le décret du 27 janvier 1855,
l'arrêté ministériel du 20 juin 1864 et les décrets des 21
janvier 1882 et 14 mars 1890, sur les successions vacantes.

Les receveurs des domaines furent chargés, par arrêté
du 4 juillet 1897, d'assurer ce service qui leur est dévolu
d'ailleurs dans les autres colonies.

Dès le début, on se heurta à des difficultés inhérentes à
la configuration du pays et à la difficulté des communications. Les opérations d'inventaire et de vente mobilière
devant être faites par le curateur en personne, il était évident que le receveur de Tamatave, par exemple, ne pouvait
se rendre à Fort-Dauphin pour appréhender une succession présentant un actif insignifiant. Je me suis efforcé
de remédier à cet inconvénient par un arrêté du 17 mars
1897, qui a autorisé les receveurs des domaines à se faire
représenter valablement en justice de paix et aux opérations de scellés, d'inventaires, de ventes et autres par les
chefs de province ou leurs délégués.

Depuis ce jour, les successions vacantes ont été appréhen-
dées avec soin, mais dans la mesure des renseignements
qui ont été fournis aux receveurs au sujet des décès d'Européens. Il faut, en effet, se rendre compte que l'état troublé du pays n'a pas permis, pendant longtemps, de suivre
les opérations de curatelle avec la précision indiquée par

les règlements; quoi qu'il en soit, on s'est efforcé de tirer parti de la situation dans les meilleures conditions possibles, et les opérations des curateurs n'ont donné lieu jusqu'à ce jour à aucune plainte.

Afin d'activer le versement entre les mains des héritiers de l'actif de la succession, il a été prescrit aux agents des domaines de ne pas faire supporter à ces derniers les délais nécessités par l'apurement annuel des comptes des curateurs et de présenter, pour la succession réclamée, un compte spécial qui fait l'objet d'un apurement distinct. En outre, la lettre d'avis que l'on transmet aux héritiers, lors de l'ouverture d'une succession, doit leur faire connaître la faculté qu'ils ont d'obtenir l'envoi en France du produit des successions, par voie de versement à la Caisse des dépôts et consignations.

IV. — CONCLUSIONS.

. A) IMMATRICULATION. — Les statistiques ci-annexées ont fait connaître les résultats obtenus en matière d'immatriculation. Les indigènes, dans tous les centres où ils ont été mis en contact avec le régime foncier, l'ont accepté, non seulement sans peine, mais même avec empressement; l'intérêt qu'ils ont à posséder un titre de propriété ne pouvait leur échapper après les exactions sans nombre auxquelles ils avaient été en butte de la part des dynasties hovas. Le but à poursuivre serait donc de réduire les frais d'immatriculation pour la propriété à un taux tel que tous les indigènes puissent se mettre sous le nouveau régime dans les villes et les grands centres pour toutes les propriétés bâties, car s'il est intéressant de voir immatriculer les grandes propriétés, il ne faut pas perdre de vue que la diffusion du système dans le peuple entraîne un acheminement rapide à l'adoption de nos coutumes et de nos lois. En outre, si l'assiette de l'impôt est bien établie, l'établissement et le recouvrement de l'impôt deviennent plus faciles.

Un projet de décret dans ce sens est actuellement à l'étude.

Enfin, une nouvelle conservation sera créée à Fianarantsoa ou à Mananjary pour le sud de la grande île. L'immatriculation a d'ailleurs été accueillie facilement dans le Betsiléo; des villages entiers, comme Ambositra, ont requis la formalité lors du passage des brigades topographiques.

Si le mouvement continue dans les mêmes proportions, on peut espérer que, dans une dizaine d'années, la majeure partie des immeubles urbains à Madagascar seront mis sous l'empire du nouveau régime, et que le cadastre sera constitué, de ce fait même, dans toutes les grandes villes, sans frais pour la colonie.

B) ORGANISATION DU TIMBRE. DROIT D'ENREGISTREMENT A ÉTABLIR. — En ce qui concerne l'organisation des services du timbre et de l'enregistrement, M. le chef du service des domaines m'a exposé les conditions suivantes : l'impôt de l'enregistrement n'existe que dans un petit nombre d'États ; il est resté plus particulièrement en vigueur, après avoir subi de nombreuses modifications, dans les pays qui ont été soumis pendant les premières années du siècle à l'influence française. Dans le plus grand nombre des États et des colonies, les actes sont simplement assujettis au timbre : cet impôt se retrouve dans le monde entier jusqu'au Japon et aux îles Sandwich.

L'organisation de l'enregistrement, telle qu'elle est conçue en France et dans les vieilles colonies, constitue un monument remarquable, auquel les générations et les hommes de la plus haute valeur ont apporté successivement leur appoint; mais les meilleurs esprits se sont préoccupés depuis longtemps des difficultés sans nombre que l'application des droits présente et des charges budgétaires que la perception de ces droits entraîne par suite de la nécessité où l'on se trouve d'employer un personnel nombreux offrant toutes les garanties de probité et de science qui sont indispensables.

Une refonte attentive de toutes les lois actuelles simplifierait considérablement la perception et rendrait un égal service aux agents de l'administration et au public. Malheureusement, cette œuvre est colossale et difficilement réalisable.

Dans ces conditions, on est conduit à penser qu'il serait désirable d'expérimenter dans une colonie neuve, où bien des fois déjà on s'est efforcé de rompre avec la routine et les préjugés, un système qui a donné d'excellents résultats dans d'autres pays. On veut parler de la perception des droits de toute nature rentrant dans la catégorie des droits dénommés, en France, droits d'enregistrement au moyen de l'apposition de timbres mobiles.

Les arguments qui viennent à l'appui de cette proposition se déduisent facilement :

1° De l'étude du double but que l'enregistrement pour suit dans la métropole et de la démonstration de l'impossibilité où l'on se trouve d'obtenir les mêmes résultats à Madagascar ;

2° De l'étude de l'organisation financière et du régime foncier en vigueur dans la colonie.

Comme on l'a dit, l'enregistrement en France et aux colonies a un double but :

1° Constituer la perception d'un impôt dans l'intérêt de l'Etat ;

2° Rendre un service aux contractants et aux tiers en donnant date certaine aux actes sous seings privés. La perception des droits s'opère en France et dans les anciennes colonies au moyen d'un grand nombre d'agents. Ce système repose sur une organisation savante et compliquée qui, par un service de renseignements et de contrôle, écarte la fraude et atteint la transmission des biens mobi-

liers et immobiliers dans ses moindres manifestations.
Comment opérer cette centralisation dans un pays immense
avec quelques agents ?

Pour qu'un impôt soit raisonnable, il faut qu'il comporte
un recouvrement facile et rationnel.

Or, comment contraindre un habitant de Moramanga,
par exemple, à venir à Tananarive pour faire enregistrer
dans un bureau un acte sous signature privée ? Ou bien,
comment demander, soit à l'administrateur de cette ville,
soit au gouverneur indigène, de dégager de l'arsenal de nos
lois la perception qui convient à cet acte ?

L'impossibilité d'établir ici les lois métropolitaines est
donc un fait patent et indéniable.

Quant au service rendu aux parties par le fait de la transcription sur les registres d'une convention sous signature
privée, il est l'objet d'appréciations très diverses ; et, dans
la pratique, d'autres faits, tels que les légalisations des
signatures, par exemple, fournissent aux tribunaux des
arguments qui ne sont pas sans valeur au point de vue de
la date certaine des actes. La formalité de l'enregistrement
ne constitue donc ni une nécessité juridique ni une nécessité d'État.

On verra, au contraire, que l'organisation actuelle du
pays permettrait de recouvrer l'impôt sous une autre forme
et que les formalités exigées par la loi foncière sup-
pléent, dans une large mesure, au défaut de transcription
des actes sur les registres des receveurs d'enregistrement.

On s'est efforcé à Madagascar, bien que le pays ait été
déclaré colonie française, de conserver, en l'améliorant,
l'organisation indigène telle qu'elle existait au temps de la
domination hova. On trouve évidemment dans ce système
une économie considérable, et on peut assurer, par l'entre-
mise des gouverneurs, le recouvrement des impôts et la
centralisation des recettes.

C'est en utilisant les services de ces fonctionnaires indigènes qu'on arriverait à percevoir facilement un impôt sur le timbre, qui se substituerait aux droits d'enregistrement perçus actuellement en Imerina.

Pour arriver à ce but, il faudrait transformer l'arrêté sur le timbre du 31 décembre 1897. Cet arrêté, qui prévoit seulement une échelle de droits fixes, constituait dans l'esprit de ses auteurs un acheminement vers le régime plus complexe des tarifs proportionnels grevant la matière imposable ; il a eu cet avantage de familiariser les fonctionnaires de l'ordre administratif et les officiers ministériels avec un système très simple, mais qui, comme toutes les nouveautés, devait trouver des détracteurs.

En ce qui concerne le service rendu aux parties par la formalité de l'enregistrement, on a dit plus haut que le système foncier permet d'y suppléer.

En effet, la diffusion du nouveau régime, qui s'accentue de jour en jour, amène la transcription sur les registres fonciers de toutes les mutations qui intéressent la propriété.

Les opérations qui rendraient l'impôt exigible nécessiteront donc, dans la plupart des cas, une transcription à ces registres, et cette formalité donnera date certaine aux actes.

On peut donc dire que l'argument tiré de la nécessité d'assurer aux actes tant une date certaine qu'une authenticité indiscutable tombe devant ces considérations. En résumé, si, après une étude sérieuse dans un pays où ce régime existe, on apportait à Madagascar un décret sur le timbre, conçu d'une façon simple et pratique, on triplerait les recettes actuelles, car on mettrait la loi à la portée de tous ; et, avec le personnel du domaine existant dans la colonie, sans aucuns frais nouveaux, on serait en mesure non seulement de réduire la fraude, mais encore de réprimer les exactions trop fréquentes des gouverneurs indigènes.

On peut évaluer sans exagération les recettes qui se_
raient encaissées de ce chef à un chiffre de 500.000 francs.

Les propositions de M. le chef du service des domaines
me paraissent comporter une étude approfondie, et j'estime qu'il y aurait intérêt à ce que celle-ci fût faite par
M. Bartholomé dans l'un des pays où le régime préconisé
a été mis en application et a donné, paraît-il, les meilleurs
résultats.

§ 3. — Service topographique.

I. ORGANISATION ET FONCTIONNEMENT DU SERVICE. — La
situation troublée de l'île, au moment où l'administration
m'en a été confiée, m'avait donné à penser que la colonie
ne pourrait avant quelque temps offrir un champ favorable aux entreprises de colonisation. Aussi, lors de la préparation du budget de l'exercice 1897, je réduisis au strict
minimum les crédits du service topographique, ignorant si
les dépenses que nécessiterait sa complète organisation
pourraient être couvertes par des recettes correspondantes. Mes appréhensions ont été heureusement trompées, et
l'apparition du règlement provisoire concernant l'immatriculation, ainsi que celle de l'arrêté du 2 novembre 1896
sur les concessions de terres, a immédiatement été suivie
de nombreuses demandes de bornages d'immeubles.

Il devenait donc indispensable d'augmenter le personnel technique chargé de contribuer à l'instruction des
demandes en concessions et d'immatriculation, si bien que
le personnel, qui ne se composait à l'origine que d'un
vérificateur et de deux géomètres, se trouvait porté, à
l'expiration de l'année 1896, à quarante agents français
répartis dans onze postes.

Les attributions du service topographique et son organisation ont été définies par un arrêté du 22 décembre 1896.
Aux termes de ce texte, le service topographique est chargé :

1o de l'établissement des plans nécessaires à l'immatriculation des propriétés ; 2o de la reconnaissance, du levé des plans et du lotissement des terres domaniales ; 3o du service de la colonisation, en ce qui concerne tous les renseignements à fournir aux colons et leur installation sur les terres du domaine. Toutefois, à ce dernier point de vue, les géomètres sont expressément placés sous la direction des chefs de province, qui demeurent seuls responsables du service de la colonisation dans leurs circonscriptions.

Après avoir déterminé les conditions d'admission du personnel, l'arrêté du 22 décembre 1896 dispose que le chef du service, les vérificateurs, les géomètres principaux, le chef de bureau, les commis et les élèves-géomètres reçoivent des émoluments fixés par arrêtés du gouverneur général. Il fixe ensuite le tarif des rétributions auxquelles ont droit les géomètres ordinaires suivant les travaux qu'ils exécutent soit pour le compte des propriétaires, soit pour celui de la colonie ; il garantit toutefois, en faveur de ces derniers, une allocation mensuelle de 300 francs. Enfin, cette réglementation détermine les obligations des agents et se termine par quelques dispositions d'ordre.

Un arrêté du 4 janvier 1897 a eu pour objet de fixer les examens que doivent subir les candidats à un emploi dans le service topographique.

D'autre part, une circulaire du 3 août 1897 a précisé la mission qui incombe au personnel de ce service, au point de vue de la reconnaissance des terres de colonisation, des réserves à créer en faveur des indigènes et des renseignements agricoles, industriels et commerciaux qu'il est chargé de recueillir.

L'étendue du champ d'action offert à l'activité du service topographique et la nécessité de ne pas arrêter l'essor de la colonisation en retardant le levé des concessions m'avaient amené à chercher à tirer parti des aptitudes des

Malgaches, et, par un arrêté du 20 décembre 1896, j'avais créé une école de géomètres indigènes, dont les études comprenaient la langue française, l'arithmétique, la géométrie plane, les éléments d'algèbre et de trigonométrie, un cours théorique et pratique de levé de plans, ainsi que le dessin graphique.

Mais, en présence des résultats obtenus à l'école Le Myre de Vilers et dans les diverses écoles normales provinciales où les indigènes peuvent acquérir toutes les connaissances techniques nécessaires pour entrer dans le personnel auxiliaire du service topographique, j'ai, par un arrêté du 16 décembre 1897, supprimé l'établissement institué le 20 décembre précédent et décidé, en même temps, la création d'un corps de géomètres malgaches recrutés par voie d'examen; le même texte a fixé la composition, les conditions d'avancement et la solde de ce personnel, qui est appelé à seconder puissamment les efforts des agents français.

L'organisation fixée par l'arrêté du 22 décembre 1896 permettait de répondre à des besoins immédiats tout en évitant d'engager les finances de la colonie; en effet, à l'époque de la création du service topographique, il était impossible de prévoir le nombre de demandes de concessions et l'importance des travaux que les géomètres auraient à exécuter à ce point de vue. A ce moment, on ne pouvait donc avoir en vue que la formation d'un personnel d'agents techniques devant presque exclusivement servir au levé des plans nécessaires pour être joints aux titres immatriculés.

Le service topographique ne devait être, en quelque sorte, que l'annexe et l'adjoint de la conservation foncière, et les géomètres de véritables entrepreneurs de plans à qui la colonie faisait simplement une avance mensuelle leur permettant d'attendre le règlement de leurs travaux. Les opérations une fois terminées, les particuliers en versaient

le montant, et le chef du service payait alors ses « géomètres entrepreneurs », qui devaient être ainsi rémunérés
directement par le produit de leurs travaux. C'est sur ces
bases qu'a été établi le règlement du service topographique.

Cette organisation, suffisante au début, a dû subir des
modifications dès que les nouvelles demandes ont nécessité l'augmentation du personnel et l'extension des attributions des géomètres, qui ont cessé de s'occuper exclusivement de plans d'immatriculation pour les particuliers.
La création des bureaux de colonisation et les exigences de
ce service ont fait des agents du service topographique de
véritables fonctionnaires aux ordres de leur chef et des
administrateurs des provinces qui les ont chargés de nombreux travaux en dehors de l'immatriculation. On a dû
alors créer des cadres et toute une hiérarchie, et bientôt le
système primitif se trouvait détruit, car les géomètres des
différents grades recevant naturellement des appointements différents, le remboursement intégral de leur solde
ne pouvait être effectué directement, puisque l'État et les
particuliers continuaient à payer les travaux un prix uniforme, comme si tous les opérateurs recevaient toujours le
même traitement.

Ayant pu constater, au cours de ma dernière tournée
d'inspection dans les provinces côtières, que cette organisation ne correspondait plus aux besoins, je priai M. le
chef du service topographique d'aller étudier sur place les
réformes rendues nécessaires par l'extension prise par ce
service.

M. Bourdier a successivement visité, du mois de septembre au mois de décembre 1898, les provinces de Tamatave,
Diégo, Majunga, Nossi-Bé, Andevorante, Mahanoro, Vatomandry, Mananjary, Fianarantsoa et Ambositra.

Il a reconnu que les défectuosités signalées avaient leur
cause dans le principe même de l'organisation, qui n'accordait pas d'appointements fixes aux géomètres, mais

leur allouait seulement le produit des travaux exécutés. Le géomètre, pour gagner davantage, avait ainsi tout intérêt à forcer les décomptes des frais et, par conséquent, à faire payer au colon le plus possible, et, d'un autre côté, même lorsqu'un agent avait été consciencieux, le colon croyait toujours qu'on lui faisait dépenser plus qu'il n'était strictement nécessaire et que les décomptes des géomètres étaient examinés avec une trop grande bienveillance par l'administration, qui aurait toujours tendance à favoriser ses agents au détriment des colons. En outre, partout, le public demandait que les frais fussent fixés par un tarif uniforme, permettant de connaître à l'avance le montant exact des dépenses de l'immatriculation des propriétés.

Il importait donc d'apporter des modifications à l'organisation primitive du service et, en conséquence, d'examiner spécialement les points suivants : 1° rétribution des géomètres au moyen d'appointements fixes ; 2° payement des frais d'opérations par les colons, d'après un tarif fixe permettant de leur indiquer immédiatement le montant des dépenses qu'ils auront à supporter et qui seront ainsi les mêmes dans toutes les provinces, quel que soit le géomètre chargé du travail. En outre, il a paru indispensable, pour assurer le bon recrutement du personnel technique, de créer dans la colonie une école de géomètres, et enfin d'installer dans les divers cercles de l'Imerina des bureaux auxiliaires de colonisation chargés de l'instruction des réquisitions d'immatriculation, devenues plus nombreuses. Ces bureaux ont été organisés récemment et confiés à des sous-officiers du corps d'occupation qui avaient, au préalable, accompli un stage auprès de M. le chef du service topographique.

Les autres dispositions étudiées dans le sens indiqué plus haut seront prochainement consacrées par des arrêtés.

Le service topographique compte actuellement 51 agents

français et 30 géomètres et élèves indigènes répartis dans
16 postes, 12 bureaux de colonisation et 4 bureaux auxiliaires dans les cercles militaires. En outre, 4 provinces et
4 cercles, dont l'importance n'est pas suffisante pour nécessiter la présence continuelle d'un géomètre, sont rattachés aux bureaux voisins et reçoivent la visite d'un agent
du service topographique aussitôt que le chef de la province en signale la nécessité.

Les demandes des colons peuvent donc, dès à présent,
recevoir une prompte solution sur tous les points de la
colonie, et l'organisation du service topographique sera
sous peu complète et définitive ; l'expérience pourra seule
indiquer les modifications de détail qu'il y aura lieu d'apporter, dans l'avenir, à certaines parties du service.

II. — TRAVAUX EXÉCUTÉS PAR LE SERVICE TOPOGRAPHIQUE

Bien que, au début, le recrutement du personnel ait
présenté de réelles difficultés et que certains agents dont
le licenciement ou la révocation ont dû être ensuite pro-
noncés n'aient pas fait preuve de tout le zèle et de toute la
correction désirables dans l'exercice de leurs délicates
fonctions, le service topographique n'en a pas moins exécuté des travaux considérables, grâce à l'initiative, à l'activité constante et à l'intelligente direction de son chef,
M. Bourdier. Ces travaux, pour la fin de l'année 1896 et
pour les années 1897 et 1898, sont résumés dans les tableaux récapitulatifs suivants :

Tableau récapitulatif des plans exécutés par les agents du service topographique (octobre 1896 au 31 décembre 1897).

N° d'ordre.	NATURE DES TRAVAUX.	LIEU OU LES TRAVAUX ont été exécutés.	TANANARIVE. Nombre.	Contenance. h. a. c.	TAMATAVE. Nombre.	Contenance. h. a. c.	MAJUNGA. Nombre.	Contenance. h. a. c.
1	Immatriculations	Chef-lieu	176	11.315 49 89 11	51	360 » »	»	»
		Arrondissement (α)	31	103 31 82 47	31	6.050 » »	»	»
2	Concessions	Chef-lieu	15	1.640 86 51 »	93	2.830 » »	24	17.412 31 »
		Arrondissement	13	6.153 » » »	53	110.500 » »	21	10.291 50 41
3	Immeubles domaniaux	Chef-lieu	29	431 48 68 »	57	39 » »	»	»
		Arrondissement	»	»	4	1 » »	»	»
4	Lots de colonisation levés	Chef-lieu	29	4.358 74 57 »	»	»	8	4.000 » » »
	Lots de colonisation réguliers	Arrondissement	»	»	45	5.400 » »	»	»
5	Reconnaissances d'immeubles domaniaux et de biens confisqués	Chef-lieu	155	4.632 55 18 68	»	»	»	»
		Arrondissement	»	»	»	»	»	»
6	Périmètres forestiers	Chef-lieu	3	329 84 28 »	2	125 » »	»	»
	Reboisement	Arrondissement	»	»	»	»	»	»
7	Concessions minières	Chef-lieu	2	58 » » »	»	»	»	»
8	Locations	Chef-lieu	»	»	35	1.405 » »	»	»
9	Concessions accordées par l'ancien gouvernement malgache et ratifiées par l'administration locale	Chef-lieu	»	»	1	970 » »	»	»
		Arrondissement	»	»	1	675 » »	»	»
10	Plans de ville	Chef-lieu	»	»	1	55 » »	1	40 » »
		Arrondissement	3	43 » » »	»	»	»	»

Tableau récapitulatif des plans exécutés par les agents du service topographique en 1898.

PROVINCES.	IMMATRICULATIONS.		CONCESSIONS.		LOTS DE COLONISATION.		PLANS DE VILLE.
	Urbaines.	Rurales.	Nombre.	Superficie.	Nombre.	Superficie.	
	hect. a.	hect.		hect. a.		hect.	
Tananarive et cercles de l'Imerina, Betsiléo.	243—39 50	85— 3.918	74 / 27	6.870 » / 1.760 »	73 / 6	10.746 / 15.900	Tananarive, Fianarantsoa, Ambositra, Ankasobé, Antsirabé, Ambohimahasoa, Alakamisy, Betafo.
Tamatave..........	71— 7 50	44— 2.640	29	2.810 »	»	»	Andevorante, Vatomandry, Mahanoro, Farafangana.
Fénérive...........	»	»	7	115 »	»	»	
Vohémar............	»	»	4	400 »	»	»	
Andevorante.........	14— 8 50	1—25.000	87	6.810 »	»	»	
Vatomandry	7— 1 »	3— 71	9	6.543 »	6	6.487	
Mahanoro...........	»	»	7	2.265 »	8	2.074	
Mananjary...........	»	14— 1.260	6	470 »	42	5.423	
Fort-Dauphin	9— 3 »	1— 4	24	500 »	»	»	
Majunga............	246—11 80	16— 790	29	18.910 »	»	11.000	Vohémar, Marovoay, Hellville, Tuléar et Analalava.
Diégo-Suarez........	35— 1 55	7— 312	16	10.170 »	»	»	
Nossi-Bé.............	3— » 3	7— 2.713	11	535 »	8	3.635	
Tuléar..............	64— 6 2	»	»	»	»	»	
Analalava...........	»	»	23	2 12	»	»	

Les avantages offerts aux géomètres par les nouveaux règlements attireront certainement des candidats instruits et présentant plus de garanties que par le passé. Il sera donc possible de donner, dorénavant, une impulsion plus active aux travaux du service topographique, appelé à être un des principaux auxiliaires de la colonisation.

CHAPITRE VIII

Questions diverses.

Anciennes concessions. — Réclamations d'indemnités. — Participation
de la colonie à l'Exposition universelle de 1900.

———

§ 1ᵉʳ. — Anciennes concessions.

J'ai déjà fait mention des grandes concessions accordées
par l'ancien gouvernement malgache à des sociétés ou à
des particuliers qui, sauf quelques exceptions, ne créèrent
aucune entreprise sérieuse et ne virent dans leurs contrats,
après la prise de possession de Madagascar par la France,
qu'un moyen aisé d'échafauder des spéculations ou un
prétexte à des réclamations d'indemnités. Des revendications furent, en effet, formulées de ce chef par de nombreux colons; elles ne pouvaient évidemment être admises
que sous toutes réserves.

Conformément aux instructions ministérielles, les dossiers de chaque concession furent soumis à l'examen de
MM. le directeur du contrôle, le procureur général, le
chef du service des domaines, enfin à celui du conseil
d'administration et adressés ensuite au département pour
être étudiés par le comité consultatif du contentieux.

Dans le but de hâter la solution de toutes ces questions
et afin d'éviter la production de requêtes tardives, un avis
avait été inséré au *Journal officiel* de la colonie du 3 avril
1897, faisant connaître aux intéressés qu'un délai de deux
mois leur était accordé pour faire valoir leurs droits.

En 1898, quelques-unes de ces concessions ont pu être

régularisées. C'est ainsi qu'on a accordé la propriété de terrains situés dans les provinces de Tamatave et d'Andevorante et mesurant respectivement 1.600 hectares et 3.200 hectares, à un colon qui en avait commencé l'exploitation antérieurement à notre prise de possession ; qu'une concession de 250.000 hectares dans l'Ouest de l'île a été promise, aux termes d'une convention soumise à la haute sanction du département, à un banquier de Paris, qui s'était rendu acquéreur des droits consentis à un colon sur un très vaste territoire, en pays sakalave. Un autre colon a renoncé à se prévaloir de son contrat lui attribuant, en qualité d'emphytéote, pour une durée de trente ans, une superficie de 10 milles carrés dans la province de Mananjary ; mais il a demandé, en compensation, une concession de 5.000 hectares dans la même région, s'engageant à se conformer aux dispositions de la réglementation en vigueur, relativement aux conditions de mise en valeur et d'acquisition définitive de la propriété. La concession qu'il a sollicitée lui a donc été accordée en principe, et il a été invité à se rendre dans la colonie pour en choisir l'emplacement parmi les terres domaniales disponibles.

Certaines concessions de forêts attribuées par l'ancien gouvernement malgache sont également en voie de régularisation ; il a été entendu avec les intéressés qu'ils pourront exploiter, dans les conditions réglementaires, mais sans avoir à acquitter de redevances pendant une période variant, suivant les cas, de cinq à six ans, des superficies boisées situées : d'une part, dans les régions de la côte Est, entre Foulpointe et la baie d'Antongil ; d'autre part, dans la province de Fort-Dauphin, et mesurant respectivement 5.000, 10.000, 15.000, 20.000 hectares. De leur côté, les concessionnaires ont renoncé à poursuivre les réclamations d'indemnité qu'ils avaient formulées pour dommages éprouvés à l'occasion des dernières hostilités.

D'autres concessions forestières ont été annulées par le comité consultatif du contentieux ou ont été frappées de déchéance pour défaut de renouvellement des contrats à leur expiration.

§ 2. — Réclamations d'indemnités.

Après la campagne de 1895 et jusqu'à ces derniers temps, beaucoup de personnes se sont prétendues lésées du fait des hostilités franco-hovas ou de la période insurrectionnelle qui a suivi ; elles ont formulé, de ce chef, quelques demandes d'indemnités.

Je ne crois pas utile d'entrer dans le détail de ces réclamations qui ont fait l'objet, à diverses reprises, de rapports spéciaux adressés au département.

Je rappellerai seulement qu'en exécution des instructions reçues, des enquêtes aussi minutieuses que possible, tendant à l'évaluation des dommages réellement éprouvés par les réclamants, ont été effectuées par les autorités locales.

Les nombreux dossiers ainsi constitués ont déjà été remis au département, pour être soumis au comité consultatif du contentieux, avec mon avis personnel et celui de la commission spécialement instituée à Tananarive par décision du 18 février 1897, en vue de l'appréciation du préjudice causé et de la réparation à accorder.

A la suite d'un avis paru au *Journal officiel* de la colonie, en date du 20 septembre 1898, et invitant les intéressés à me faire connaître, avant le 20 novembre suivant, les pertes dont ils croiraient avoir à demander un dédommagement, les dernières réclamations d'indemnités ont pu être instruites par les chefs de province et par la commission spéciale. Leurs dossiers seront prochainement transmis au département.

§ 3. — Participation de la colonie à l'Exposition universelle de 1900.

Le nombre restreint du personnel en service dans la colonie, la nécessité de ménager le plus possible les ressources du budget local, enfin les préoccupations d'ordre politique et administratif qui, au début de l'organisation de l'île, devaient primer toutes les autres, ne me permettaient pas, en 1897, de prendre les mesures destinées à préparer activement la participation de Madagascar à l'Exposition universelle de 1900. Je ne la perdais pas de vue cependant, et après avoir, par une décision du 27 mai 1897, institué un comité local dans chaque province et un comité central à Tananarive, en vue de l'étude et de la réunion des produits divers susceptibles de figurer à l'Exposition, j'adressai aux administrateurs et aux commandants de cercle, à la date du 18 septembre de la même année, une circulaire les invitant à procéder, sans tarder, sur les indications de M. le chef du service technique, à la préparation de collections forestières.

En 1898, la situation financière de la colonie me permettant de disposer de quelques crédits, j'ai fait de la préparation de l'exposition de Madagascar l'objet d'un service spécial que j'ai confié, par arrêté du 30 juin, à M. l'ingénieur colonial Jully. Un arrêté du 8 juillet suivant a mis à la disposition de ce fonctionnaire une première somme de 10.500 francs, dont l'emploi a été déterminé par une circulaire de la même date.

Pour faciliter et hâter la centralisation des produits divers réunis dans les provinces, j'ai décidé, en outre, à la date du 7 décembre 1898, la création à Tamatave et à Majunga de bureaux spéciaux qui se sont mis respectivement en relations directes avec les administrateurs civils et militaires des régions côtières et du plateau central.

Cette décision a été complétée par des instructions techniques sur la préparation des animaux à recueillir.

De plus, par un arrêté et une nouvelle circulaire du 23 décembre 1898, j'ai ouvert, dans chaque province et entre les diverses provinces, un concours destiné à faciliter le choix des meilleurs artisans qui représenteront à l'Exposition l'industrie malgache.

Afin d'assurer la participation de la colonie, une somme de 400.000 francs, répartie sur les exercices 1899 et 1900, a été prévue sur les ressources du budget local, et le département a bien voulu, de son côté, promettre une subvention de 150.000 francs. Dans ces conditions, Madagascar pourra figurer dignement à l'Exposition universelle; l'aperçu qu'elle donnera ainsi de ses ressources multiples contribuera, je l'espère, puissamment au développement de la colonisation qui s'annonce déjà sous d'heureux auspices.

CHAPITRE IX

Situation financière.

§ 1ᵉʳ. — Budget de 1896.

Au moment de mon entrée en fonctions, l'organisation financière de la colonie en était encore à l'état embryonnaire. Aucune base définitive n'avait, jusque-là, été arrêtée.

Le crédit de 2 millions inscrit au budget colonial de 1895, pour subvenir à l'acquittement des dépenses militaires de Diégo-Suarez, avait été détourné de sa première affectation et mis à la disposition du résident général de Madagascar pour parer aux dépenses occasionnées par l'administration civile. D'autre part, les frais d'administration indigène restaient à la charge du gouvernement malgache, qui devait y faire face avec ses propres ressources.

Celles-ci se composaient alors :

I. — DES IMPOTS RÉGULIERS

Les impôts réguliers comprenaient :

A) L'IMPOT SUR LES RIZIÈRES. — Cet impôt avait été institué lors du partage des terres effectué sous le règne d'Andrianampoinimerina (1800). Le roi distribua à chaque tribu, pour les cultiver ou les défricher, un certain nombre de lots, dont chacun devint une unité soumise à l'impôt (hetra). L'assiette de l'hetra était d'une fixité absolue. Le nombre d'unités imposé à chaque tribu restait invariable ; aucun compte n'était tenu de l'accroissement ou de la diminution des surfaces cultivées. Toutes les rizières défrichées postérieurement à la première taxation échappaient ainsi à l'impôt. La quotité de ce dernier était fixée à trois mesures de riz (environ 3 doubles décalitres) par unité payante. Celles-ci étaient au nombre de 74.000 en Imerina et de 86.000 dans les autres provinces soumises à la domination hova. Elles formaient ainsi un total de 160.000 unités qui auraient dû fournir 480.000 mesures de riz ; mais le déchet de perception était considérable. Les seigneurs féodaux (tompomenakely) s'attribuaient, dans leurs domaines, une part s'élevant à la moitié de celle due au gouvernement. Les malversations des agents du fisc diminuaient encore les perceptions. Aussi, en 1895, les versements effectués représentaient à peine 225.000 mesures.

B) La taxe de recensement. — Cette taxe était fixée à un soixante-douzième de piastre de 5 francs par personne libre ; les écritures de 1895 accusent, pour l'Imerina, 41.000 redevables et un versement de 284 francs, et, pour les provinces, 438.000 redevables et un produit de 3.050 fr. Cette différence entre la somme due et la somme réellement encaissée est un exemple typique des prévarications de l'ancienne administration malgache.

C) Les droits d'enregistrement. — Lors de la création des gouverneurs de village en 1878, le premier ministre leur confia l'inscription des actes de l'état civil et des transactions mobilières et immobilières. Ils percevaient pour cet office, d'abord des droits fixes variant de 20 centimes à 1 fr. 25, puis, en 1881, pour les transactions importantes, un droit proportionnel de 5 p. 100 sur les locations de terres, de un douzième des intérêts sur l'argent prêté, de un huitième sur le montant des loyers des maisons, etc.

D) Les amendes légales. — Les amendes légales étaient fréquentes, la plupart des peines inférieures à cinq ans de travaux forcés étant convertissables en amendes, au taux de 0 fr. 625 par journée de la peine à accomplir.

E) Les frais de justice. — Quelques-uns étaient fixes, tel le droit de sceau (1 fr. 25); d'autres étaient proportionnels à la valeur du litige; parmi eux la taxe générale de un quarantième perçue d'après cette base.

F) Les taxes diverses, parmi lesquelles :

Taxe d'abatage fixée par quartier de bœuf débité ;

Droits de marché et de péage (variables suivant les provinces) ;

Droit de circulation sur le caoutchouc (6 francs les 10 livres) ;

Droit de circulation sur les troupeaux (20 centimes par bœuf) ;

Droit de 60 centimes par porc tué, etc.·

G) Les droits de douanes fixés à 10 p. 100 *ad valorem* des marchandises importées de l'étranger.

H) L'État héritant des biens des individus décédés sans héritiers directs engendrés ou adoptés.

II. — DES IMPOTS EXTRAORDINAIRES

Le gouvernement percevait, dans des circonstances critiques, des contributions extraordinaires. L'une d'elles fut désignée sous le nom d'impôt à la piastre. Ce n'était autre chose qu'une taxe personnelle de 5 francs que devait payer tout homme valide, soit de l'Imerina, soit des provinces soumises. Elle fut prélevée en 1892, 1893, 1894, et rapporta 712.000 francs en Imerina et 642.000 francs dans les provinces.

A cet impôt pouvaient se rattacher ceux que le peuple dénommait, par euphémisme, Fitia toy mba hetra (impôt fourni par largesse ou dévouement et non par devoir). En principe, cette contribution était complètement volontaire. Les chefs de tribu ou de caste, de mille ou de cent, les gouverneurs de village, chargés de la perception des impôts, exhortaient leurs administrés à venir, de leur propre initiative, en aide au gouvernement. De la part du pouvoir central, c'était pour ainsi dire la mise à l'épreuve du zèle de chacun. Soit par crainte, soit par orgueil, un grand nombre de notables versaient des sommes considérables. C'est ainsi qu'en 1892 le montant de ces « largesses » s'éleva à 787.000 francs en Imerina et à 784.000 francs dans les provinces.

En outre, le gouvernement préleva, en 1885 et en 1894, sous forme d'emprunts déguisés et pour subvenir aux dépenses de la guerre, des sommes qui atteignent 1.153.650 francs.

Tel était le système d'impôts en vigueur.

Quant à la perception, elle était confiée, sur la côte, aux gouverneurs, et en Imerina aux chefs de village, aidés, dans certaines circonstances, par les chefs de cent et de mille, ainsi que par les chefs de la noblesse et du peuple. Aucun contrôle effectif n'était exercé sur les opérations de ces divers agents.

Les versements étaient effectués directement au palais, où les deniers publics étaient confondus avec les fonds privés de la souveraine et du premier ministre.

Il ressort, des renseignements puisés dans les archives de l'ancien gouvernement malgache, que le total des impôts recouvrés s'est élevé, de 1892 à 1895, à plus de 2.200.000 fr. par an. Si l'on tient compte du rendement fourni par les impôts réguliers, rendement qui a pu être établi d'après des bases certaines, il n'entre dans les caisses de l'État que le tiers à peine des sommes réellement perçues. Le peuple malgache payait effectivement de 6 à 7 millions. C'est une constatation qu'il importait de retenir. Les fonctionnaires indigènes détournaient donc environ 4 millions. Il convient, pour atténuer leur culpabilité, de remarquer qu'ils ne recevaient aucun traitement. Leurs prévarications constituaient leurs seules ressources.

Ce qui démontre au surplus, d'une façon péremptoire, que le calcul qui vient d'être fait n'a rien d'exagéré, c'est qu'en 1895 les douanes malgaches ont produit 750.000 fr., alors qu'en 1896, avec les mêmes tarifs, mais la perception étant assurée par des fonctionnaires européens, le rendement s'est élevé à 1.780.072 fr., c'est-à-dire à une somme deux fois et demie plus forte, et cependant nos agents n'ont commencé à entrer en fonctions que dans le courant de février ; en outre, à partir du 1er octobre 1896, date de l'annexion de Madagascar, les marchandises françaises sont entrées en franchise. Les résultats de l'année auraient donc atteint largement un chiffre trois fois supérieur à celui réalisé par le gouvernement hova.

Le produit des recettes de douane a constitué, du reste, près de la moitié des recettes totales du budget local en 1896.

Celui-ci, en dehors du chapitre 39, dont les crédits ont servi à l'acquittement des dépenses civiles afférentes à la colonie, mais qui a fait l'objet d'un compte spécial, s'est soldé de la manière suivante :

Recettes..............................	5.538.540 24
Dépenses..............................	5.292.007 23
Excédent des recettes sur les dépenses..	246.533 01

Le chiffre relativement élevé des recettes et des dépenses provient, en grande partie, d'opérations de trésorerie auxquelles a donné lieu le service des mandats-poste, dont le montant a été compris à tort dans les comptes du budget local.

Le budget de 1896, ainsi d'ailleurs que M. Laroche en rendait compte au département, était un budget provisoire.

Il était divisé en deux parties : Services métropolitains, comprenant quatre chapitres : administration générale, finances, travaux publics, agriculture, s'élevant ensemble à 3.776.833 francs, — et Services indigènes, répartis en deux chapitres, avec un total de 541.600 francs.

La confusion résultant de l'addition des opérations de trésorerie (Service des mandats-poste) aux opérations effectives ne permet pas de déterminer exactement le chiffre des dépenses réelles, mais les prévisions établies ne furent vraisemblablement pas dépassées.

Fonctionnement du service en 1896. — L'ordonnancement des dépenses appartenait, dans les provinces, aux résidents, à Tananarive au secrétaire général ; mais le service de la comptabilité était assuré par le directeur des finances.

Ce système avait pour premier inconvénient d'éparpiller les responsabilités. En outre, étant données les difficultés des communications, l'inexpérience en matière financière de certains résidents, peu ou mal secondés du reste, les résultats obtenus ne pouvaient que laisser à désirer. C'est ainsi que le directeur des finances, qui n'avait entre les mains que des renseignements incomplets, vous écrivait, dans son rapport afférent au 1er trimestre 1897, que l'exercice 1896 se solderait par un excédent de recettes de 1.292.694 fr. 67, alors qu'au contraire il a paru se liquider par un déficit de 643.728 fr. 28.

En réalité, et à la suite d'une nouvelle vérification d'écritures à laquelle il vient d'être procédé, il a été constaté que le budget de 1896, loin de se liquider par un déficit de 643.000 francs, s'était soldé par un excédent de recettes de

246.533 fr. 01. Il n'en existe pas moins un écart de plus de 1 million entre les prévisions faites pour cet exercice et les résultats définitifs.

§ 2. — Budget de 1897.

Dès ma prise de service, je me préoccupai de préparer le budget de 1897 et de l'asseoir sur des bases aussi précises et aussi régulières que possible.

Il me parut tout d'abord indispensable de fixer les impôts. Sachant les nombreuses différences existant entre les diverses provinces de l'île, au point de vue tant des ressources du pays que des mœurs et des coutumes des habitants, il ne pouvait me venir à la pensée de tenter une réglementation unique.

D'autre part, connaissant peu ou point les régions côtières, je m'exposais, si j'avais arrêté moi-même, à Tananarive, le système d'impôts à leur appliquer, à des erreurs qui auraient pu avoir de graves conséquences au point de vue politique. Je me bornai donc à fixer les impôts à percevoir en Imerina ; ce fut l'œuvre de l'arrêté du 20 novembre 1896. Le considérant qui le précédait était ainsi conçu : « Attendu que les progrès de la pacification en Imerina permettent déjà d'y établir un système d'impôts basé sur les anciens règlements et coutumes malgaches, revisé de manière à régulariser leur perception et à la rendre plus équitable et moins vexatoire. » Mon but était donc moins d'innover que de réglementer ce qui existait déjà. La taxe personnelle était fixée à 2 fr. 50 et imposée à tous les indigènes du sexe masculin âgés de seize ans au moins.

Le droit perçu sur les rizières était maintenu ; il pouvait être acquitté en argent ou en nature. Les droits de timbre et d'enregistrement étaient déterminés d'une manière précise. Les anciennes taxes des marchés étaient remplacées par un droit unique basé sur la superficie occupée et dont le taux variait suivant la profession exercée. Il en était de même pour la taxe d'abatage qui était tarifée. Les gouverneurs étaient chargés de recouvrer ou de faire recouvrer les impôts et d'en centraliser le produit qu'ils étaient tenus de verser, à la fin de chaque mois, entre les mains du chef de province. Une remise de 10 p. 100 était allouée aux agents de recouvrements.

Telles étaient les principales dispositions de l'arrêté du 20 novembre 1896. Dans la circulaire d'envoi, j'adressais à mes collaborateurs les instructions ci-après :

« MM. les administrateurs, résidents et commandants de cercle, chefs de province hors d'Imerina, s'inspireront des prescriptions édictées par cet arrêté pour établir, dans les territoires placés sous leur dépendance, des projets d'assiette de l'impôt, en tenant compte des circonstances locales.

« La décentralisation, qui a été imposée, au point de vue politique, par la diversité des races, est également rendue nécessaire, au point de vue budgétaire, par la variété des ressources que l'on trouve dans chaque province. »

J'invitais, en même temps, les chefs de province à m'adresser leur projet de budget avec cette seule obligation commune : assurer, au moyen des impôts payés par les indigènes, des recettes suffisantes pour couvrir les frais d'administration de la province, en y comprenant l'entretien des forces de police.

Je réservais au budget local proprement dit, d'une part, les recettes d'ordre général (douanes, vente de biens domaniaux, postes, etc.) et, d'autre part, les dépenses de l'administration centrale, ainsi que le payement des intérêts de l'emprunt malgache de 1886.

La constitution de budgets provinciaux m'avait paru être une mesure transitoire à la fois habile et nécessaire : nécessaire, parce que n'ayant aucune donnée précise, tant sur les ressources que sur les charges des provinces, il m'était difficile de les comprendre dans le projet de budget établi à Tananarive ; habile, parce que chaque administrateur, sachant qu'il pouvait proportionner ses dépenses à ses recettes, était intéressé à s'efforcer de faire rendre à sa province le maximum de ce qu'elle pouvait donner, sans mécontenter toutefois les populations, attendu que j'avais eu soin de rendre mes collaborateurs responsables du bon ordre public dans les régions placées sous leur autorité.

Tenant, avant tout, à être sincère, et me trouvant dans l'impossibilité d'évaluer même approximativement les recettes à recouvrer, le budget de 1897 fut donc établi en dépenses seulement.

Il était divisé en deux parties : *Budget général*, comprenant neuf chapitres : I. Gouvernement. — II. Finances et Contrôle. — III. Justice. — IV. Travaux publics. — V. Domaine et Service topographique. — VI. Agriculture et Forêts. — VII. Enseignement. — VIII. Imprimerie et *Journal officiel*. — IX. Dépenses diverses et imprévues ; et *Budgets régionaux*, indiquant, pour chaque province, les dépenses obligatoires y afférentes. Les résultats de l'exercice 1897 ont dépassé — au point de vue du rendement des impôts directs ou indirects — toutes les espérances. Alors que les dépenses se sont élevées à 7.495.131 francs, les recettes ont atteint 9.093.820 fr. 38 (y compris la subvention de 2 millions de la métropole), laissant ainsi un excédent de 1.598.689 fr. 38, d'où il a fallu déduire le déficit présumé de l'exercice 1896, soit 643.728 fr. 28 ; ce qui a ramené le solde créditeur des deux exercices à 954.961 fr. 10, lequel a été versé dans la caisse de réserve créée par arrêté du 26 janvier 1899.

Mais, en effectuant de nouvelles recherches en vue d'établir le présent rapport, le directeur des affaires civiles a constaté, conformément à l'indication fournie plus haut, qu'au lieu de se solder par un déficit de 643.728 fr. 28, l'exercice 1896 se liquidait par un excédent de 246.533 fr. 01.

Cette différence, soit 890.261 fr. 29, provient de ce que, au moment de la constitution de la trésorerie telle qu'elle fonctionne actuellement, l'actif de la gestion de la trésorerie aux armées n'a pas été pris en compte. Or, M. Hec, payeur aux armées, avait encaissé au profit du budget local 1.895.923 fr. 11, sur lesquels 1.005.661 fr. 82 avaient seulement été dépensés. Il en résultait un avoir de 890.261 fr. 29 qui n'a pas figuré dans les écritures du nouveau trésorier-payeur.

D'autre part, la comptabilité de l'exercice 1896 ayant été tenue d'abord par le directeur des finances et du contrôle et ensuite par le secrétaire général, on s'explique aisément l'omission commise. Le défaut d'unité de direction a été la seule cause d'une erreur qui n'aurait vraisemblablement jamais été retrouvée sans l'insistance de M. le directeur des affaires civiles et sans les investigations minutieuses du nouveau chef de bureau de la comptabilité, M. le garde d'artillerie de marine Savary. Ladite somme de 890.261 fr. 29 va être versée dans la caisse de réserve, ce qui va porter l'encaisse de cette dernière à 1.845.222 fr. 39. Je n'ajouterai rien à l'éloquence de ces chiffres, après deux années d'occupation et dans les circonstances difficiles résultant de l'insurrection du plateau central, de l'absence de voies de communication et de l'insécurité existant encore dans un grand nombre de régions de la grande île. Toute réflexion me paraîtrait superflue sur l'importance des résultats obtenus.

Les impôts dont le rendement a été le plus élevé en 1897 sont :

Douanes.
- Importations, 1.488.288 francs ;
- Exportations, 401.933 francs ;
- Taxes de consommation, 1.201.868 francs ;
- Recettes diverses, 29.951 francs ;

Contributions directes, 2.577.862 fr. 44 ;

Postes et télégraphes, 153.719 fr. 50.

Au cours de l'exercice 1897, le service de l'ordonnancement fonctionna de la manière suivante : dans les provinces où il existait un préposé du Trésor, c'est-à-dire dans
les provinces de Diégo-Suarez, Sainte-Marie, Nossi-Bé,
Tamatave, Majunga et Fianarantsoa, les administrateurs
étaient sous-ordonnateurs. Dans les autres circonscriptions,
les administrateurs ou commandants de cercle n'émettaient
que des ordres de payement et leurs opérations financières
étaient régularisées par les soins du secrétaire général,
ordonnateur secondaire.

J'ai exposé plus haut qu'au point de vue du chiffre des
recettes, les résultats de l'exercice 1897 dépassèrent toutes
les prévisions. Si l'on songe qu'on était à peine au lendemain de l'insurrection, que de nombreuses régions étaient
encore troublées, il est permis de se montrer au moins
satisfait, peut-être même étonné. Je n'ignore pas qu'il m'a
été reproché d'avoir pressuré les populations et de leur
avoir trop demandé. Or, j'ai établi ci-dessus que, sous le
gouvernement malgache, il était perçu, au minimum,
6 millions d'impôts. Je démontrerai plus loin dans le chapitre « Réserve générale et conclusions » que je n'ai pas
exigé davantage. La seule différence existant entre le passé
et le présent, c'est qu'autrefois les deux tiers des recettes
effectuées fondaient dans les mains des fonctionnaires hovas
chargés de la perception des impôts, tandis qu'aujourd'hui
le budget local bénéficie de l'intégralité des taxes versées.

Par contre, sous le rapport de la régularité des écritures
et des pièces comptables, les résultats furent plus que médiocres. Je l'ai déjà indiqué, l'éloignement des provinces,
l'inexpérience de certains administrateurs furent les causes
de cette situation. De nombreuses pièces durent être renvoyées une ou plusieurs fois dans les différentes circonscriptions de l'île et, malgré toute la diligence apportée par
le bureau des affaires civiles, un grand nombre d'opérations financières ne purent être régularisées avant la clô-

ture de l'exercice. Aussi les recettes et les dépenses sur
exercice clos liquidées en 1898 se sont-elles respectivement élevées aux chiffres relativement considérables de
430.658 fr. 02 (recettes) et de 741.852 fr. 23 (dépenses). Il
en résulte qu'en réalité l'excédent de l'exercice 1897 doit
être diminué de 311.194 fr. 21 et ramené à 1.287.495 fr. 17;
mais la situation financière de 1898 permettra largement
de supporter cette différence, sans qu'il soit nécessaire
d'opérer un prélèvement sur la caisse de réserve.

§ 3. — Budget de 1898.

Le budget de 1898 fut le premier budget régulier établi
à Madagascar. Préparé par M. le directeur des finances et
du contrôle, il réparait la lacune principale du budget de
1897 : évaluation des recettes. Celles-ci, grâce aux renseignements fournis par les chefs de province, purent être
déterminées d'après des données aussi exactes que possible.

Conformément aux prescriptions contenues dans l'arrêté
initial du 20 novembre 1896, ce dernier, au cours de l'année 1897, avait été reproduit en majeure partie dans toutes
les circonscriptions de l'île, avec les modifications que
comportaient les circonstances locales.

En Imerina, le recensement de la population et de la
matière imposable entrepris avec le plus grand soin par
les commandants de cercle, les nombreux et importants
rapports rédigés par ces derniers, avaient fourni des indications précises et sûres pour la préparation du budget de
1898 et avaient permis d'indiquer, pour les régions centrales, les réformes fiscales jugées nécessaires. Il résultait
de l'expérience acquise pendant l'année qu'il convenait de
faire subir aux impôts indigènes, en Imerina, tels qu'ils
avaient été établis le 20 novembre 1896, diverses modifications dont les populations comprendraient facilement la

nécessité et dont elles sauraient apprécier les heureux effets. C'est dans ce but que fut pris, après avis du conseil d'administration, l'arrêté du 8 novembre 1897, destiné à remplacer, à compter du 1er janvier 1898, l'arrêté précité du 20 novembre 1896 et celui du 21 octobre 1896 relatif aux prestations.

Les principales réformes réalisées étaient les suivantes :

1º *Prestations.* — Conformément à la coutume suivie par le gouvernement malgache, j'avais maintenu, en 1897, la prestation de 50 journées de travail. Je pensai qu'il serait politique de réduire ce nombre à 30. En outre, au lieu de limiter la faculté du rachat des prestations à certaines catégories restreintes d'indigènes, l'arrêté du 8 novembre 1897 rendait cette latitude générale pour tous ; il en fixait le taux à 15 francs. Le gouvernement général pouvait, en cas de travaux urgents d'utilité publique, suspendre la faculté de rachat et exiger l'exécution des prestations en nature.

Cette distinction était très sage. Il fallut en effet y recourir dès le mois de mai 1898 (arrêté du 14 mai). Par suite de l'élévation constante des salaires, le taux de 15 francs était trop faible et le nombre des rachats était si considérable que, de tous côtés, les commandants de cercle me signalèrent le danger que nous courions de manquer de main-d'œuvre pour les grands travaux publics dont la construction avait été prévue en 1898.

2º *Taxe de capitation.* — La taxe de capitation de 2 fr. 50 par individu fut élevée à 3 fr. 50. Cette augmentation n'était qu'apparente, attendu qu'en même temps le livret individuel du prix de 1 franc, institué par mon arrêté du 27 décembre 1896, était supprimé.

3º *Impôts sur les maisons.* — Une étude, entreprise dans tous les cercles de l'Imerina en 1897, avait révélé la possibilité de créer un impôt sur les maisons, destiné à compenser l'inégalité de la taxe de capitation qui frappait indistinctement les riches et les pauvres.

Cet impôt étant nouveau, le taux en fut fixé à un chiffre très bas :

Maison à étage, 2 francs ;

Maison sans étage, 1 franc.

La modicité de cette contribution frappa même l'attention du gouvernement qui était d'avis d'en élever le montant. Mais il résultait des renseignements qui me parvenaient de l'intérieur qu'une telle mesure serait impolitique.

4° *Etablissement d'un rôle nominatif.* — Les progrès de la pacification et l'autorité efficace qu'exerçaient nos commandants de cercle et de secteur sur les fonctionnaires et les populations indigènes permettaient l'établissement de rôles nominatifs par village. C'était là un important progrès. Dans ma pensée, le rôle nominatif et le livret individuel devaient constituer des moyens de contrôle sérieux, non seulement pour éviter que quelques contribuables se soustrayent au paiement de l'impôt, mais encore pour prévenir les exactions que certains fonctionnaires indigènes auraient pu être tentés de commettre.

Le budget des recettes pour 1898 prévoyait une somme de 25.000 francs représentant le montant d'un impôt à créer sur les Européens. Cette nouvelle taxe avait été proposée par M. le directeur des finances et du contrôle, mais son établissement me paraissait inopportun. Ce n'est pas au moment où une colonie prend naissance qu'il faut frapper de taxes les colons qui ont l'initiative de venir y planter leurs tentes. Aussi n'ai-je pas cru devoir, jusqu'à présent, donner suite à ce projet,

En résumé, le total des recettes inscrites au budget de 1898 atteignait 9.661.946 francs, y compris la subvention de 2 millions de la métropole. Cette subvention ayant été réduite de 200.000 francs et ramenée à 1.800.000 francs, le chiffre total figurant au budget fut maintenu, mais les prévisions du service des douanes furent augmentées de 200.000 francs. Quant aux dépenses, elles étaient évaluées à 9.659.319 fr. 93.

Le budget des dépenses était réparti en 82 chapitres.

La division par budgets régionaux, adoptée pour l'année précédente, avait été abandonnée. Ainsi que je l'ai indiqué plus haut, la création de budgets régionaux s'imposait au début de notre occupation. Nous ignorions les ressources de la plupart des provinces de l'île; c'était le seul moyen de les connaître.

De même, dans quelques années, alors que notre domination sera bien assise, que notre système d'impôts sera définitivement établi, j'estime qu'il sera non seulement possible, mais même de bonne administration, de revenir à la constitution de budgets provinciaux. C'est un moyen indiscutable d'inciter les chefs de circonscription à tirer le meilleur parti des ressources dont ils disposent. Actuellement, étant données les différences considérables existant dans le degré de pacification, d'organisation et de richesse des diverses régions de l'île, le moment n'est pas encore venu d'opérer cette réforme; mais il est certain que, si la situation continue à s'améliorer, je ne tarderai pas à vous le proposer : j'ai toujours été partisan de laisser à l'initiative de chacun le plus de moyens possible; les résultats remarquables que j'ai obtenus à cet égard dans l'administration des services militaires, avec la création des masses de ravitaillement, de casernement, etc., ne peuvent que m'encourager à tenter la même expérience dans l'administration civile.

La situation définitive de l'exercice 1898 n'est pas encore connue, celui-ci ne devant être clos que le 30 juin; mais il y a lieu de présumer que les dépenses atteindront environ 10 millions 1/2, tandis que les recettes dépasseront vraisemblablement 12 millions. Il est donc permis d'escompter un excédent minimum de 1 million 1/2 ; et cependant la colonie a pris à sa charge, conformément aux ordres primitifs du département et au delà des instructions subséquentes, la solde de tout le personnel militaire affecté à des emplois civils, en raison de la situation d'organisation dans laquelle se trouve encore la colonie.

De même, il convient de tenir compte que le budget local supporte toutes les dépenses de souveraineté autres que les frais d'occupation militaire proprement dits (gouvernement général, justice, trésor, contrôle, etc.).

En outre, il entretient des forces de milice qui lui coûtent près de 2 millions et dont les effectifs sont de beaucoup supérieurs à ce qu'ils devraient être si, la pacification étant complètement assurée, il n'incombait à la colonie que le soin d'assurer la police du territoire. Du reste, les milices ont pris part à de nombreuses opérations de guerre, et si les détachements stationnés dans les provinces d'Analalava et de Nossi-Bé ont honteusement lâché pied devant de faibles bandes d'insurgés, au cours des derniers événements du Nord-Ouest, par contre, dans le Betsiléo, chez les Baras, à Tuléar, à Farafangana, chez les Sakalaves, etc., les compagnies tenant garnison dans ces régions ont fait bravement leur devoir et prêté un concours effectif aux troupes régulières.

Par suite, la colonie a supporté, du fait de la situation ancienne, troublée ou insuffisamment assise du pays, des dépenses qui ne sauraient être évaluées à moins de 1 million. Réunissant dans mes mains les pouvoirs civils et militaires, il m'a été facile de donner au directeur des affaires civiles et au chef d'état-major qui, tous les deux, se réunissaient tous les jours dans mon cabinet pour y prendre mes ordres, les instructions nécessaires pour que les services civils et les services militaires se prêtent un concours absolu. Il ne faut pas se dissimuler que, si ces deux services avaient relevé de chefs différents, malgré tous les efforts qui auraient pu être tentés, malgré toutes les bonnes volontés, il n'aurait pu exister cette entente parfaite qui m'a permis, au mieux des intérêts dont j'avais la garde, d'imprimer une direction unique à tous les services de la colonie.

J'estime que, s'il ne m'avait pas été possible de faire concourir les efforts de tous à un but commun, il eût fallu des sacrifices financiers encore plus considérables que ceux que j'ai dû demander à la métropole pour obtenir les résultats qui ont déterminé la situation actuelle de la colonie.

Fonctionnement du service de la comptabilité en 1898. — Dès son entrée en fonctions, le 1er janvier 1898, et en présence des nombreuses irrégularités constatées dans le service de la comptabilité, M. le commissaire adjoint, chef du bureau des affaires civiles, me pria de renoncer au système des sous-délégations de crédit et de centraliser dans ses mains l'ordonnancement du budget local. Il me soumit en même temps plusieurs circulaires destinées à indiquer aux administrateurs de provinces les règles à suivre en matière de comptabilité financière. Par suite de la lenteur des communications, les instructions ne purent parvenir dans les centres éloignés que fin février ou commencement de mars, et un échange de correspondances fut encore nécessaire pour éclaircir certains points douteux.

Le but cherché par M. le commissaire adjoint Lallier du Coudray, but consistant à posséder les éléments voulus pour avoir, à la fin de chaque mois, un relevé de la situation financière de la colonie, ne peut donc pas être complètement atteint, tous les administrateurs ne fournissant pas des renseignements identiques ; mais cette lacune a pu être comblée. Un modèle très clair, très simple et uniforme, a été adressé à tous les chefs des circonscriptions, et

depuis le 1er janvier 1899 la comptabilité du budget local
fonctionne avec toute la régularité désirable.

A l'heure actuelle, à l'exception des provinces de Fort-
Dauphin, Tuléar et Farafangana, les comptes des trois premiers trimestres 1898 sont entièrement liquidés. Ceux des
trois provinces susdésignées seraient également prêts, mais
certaines pièces ont dû être renvoyées pour rectification ;
et, étant donné leur éloignement de Tananarive, le bureau
centralisateur n'a pas encore reçu les documents régula-
risés.

§ 4. — Budget de 1899.

Pour la première fois, le budget de 1899 a été préparé
par les soins de l'ordonnateur.

Sous le rapport de la forme, les recettes, au lieu d'être
réparties d'après un classement propre à la colonie, ont
été divisées suivant la classification adoptée dans nos autres possessions, classification conforme du reste aux
prescriptions des règlements sur la matière. Quant aux
dépenses, elles ont fait l'objet de 32 chapitres au lieu
de 82.

La pratique avait permis de constater que cette division
excessive, non seulement compliquait les écritures, mais
encore entravait la bonne marche du service en nécessitant
l'ouverture de crédits supplémentaires pour des dépenses
insignifiantes qu'il eût été facile d'acquitter si l'ordonnateur avait pu se mouvoir plus librement. Du reste, le nombre de 32 chapitres est encore supérieur à celui adopté
dans toutes nos autres colonies, même en Indo-Chine.
M. le directeur du contrôle financier lui-même était d'avis
de les ramener à 26 ; je n'ai pas cru devoir me ranger à
cette opinion, bien qu'elle fût également la mienne, par la
seule crainte de me voir reprocher de chercher à apporter
moins de clarté dans le budget local.

a) RECETTES. — I. Au cours de l'année 1898, de nouveaux impôts avaient été créés qui figurent pour la première fois au budget de 1899. Un seul de ces impôts, la taxe militaire, fut institué dans un but d'intérêt fiscal (arrêté du 26 mai 1898) ; les autres, tels que les droits de timbre sur les pétitions et les délivrances d'actes (arrêté du 3 février 1898) et l'impôt sur les célibataires ou plutôt les gens sans enfants (arrêté du 15 juin 1898), furent établis, le premier en vue de réduire les réclamations et pétitions sans nombre dont abusaient les indigènes, le second dans l'intention d'encourager la repopulation.

Ces divers impôts ont, du reste, été codifiés dans l'arrêté du 30 décembre 1898, pris en conseil d'administration, qui fixe, en les récapitulant, les diverses taxes à percevoir en Imerina.

II. *Taxe personnelle.* — Il m'était revenu de divers côtés que les fonctionnaires indigènes chargés de percevoir les impôts faisaient verser 3 fr. 75, soit trois quarts de piastre, division à laquelle les Malgaches étaient accoutumés, au lieu de la somme de 3 fr. 50 prévue dans l'arrêté de 1897. J'ai, en conséquence, décidé qu'à partir du 1er janvier 1899 la taxe personnelle serait portée de 3 fr. 50 à 3 fr. 75 dans toute l'Imerina, à l'exception du 3e territoire militaire (Tananarive et environs), où ladite taxe serait élevée de 3 fr. 50 à 5 francs, en raison tant de la richesse relative de la population urbaine que de la facilité que possèdent les indigènes de gagner de l'argent en se faisant employer par les Européens, la demande de main-d'œuvre étant supérieure à l'offre. Cette mesure a été consacrée par l'arrêté précité du 30 décembre 1898.

III. *Rachat de la prestation.* — Le taux du rachat de la prestation, fixé à 15 francs en 1898, somme beaucoup trop faible, a été porté à 45 francs. Tous les commandants de cercle avaient été préalablement consultés sur l'opportunité de cette augmentation. Tous avaient conclu à sa nécessité ;

les avis n'avaient varié que sur le chiffre auquel ils venaient de s'arrêter, et qui, d'après les opinions exprimées, oscillait entre 30 et 100 francs. Il est incontestable qu'au point de vue du rendement, c'est le chiffre de 30 francs qui aurait dû être adopté ; les finances locales auraient réalisé, de ce fait, des recettes considérables, mais le conseil d'administration a vu plus haut et a considéré que, pour l'achèvement et la continuation des grands travaux en cours, une main-d'œuvre abondante était nécessaire et que, par suite, il fallait fixer un taux qui, tout en permettant à la classe aisée de se racheter, laissât disponibles de nombreux prestataires. Le taux de 45 francs fut choisi à l'unanimité des voix.

IV. Les droits de place sur les marchés, les taxes d'abatage et les droits de péage sur les rivières furent également remaniés dans un esprit large et dans le seul but de simplifier les perceptions et de rendre les charges plus équitables.

Enfin, en vue de laisser une plus grande latitude aux autorités locales, il fut décidé que les impôts directs (taxe personnelle et impôts fonciers sur les rizières et les maisons) pourraient être acquittés, soit en une seule fois avant le 1er juillet de chaque année, soit par quart, soit par catégorie d'impôts, aux époques fixées par les commandants de cercle.

Douanes. — Par suite de l'application à la colonie du tarif général des douanes et de l'augmentation du tarif primitivement imposé aux tissus, les importations des marchandises étrangères diminuent de jour de jour ; en conséquence, les prévisions des recettes douanières proprement dites ont dû être réduites. Par contre, étant donné l'accroissement du commerce général, les sommes inscrites au titre des taxes de consommation furent portées à un chiffre plus élevé.

b) DÉPENSES. — Les principales différences concernent le

chapitre du personnel tant européen qu'indigène, la solde des officiers et hommes de troupe employés dans les fonctions civiles ayant été prévue en totalité ; d'autre part, les progrès de la pacification ayant eu pour résultat le développement de l'administration indigène, des postes et télégraphes, — ces services prenant de jour en jour une extension plus grande, — de l'agriculture, — de nouveaux jardins d'essais étant en voie de réalisation, — de l'enseignement.

Une innovation à laquelle vous avez bien voulu donner votre assentiment a été introduite dans le budget de 1899, au chapitre des travaux neufs et à celui relatif aux subventions aux communes : au lieu de prévoir le détail des sommes affectées à chaque province et à chaque commune, il a été inscrit un crédit global à répartir suivant les besoins. Ainsi que je le faisais remarquer dans une lettre d'envoi au département, ce mode de procéder permettra à l'administration locale de donner satisfaction aux demandes qu'elle reconnaîtra fondées, au fur et à mesure qu'elles se produiront. Il était impossible de déterminer à l'avance les besoins réels ; essayer de les prévoir était, ou bien s'exposer à des erreurs, ou bien donner un semblant de raison d'être aux réclamations que n'auraient pas manqué de formuler les administrateurs à la disposition desquels n'auraient pas été mis les crédits inscrits au titre de leur province. Je vous suis tout particulièrement reconnaissant d'avoir bien voulu partager sur ces points mes idées qui étaient, je ne vous le dissimule pas, en contradiction avec les traditions d'usage. Enfin, les dépenses afférentes aux villes de Tananarive, Majunga, Fianarantsoa ont été distraites du budget local. Ces trois grands centres ont été constitués en communes ainsi que l'avaient été Tamatave en 1898, Diégo-Suarez, Nossi-Bé et Sainte-Marie en 1897. J'examinerai dans le chapitre suivant le fonctionnement des budgets municipaux.

En définitive, le budget de 1899 a été arrêté à 11 millions 136.000 francs en recettes et à 11.135.066 francs en dépenses. Je ne crois pas que celles-ci soient dépassées. Par contre, je me plais à espérer que le chiffre des recettes sera plutôt supérieur aux prévisions.

§ 5. — Budgets communaux.

En 1896, bien que rattachés par un décret du 28 janvier à l'administration de Madagascar, les établissements de Diégo-Suarez, de Nossi-Bé et de Sainte-Marie avaient conservé leur budget distinct.

Le 19 février 1897, ces trois cantons furent érigés en communes. L'article 26 de cet acte stipulait que les dépenses actuellement à la charge de l'établissement étaient mises à la charge du budget communal, à l'exception de celles des services de la douane, des postes et télégraphes, de la justice, des ports et des hôpitaux, imputés au budget général de Madagascar et dépendances.

D'autre part, aux termes de l'article 28, les recettes dudit budget communal se composent des revenus actuels de l'établissement, à l'exception des droits de douanes, des recettes postales et télégraphiques, des taxes sanitaires, droits de navigation et amendes de justice, réservés au budget général de Madagascar. Ces recettes sont ordinaires ou extraordinaires.

Les premières comprennent :

1º Le produit de tous les impôts et droits établis par des arrêtés locaux jusqu'à ce jour et de ceux dont la perception est ou sera autorisée par arrêté du résident général pris en conseil d'administration;

2º Le revenu du domaine communal;

3º Le prix des diverses concessions autorisées par les services communaux.

Les secondes sont fournies par :

1º Le prix des biens communaux aliénés ;

2º Les dons et legs ;

3º Le produit des emprunts ;

4º Les prélèvements sur la caisse de réserve ;

5º Le montant des subventions allouées par le budget général de Madagascar ;

6º Et toutes autres recettes accidentelles.

Ce sont les mêmes dispositions — moins celles relatives au passé — qui ont été reproduites dans les actes érigeant en communes les villes de Tamatave, Tananarive et Fianarantsoa.

La situation des budgets municipaux de ces diverses communes a été la suivante :

I. — EXERCICE 1897

A. — *Diégo-Suarez.*

Recettes.................(1) 233.500 »
Dépenses........................ 233.500 »

B. — *Nossi-Bé.*

Recettes.................... 166.557 17
Dépenses.................... 166.557 17

C. — *Sainte-Marie.*

Recettes.................(2) 50.900 »
Dépenses.................... 50.900 »

---

(1) Dont 25.000 francs de subvention.
(2) Dont 10.000 francs de subvention.

II. — Exercice 1898

A. — *Diégo-Suarez*.

Recettes..................(1) 176.600 »
Dépenses................... 176.600 »

B. — *Nossi-Bé*.

Recettes................... 146.425 »
Dépenses................... 146.425 »

C. — *Sainte-Marie*.

Recettes..................(2)   42.200 »
Dépenses...................   42.200 »

D. — *Tamatave*.

Recettes..................(3) 163.838 »
Dépenses................... 163.838 »

Quant à l'exercice 1899, les prévisions ont été établies comme suit :

A. — *Diégo-Suarez*.

Recettes................... 176.000 »
Dépenses................... 204.970 »

B. — *Nossi-Bé*.

Recettes................... 126.598 38
Dépenses................... 118.326 08

C. — *Sainte-Marie*.

Recettes...................   43.507 40
Dépenses...................   43.507 40

---

(1) Dont 45.000 francs de subvention.
(2) Dont 40.000 francs de subvention.
(3) Dont 20.000 francs de subvention.

D. — *Tamatave.*

Recettes......................	234.210 87
Dépenses....................	223.605 87

E. — *Majunga.*

Recettes......................	142.700 »
Dépenses....................	128.410 »

F. — *Tananarive.*

Recettes......................	330.340 »
Dépenses....................	330.340 »

G. — *Fianarantsoa.*

Recettes......................	28.500 »
Dépenses....................	47.800 »

Il résulte de cet exposé qu'en 1899 toutes les communes devront se suffire, à l'exception de celles de Diégo-Suarez et de Fianarantsoa. La situation, défavorable en apparence, de ces deux dernières villes provient, pour la première, de ce qu'elle a hérité d'une dette contractée précédemment à la suite de la construction d'une conduite d'eau et, pour la seconde, de ce que le conseil d'administration de la colonie a mis d'office à sa charge diverses dépenses omises par l'autorité chargée d'établir le projet du budget. Une somme de 150.000 francs ayant été inscrite en bloc au budget local pour venir en aide aux communes, suivant les besoins, il sera facile, le cas échéant, de doter Diégo et Fianarantsoa des sommes qui leur seront nécessaires.

Toutefois, en ce qui concerne Tamatave, des travaux d'assainissement importants ont été reconnus indispensables, si l'on ne veut pas voir la ville exposée à de nombreuses et peut-être terribles épidémies. Le programme de ces travaux, à l'élaboration duquel a participé M. le lieutenant-colonel Roques lui-même, qui s'est rendu sur les lieux, vient d'être arrêté. Il fait l'objet de propositions spéciales adressées au département par le courrier qui emportera le présent rapport.

§ 6. — Budget extraordinaire.

La loi du 5 avril 1897, relative à la conversion de l'emprunt contracté en 1886 par le gouvernement malgache, avait autorisé l'émission de 60.000 obligations de 500 fr., dont 40.000 pouvaient être émises immédiatement et les autres 20.000 au fur et à mesure du vote des Chambres.

Le produit net de la première émission de 40.000 obligations s'élève à..................... 17.650.000 »
sur lesquels furent prélevés pour faire face aux charges résultant de la conversion............................ 13.795.522 05

Il restait alors un excédent disponible de............................ 3.854.477 95

Sur cette somme, 3 millions furent mis à la disposition de la colonie, pour être affectés aux dépenses prévues par l'article 3 de la loi précitée du 5 avril 1897, c'est-à-dire aux travaux ci-après :

Construction de blockaus en Émyrne ;
Routes de Tananarive à Tamatave et à Fianarantsoa ;
Construction de phares à Majunga et Tamatave.

Le boni, soit 854.477 fr. 95, ne pouvait être employé sans un nouveau vote des Chambres.

Or, les dépenses s'élevèrent à 3.660.585 fr. 92, se répartissant comme suit :

Travaux de routes, constructions de gîtes d'étapes, d'infirmeries, ambulances, etc............ 2.859.405 89

Missions du chemin de fer............ 80.984 68

Ligne télégraphique de Majunga...... 143.120 34

Percement des pangalanes........... 54.493 72

Indemnité à la « L. M. S. » pour cessions d'immeubles à la colonie.......... 88.125 »

Maisons démontables............... 434.456 29

Total égal............... 3.660.585 92

De cet exposé il résulte, d'une part, un dépassement de crédits de 660.585 fr. 92 et, d'autre part, un manquement aux prescriptions de la lettre de l'article 3 susvisé. Je dis *de la lettre*, car toutes les dépenses ci-dessus mentionnées rentraient dans la catégorie de celles prévues par le paragraphe 1er dudit article 3, lequel était ainsi conçu :

« La somme restant libre sur le produit de l'opération (conversion de l'emprunt) ne pourra être affectée qu'à des dépenses de travaux publics, de casernement et de colonisation et dont les projets seront soumis à l'approbation des Chambres. »

Cette clause générale était suivie de la clause limitant l'emploi de 3 millions mis à ma disposition aux trois entreprises des travaux énumérés plus haut.

Aux prises avec des difficultés d'une exceptionnelle gravité,— difficultés au courant desquelles j'ai eu soin de tenir le département,— je m'étais trouvé dans la nécessité d'engager certaines dépenses présentant un caractère d'extrême urgence sans en avoir soumis au préalable les projets à l'approbation des Chambres.

Mais de nouvelles ressources m'étaient indispensables ; je demandai en conséquence que la colonie fût autorisée à une nouvelle émission de 11.000 obligations et à exécuter divers travaux publics.

Le Parlement, tout en constatant les irrégularités commises, voulut bien, par la loi du 6 mars 1898, ratifier l'imputation des dépenses engagées en 1897 sur le boni de l'emprunt et autorisa : 1° la mise à la disposition de la colonie du reliquat de ce boni, soit..... 854.000 »

2° L'émission de 11.000 nouvelles obligations dont le produit fut............. 4.950.000 »

Au total.................. 5.804.000 »

devant permettre de continuer ou d'entreprendre les travaux ci-après :

1° Achèvement de la route de Tamatave à Tananarive.................... 3.910.000 »

2° Construction de routes en territoires militaires......................... 300.000 »

3° Travaux d'amélioration et d'études du port de Tamatave .... 300.000 »

4° Construction de lignes télégraphiques............................... 200.000 »

5° Construction de phares.......... 250.000 »

4.960.000 »

La situation de l'ensemble de ces crédits au 1er janvier 1899 était la suivante :

Recettes :

Produit net de l'émission de 40.000 obligations.......................... 17.650.000 »

Somme remise à la disposition de la colonie.......................... 854.477 95

Boni de 11.000 obligations émises en 1898.......................... 4.936.250 »

Total des recettes......... 23.440.727 95

Dépenses :

Charges résultant de la conversion....	13.795.522 05
Somme réservée en France..........	854.477 95
Dépenses de 1897...................	3.660.585 92
Dépenses de 1898...................	3.919.125 »
Total des dépenses........	22.229.710 92

Balance :

Recettes.........................	23.440.727 95
Dépenses.........................	22.229.710 92
Reste disponible..........	1.211.017 03

Les recommandations formelles du Parlement ont été strictement suivies en 1899.

Il y a été fait cependant un léger manquement. Par suite de la difficulté énorme présentée par les travaux à accomplir, notamment dans les gorges de la Mandraka, il n'était pas possible, contrairement aux premières prévisions, de terminer la route de Tamatave en 1898.

Par contre, le commandant du 4e territoire militaire rendait compte qu'avec un crédit de 292.000 francs la route de Tananarive à Majunga pourrait être mise en état de laisser circuler des convois de voitures. En outre, il rendait compte que si les travaux entrepris en 1897 n'étaient pas consolidés, il serait nécessaire de dépenser ultérieurement des sommes considérables. En présence de cette situation, et après avis conforme de M. le lieutenant-colonel Roques, directeur du génie et des travaux publics, je décidai de prélever, sur les crédits du budget extraordinaire, une somme de 292.000 francs qui fut affectée à la route de Majunga. Je vous rendis compte de cette mesure par lettre du 11 septembre 1898. Je n'ignore pas que j'encours, pour avoir enfreint dans cette seule circonstance les décisions des Chambres, les reproches du Parlement, mais j'espère cependant que l'initiative que j'ai cru de mon devoir de prendre sera sanctionnée par cette haute Assemblée.

Les événements sont venus démontrer, en effet, que j'avais agi dans l'intérêt de la colonie.

Par suite de l'épidémie de peste qui a si malheureusement éclaté à Tamatave à la fin de novembre 1898, les communications avec cette ville ont été interrompues. Par suite, si Tananarive n'avait pas été relié avec la côte Ouest par une route praticable, les relations avec l'Europe fussent devenues impossibles. Or, les convois de voyageurs et de marchandises ont pu circuler librement et dans des conditions relativement aisées entre Majunga et le plateau central.

Au surplus, il s'agissait, dans ma pensée, d'une simple avance à rembourser ultérieurement à la route de Tamatave au moyen de la soulte d'un emprunt.

Le moment est en effet venu de soumettre au Parlement des propositions en vue de l'emploi des 9.000 obligations constituant actuellement le reliquat de l'emprunt malgache. Je compte emporter avec moi tous les documents nécessaires. Mais, d'ores et déjà, je suis tombé d'accord avec le lieutenant-colonel Roques pour arrêter le programme suivant :

1o *Achever la route du Mahatsara à Tananarive.* — Les sommes votées jusqu'à présent ne prévoyaient la construction de ponts métalliques que jusqu'à Ampasimbola ; or, il faut en établir sur le reste de la route. De plus, le devis supposait que les deux compagnies du génie seraient à la charge du budget colonial; enfin les travaux ne pourront pas être terminés avant la fin de 1899, ce qui augmente les frais généraux.

(Toutes les sommes restant disponibles après le prélèvement des crédits indiqués ci-après.)

2° Route de Tananarive à Majunga...   1.000.000 »
sur lesquels devront être remboursés les
292.000 francs avancés en 1898, ainsi que
je l'ai indiqué ci-dessus.

3° Routes en territoires militaires et
dans les provinces....................   400.000 »

4° Améliorations du port de Majunga.   350.000 »

5°   —   —   Tamatave   300.000 »

6° Phares et balises................   150.000 »

7° Lignes télégraphiques............   700.000 »

8° École professionnelle de Tananarive.   100.000 »

J'aurai l'honneur, Monsieur le Ministre, de vous soumettre, dès mon arrivée en France, les projets complets
des travaux que je viens d'énumerer.

§ 7. — Budgets spéciaux.

Au début de l'occupation d'un pays où tout est à créer,
il est certaines dépenses urgentes qui s'imposent et n'ont
pu faire l'objet de crédits réguliers inscrits au budget. Les
uns ont un caractère politique : dans des régions incomplètement pacifiées ou récemment soumises, il est indispensable d'être renseigné sur l'état d'esprit réel des populations, d'où certains frais d'émissaires. De même il faut
récompenser, par une gratification en argent, l'indigène
qui apporte une indication utile. Les autres sont d'un ordre
différent : tantôt c'est une route à réparer, tantôt c'est un
pont emporté par les eaux à reconstruire ; ailleurs c'est
un immeuble à remettre en état, c'est une école à ouvrir ;
il faut pour l'acquittement de ces dépenses, dont le chiffre
est difficile à prévoir, que les commandants de cercle et les
administrateurs disposent de ressources immédiates.

De 1896 à 1898, mes collaborateurs se sont procuré ces
ressources au moyen soit des amendes qu'ils devaient,
dans certains cas et dans l'intérêt du bon ordre et du res-

pect de l'autorité, infliger à leurs administrés, soit du produit de la vente des troupeaux saisis sur les rebelles ; mais les inconvénients et les dangers de ce mode d'opérer ne m'avaient pas, du reste, échappé et je confiai à une commission présidée par M. le directeur du contrôle financier le soin de mettre, par un moyen régulier, à la disposition des chefs de circonscription, les sommes nécessaires pour faire face aux dépenses de l'espèce.

M. l'inspecteur Crayssac me proposa de constituer des budgets spéciaux à chaque province ou cercle et pouvant, en dehors des prévisions du budget régulier, subvenir à l'acquittement des dépenses ci-après :

§ 1. — Travaux neufs ;

§ 2. — Travaux d'entretien ;

§ 3. — Dépenses imprévues ;

§ 4. — Dépenses de police administrative.

Ces budgets spéciaux devaient être alimentés par :

1º Tout ou partie des taxes sur les marchés ;

2º La totalité des amendes administratives.

Une comptabilité aussi simple que possible leur était appliquée.

Je donnai mon approbation à ces propositions, qui furent l'objet d'un arrêté pris en conseil d'administration à la date du 20 décembre 1898. Cet acte a été transmis au département en vue d'être transformé en décret.

Je me plais à penser que la création de ces budgets spéciaux répondra au double but que j'ai poursuivi en les constituant : donner à mes collaborateurs les moyens de mener à bien la tâche qui leur a été confiée, tout en les mettant à l'abri de tout soupçon.

§ 8. — Résumé général. Conclusions.

En résumé, je quitte la colonie en laissant au budget local une réserve de plus de 3 millions.

Sans tenir compte de la subvention, les recettes locales ont suivi la marche ascendante suivante :

En 1896, 3 millions environ ;

En 1897, 7.093.820 fr. 38 ;

En 1898, plus de dix millions.

Ces recettes peuvent-elles être dépassées ? Je répondrai à cette question en passant en revue successivement les différentes catégories de revenus, telles qu'elles figurent au budget local de 1899, qui à mon avis réalise le budget définitif auquel il ne sera vraisemblablement apporté que des modifications de détail.

CHAP. 1er. *Produits du domaine colonial.* — Prévisions pour 1899 : 207.500 fr. Si les exploitations des mines et forêts prenaient de l'extension, le montant des prévisions y relatives pourrait être accru dans les budgets futurs ; mais, ainsi que je l'expose longuement dans la partie du présent rapport relative à la colonisation, il serait téméraire à l'heure actuelle d'escompter l'avenir.

CHAP. 2. *Contributions sur rôles et assimilées.* — C'est-à-dire impôts directes indigènes proprement dits : 4.723.000 fr. dans lesquels est comprise pour une somme de 450.000 fr. la contribution des patentes qui pour le moment frappe surtout les Européens ou créoles. Ces divers impôts donnent un rendement d'environ 5 millions.

J'ai déjà répondu au reproche qui m'a été fait par certaines personnes, et notamment par le comité de protection des indigènes, de pressurer les populations. Laissant de côté les produits des douanes, des postes et des télégraphes, des domaines, etc., et en ajoutant aux taxes prévues au chapitre 2 celles concernant les indigènes inscrits au chapitre 4 ci-après, les ressources fournies par nos nouveaux sujets n'atteignent pas 6 millions. Or, j'ai établi, au début de ce rapport, que, depuis 1891, le gouvernement malgache imposait au peuple une charge aussi lourde. Un peu plus de 2 millions seulement entrait, il est vrai, dans les caisses publiques, mais le total des sommes perçues par les diverses autorités indigènes s'élevait au minimum à 6 millions. Néanmoins, je ne crois pas qu'il soit, pour le moment du moins, de sage politique d'exiger davantage. Il est certain que, lorsque la pacification sera complète, certaines tribus, telles que les Sakalaves, les Baras, les Mahafaly, pourront être imposées ; mais les recettes qui seront réalisées de ce chef ne seront probablement pas supérieures aux dépenses nouvelles qu'entraînera l'organisation administrative de ces régions, peu peuplées du reste. Plus tard, lorsque la colonie aura atteint un développement complet, il sera possible d'augmenter les taxes actuelles.

CHAP. 3. *Contributions indirectes (Douanes)*. — Prévisions pour 1899 : 2.640.000 fr. — Le montant total des recettes douanières, en 1898, a bien atteint le chiffre de 3 millions 581.888 fr. ; mais il est à présumer qu'en 1899 les résultats seront inférieurs de 900.000 fr. à ceux de 1898. En effet, les nouveaux tarifs applicables aux tissus n'ont été mis en vigueur qu'au mois de juin. Depuis, aucun tissu de provenance étrangère n'est entré dans la colonie. Or, sur la somme de 1.464.311 fr., qui représente le montant des droits perçus à l'importation, les tissus figurent pour 904.000 fr. C'est une recette sur laquelle il ne faut plus compter. Par suite, il a été sage de prévoir une diminution correspondante.

Les douanes peuvent-elles rapporter davantage ? Ceci est une question délicate à résoudre. Depuis mon entrée en fonctions, j'ai cherché, par tous les moyens en mon pouvoir, à favoriser l'industrie nationale. J'y ai réussi, mais ce résultat a été obtenu au détriment de nos finances locales. Il est certain qu'en se plaçant au point de vue de l'intérêt particulier de la colonie, plus il entre de marchandises étrangères, plus celle-ci encaisse de recettes ; mais j'ai considéré que ma mission était toute autre. J'ai pensé que, du moment que la métropole s'était imposé les lourds sacrifices qu'a nécessités la conquête de Madagascar, il était de mon devoir de la mettre à même de tirer le plus d'avantages possible de sa nouvelle possession. Si nous revenions à l'ancien état de choses, c'est-à-dire au payement, à l'entrée de Madagascar, d'un droit de 10 p. 100 *ad valorem*, on pourrait prévoir les résultats suivants : en prenant pour base le chiffre des importations de 1898, l'application de ce tarif donnerait, en 1899, les recettes ci-après :

Importations : 1.895.900 francs, laquelle somme, ajoutée aux autres recettes provenant des droits d'exportation, des taxes de consommation et des produits divers qui suivront même plutôt une marche légèrement ascendante que descendante, et qui se sont élevés, en 1898, à 2.117,577 francs, formerait un total de 4.013.477 francs, supérieur de 1.600.000 francs environ aux prévisions de l'année en cours.

CHAP. 4. *Divers produits et revenus*, 1.765.500 francs.

Les prévisions de ce chapitre me paraissent devoir rester sans changement important pendant plusieurs années.

Seules, les recettes postales seraient susceptibles d'être majorées si, maintenant que la taxe postale a été abaissée de 25 centimes à 15 centimes, la franchise accordée actuellement aux officiers et militaires du corps d'occupation leur était retirée.

CHAP. 5. *Subvention de la métropole*, 1.800.000 francs.

Il semble, en présence des brillants résultats de l'exercice 1898, que la subvention de la métropole pourrait être réduite, peut-être même supprimée. Or, il n'en est rien. En effet, il ne faut pas perdre de vue qu'au cours de ces deux dernières années, les grands travaux : routes, immeubles, lignes télégraphiques, etc., ont été imputés sur le boni provenant de la conversion de l'emprunt malgache. Ce boni est à la veille d'être épuisé, puisqu'il n'existe plus que 9.000 obligations disponibles, et, cependant, lorsqu'il aura été entièrement absorbé, il restera beaucoup à faire. Je crois inutile d'insister sur ce point. La colonie de Madagascar ne prendra le développement économique auquel elle peut et doit légitimement aspirer que lorsqu'elle sera sillonnée de voies de communication et que l'accès de ses ports sera facile et sûr. Une autre entreprise s'impose : la construction d'un chemin de fer. Le département a d'abord songé à s'adresser à une compagnie privée ; or, des deux essais qui ont été tentés, le premier a déjà échoué ; je ne sais encore ce qu'il arrivera du second. Et cependant le temps marche. Trois ans ont passé, et nous ne sommes pas plus avancés qu'au premier jour. Une seule chose utile a été faite : l'étude à laquelle a procédé le lieutenant-colonel Roques, étude dont les conclusions ont été ratifiées par la mission Guibert-Dufour. A l'heure actuelle, je ne vois qu'une seule solution : suivre l'exemple de l'Indo-Chine, et, si les négociations avec la compagnie coloniale n'aboutissent pas rapidement, confier à la colonie le soin de construire elle-même la voie ferrée qui lui est indispensable. Beaucoup d'argent, c'est-à-dire un emprunt, sera nécessaire; en outre, les capitaux en France sont timides ; ils ne s'engagent volontiers qu'avec la garantie de l'État. Cette garantie, je viens la demander à la métropole et au Parlement.

La métropole nous donne aujourd'hui 1.800.000 francs, somme largement compensée, du reste, ainsi que je l'ai démontré plus haut, par les recettes auxquelles la colonie a renoncé en favorisant exclusivement, par des tarifs prohibitifs, l'industrie nationale. Je ne sollicite pas un centime de plus. Madagascar subviendra avec ses ressources propres à ses dépenses ordinaires ;. mais il lui faut un outillage qui nécessite des ressources extraordinaires : seul, le Parlement peut lui donner le moyen d'obtenir ces ressources extraordinaires, sans qu'il en résulte pour la métropole une charge nouvelle. Je ne demande que le maintien du *statu quo*. Il n'y aurait que l'affectation de la subvention de changée. Elle servirait de garantie à un emprunt que la colonie serait autorisée à contracter.

Cette proposition, Monsieur le Ministre, j'ai la ferme confiance que vous voudrez bien l'appuyer de votre haute autorité.

Vous et vos prédécesseurs avez suivi mes efforts ; vous avez eu la bienveillance de les reconnaître et de les encourager à maintes reprises. Vous tiendrez, je n'en doute pas, à couronner l'œuvre commune à laquelle se sont associés le département des colonies et ses représentants à Madagascar.

TITRE IV

CONCLUSIONS

Je me suis efforcé, dans le présent rapport, de montrer quelle était, à tous les points de vue, la situation actuelle de notre nouvelle colonie, après avoir fait connaître les événements qui y sont survenus dans la période écoulée depuis le mois de septembre 1896, ainsi que les progrès qui ont pu y être accomplis durant cette même période. Je voudrais essayer maintenant, bien qu'il soit le plus souvent difficile de plonger dans l'avenir en ce qui concerne les questions coloniales, de tirer quelques conclusions des enseignements que nous ont apportés ces trois dernières années qui ont marqué les débuts de notre colonie française à Madagascar. Les difficultés ne nous ont pas été ménagées; mais il en a toujours été de même à l'origine de toutes les conquêtes coloniales. Les événements qui ont eu lieu en Abyssinie, il y a peu d'années, prouvent surabondamment à quels dangers peut s'exposer toute puissance peu préparée à la tâche qui peut lui incomber, quand elle prend pied dans ces régions inconnues, immenses par leur étendue, irrégulières et habitées par des populations un moment surprises devant l'imprévu de notre arrivée et devant le déploiement des moyens perfectionnés que nous mettons en jeu, mais qui se ressaisissent bientôt quand elles voient notre petit nombre et peuvent se rendre compte des difficultés auxquelles nous nous heurtons dans tout pays neuf.

Situation politique.

Actuellement, au mois de mars 1899, la situation politique est bonne sur le plateau central, dans les régions de
l'Est et dans la plus grande partie des régions de l'Ouest
et du Sud, en notant cependant qu'en ce qui concerne les
dernières régions, Ouest et Sud, il reste à pénétrer et à pacifier certains territoires où nous n'avons pu encore prendre pied complètement.

Cette situation paraît particulièrement favorable en
Emyrne, c'est-à-dire au cœur de Madagascar, en plein
pays hova, là où régnait, il y a quatre ans à peine, la race
conquérante qui avait fini par étendre sa domination sur
la plus grande partie de l'île, et dont la reine représentait,
aux yeux de l'extérieur, la souveraineté sur tout Madagascar. Je crois qu'avec l'organisation actuelle, à la suite des
souffrances et des privations endurées pendant les deux
ans de guerre et d'insurrection, en raison du bien-être que
les habitants retrouvent à reprendre leurs cultures et leurs
installations, un nouveau soulèvement est peu probable,
si notre vigilance reste entière et si la majorité de la
population est persuadée qu'elle trouvera chez ses nouveaux maîtres, en même temps que la fermeté indispensable, les sentiments de justice et de bienveillance nécessaires pour la gagner à nous complètement.

Mais nous ne devons pas oublier que nous trouvons toujours devant nous un parti qui sera, de longtemps encore,
irréconciliable, bien que cachant sous des dehors d'obéissance et d'humilité ses sentiments de haine à notre endroit :
c'est le vieux parti hova, sur lequel je me suis déjà longuement étendu dans la première partie de ce rapport; il
comprend la noblesse et la haute bourgeoisie.

La principale fortune de ces deux classes consistait en
esclaves et en terres. La suppression de l'esclavage leur a

enlevé les premiers ; quant aux terres qu'ils possèdent toujours, ils éprouvent les plus grandes difficultés à les
cultiver, puisque leurs anciens esclaves, devenus pour la
plupart propriétaires à leur tour, refusent de s'engager à
leur service. De plus, notre arrivée à Madagascar a mis fin
aux exactions, abus de toute sorte, dont ces deux classes
vivaient aux dépens du peuple et des peuplades de la côte,
au milieu desquelles elles envoyaient leurs gouverneurs et
fonctionnaires qui, ne recevant pas d'émoluments réguliers, vivaient sur le pays et y faisaient toujours d'importantes fortunes leur permettant ensuite de vivre largement
à Tananarive et en Emyrne. J'ajouterai que le vieux parti
hova avait particulièrement subi l'empreinte étrangère et
semble toujours compter sur un appui extérieur pour
retrouver son ancienne situation privilégiée.

Malgré la suppression de l'esclavage et l'abaissement auquel cette dernière mesure l'a réduit, ce parti conserve
toujours un prestige considérable sur les affranchis et la
caste noire, qu'il tenait autrefois sous sa tutelle et à qui il
cherche à persuader que notre établissement à Madagascar
n'est que provisoire et pourrait prendre fin prochainement.
De là chez ces affranchis, qui cependant ont accueilli et
accueillent encore aujourd'hui notre présence parmi eux
avec faveur, une sorte d'indécision qui disparaîtra peu à
peu, surtout si de quelque temps encore nous maintenons
les mesures de rigueur : exil, confiscations, que nous avons
été forcés de prendre contre les principaux personnages
du « vieux parti hova » convaincus de participation à l'insurrection. Revenir tout de suite sur ces mesures serait
dangereux ; car notre clémence serait considérée par le
gros de la population comme un signe de faiblesse et de
crainte et pourrait nous aliéner les partisans de notre influence, dont le nombre s'accroît chaque jour à la faveur
des dispositions justes et libérales relatives à l'égalité de
l'impôt et de la charge des prestations, à la diffusion d'un

enseignement professionnel et agricole, à la distribution de la justice, à la création d'établissements de bienfaisance, etc., que nous avons prises depuis trois ans.

Je pense qu'il sera parfaitement possible et même de bonne politique, dans quelque temps, de chercher à réparer les ruines causées, pour les vieux Hovas de la noblesse et de la haute bourgeoisie, par notre arrivée et notamment par la suppression de l'esclavage. Déjà j'ai réservé à plusieurs d'entre eux un certain nombre des postes les plus importants de l'administration indigène.

En de nombreuses circonstances je les ai appelés à me donner leur opinion sur des questions intéressant la législation locale, et tout récemment encore j'ai constitué avec les anciens gouverneurs hovas des différentes provinces de Madagascar une commission chargée d'examiner les moyens de faire revivre les anciennes industries disparues de l'île ou de perfectionner celles existantes.

Peut-être pourrons-nous, si la situation financière favorable à la colonie continue à s'affirmer, songer à accorder plus tard quelques compensations aux anciens propriétaires d'esclaves dépossédés, en tenant compte toutefois de ce fait que la plus grande partie de leur fortune ancienne avait été acquise par des moyens peu honnêtes et aux dépens des autres classes de la population. Mais pour cela nous devons attendre que l'apaisement complet soit fait partout, que l'influence française soit parfaitement établie et admise sans contestation par tous, que la génération nouvelle que nous formons à nos écoles françaises ait grandi, et que surtout cette dénomination de vieux Hovas ait disparu et, avec elle, l'espoir qu'ils ont encore habituellement de nous voir supplantés par une puissance étrangère. Agir trop précipitamment serait compromettre les résultats déjà obtenus au point de vue de la pacification de la grande île, notamment du plateau central. Le temps joue un grand rôle quand il s'agit de l'organisation d'une colonie nouvelle, et à ce point de vue nous devons mettre de côté nos impatiences, trop souvent nuisibles à nos intérêts politiques et économiques à l'extérieur.

Si nous avons encore des réserves à faire au sujet d'une certaine classe du peuple hova, il n'en saurait être de même en ce qui concerne les autres classes, marchands, cultivateurs, affranchis, non plus que des peuplades et tribus du reste de l'île. Vis-à-vis de toutes ces catégories d'indigènes qui forment la grande majorité de la population de notre nouvelle colonie, nous devons employer tous les moyens de nature à nous les gagner complètement. Déjà de grands progrès ont été obtenus à ce point de vue, et les populations du plateau central et des régions de l'Est apprécient très nettement les différences de notre régime avec celui sous lequel elles étaient soumises autrefois. Ce sont elles qui, lors de mes diverses tournées dans l'île, se portaient en foule au-devant de moi, vêtues de vêtements européens, précédées de drapeaux français, pour montrer leur reconnaissance au représentant du gouvernement de la République pour les avoir affranchies d'un joug détesté. Ce sont ces populations, sauf peut-être dans certaines régions de l'Ouest et du Sud, où leur sauvagerie semble, jusqu'à ce jour, les rendre réfractaires à toute civilisation, qui doivent nous apporter leur collaboration dans l'œuvre de colonisation que nous avons entreprise à Madagascar; sans leur concours, nous n'aboutirions qu'à un échec complet.

Aussi, forts de l'expérience que nous avons déjà acquise dans nos tentatives de colonisation sur d'autres points du globe et à Madagascar même, devons-nous éviter les dangers que nous a déjà fait courir ailleurs une fausse appréciation du genre de relations qui doivent exister entre les indigènes et les colons nouvellement arrivés dans tout pays neuf. Je me suis déjà expliqué en détail à ce sujet, dans mes dernières instructions du 22 janvier 1899, sur les principes de colonisation à appliquer à Madagascar. Nous devons,

avant tout, ménager ces populations, les traiter avec fermeté, mais en même temps avec bienveillance, et surtout
avec un grand esprit de justice. J'ai montré, dans le document ci-dessus, que les indigènes de la grande île avaient
des habitudes, des défauts même avec lesquels il nous fallait nécessairement compter, et qu'il serait non seulement
contraire aux intérêts de nos colons, mais même dangereux, de heurter brusquement de front ces coutumes.
L'éducation, l'entraînement au travail de races dont les
mœurs et les besoins sont si différents des nôtres, ne peuvent se faire qu'à la longue et en usant d'une extrême
patience. En allant trop vite, je ne crains pas de le dire,
nous nous exposerions à un vif mécontentement de la
part de nos sujets, et peut-être même à de nouveaux
mouvements insurrectionnels, ainsi que le fait s'est produit,
en 1878, en Nouvelle-Calédonie.

Il est certainement de notre devoir d'encourager la colonisation à Madagascar par tous les moyens possibles, — et,
en ce qui me concerne, cet encouragement a été le but
constant de tous mes efforts ; — mais, je le répète, nos
entreprises de colonisation, si elles veulent arriver à des
résultats certains, doivent s'attacher à gagner la confiance
des indigènes et à ne pas susciter leur hostilité. J'appellerai surtout l'attention des administrateurs et des colons sur
la nécessité de laisser aux habitants du pays les terres,
souvent de grande étendue, en raison de leurs habitudes
particulières, qui leur sont utiles pour leurs pâturages et
leurs cultures. C'est là souvent une cause essentielle de
mécontentement parmi les indigènes de tous ces pays
neufs, amenés pour la première fois au contact de nos
colons européens. C'est cette cause qui a déterminé l'insurrection des Canaques en juin 1878.

Il est indispensable également de respecter avec une
scrupuleuse exactitude les contrats d'engagement conclus
avec les travailleurs indigènes. Le Malgache qui a été trompé

une fois perd tout confiance dans ceux qui l'emploient. Il n'admet pas chez le « Vazaha » le défaut qu'il possède cependant lui-même à un si haut degré. S'il se croit lésé dans ses droits, il ne dit rien, semble s'incliner; mais, à la première occasion, déserte, prend la brousse et devient un révolté. Puis, comme il est patient, il attend le moment favorable pour se venger.

Je crois bien sincèrement que l'œuvre de pacification que les troupes de notre corps d'occupation ont su accomplir dans la plus grande partie de notre nouvelle colonie, en Émyrne notamment, qui jouit actuellement d'une tranquillité et d'une sécurité qu'elle n'a jamais connues sous le gouvernement hova, peut être maintenue et développée, mais à la condition de se conformer aux principes généraux que je viens d'exposer.

Les observations qui précèdent s'appliquent surtout aux populations du plateau central et des régions orientales de l'île. En ce qui concerne les vastes territoires de l'Ouest et du Sud, au milieu desquels se trouvent encore un certain nombre de groupements hostiles, j'ai essayé de montrer, quand j'ai traité la question de la pénétration, qu'il serait imprudent et tout à fait contraire aux intérêts de la colonisation de nous arrêter au milieu de notre tâche. La question de Madagascar sera définitivement réglée si nous donnons encore l'effort nécessaire pour nous permettre de réduire ces dernières résistances. Dans le cas contraire, nous serons amenés à faire les mêmes sacrifices d'hommes et d'argent, et ces groupements se grossissant sans cesse des mécontents et des révoltés de toute espèce, seront une cause de dangers permanents pour les populations soumises et finiront même par s'enhardir au point de prendre l'offensive à leur tour et de compromettre les résultats si péniblement acquis jusqu'à ce jour.

Notre ténacité seule, ainsi que le prouve l'expérience de nos dernières luttes au Tonkin contre les bandes pirates, au Soudan contre les prophètes musulmans, à Madagascar même contre l'insurrection générale de l'Émyrne, pourra avoir raison de l'hostilité de ces bandes isolées, déjà persuadées par les derniers événements que leur résistance ne saurait être de longue durée vis-à-vis de notre volonté bien arrêtée de nous établir en maîtres dans tout le pays. Mais, pour arriver à ce résultat, il semble utile d'augmenter la proportion de troupes noires du corps d'occupation de Madagascar, sauf à diminuer les troupes européennes. Seuls, nos soldats de la côte occidentale d'Afrique, encadrés par nos officiers et sous-officiers, sont capables de supporter les difficultés, les privations, les fatigues d'un séjour prolongé dans ces régions côtières, riches mais insalubres, encore inconnues et privées de toutes communications. Elles seules peuvent ouvrir la voie à nos entreprises de colonisation dans ces régions riches en pâturages, en forêts de caoutchouc et peut-être même en mines.

Personnel administratif.

L'idéal auquel il convient de tendre pour avoir un régime économique est évidemment de développer l'action, sinon le nombre du personnel indigène, et de réduire au minimum le personnel français, en un mot, de se rapprocher progressivement du bienfaisant régime du protectorat.

Le régime de l'administration presque entièrement directe que nous avons suivi d'abord en multipliant les agents français et en leur attribuant des circonscriptions très restreintes, a été évidemment imposé par les circonstances et nous a seul permis d'obtenir les résultats que nous pouvons constater aujourd'hui :

Pacifier le plateau central et pénétrer ensuite les régions du Sud et de l'Ouest de l'île ;

Tenir le pays pendant la période transitoire qui a suivi l'insurrection ;

Habituer la population à notre contact ;

Remplacer une administration indigène dissoute par la conquête ;

Se substituer tout d'abord aux intermédiaires indigènes qui avaient habitué les populations aux abus et aux exactions de tout genre.

Mais aujourd'hui que nous commençons à entrer dans une période normale, cette multiplicité d'agents subalterne a surtout des inconvénients :

1º L'extension de l'occupation du pays rend de plus en plus difficile le choix des cadres ayant l'aptitude nécessaire ;

2º Chacun de ces agents est tenté de croire sa circonscription beaucoup plus importante qu'elle n'est souvent et, perdant de vue l'intérêt général, d'y donner en toutes choses, contributions, voirie, un développement qui n'est nullement en rapport avec ses besoins et a l'inconvénient d'imposer une double et triple charge à la population qui n'en a pas moins à satisfaire aux exigences générales. De plus, l'inconvénient de ces travaux, c'est que, exécutés souvent sans compétence et sans discernement, ils ne sont pas destinés à durer, et qu'après avoir gaspillé une main-d'œuvre précieuse, ils peuvent donner aux indigènes une fâcheuse idée de notre capacité et de notre jugement.

Il y aurait donc intérêt à reconstituer de grandes provinces basées sur des groupements naturels ayant à leur tête un seul agent français de rang supérieur assisté du strict minimum de personnel européen nécessaire, n'étant que le protecteur et le contrôleur et faisant agir sous sa surveillance le personnel indigène.

C'est ce qui a eu lieu aux Indes, dans les parties directement régies par l'administration anglaise.

Le district y compte en moyenne 4.000 kilomètres carrés et 1 million d'habitants ; il a à sa tête un administrateur (collecteur), deux adjoints et le chef de la police, et c'est tout pour le personnel européen.

Toute l'administration locale est exercée sous ses ordres par les autorités indigènes. Seulement, lui ou l'un de ses adjoints circulent constamment pour exercer leur contrôle.

Cette réduction à l'extrême des cadres européens permet de leur donner des traitements beaucoup plus élevés, ce qui augmente leur prestige, leurs moyens d'action et leur liberté de mouvement.

En partant de ce principe que je me suis efforcé d'appliquer, pour certaines circonscriptions de l'Emyrne, le cercle d'Arivonimamo notamment, qui possède plus de 170.000 habitants et n'est administré que par deux officiers européens, on peut concevoir pour la plupart des centres actuels de l'Emyrne un seul administrateur français (civil ou militaire) assisté de deux ou trois adjoints, dans lesquels il ne faut pas faire rentrer naturellement les agents de services techniques tels que travaux publics, services sanitaires, pépinières.

Pour l'application de ce régime, il faut trois conditions :

1º La sélection d'un personnel européen qui ne soit plus à la merci des tours de départ des listes administratives du personnel, suivant la méthode actuelle ;

2º La stabilité ; celle-ci assure deux choses essentielles : d'abord, elle permet de prendre une connaissance approfondie du pays, d'administrer avec suite et de faire des projets à longue échéance, les seuls pratiques ; ensuite, elle garantit que la population sera ménagée, parce que l'administrateur, assuré d'avoir du temps devant lui, ne se presse plus de couvrir sa circonscription de créations hâtives et insuffisamment préparées, pour laisser une trace de son passage ;

3º La constitution d'un personnel indigène, qui n'existe qu'à l'état rudimentaire.

Pour ce dernier point, il semble d'abord qu'il y ait intérêt à diminuer le nombre des faritanys, en les groupant en circonscriptions plus fortes, afin :

1º De réduire le nombre des sous-agents qui exploitent toujours plus ou moins la population ;

2e De faciliter leur sélection par la réduction de leur effectif ;

3º D'augmenter par suite la part de 10 p. 1000 qui est attribuée au personnel subalterne dans la perception des impôts et de diminuer ainsi la tentation de se payer sur le pays. Du reste, cette disposition elle-même peut n'être que transitoire et n'être qu'un acheminement à la solde fixe pour les gouverneurs madinikas, seul moyen d'exiger d'eux une intégrité absolue.

Quant au personnel indigène supérieur, il y aurait intérêt, dans quelque temps, à établir pour lui une sorte d'école d'application administrative à Tananarive, où seraient envoyés des jeunes fonctionnaires, des gouverneurs madinikas et des officiers adjoints de choix, ayant déjà une certaine expérience et jouissant d'une autorité naturelle locale. Passant un ou deux ans, en conservant leur solde, dans une école très sérieusement organisée et encadrée à Tananarive, ils s'y prépareraient aux fonctions supérieures, sous-gouvernements et gouvernements principaux, et seraient, en principe, renvoyés dans leur pays d'origine, où ils reprendraient leurs fonctions en attendant des vacances. Malgré tout, nous devrons toujours tenir compte, dans les questions de réorganisation, des habitudes déplorables de malhonnêteté des fonctionnaires indigènes. Il faudra encore du temps avant de faire disparaître le système de corruption et d'exactions qui était de règle sous l'ancien gouvernement malgache.

Je terminerai ce chapitre en disant encore quelques mots de la justice indigène. Suivant moi, nous devrions tendre à ce résultat : restreindre au minimum possible l'action de la justice française.

Imbue de préjugés métropolitains et de l'esprit de chi-
cane, elle est surtout pour les indigènes une occasion de se
soustraire à l'autorité administrative ou à braver l'Européen. Les uns ne croient voir en elle, à tort d'ailleurs,
qu'un appui contre les autres autorités constituées ; les
autres, en s'adressant à elle, se laissent inconsciemment
prendre dans un engrenage de formalités et de procédure
qui leur fait regretter tardivement la simplicité et la rapidité de la justice malgache, appliquée d'ailleurs équita-
blement sous le contrôle des administrateurs français.

En outre, l'action de la justice française entraîne à sa
suite des hommes d'affaires qui, avec le cortège des interprètes et des intermédiaires qu'ils comportent, sont toujours une plaie pour un peuple indigène. Ils le seront
bien plus encore le jour, qui ne semble pas éloigné, où les
Hovas se mettront eux-mêmes à vouloir être des hommes
d'affaires. On peut remarquer que la plupart des jeunes
Hovas qui font leurs études en France actuellement se
destinent surtout aux carrières de droit.

Avenir économique de Madagascar. — Agriculture et commerce.

Au point de vue économique, les ressources agricoles,
industrielles et commerciales qu'offre la colonie et certains résultats déjà obtenus paraissent devoir légitimer
non point des rêves d'enrichissement immédiat, mais des
espérances raisonnées de prospérité.

Par la diversité de ses climats et de ses productions,
Madagascar présente le précieux avantage d'être à la fois
colonie de peuplement, colonie d'exploitation et colonie de
commerce.

L'Imerina et le Betsiléo se prêteront à l'établissement
d'agriculteurs français qui, à la condition de posséder
quelques ressources, pourront y trouver aisément sinon la

fortune, du moins la vie plus large et plus facile que dans la métropole : ces mêmes régions conviendront à la création d'établissements industriels ; d'ores et déjà, l'exploitation des mines d'or, peut y procurer des bénéfices satisfaisants, à la condition, en l'état actuel des recherches faites, qu'elle n'ait à sa charge que les moindres frais généraux possibles, c'est-à-dire qu'elle soit entreprise plutôt par des particuliers que par des sociétés.

Dans les zones côtières, l'étude du pays, les exploitations agricoles déjà créées ou en voie de création, démontrent que dans certaines régions, celles en particulier qui sont situées sur la côte orientale, les colons disposant de moyennes ressources peuvent s'établir avec chances de succès et que cette colonisation y mérite les plus louables encouragements. C'est ainsi qu'il s'est déjà formé à Vatomandry, à Mahanoro, à Mananjary, des centres de colonisation agricole où l'on a foi dans le succès.

Ailleurs, où l'établissement de notre autorité est de date plus récente, où les populations indigènes sont plus ombrageuses à l'égard de l'étranger, la mise en valeur des richesses latentes du pays exige d'importants capitaux qui sont encore indispensables pour la réalisation d'entreprises présentant ici un caractère incontestable d'intérêt général, elles sont l'amélioration de la race bovine et l'introduction d'une race ovine susceptible de fournir de la laine, la reconstitution des peuplements de certaines précieuses essences forestières, celles qui produisent le caoutchouc, par exemple, l'expérimentation de cultures nouvelles, etc. Dans ces régions, et en vue de l'exécution de ces entreprises, la grande colonisation est seule en mesure de faire œuvre utile ; il y a, par conséquent, le plus grand intérêt à ce que les projets étudiés dans ce sens et présentés par des personnes pouvant grouper les capitaux nécessaires, connaissant déjà Madagascar soit par elles-mêmes, soit par les missions qu'elles y ont envoyées, présentant

des garanties d'intégrité et d'honorabilité, puissent être
bientôt suivis de réalisation.

Mais je tiens à rappeler ici que la question de main-
d'œuvre primera, au point de vue de l'agriculture, toutes
les autres questions à Madagascar. C'est pour cela que
nous devons introduire le plus rapidement et le plus largement possible nos instruments aratoires.

L'expérience faite à ce sujet par le colonel Lyautey à
Ankazobé est des plus concluantes. Dans un pays très peu
peuplé, deux charrues y ont fait en un mois, avec trois
heures de travail par jour, la besogne de 1.000 journées de
bourjanes. Sur les autres points du cercle, l'expérience a
été moins concluante parce que rien n'est plus difficile que
de triompher de l'inertie des gens et que toute innovation
se heurte à la routine, à la paresse et aux objections.

A Ankasobé, si les officiers n'avaient pas été là, au bout
de huit jours, il aurait été établi que les bœufs étaient trop
faibles, impossibles à dresser, etc.

Actuellement, tout le monde est convaincu. Le dressage
des bœufs est une question de patience ; mais, en somme,
il ne demande pas plus de deux mois au maximum. Néanmoins, il est établi que des deux modèles importés, l'un,
heureusement en minorité, est beaucoup trop lourd ; l'autre
est excellent. Seulement, c'est un outil du modèle des
charrues Dombasle perfectionnées qui demande certains
soins et peut exiger des réparations à la forge. Actuellement, il n'est donc d'un emploi entièrement pratique que
dans les exploitations où il y a un Européen ou chez les
Malgaches qui résident à proximité d'une localité où des
réparations puissent au besoin être faites.

Il y a lieu, pour l'emploi usuel par les indigènes, d'introduire d'abord des instruments moins bons, mais plus
grossiers et plus résistants.

Cette question de l'introduction immédiate des instruments aratoires est d'un intérêt tellement urgent en raison

de la question de la main-d'œuvre, que j'estime que l'Etat, si nos colons ne veulent pas le faire eux-mêmes, ne devrait pas hésiter à la prendre en main, en en assurant au besoin le transport et en en garantissant le placement, jusqu'au jour où les voies de communication en faciliteront l'importation par le commerce.

L'emploi des charrues peut permettre de tirer désormais parti des mamelons qui, dans la plus grande partie de l'Emyrne, restaient incultes, la main-d'œuvre se réservant pour les rizières.

Or, l'expérience démontre que les mamelons sont propices à toutes les cultures vivrières, aux pommes de terre, au maïs, et leur défrichement augmentera notablement la superficie de terrains cultivés.

On ne saurait également trop préconiser l'établissement de fermes-écoles sur divers points bien choisis : c'est la meilleure manière d'introduire d'abord la pratique des instruments aratoires, puis les cultures françaises, et enfin les procédés les plus rationnels pour la fumure, l'élevage, les soins à donner aux animaux, aux basses-cours, à la laiterie, aux cultures maraichères. Elles peuvent être constituées très simplement sous la direction d'Européens, qu'il faudrait autant que possible mariés, une fermière ayant l'influence la plus favorable sur la tenue de l'établissement et sur la laiterie et la basse-cour ; il est facile d'y adjoindre deux ou trois soldats ayant l'expérience des travaux agricoles. J'insiste sur la fumure, parce que la terre de l'Emyrne ne peut pas s'en passer et qu'il y aura toute une éducation à donner aux Malgaches, qui, jusqu'ici, ne savaient pas l'employer.

Je n'indique qu'en passant la nécessité de faire faire sur des points très différents et dans des conditions très diverses des essais d'élevage de moutons qui, jusqu'ici, n'ont pas réussi. Outre tous les avantages qu'aurait l'exportation de ce bétail, il aurait celui, en entrant dans la consommation usuelle, de diminuer celle du bœuf, et l'on sait combien est grande la crise qui menace la population bovine de l'île.

Malgré l'insurrection, malgré la lenteur et les difficultés des communications entraînant pour les marchandises des risques de détérioration et de perte, le commerce, le commerce français en particulier, a très sensiblement progressé dans le court espace de deux années.

La valeur des importations est passée de 13.987.931 fr. en 1896 à 21.641.000 en 1898. On ne saurait considérer que cette augmentation de 7.653.069 fr. est due à la présence des troupes stationnées dans la colonie, puisque les troupes noires ont vécu sur le pays et que l'effectif des troupes européennes a été réduit depuis deux ans. Elle est donc, pour la plus grosse part, la conséquence de l'augmentation de la population européenne et de l'accroissement de la capacité de consommation malgache. J'ai dit combien je me suis efforcé de provoquer cet accroissement en incitant le plus possible les indigènes à accroître leurs cultures, en encourageant la récolte des produits nationaux, l'élevage, la reprise des industries locales, la plantation d'essences susceptibles, comme le caféier, le cocotier, d'alimenter un commerce ou, comme le mûrier, une industrie, de telle sorte qu'à de nouveaux besoins contractés à notre contact correspondent de nouvelles ressources permettant d'y satisfaire.

Nos industriels et nos commerçants de la métropole ont fait preuve d'une réelle initiative. Heureusement secondés par les mesures de protection prises par le gouvernement, les uns ont transformé leur outillage pour fabriquer des tissus répondant au goût des indigènes, les autres ont créé à Madagascar d'importants établissements qui paraissent satisfaits de leurs opérations ; il est vrai qu'à côté de ceux-ci des commerçants se plaignent du marasme des affaires ; la plupart, groupés dans les grands centres, Tamatave,

Majunga, Tananarive, Mananjary, Vatomandry, sont aujourd'hui en nombre hors de proportion avec les facultés commerciales de la région, parce que leurs ressources insuffisantes restreignaient leurs opérations dans un cercle trop étroit. Ceci n'est pas de nature à atténuer la valeur des résultats acquis : pour les importations, la France tient aujourd'hui la première place à Madagascar et son marché s'y chiffre par 16 millions de francs.

Le commerce d'exportation a su aussi triompher des circonstances défavorables que nous avons traversées, puisque sa valeur s'est accrue, en deux ans, de 1.354.049 fr. Les ordres donnés en vue de la reconstitution des troupeaux, de l'accroissement des ressources agricoles indigènes, de la conservation et de la récolte des produits naturels, l'entrée en rapport des plantations créées, l'extension de certaines industries existantes, la création de nouvelles entreprises, avec la réalisation des projets de grande colonisation dont j'ai eu l'honneur de vous entretenir, provoqueront vraisemblablement, dans un prochain avenir, l'accroissement de ces transactions.

Il semble donc permis de conclure que les sacrifices occasionnés à la métropole par la conquête et l'organisation de Madagascar ont déjà commencé à porter quelques fruits et seront compensés par de réels profits, à la condition cependant que notre jeune colonie ne se débilite pas par des efforts prématurés, que les entreprises créées, celles en voie de création, ne se heurtent pas longtemps encore aux obstacles naturels qu'il n'est pas en leur pouvoir de surmonter, que Madagascar soit doté, en un mot, de l'outillage économique indispensable au développement de ses facultés. La construction de chemins de fer reliant à la côte l'Imerina d'abord, le Betsiléo ensuite, est, dans cet ordre d'idées, de première urgence. Elle est la condition absolue de la colonisation agricole et industrielle de ces régions, en même temps que de l'augmentation des transactions et de l'expansion vers les côtes de la race hova. Du jour où les indigènes de l'Imerina sauront qu'il leur sera possible de rentrer dans leur pays d'origine en cas de maladie ou que leurs restes pourront reposer dans le tombeau de famille, ils n'hésiteront pas à se diriger vers les régions côtières, où ils seront pour nos commerçants des agents de traite qui remplaceront avec avantage les Indiens et les Chinois; pour nos planteurs et industriels, des surveillants, contremaîtres et chefs de chantier.

Mais les voies de pénétration de la côte vers l'intérieur ne sont pas les seules dont la nécessité s'impose. Il faut en outre, dès maintenant, sur la côte Est, faciliter le transport rapide et à peu de frais des produits des plantations et favoriser la création de nouvelles exploitations, en évitant aux colons la grosse dépense du transport à dos d'homme du matériel et de tous autres objets nécessaires à leur installation. Le percement du canal des Pangalanes répondra donc à de réels besoins.

Par la construction de ces voies de communication, de nombreux bras seront rendus au travail agricole et industriel et remédieront à la pénurie de main-d'œuvre que je me suis efforcé d'atténuer par une réglementation spéciale.

Enseignement.

J'ai déjà expliqué ci-dessus dans quelles conditions particulièrement difficiles et délicates la question de l'enseignement s'était présentée à Madagascar. C'était certainement un avantage que de trouver, sinon dans toute la grande île, du moins sur le plateau central, un système d'enseignement tout créé. Mais, d'une part, cet enseignement ne répondait pas au but politique et même économique que la France devait poursuivre désormais dans sa nouvelle colonie; d'autre part, il avait surtout un caractère religieux, et les diverses missions qui se disputaient

la prééminence parmi les Hovas et les Betsiléos s'en servaient avant tout comme d'un moyen de propagande pour
s'attirer de nouveaux adhérents, en négligeant l'enseignement proprement dit, qui consistait la plupart du temps
en cantiques et exercices religieux. Ces observations s'appliquent surtout aux écoles des campagnes ; car dans les
grands centres comme Tananarive et Fianarantsoa plusieurs
missions avaient créé des établissements scolaires vraiment
dignes de ce nom et qui ont eu la plus heureuse influence
sur le développement intellectuel et moral des populations
indigènes.

On a vu, dans une autre partie de ce rapport, quelles
étaient les mesures qui avaient été adoptées pour modifier
dans un sens favorable à nos idées la situation de l'enseignement telle que je l'avais trouvée à mon arrivée dans la
colonie, en septembre 1896. Aujourd'hui, l'apaisement
semble s'être fait parmi les missions, qui ont toutes reconnu à plusieurs reprises les sentiments de neutralité
religieuse de l'administration de la colonie. Elles comprennent maintenant que le champ leur est laissé complètement libre pour leur propagande religieuse parmi les
populations de Madagascar et que toute liberté d'enseignement leur est accordée, mais à la condition formelle
que cet enseignement soit dirigé dans un sens français et,
autant que possible, professionnel et agricole, de manière
à réagir contre cette tendance qu'ont les Malgaches, les
Hovas notamment, à déserter les champs et les ateliers
pour se faire fonctionnaires, instituteurs, pasteurs, évangélistes, etc.

La question de l'enseignement à Madagascar se pose
donc aujourd'hui d'une manière plus nette qu'il y a trois
ans. Celui-ci doit avoir pour but essentiel d'élever les
jeunes générations dans l'affection de leur nouvelle patrie,
puis de les former, de manière qu'elles puissent devenir
d'utiles auxiliaires pour nos entreprises commerciales,

industrielles et agricoles dans notre colonie. Il va sans dire que nous poursuivons en même temps l'amélioration intellectuelle et matérielle de nos sujets malgaches, puisque nous mettons ainsi entre leurs mains les moyens d'apprendre des métiers et d'exercer des professions lucratives.

D'après la réglementation nouvelle de l'enseignement, que j'étudie en ce moment, les missions de l'île seront admises aux faveurs de l'administration, si elles remplissent ce double programme. L'enseignement officiel comprendra les écoles normale, professionnelle et d'agriculture, qui seront établies à Tananarive, ainsi que les écoles de moindre importance, organisées dans les cercles et les provinces. L'enseignement privé pourra établir partout des écoles analogues, mais il va sans dire qu'elles n'auront droit aux avantages fournis par la colonie : subventions, exemptions de la prestation et du service militaire pour les instituteurs et maîtres, que si elles se conforment aux programmes officiels des écoles du Gouvernement, si leurs maîtres et instituteurs ont pu justifier, devant une commission officielle, de leurs connaissances en français et de leurs aptitudes à donner à leurs élèves un enseignement ayant un caractère professionnel, agricole et commercial. Ces écoles devront naturellement accepter le contrôle de l'administration de la colonie. A ce point de vue, j'ajouterai que celle-ci ne s'immiscera absolument en rien dans tout ce qui concerne le caractère religieux de chaque mission, les Malgaches étant parfaitement libres, ainsi que je l'ai maintes fois et hautement déclaré, de s'asseoir sur les bancs des écoles catholiques, des écoles protestantes des différentes confessions ou des écoles laïques. Toutes les missions, en un mot, seront appelées à concourir, avec l'enseignement officiel, au but patriotique et économique que la France s'est fixé en s'établissant à Madagascar.

Travaux publics.

J'ai déjà indiqué l'importance que j'attache, au point de vue de la pacification et de la colonisation, à la création presque immédiate d'un réseau de routes. J'ai fait également connaître les moyens que j'avais employés pour obtenir ce résultat.

Les commandants de territoires militaires et les chefs de poste ont été invités, et cela dès la prise de possession d'une région, à mettre en communication les points principaux de cette région.

J'ai donné l'énumération des routes ainsi créées.

La longueur du réseau actuellement établi, la diversité des personnes qui ont contribué à le créer, le faible chiffre des sommes qui y ont été consacrées, indiquent suffisamment que ces routes ne peuvent avoir, au point de vue spécial de la construction, qu'une valeur assez faible. Leur importance est ailleurs : elle réside dans les services qu'elles ont rendus, en permettant de circuler facilement, presque dès notre arrivée, dans un pays, où, antérieurement, les voies de communication faisaient entièrement défaut.

Mais, en même temps que nos routes s'improvisaient dans toutes les régions, je faisais entreprendre par les soins du génie, en y consacrant tous les moyens nécessaires, une route définitive entre Mahatsara et Tananarive. Un effort de même genre, mais de degré moindre, a été porté sur la route de Majunga à Tananarive.

Le temps qu'a pris et que prendra encore la construction de ces deux routes, les efforts énormes qu'elle exige, montrent mieux que tout raisonnement l'erreur que l'on eût commise si, du premier coup, l'on eût voulu faire toutes les routes sur ces types. Cela aurait été se condamner à n'avoir pendant longtemps aucune communication, sous prétexte d'en attendre d'excellentes.

Les routes de première nécessité étant ainsi sommairement ouvertes, il convient de les améliorer. Pour cela, aucune nouvelle route ne sera construite, afin que tous les efforts soient portés sur celles qui existent. Chacune de celles-ci fera l'objet d'un programme d'amélioration établi par un agent technique.

Les ouvrages d'art seront construits d'après les indications du service des travaux publics, placé, ici également, sous la direction du lieutenant-colonel du génie Roques.

En même temps, un dernier effort sera porté sur la route de Mahatsara à Tananarive et sur celle de Tananarive à Majunga.

Plus tard, à mesure que les ressources budgétaires le permettront, le service des travaux publics reprendra successivement celles des routes sommaires présentant un caractère d'utilité générale et les amènera au type définitif.

La création d'un réseau de routes définitives est en effet indispensable. De même que l'on ne peut se passer de communications sommaires en attendant les routes définitives, de même celles-ci ne doivent pas être ajournées par l'expectative des chemins de fer. Ceux-ci sont si longs et si coûteux à construire que pendant longtemps les routes carrossables seront les véritables artères de la colonie. Le réseau à constituer le plus tôt possible devra finalement comprendre les parties suivantes :

Une route traversant l'île dans sa longueur et passant par Diégo-Suarez, Mandritsara, Tananarive, Fianarantsoa, Fort-Dauphin.

Sur cette artère s'embrancheront les routes de :

Tananarive à Tamatave, Tananarive à Majunga, Tananarive à Arivonimamo, Miarinarivo, Ankavandra (Manambolo), d'Arivonimamo à Ramainandro, Inanatonana, Analaidirano et Miandrivazo (Tsiribihina) ;

De Fianarantsoa à Betafo et Inanatonana ;

De Fianarantsoa à Mananjary et d'Ambositra à Mananjary.

En même temps on devra songer au futur réseau des voies ferrées et commencer par la construction du chemin de fer de Tananarive à la côte Est, qui est complètement étudié.

La construction de ce chemin de fer a donné lieu à une convention avec option passée avec la compagnie coloniale de Madagascar.

Si cette convention n'aboutit pas, sa principale conséquence aura été une perte considérable de temps. Je crois qu'il n'y aura pas lieu alors de renouveler une pareille tentative et qu'il faudra songer à l'éventualité de la construction par la colonie.

Le canal des pangalanes de la côte orientale a été concédé à la Société française des Messageries fluviales.

C'est un travail de première nécessité que la colonie devra reprendre si cette Société l'abandonnait.

Le réseau télégraphique devra être complété. Il y aura lieu d'immerger un câble télégraphique autour de l'île.

Les ports de Tamatave et de Majunga devront être organisés de façon à y rendre faciles et économiques les opérations d'embarquement et de débarquement.

Divers phares sont en construction. Le système d'éclairage et de balisage des côtes devra être complété de façon à indiquer les principaux points de changement de direction des navires et à permettre l'accès des ports pendant la nuit.

L'installation des divers services devra être assurée au moyen de bâtiments appropriés au climat.

Je ne cite ici que pour mémoire l'installation des troupes qui incombe au budget colonial.

Enfin, de longtemps, les principales villes ne pourront, avec leurs seules ressources, procéder aux travaux indispensables de voirie et d'assainissement. La colonie devra les aider, soit par des subventions, soit en garantissant leurs emprunts.

Je me borne, dans cette conclusion, à énumérer rapidement ces divers besoins qui sont développés plus longuement d'autre part, et dont quelques-uns ont déjà donné lieu à des projets.

Je termine en rappelant que ces travaux ne pourront être entrepris que si la colonie est autorisée à contracter un emprunt.

Or, la métropole fournit annuellement à la colonie une subvention de 1.800,000 francs.

Malgré l'état prospère de nos finances, cet appoint à nos ressources nous est indispensable pour le développement des services et l'exécution des divers travaux de première nécessité; sans cette subvention, la colonie serait condamnée à végéter et à ajourner indéfiniment la constitution du premier outillage indispensable à son essor.

La marche ascendante des recettes locales permet d'affirmer que bientôt Madagascar pourra faire face strictement à ses dépenses ordinaires au moyen de ses ressources propres et que la subvention pourra, par suite, être exclusivement employée aux travaux de mise en valeur.

Ce n'est qu'après l'exécution de ceux-ci que la colonie sera en mesure de donner réellement ce que l'on est en droit d'attendre d'elle. Il y a dès lors un intérêt majeur à hâter cette exécution.

Le seul moyen permettant d'atteindre ce résultat consiste, suivant moi, à consacrer à ces travaux le capital correspondant à l'intérêt de 1.800.000 francs, soit environ 50 millions (en supposant les mêmes conditions que pour la convention de l'emprunt malgache de 1885).

La colonie peut donc être autorisée à emprunter 50 millions sans augmentation des charges actuelles de l'État, qui aura au contraire la perspective de voir diminuer ses dépenses militaires, car les travaux indispensables à la mise en valeur et au développement économique d'un pays neuf sont en même temps les meilleurs agents de sa pacification.

Finances et impôts.

Les renseignements détaillés que j'ai donnés dans la troisième partie de ce rapport sur les finances de la colonie prouvent qu'elles sont dans une situation des plus favorables, puisqu'à la clôture de l'exercice 1898 nos réserves s'élèveront à près de 3 millions. J'avouerai bien sincèrement que j'étais loin de prévoir ce résultat lorsque j'ai dû, dans la période de six mois qui a suivi mon arrivée dans la grande île, organiser le système d'impôts servant de base aujourd'hui à notre législation financière.

Les postes des douanes n'occupaient que quelques points isolés des côtes, perdant ainsi une bonne partie des recettes qui nous rentrent actuellement avec l'installation de nos postes sur la plupart des points où la contrebande doit être surveillée. Quant aux populations indigènes, ou bien elles sortaient à peine de l'état de détresse et de misère où les avait mises l'insurrection du plateau central, ou bien elles occupaient des territoires jusqu'alors impénétrés et échappaient par suite à tout impôt. Mais le travail d'organisation financière de chaque cercle ou province a suivi pas à pas l'œuvre de pacification, chaque circonscription territoriale répondant en général à l'ensemble des régions habitées par des tribus de même race et se voyant appliquer, par suite, un système d'impôts correspondant aux mœurs et usages des populations ou peuplades de cette race.

Quoi qu'il en soit, les résultats restent indéniables et, en dépit des énormes difficultés qui ne lui ont pas été ménagées depuis trois ans, notre nouvelle colonie non seulement a couvert ses dépenses civiles, mais a aussi pris à son compte chaque année près de 2 millions de dépenses des milices locales, et environ 700.000 à 800.000 francs de dépenses militaires et, en outre, a pu se constituer une réserve qui, je le répéte, va s'élever à près de 3 millions à la clôture de l'exercice de 1898.

J'ajouterai encore que nos recettes auraient été bien supérieures, sans les nouveaux tarifs exemptant de droits les marchandises françaises.

Je ne crois pas que nous devions nous laisser abuser par ces excellents résultats et croire que nos recettes locales monteront constamment dans la même proportion. Évidemment, les revenus de la colonie trouveront des ressources nouvelles lorsque les entreprises agricoles, industrielles, minières, forestières, en projet, auront commencé leur œuvre à Madagascar. Mais nous devrons soigneusement nous garder, pendant quelques années encore, d'augmenter les impôts indigènes. Les diverses populations de l'île, notamment les Hovas, sortent d'une crise dont il faut tenir grand compte. La guerre, l'insurrection, les changements apportés partout par la domination française, les travaux d'utilité publique que nous leur avons demandés, tous ces événements se succédant coup sur coup, ont amené chez nos nouveaux sujets de la fatigue physique et, au point de vue moral, une sorte d'étonnement dont il faut leur laisser le temps de revenir, en leur accordant le répit nécessaire pour se remettre et s'habituer à leur nouvelle situation. Mais cette observation faite, je suis certain qu'en y allant progressivement et prudemment, nous arriverons encore à augmenter nos ressources locales.

C'est un résultat désirable à atteindre ; car, suivant moi, le seul moyen de diminuer les sacrifices que la métropole doit consentir en faveur de sa nouvelle possession, c'est, non pas de diminuer le corps d'occupation, qui a ici, dans un pays grand comme la France et la Belgique réunies, une tâche énorme à remplir, mais de prendre peu à peu, au compte du budget local, une partie des dépenses incombant au budget militaire. La pacification du plateau central et notre pénétration dans des régions inconnues jusqu'à ce jour nous ont seules permis d'obtenir les excellents résultats financiers constatés. Que la sécurité cesse, que nous évacuions les nombreux postes qui la maintiennent dans toute l'étendue de Madagascar et, rapidement nous verrons baisser nos recettes locales, sans compter que nos colons devront renoncer à aller s'installer dans les régions que nous venons à peine d'ouvrir à leur initiative individuelle. L'exemple de l'Indo-Chine est là pour nous indiquer quelle est la voie à suivre à ce point de vue.

Les finances de la colonie ne sont devenues prospères que le jour où, après des luttes de plusieurs années, la pacification est devenue complète dans toutes les parties de notre empire d'Extrême-Orient. Et si le budget militaire y réalise maintenant des économies, c'est, non pas parce que l'on a diminué le corps d'occupation, — je crois au contraire qu'on l'a augmenté d'un régiment indigène depuis deux ans, — mais parce que le budget local a pris à son compte quelques-unes des unités du corps d'occupation. Il en sera de même à Madagascar, mais à la condition que nous continuions avec courage et ténacité l'œuvre de pacification entreprise et qui, nous l'avons vu dans le cours de ce rapport, est à peu près terminée et ne présente plus que quelques lacunes sur les points que j'ai indiqués.

En terminant ce long rapport, il me reste, Monsieur le Ministre, à accomplir un devoir et à témoigner hautement devant vous que les résultats qui ont pu être obtenus à Madagascar, durant la période que j'ai envisagée, sont dus, avant tout, à la collaboration dévouée, intelligente et énergique que m'ont apportée officiers et soldats du corps d'occupation, fonctionnaires civils et agents de tous corps et de toutes classes, depuis le plus modeste jusqu'au plus élevé en grade dans la hiérarchie ; à la confiance, à l'estime et à la sympathie que n'ont cessé de me montrer la grande majorité de mes compatriotes de la grande île, qui ont semblé se faire constamment un devoir de me soutenir dans la tâche difficile que j'avais à remplir ici ; enfin, à l'appui et au concours que vous-même, Monsieur le Ministre, ainsi que vos deux prédécesseurs au département des colonies, m'avez fournis en toutes circonstances depuis trois ans.

La réunion de tous ces dévouements et de toutes ces bonnes volontés a seule permis d'accomplir à Madagascar l'œuvre qui, si elle est loin d'être encore terminée, a eu cependant pour but de réprimer une insurrection qui menaçait de compromettre les résultats obtenus par l'entrée de nos troupes à Tananarive, d'étendre l'influence française sur la plus grande partie de l'île, de favoriser les entreprises de colonisation de nos compatriotes et de réserver à nos industriels et commerçants un marché nouveau.

Certainement des incidents isolés pourront encore surgir, comme dans toute colonie nouvelle ; mais ils ne seront jamais de nature à compromettre notre situation à Madagascar si nous persistons dans le programme de pacification, d'organisation et de pénétration que j'ai essayé de développer dans les pages qui précèdent. C'est à l'initiative de nos compatriotes, industriels, commerçants, agriculteurs, qu'il appartient maintenant de continuer la mission que la France s'est imposée dans sa grande colonie de l'océan Indien.

FIN

TABLE DES MATIÈRES

TITRE II

Organisation administrative.

ADMINISTRATION

TITRE III
Développement économique.

TITRE IV

CONCLUSIONS

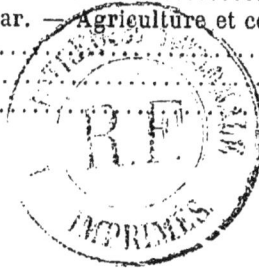

Paris et Limoges. — Impr. et libr. milit. Henri CHARLES-LAVAUZELLE.

Librairie militaire Henri CHARLES-LAVAUZELLE
Paris et Limoges:

GUERRE DE 1870. — **La première armée de l'Est.** — Reconstitution exacte et détaillée de petits combats avec cartes et croquis, par le commandant breveté Xavier EUVRARD. — Volume grand in-8° de 268 pages....... 6 »

L'armée de Metz, 1870, par le colonel THOMAS. — Vol. in-8° de 252 pages, orné d'un portrait et de deux cartes.................... 3 »

Le maréchal Bazaine pouvait-il, en 1870, sauver la France? par Ch. KUNTZ, major (H. S.), traduit par le colonel d'infanterie E. GIRARD. — Vol. in-8° de 248 p., avec une carte hors texte des envir. de Metz. 4 »

CAMPAGNE DE 1870-71. — **Le 13e corps dans les Ardennes et dans l'Aisne,** ses opérations et celles des corps allemands opposés. Etude faite par le capitaine breveté VAIMBOIS, de l'état-major de la 10e division d'infanterie. — Volume in-8° de 224 pages................. 3 50

La défense de Belfort, écrite sous le contrôle de M. le colonel Denfert-Rochereau, par MM. Edouard THIERS, capitaine du génie, et S. DE LA LAURENCIE, capitaine d'artillerie, anciens élèves de l'Ecole polytechnique, de la garnison de Belfort (5e édition). — Volume in-8° de 420 pages, avec trois cartes et plans en couleurs hors texte.................. 7 50

Histoire militaire de la France depuis les origines jusqu'en 1843, par Emile SIMOND, capitaine au 28e d'infanterie. — 2 vol. in-32 de 112 et 102 pages, brochés, l'un. » 50; reliés pleine toile gaufrée, l'un..... » 75

Histoire militaire de la France, de 1843 à 1871, par Emile SIMOND, capitaine au 28e de ligne. — 2 volumes in-32 de 96 et 104 pages, brochés. l'un. » 50; reliés pleine toile gaufrée............................ » 75

Crimée-Italie. — **Notes et correspondances de campagne du général de Wimpffen,** publiées par H. GALLI. *Ouvrage honoré d'une souscription du ministère de la guerre.* — Volume grand in-8° de 180 pages....... 5 »

Tableaux d'histoire à l'usage des sous-officiers candidats aux Ecoles militaires de Saint-Maixent, Saumur, Versailles et Vincennes, par Noël LACOLLE, lieutenant d'infanterie. — Volume in-18 de 144 pages. 2 50

Memento chronologique de l'histoire militaire de la France, par le capitaine Ch. ROMAGNY, professeur de tactique et d'histoire à l'Ecole militaire d'infanterie. — Volume in-18 de 316 pages.................. 4 »

Précis historique des campagnes modernes. Ouvrage accompagné de 37 cartes du théâtre des opérations, à l'usage de MM. les candidats aux diverses écoles militaires (2e édition). — Vol. in-18 de 232 p., broché. 3 50

Sans armée (1870-1871), Souvenirs d'un capitaine, par le commandant KANAPPE. — Volume in-18 de 336 pages, broché............ 3 50

La charge de cavalerie de Somo-Sierra (Espagne), le 30 novembre 1808, par le lieutenant général POUZEREWSKY, traduit du russe par le capitaine Dimitry OZNOBICHINE, de l'état-major général de l'armée russe. — Brochure in-8° de 56 pages avec 2 croquis dans le texte............ 1 50

Carnet d'un officier. — **En colonne au Laos (1887-1888).** — Volume in-8° de 72 pages.................................... 2 »

GÉNÉRAL F***. — **Souvenirs d'un officier de l'armée belge à propos des militaires français internés à Anvers** pendant la guerre de 1870-71. — Brochure in-8° de 22 pages............................ » 75

ETUDES DE TACTIQUE APPLIQUÉE. — **L'Attaque de Saint-Privat** (18 août 1870), par Pierre LEHAUTCOURT. — Volume in-8° de 112 pages, avec un croquis dans le texte................................. 2 50

Général LAMIRAUX. — **Le siège de Saint-Sébastien en 1813,** avec un croquis dans le texte. — Brochure in-8° de 54 pages................ 1 25

Danger du principe fondamental de Jomini, par le capitaine L. FARAUD. — Brochure in-8° de 22 pages.............................. » 60

Librairie militaire Henri CHARLES-LAVAUZELLE
Paris et Limoges.

L'Expédition militaire en Tunisie (1881-1882). — Fort vol. grand in-8° de 422 pages, avec 7 cartes et croquis, couverture en couleurs...... 7 50

La 6e brigade en Tunisie, par le général Ch. PHILEBERT. — Vol. in-8° de 232 pages, orné d'un portrait du général, de 13 gravures et d'une carte en couleurs hors texte du théâtre des opérations.................... 5 »

Opérations militaires au Tonkin, par le commandant breveté CHABROL, de l'état-major du 4e corps d'armée. — Volume grand in-8° de 350 pages, avec 72 cartes et couverture en couleurs.............................. 6 »

Lang-Son, combats, retraite et négociations, par le commandant breveté LECOMTE. — Volume grand in-8° de 560 pages, broché, imprimé sur beau papier, illustré de 51 magnifiques gravures, têtes de chapitres, culs-de-lampe, vignettes, accompagné d'un atlas contenant 19 cartes et 3 planches. 20 »

Le Tonkin français contemporain, études, observations, impressions et souvenirs, par le docteur Edmond COURTOIS, médecin-major de l'armée, ex-médecin en chef de l'ambulance de Kep; ouvrage accompagné de trois cartes en chromolithographie. — Volume in-8° de 412 pages........ 7 50

Madagascar et les moyens de la conquérir. Etude politique et militaire, par le colonel ORTUS, de l'infanterie de marine. — Volume in-18 de 228 pages avec une carte au 1/4.000.000. .... 3 50

L'expédition de Madagascar. Rapport d'ensemble fait au Ministre de la guerre, le 25 avril 1896, par le général DUCHESNE. — Vol. de 288 p. 3 »

Guide de Madagascar, par le lieutenant de vaisseau COLSON. — Volume in-18 de 220 pages, accompagné de la carte de Madagascar au 1/4.000.000e, des itinéraires de Tamatave à Tananarive, de Majunga à Tananarive, du plan de Tananarive et d'un croquis indicatif des cyclones de l'Océan Indien. 3 50

L'Expédition du Dahomey en 1890, avec un aperçu géographique et historique du pays, sept cartes ou croquis des opérations militaires et de nombreuses annexes contenant le texte des conventions, traités, arrangements, cessions, échanges de dépêches et télégrammes auxquels a donné lieu l'expédition, par Victor NICOLAS, capitaine d'infanterie de marine, officier d'académie (2e édition) — Volume in-8° de 152 pages........ 3 »

Les expéditions anglaises en Afrique. Ashantee (1873-1874). Zulu (1878-1879). Egypte (1882), Soudan (1884-1885), Ashantee (1895-1896), par le lieutenant-colonel breveté SEPTANS, de l'infanterie de marine. — Fort volume grand in-8° de 500 p., avec 29 cartes et croquis, couvert. en couleurs. 7 50

Les expéditions anglaises en Asie. Organisation de l'armée des Indes (1859-1895), Lushai Expedition (1871-1872), les trois campagnes de lord Roberts en Afghanistan (1878-1880), expédition du Chitral (1895), par le lieutenant-colonel breveté SEPTANS, de l'infanterie de marine. — Vol. gr. in-8° de 350 p., avec 17 cartes et croquis, couverture en couleurs... 7 50

Petites guerres. Leurs principes et leur exécution, par le major C.-E. CALLWELL, traduit et annoté par le lieutenant-colonel breveté SEPTANS, de l'infanterie de marine. — Volume in-8° de 372 pages, avec 12 croquis dans le texte... 7 50

Les Italiens en Erythrée. Quinze ans de politique coloniale, par C. DE LA JONQUIÈRE, capit. d'art. brev. — Vol. in-8° de 352 p., avec 10 cartes. 5 »

Etudes critiques sur la guerre entre l'Italie et l'Abyssinie, par le général LUZEUX. — Brochure in-8° de 72 pages, avec 2 cartes........ 1 50

Rapport du général Lamberti, vice-gouverneur de l'Erythrée, sur la bataille d'Adoua (1er mars 1895). — Brochure in-8° de 64 pages, avec 5 cartes dans le texte...... .... 1 50

Le catalogue général de la Librairie militaire est envoyé gratuitement à toute personne qui en fait la demande à l'éditeur Henri CHARLES-LAVAUZELLE.

1

www.ingramcontent.com/pod-product-compliance
Lightning Source LLC
Chambersburg PA
CBHW071138270326
41929CB00012B/1796